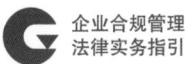

企业合规管理
法律实务指引

涉案企业合规实务操作指南

律师如何开展合规业务

周 成 编著

中国法制出版社
CHINA LEGAL PUBLISHING HOUSE

序　言

守法经营是任何企业都必须遵守的一个大原则，企业只有依法合规经营才能行稳致远。党的二十大报告"坚持全面依法治国，推进法治中国建设"专章中明确指出："全面依法治国是国家治理的一场深刻革命，关系党执政兴国，关系人民幸福安康，关系党和国家长治久安。必须更好发挥法治固根本、稳预期、利长远的保障作用，在法治轨道上全面建设社会主义现代化国家。"充分体现了党中央对全面依法治国的高度重视。《法治中国建设规划（2020—2025年）》《法治社会建设实施纲要（2020—2025年）》等文件对企业依法合规经营提出明确要求。2021年3月，《中华人民共和国国民经济和社会发展第十四个五年规划和2035年远景目标纲要》明确将"合规"写入其中，体现了未来十余年，国家战略层面对企业合规工作的重视。人力资源与社会保障部办公厅也在该月"人社厅发〔2021〕17号"文件中明确了企业合规师这一新职业。2021年6月，最高人民检察院等九部委出台《关于建立涉案企业合规第三方监督评估机制的指导意见（试行）》，随后《〈关于建立涉案企业合规第三方监督评估机制的指导意见（试行）〉实施细则》《涉案企业合规第三方监督评估机制专业人员选任管理办法（试行）》相继出台。2022年4月，九部委出台《涉案企业合规建设、评估和审查办法（试行）》，就规范第三方监督评估机制相关工作有序开展作出了规定。国务院国资委《中央企业合规管理办法》2022年10月1日实施。《企业合规师通用职业技术技能要求》团体标准2022年10月1日起实施。

但就涉案企业合规而言，仅有上述一些规范性文件的出台，虽然提出了有效合规的要求，但还没有详细的、有针对性的指引。江苏、安徽、广州、大连、北京等地陆续发布了当地关于律师从事合规法律服务指引[①]，但仍然存在一些差异和对一些争议问题的不同规定。这就引出一些问题：如何准确判断涉案企业的合规标准是否达标？是否提交了合格的合规计划书？第三方监管人在监管过程中是否尽到了相应的职责？如何评估和考核第三方监管人的工作绩效？这些都亟须规范和指引。

就现阶段而言，我们各地工商联和检察机关还没有统一具体的操作标准，仅就一般原则进行了描述性的说明。对此，还须制定或者引导各地建立公平一致的合规评估标准和操作指引。很多地方虽出台了操作方式不同、量化标准不一的各类指引，但就落地而言，大多仍然停留在原则性层面。尤其是很多参与合规的人员对刑事专项合规具体内容知之甚少，认为将现有制度进行修改就可以了，将法务部直接等同于合规部，这使得合规流于形式，没有达到真整改、真合规的目的。

就律师而言，如何有序开展刑事合规业务？一直是涉案企业刑事专项合规以来，让所有参与合规业务的律师都很困惑的一件事。尤其是希望能够找到一个可以直接拿来参考使用的涉案企业合规操作流程和实践指引，为此，我们根据参与办理的合规案件，结合实践调研情况，以刑事专项合规为视角，按步骤罗列出律师具体参与其中的每一步，期许很多刚刚涉足合规业务的律师可以直接参照本书的操作流程和指引，尽快熟悉和参与到每一起推进法治进程、助推社会发展、维护企业权益的合规案件中来。

我们拟定本操作指南，也希望对涉案企业制订合规计划、防范合规风险、完善合规治理体系以及第三方监管人完善监督评价体系能起到一定的促进作用，从而确保涉案企业建立一套行之有效的操作指引。这样，才能

[①] 江苏省律师协会《律师从事合规法律服务业务指引》（2021年11月17日）、广州市律师协会《律师开展企业合规法律服务业务指引》（2022年6月1日）、安徽省律师协会《安徽省律师从事涉案企业合规建设评估业务操作指引》（2022年9月23日）、北京市律师协会《企业合规管理与律师实务操作指引》（2022年9月23日）、大连市律师协会《律师办理涉案企业合规建设业务操作指引》（2022年10月20日）。

进行实质性的合规整改，最终达到对原有管理模式和经营方式的"去犯罪化"。

当下，国家层面出台的合规改革主要针对的是涉案企业的"事后合规"，但对于不涉案企业而言，同样需要构建刑事合规制度。因此，刑事专项合规是全面合规的前提和基础，只有涉案企业对于出现违法违规事件的领域建立针对此风险防范和避免再次发生的内控体系，才是合规的本质所在。

作为参与合规治理的重要一分子，律师如何参与涉案企业合规工作？如何从涉案企业法律顾问或者刑事合规专项顾问的视角提供专业的合规服务？在律师成为涉案企业第三方监管人后，如何标准化、程序化地进行监督、评估和考核？一本可以直接上手的操作指引或许就是快速有效推进这项工作的最佳助手。

实践中，虽然有很多的培训机构和研讨会、论坛，但不少参与者对于合规业务的具体操作程序还是一头雾水。也有一些有经验的律师事务所甚于对企业保密或者保护自己商业秘密的考虑，不愿意将自己的一些做法公之于众。我们通过对参与的多起涉案企业合规的专项服务以及参与第三方监管人的工作，归纳总结了一些工作方法和措施，虽不成熟，但期望在推进合规治理方面贡献执业律师的点滴力量。

通过对涉案企业的合规参与和一线调研，以及和部分检察机关的座谈，我们发现，开展涉案企业合规检察改革效果明显，亮点纷呈。应该说各地检察机关很好地贯彻了九部委关于涉案企业合规改革的精神，体现了政治担当，从单纯办理案件走向积极参与社会治理。

当然，这项改革给涉案企业带来的影响，更是让我们感同身受，很多涉案企业因此脱胎换骨、重获新生，通过合规整改重回正轨，实现了平稳运行、健康良性发展。尤其是各地检察机关以"个案合规"推动"行业合规"；办理一个试点案件，形成一个合规标准，推动一个行业治理的理念，让我们看到企业合规不仅能够促进涉案企业依法合规经营，同时也能够对行业内同类型企业起到较好的示范和引领作用。

在当下，合规不起诉改革已经到了从理论到制度形成的关键阶段，如何通过合规标准化建设助推行业合规发展；推动形成企业自主合规、行政合规、刑事合规的闭环；如何让涉案企业从被动合规到主动合规，从纸面合规到真合规，从虚假整改、敷衍整改到真心悔过，从而达到合规的有效性，实现实质的"去犯罪化"标准。

最高人民检察院检察长在第三届民营经济法治建设峰会上强调："推进涉案企业合规改革试点工作，重在落实第三方监督评估机制，做好'后半篇文章'。"可以说，合规案件的效果如何？合规案件质量如何？很大程度上取决于第三方监管的工作成效。真整改、真合规的根本在于第三方监管人的履职效果好坏。根据九部委的规定，第三方监管人对涉案企业专项合规整改计划和相关合规管理体系有效性进行调查了解、评价、监督和考察，考察结果作为检察院依法处理案件的重要参考。

本书除了就律师作为合规顾问参与涉案企业合规治理之外，还主要从第三方监管人的角度，理顺了律师担任第三方监管人如何参与合规监管工作的操作流程和办理指引，同时也对第三方机制运行中存在的问题提出了意见和建议。比如，作为第三方监管人如何开展监管工作？监管的内容包括哪些？现阶段缺少明确的合规整改和合规验收的标准。如何进一步建立健全第三方机制相关配套制度，尤其是关案指导规则，达到有序、有效，需要明确的操作指引。对此，很多地方采用了百分制考核等措施。本书中，我们也建议第三方监管人设计"三阶段十步骤"的《涉案企业合规第三方组织考察量化评分表》，从点、线、面各方面观测和考量企业整改情况，最终形成公平合理的考察量化评分结论。并且，我们结合实际工作，参考相关规定制作了《涉案企业合规第三方监管人工作操作指引》，从概念、定义、基本原则、业务规范、监管考察的程序和内容等方面进行了详细规定，希望能带给合规律师一定的参考。虽然实践中很多律师都在参与涉案企业刑事合规业务的办理，但相关的实务书籍不多，希望本书能为他们提供一些帮助。

周　成

2023 年 5 月

目 录

第一编　涉案企业合规基础知识　001
　　一、什么是企业合规　002
　　二、企业合规制度的历史沿革　004
　　三、企业合规制度的价值　009
　　四、企业合规管理体系　012
　　五、刑事诉讼中的涉案企业合规　022

第二编　律师从事企业合规法律服务　029
第一部分　律师从事合规法律服务与传统法律顾问服务的区别和联系　030
　　一、传统法律顾问的特点　030
　　二、合规顾问（律师从事合规法律服务）的特点与区别　030
第二部分　律师从事企业合规法律服务的内容和要求　032
　　一、律师从事企业合规法律服务的内容　032
　　二、律师从事企业合规法律服务的职责和义务　032
　　三、律师从事企业合规法律服务的类型和方式　033
　　四、律师从事涉案企业合规法律服务的内容和方法　033
　　五、律师从事合规法律服务的风险防范　034
第三部分　律师开展企业合规法律服务的办理流程　036
　　一、律师开展合规管理体系建设业务的办理流程　036
　　二、律师开展合规调查服务业务的办理流程　037
　　三、律师开展合规监管应对业务的办理流程　038
　　四、律师从事合规评价业务的办理流程　038
　　五、律师开展合规培训业务的办理流程　039
　　六、律师从事商业合作伙伴合规管理业务的办理流程　039
　　七、律师从事合规顾问业务的办理流程　040

八、律师从事涉案企业合规顾问业务的办理流程　　040

第三编　律师提供涉案企业合规顾问服务操作指引和实践　　043

第一部分　涉案企业合规顾问服务的内涵　　045
　　一、涉案企业合规顾问服务的定义　　045
　　二、涉案企业合规顾问的职责　　046
　　三、涉案企业合规顾问服务的工作原则　　046
　　四、涉案企业合规顾问服务的准备　　047

第二部分　涉案企业合规顾问服务的流程　　048
　　一、涉案企业合规顾问服务的洽谈　　048
　　二、涉案企业合规顾问服务的启动　　057
　　三、涉案企业合规顾问服务的实施（以合规监管模式为例）　　061
　　四、涉案企业合规顾问服务的收尾　　079

第三部分　涉案企业合规顾问服务的要点　　079
　　一、通过企业组织管理体系实施合规顾问服务　　079
　　二、协调处理好合规顾问服务过程中的各方关系　　080

第四编　律师作为第三方监管人操作指引和实践　　083

第一部分　律师作为第三方监管人参与涉案企业合规的依据　　085
　　一、涉案企业合规第三方监管人的定义、职责和启用条件　　085
　　二、涉案企业第三方监管人工作的基本原则　　087

第二部分　律师作为第三方监管人参与涉案企业合规的过程　　089
　　一、第三方监管人的产生和介入　　089
　　二、第三方监管人对涉案企业合规考察的开展方式和内容　　090

第三部分　第三方监管人对涉案企业合规结果的评估　　121
　　一、第三方监管人对合规计划书的审查原则和考量要素　　121
　　二、第三方监管人对涉案企业合规工作组织考察量化结果　　123
　　三、第三方监管人对涉案企业合规结果定性分析　　131
　　四、第三方监管人关于涉案企业合规建设工作建议　　135
　　五、第三方监管人对涉案企业合规工作评估结论　　136
　　六、第三方监管人对延长合规考察期限的建议权　　136

第四部分　第三方监管人涉案企业合规监管考察报告　　137

第五编　涉案企业合规100问　　149

第一部分　企业合规总则20问　　150
第二部分　涉案企业合规顾问40问　　157
第三部分　涉案企业合规第三方监管人40问　　171

第六编　企业合规典型案例与法规　　187

第一部分　最高人民检察院涉案企业合规典型案例　　188

案例一：张家港市L公司、张某甲等人污染环境案　　189

案例二：上海市A公司、B公司、关某某虚开增值税专用发票案　　190

案例三：王某某、林某某、刘某乙对非国家工作人员行贿案　　191

案例四：新泰市J公司等建筑企业串通投标系列案　　192

案例五：上海市J公司、朱某某假冒注册商标案　　194

案例六：张家港市S公司、睢某某销售假冒注册商标的商品案　　196

案例七：山东省沂南县Y公司、姚某明等人串通投标案　　199

案例八：随州市Z公司康某某等人重大责任事故案　　202

案例九：深圳市X公司、张某某等人走私普通货物案　　204

案例十：海南省文昌市S公司、翁某某掩饰、隐瞒犯罪所得案　　207

案例十一：上海市Z公司、陈某某等人非法获取计算机信息系统数据案　　209

案例十二：王某某泄露内幕信息、金某某内幕交易案　　213

案例十三：江苏省F公司、严某某、王某某提供虚假证明文件案　　216

案例十四：广西壮族自治区陆川县23家矿山企业非法采矿案　　218

案例十五：福建省三明市×公司、杨某某、王某某串通投标案　　221

案例十六：北京市李某某等9人保险诈骗案　　223

案例十七：山东潍坊X公司、张某某污染环境案　　227

案例十八：山西新绛南某某等人诈骗案　　230

案例十九：安徽省C公司、蔡某某等人滥伐林木、非法占用农用地案　　232

案例二十：浙江杭州T公司、陈某某等人帮助信息网络犯罪活动案　　235

第二部分　企业合规必备法律法规、规范性文件等一览　　239

一、涉案企业合规规章、规范性文件　　239

二、各地律协关于律师从事合规法律服务指引　　239

附：部分涉案企业合规相关文件 — 240

一、涉案企业合规规章、规范性文件 — 240

1. 《关于建立涉案企业合规第三方监督评估机制的指导意见（试行）》 — 240
   （2021年6月3日）
2. 《〈关于建立涉案企业合规第三方监督评估机制的指导意见（试行）〉实施细则》 — 244
   （2021年6月3日）
3. 《涉案企业合规第三方监督评估机制专业人员选任管理办法（试行）》 — 249
   （2022年1月11日）
4. 《中央企业合规管理办法》 — 253
   （2022年10月1日）
5. 《涉案企业合规建设、评估和审查办法（试行）》 — 257
   （2022年4月19日）
6. 《中小企业合规管理体系有效性评价》（T/CASMES 19—2022） — 260
   （2022年5月23日）
7. 《中共中央、国务院关于营造更好发展环境支持民营企业改革发展的意见》 — 268
   （2019年12月4日）

二、各地律协关于律师从事合规法律服务指引 — 272

1. 江苏省律师协会《律师从事合规法律服务业务指引》 — 272
   （2021年11月17日）
2. 广州市律师协会《律师开展企业合规法律服务业务指引》 — 281
   （2022年6月1日）
3. 安徽省律师协会《安徽省律师从事涉案企业合规建设评估业务操作指引》 — 292
   （2022年9月22日）
4. 北京市律师协会《企业合规管理与律师实务操作指引》 — 300
   （2022年9月23日）
5. 大连市律师协会《律师办理涉案企业合规建设业务操作指引》 — 324
   （2022年10月20日）

参考书目及文章 — 330

后记 — 332

第一编　涉案企业合规基础知识[①]

企业刑事合规，其实是对涉罪企业"合规不起诉"或附条件不起诉的另一个说法。简单地说，是指对企业在生产经营活动中涉嫌犯罪行为后，企业本身具有合规意愿的，检察机关通过责令企业针对违法犯罪事实，制订专项整改计划，并监督计划实施，推进企业合规管理体系建设，待企业达到合规标准，然后视情况对企业作出相对不起诉决定的法律制度。刑事合规就是企业合规的组成部分，是最基础的部分，也是最重要的部分。

---

① 本编主要拟稿人：周成。

一、什么是企业合规

（一）企业合规的概念

企业合规是指企业及其员工的经营管理行为符合法律法规、监管规定、行业准则和企业章程、规章制度以及国际条约、规则等要求。是企业通过优化治理结构、健全规章制度、建设合规文化，应对合规风险的管理体系。企业为预防、发现和处置违法违规行为而建立的一系列自上而下、贯穿企业各部门各环节的合规措施，以确保企业员工遵守现行法律法规、行业规范等规章制度，实现防范违法违规风险的目的。现代企业的"合规"界定包括三个层次："国家颁布的法律和政令、企业自身制定的共同体现规则的协定、自由市场所要求的一般性诚信伦理。"[1] 企业合规的本质在于"全面风控"。

合规既是企业的自我约束机制，也是现代企业管理的一种基本模式或者治理结构。强调在"有序"和"规范"上狠下功夫。企业合规是为了防范、发现和应对合规风险而建立的一套完整的内部控制机制，是现代企业治理结构的重要组成部分。企业合规风险是指企业及其员工因不合规行为，引发法律责任、受到相关处罚、造成经济或声誉损失以及其他负面影响的可能性。[2] 企业合规不单纯是一种公司经营管理完善的方式，还是属于可以获得激励的企业自我改进方式。所谓合规激励机制，是指企业在违法违规行为发生后，可通过建立或者完善合规计划来换取宽大处理，分为行政监管激励和刑法激励两大类。

《中华人民共和国公司法》（以下简称《公司法》）第五条第一款规定："公司从事经营活动，必须遵守法律、行政法规，遵守社会公德、商业道德，诚实守信，接受政府和社会公众的监督，承担社会责任。"体现了国内法对公司合规的要求。在全球化语境下，法律和行政法规不仅指中国的法律和行政法规，还包括国际组织规则等。社会公德和商业道德，是指在全球范围内普遍通行的社会公德和商业道德；这一类道德标准，集中体现为国际组织对于公司道德标准的指引性文件。例如，经济和合作发展组织（OECD）颁布的《内部控制、道德和合规的良好做法指引》。

合规，要求公司在践行上述规定时体现主动性。也因此要求公司将合规做到全面覆盖、强化责任、协同联动、客观独立。合规，是公司承担社会责任的核心内容之一，具体体现为公司对于利益相关者，包括中小股东、员工、债权人、消费者和社会公众利益的关注。公司的社会公益活动，仅仅是公司承担社会责任的一部分，是公司关注社会公众利益的具体表现。

（二）企业合规的分类

企业合规根据具体的需求、适用案件类型、法律法规依据以及企业规模等不同而

---

[1] 《为企业合规性投石问路》，载《财经》2008年第20期。
[2] 韩轶：《企业刑事合规的风险防控与建构路径》，载《法学杂志》2019年第9期。

有所区别，实行差异化的企业合规计划，但不同类别的企业合规并非决然分离的，而是可以相互借鉴的。

1. 全面合规与专项合规

从合规范围角度，企业合规可以划分为全面合规与专项合规。两者的合规计划要素一般都要包括合规风险的识别和评估、政策和程序安排、培训和沟通安排、举报和调查机制、执行和保障机制、第三方监管机制等方面的内容。全面合规是企业全方位综合合规管理体系的构建，覆盖企业各业务领域、各部门、各关联企业及全体员工，贯穿决策、执行与监督各个环节，通常适用于初次建立合规管理制度的企业。而专项合规是强调围绕某一个特殊领域展开的合规，如反腐败合规、反垄断合规、反洗钱合规、反不正当竞争合规、出口管制合规、证券合规、税务合规、数据合规、知识产权合规等。企业应当制订长期的合规计划，不断地增加专项合规，以逐步达到全面的合规，形成完善的合规体系。

2. 刑事合规与行政合规

从合规拟防范的制裁或处罚类型及其实施主体角度，企业合规可以划分为刑事合规、行政合规、国际组织合规、行业组织合规、企业诚信合规。其中，刑事合规、行政合规、国际组织合规、行业组织合规主要是企业为防止违反刑事法律、行政法规、国际组织或行业自律组织的规则而导致的制裁或处罚，从而制定并执行的有针对性的合规安排；而企业诚信合规则指企业依据监管部门或相关组织的诚信合规要求实施诚信合规管理，确保企业诚信合规经营。

3. 大型企业合规与中小微企业合规

根据企业性质、规模、业务范围、经营状况、治理结构等的不同，可以分为大型企业合规与中小微企业合规。规模有大小之分，合规计划的组成要素有多寡之别，合规考察程序和有效合规标准的设定各不相同，但是各自都有合规的需求和规范化发展、现代化治理的愿望，都应该建立依法依规经营的企业文化。大型企业不仅规模较大，一般还具有较为健全的制度体系和相对完善的现代化治理结构，合规整改的效果体现更为明显，能够对一个行业的合规运行起到示范效应。当然，大型企业的生产数量、服务群体、辐射范围、社会影响都比较大，要求投入更大成本，建立严格的合规管理体系。中小微企业对社会稳定和就业等作出的贡献不能忽视，实践中也有探索发出检察建议、适用合规整改作出不起诉决定的案例，围绕涉嫌犯罪建立专项合规计划，并发布专项合规政策、标准和程序。需要关注的是，合规的经济成本的负担、合规职能履行的独立性、合规管理体系执行的长期性以及有效性评价标准的设定问题。

4. 境内合规与境外合规

从经营活动的地域角度，企业合规可以划分为境内合规与境外合规。所谓境内合规是指不涉及境外业务的普通企业所实施的合规制度及政策，而境外合规是指从事境外经营的企业针对其境外经营活动开展的专项合规管理,具体包括境外设立公司、境外投资并购、进出口贸易、境外工程承包等活动相关合规管理。

(三) 企业合规风险基本类型

企业合规风险可以分为以下 12 类:

二、企业合规制度的历史沿革

(一) 国外企业合规制度的发展历程

1. 企业合规制度的诞生、发展阶段

合规最早起源于美国银行业,20 世纪 30 年代的金融危机导致的大萧条首次让人们认识到合规管理与风险控制的重要性,只有加强银行自身的合规管理以及对银行业的监管才能确保金融系统的稳定。而现代企业合规则出现于 20 世纪五六十年代的美国反垄断大潮中,当时众多美国电气设备行业的龙头企业及其高管遭遇串通抬价、瓜分市场等反垄断指控。大批公司和个人受到反垄断罚款。

20 世纪 60 年代后,随着通用电气、西屋电气等公司的垄断事件爆发,合规风险对于企业和企业家的毁灭性打击下,企业合规管理越发得到重视。一方面,建立合规管理体系是企业可持续发展、健康发展的内在要求。另一方面,建立一套有效的、得到贯彻落实的合规管理体系,是行政部门与司法部门认定违法企业或个人主观无过错的基础。

进入 20 世纪 70 年代后,以"水门事件"为导火线,企业合规扩展到反腐败等更多领域。针对该事件,美国证券交易委员会开展了大规模的调查和内部披露项目,结果发现了大量的企业贿赂。行贿成风暴露了当时企业合规体系的漏洞和失灵,让人意识到仅仅依靠企业自我管理抵御违规风险是不够的。为遏制企业贿赂,美国于 1977 年又颁布了《反海外腐败法》(Foreign Corrupt Practices Act,FCPA),要求上市公司在贿赂、回扣、记账和其他方面执行更为正式的合规政策，尤其是财务记录和资产分配方面。反腐败领域的合规经验随后也在金融、国防供应与环境保护等领域应用开来，推动了 80 年代美国企业在各问题领域的专项合规建设。

2. 企业合规制度的完善实施阶段

1991 年，美国联邦量刑委员会制定《组织量刑指南》，该指南对有效的合规管理体系的要点作出如下指引，列出了有效合规体系的最低标准：一是建立合规政策和标准，合理预防犯罪行为的发生；二是制定高层人员监督企业的合规政策和标准；三是禁止向那些可能有犯罪倾向的个人授予重大自主决定权；四是通过培训等方式向员工普及企业合规的政策和标准；五是建立有效合规的合理监督措施，如利用检测、审计系统发现犯罪行为，建立违规举报制度，确保员工举报可能的违规行为；六是建立惩戒机制，严格执行合规标准；七是在犯罪行为发生后，采取必要措施应对犯罪行为，预防类似行为再次发生。①《组织量刑指南》推动了企业合规管理发展，其产生的意义包括但不限于以下几点：第一，该指南首次将企业合规管理体系标准化，明确了有效的企业合规管理体系的官方标准，企业可以在此基础上加以拓展，但通常不低于该一般标准才会被认定为有效。此后美国企业的合规管理体系多依据该指南建立。第二，该指南被编入《联邦量刑指南》第八章，法院具备量刑依据。第三，企业合规激励具备依据，行政机关据此可以对主动建立企业合规管理体系的企业给予适当奖励，对于主动配合调查并主动进行内部惩处的违法企业可以降低处罚幅度。第四，该指南明确鼓励企业配合执法机关的调查并据此给予企业合规激励，该制度在企业的态度上产生较为积极的影响，企业管理者开始从企业内部合规的监督者转变为合规的倡导者。第五，该指南促进了美国刑事合规的发展，美国联邦检察机关此后便依据该指南的标准决定是否提起公诉，决定是否与违法企业达成暂缓起诉或不起诉协议。

21 世纪初，包括安然、世通、雷曼兄弟等在内的多个巨头公司因不合规经营并实施了一系列欺诈行为而卷入欺诈案件。彼时作为全球第一大会计师事务所的安达信公司，因在欺诈事件中向监管部门提交了严重失实的审计报告与内部控制评价报告等材料，严重偏离了公司实际情况，也濒临破产，失去了证券审计资格与大量客户。该事件造成了美国经济的严重动荡。

对此，美国于 2002 年通过了《萨班斯—奥克斯利法案》，该法案将美国上市公司的管理方法从简单信息披露转变为实质监管，其要求上市公司建立内部控制体系，并由公司管理层负责内部控制体系的运行、评估与披露，被称为史上最严的上市公司监管法案，促使美国企业合规的进一步升级。2008 年，德国西门子公司因涉嫌违反美国 FCPA 而遭遇美国司法部和证交会的双重执法调查，西门子公司最终通过建立合规管

---

① 陈瑞华：《美国〈反海外腐败法〉与刑事合规问题》，载《中国律师》2019 年第 2 期。

理体系获得了刑事执法部门与行政执法部门的宽大处理。该事件再一次给世人敲响了合规的警钟。

2019年5月2日，美国司法部发布《公司合规计划评估》。同年美国财政部海外资产控制办公室（OFAC）发布《合规承诺框架》，建议受美国管辖的主体以及任何与美国有关联性业务的外国主体，建立行之有效的制裁合规体系。此外，OFAC发布《经济制裁执法指南》，其中规定具有行之有效的合规管理体系，是作为企业违规行为非恶劣、可以从轻处罚以及可以作为行政和解协议中的合规承诺的判断因素。

在合规制度发展过程中，企业合规这一概念也逐渐被其他一些西方国家和国际组织所采纳，并通过立法得以确立。例如，1997年，加拿大出台《合规体系建设指南》。1999年，澳大利亚出台《合规体系标准AS3806》。2005年，国际商会反腐败、打击敲诈和贿赂委员会出台《国际商会行为准则和建议》；巴塞尔银行监管委员会发布《合规与银行内部合规部门》，对金融企业合规部门的构建作出了基本规定。2009年，经合组织出台《关于进一步打击外国公职人员在国际商业交易中的贿赂行为的建议》。2010年，世界银行发布了《世界银行集团诚信合规指引》以规制参与投竞标企业的腐败、欺诈、串通等不合规行为，该指引明确规定世界银行对于严重违规企业进行制裁，对于违规相对较轻的企业则有机会通过建立诚信合规体系解除制裁。2010年，经济合作与发展组织发布《内部控制、道德和合规的良好做法指引》设立十二项合规准则，并要求成员国防范腐败行为。2010年，英国通过了《反贿赂法》。2014年，国际标准化组织发布《合规管理体系指南》，对合规基本标准作出指引。2016年，法国通过了《萨宾第二法案》。

在国际层面，经合组织（OECD）理事会2010年制定的《内部控制、道德和合规的良好做法指引》、国际标准组织2014年制定的《合规管理体系—指南ISO19600》（已废止）、2016年制定的《反贿赂合规国际标准ISO37001》等规范文件从宏观层面对企业合规进行了全面系统的规定，对企业合规在全球的普及和推广产生了巨大的推动作用。2018年欧盟颁布了号称史上最严苛的个人数据保护法律——《欧盟一般数据保护条例》（以下简称GDPR）。从国际层面企业合规的法律文件来看，GDPR是企业合规刑事化发展的典型法例。

由此可见，企业合规的初衷在于通过在企业内部制定并实施合规政策和措施，适用替代性刑法措施，减免因违规行为遭致的刑事制裁或行政处罚。但随着实践的发展，合规逐渐显现其突出的价值和意义，合规不仅可以减免因违规事件导致的处罚，更可以在违规事件发生之前防患于未然，避免违法违规风险的发生，防止企业经济或声誉受损，从而保障企业的合规有序经营，提升企业的核心竞争力，实现企业的可持续发展。

总体而言，在具体实践中，各国立法与执法机关也主要通过以下两种路径来促进企业合规的推广实施：对构建实施企业合规的企业予以刑罚奖励；对未构建实施企业合规或企业合规不完善的企业加重刑罚处罚。①

（二）中国企业合规制度的发展历程

我国在合规制度建设方面起步相对较晚，大体经历了三个阶段。

第一，合规建设的起步阶段。这一阶段主要表现为企业内部合规制度的尝试和行业引导性规范的制定。

"合规"是舶来品，源于英文中的动词"TO COMPLY WITH"（遵守、符合、依从）。传统上，人们熟知的是企业是否"遵纪守法"，而对于企业是否合规没有概念。最早出现"合规"概念的文件是1992年国家审计署与中国人民银行联合发布的《对金融机构贷款合规性审计的实施方案》。随着越来越多的中国企业走出国门，如何遵守所在国家和地区的法律法规，规避现实的法律风险，成为摆在企业面前的一项重大课题。为满足所在国的合规要求，增强竞争优势，中国企业率先在金融领域产生了较为系统的企业合规管理体系，国家监管机构也开始在国有金融企业中推行合规机制。2002年，中国人民银行总行参照欧美银行合规管理模式和国际准则要求，将中国人民银行总行法律事务部更名为"法律与合规部"，增加了合规管理职能。2006年，国务院国资委率先出台《中央企业全面风险管理指引》。中国银监会以巴塞尔银行监管委员会通过的《合规与银行内部合规部门》为蓝本，发布了《商业银行合规风险管理指引》，该指引成为银行业风险监管的一项核心制度。2007年，中国保监会颁布了与之内容一致的《保险公司合规管理办法》。

2008年，财政部联合证监会、审计署、银监会、保监会制定《企业内部控制基本规范》及配套指引，并在2009年7月1日在上市公司范围内施行，同时鼓励非上市的大中型企业执行；标志着中国企业合规在内部控制规范建设上取得重大突破。2010年，财政部、证监会、审计署、银监会、保监会联合发布《企业内部控制配套指引》；2011年，国家标准委又发布《企业法律风险管理指南》（GB/T27914—2011），为执行和推广提供了基石。2012年，商务部、中央外宣办、外交部、国家发改委、国务院国资委、国家预防腐败局（2018年并入国家监察委员会）、全国工商联联合发布《中国境外企业文化建设若干意见》。同年，国务院国资委向央企第一次提出了"全面风控"的概念，正式从法律风险管理开始走向内涵更为丰富的"合规"，并在次年又启动了对标世界一流的合规研究。②

第二，合规建设的加速阶段。这一阶段主要表现为合规制度的全面推行和国家标准及文件的密集出台。

2017年，中国证监会发布《证券公司和证券投资基金管理公司合规管理办法》，

---

① 万方：《企业合规刑事化的发展及启示》，载《中国刑事法杂志》2019年第4期。
② 杨力：《中国企业合规的风险点、变化曲线与挑战应对》，载《政法论丛》2017年第4期。

要求中国境内设立的证券公司和证券投资基金管理公司，一律实行合规管理，依法建立合规机构。对于证券基金经营机构不遵循本办法进行合规管理的，中国证监会可以对其采取出具警示函、责令定期报告、责令改正、监管谈话等行政监管措施。①

近年来，我国企业涉外合规问题时有出现，其中 2017 年至 2018 年出现得较为频繁。一部分是央企、国企"走出去"时遇到了问题，还有一部分是一些企业在海外经营与贸易中遇到了问题。② 为此，国家在对企业监管过程中全面引入了合规的理念，密集出台了一系列更具针对性和可操作性的规范文件，引导企业建立合规管理体系，加速了我国合规制度的建设进程。2015 年，国务院国资委出台《关于全面推进法治央企建设的意见》；2016 年，国务院办公厅发布《关于建立国有企业违规经营投资责任追究制度的意见》；2017 年，中央全面深化改革领导小组第三十五次会议审议通过《关于规范企业海外经营行为的若干意见》，同年，国家标准化管理委员会发布《合规管理体系指南》（GB/T35770—2017）（已废止）；2018 年，国务院国资委印发《中央企业合规管理指引（试行）》，国家发改委、外交部、商务部、中国人民银行、国务院国资委、外汇局、全国工商联联合发布《企业境外经营合规管理指引》等。一系列重要文件的出台，不仅意味着国有企业合规管理的制度化和法治化的开始，还意味着合规的理念甚至是合规型监管模式在我国初步形成。

第三，企业合规的刑事激励阶段。这一阶段突出表现为检察机关推动的企业合规试点改革。

为避免办一个案子、垮一个企业、下岗一批职工，稳企业稳预期、保就业保民生，在前期理论准备和充分论证的基础上，2020 年 3 月，最高人民检察院开始进行企业合规相对不起诉的改革探索，在上海浦东、金山，江苏张家港，山东郯城，广东深圳南山、宝安 6 家基层检察院，试点开展"企业犯罪相对不起诉适用机制改革"。同年 11 月，最高人民检察院成立企业合规问题研究指导工作组，统筹推进企业合规问题的理论研究和实务指导，确保相关工作严格依法、稳妥有序。2021 年 4 月，最高人民检察院启动第二批企业合规改革试点工作，试点范围扩大至 61 个市级院和 381 个基层院。一些非试点省份检察机关根据本地情况，积极主动在法律框架内开展改革相关工作。同年 6 月，最高人民检察院等九家单位联合发布《关于建立涉案企业合规第三方监督评估机制的指导意见（试行）》。同时，总结前期企业合规试点经验，发布了企业合规试点典型案例。同年 9 月，最高人民检察院、全国工商联等九部门共同成立第三方监督评估机制管委会，管委会承担对第三方监督评估机制的宏观指导、具体管理、日常监督、统筹协调等职责，

---

① 陈瑞华：《论企业合规的中国化问题》，载《法律科学（西北政法大学学报）》2020 年第 4 期。

② 银昕：《依法治企，制度建设在路上》，载《法人》2021 年第 11 期。

并充分发挥律师协会、注册会计师协会等相关行业协会、商会、机构在企业合规领域的积极作用，形成改革合力。同年11月，九部门联合下发《涉案企业合规第三方监督评估机制专业人员选任管理办法（试行）》《〈关于建立涉案企业合规第三方监督评估机制的指导意见（试行）〉实施细则》两个配套规定，为第三方机制规范有序运行提供有力制度保障。同年12月，九部门正式组建了国家层面第三方机制专业人员库，发挥带头示范效应，探索解决各地区专业人员分布不均衡问题，为第三方机制规范有序运行提供有力人才保障。2022年4月，九部门联合下发了《涉案企业合规建设、评估和审查办法（试行）》，为涉案企业合规整改提供了标准指引。合规改革已成为检察机关服务经济发展的重要切口。通过办好每一个案件，积极营造法治化营商环境，促进企业规范发展。

三、企业合规制度的价值

企业合规具有重要价值。但对于价值的具体内容，则看法不一。有的学者认为企业合规有四方面的价值：可持续发展，企业承担社会责任和道德责任，保护无辜第三人，实现企业责任与员工、第三方、被并购方、客户等多方责任的有效切割。[1] 有的学者认为，企业合规有利于我国企业走向世界，有利于企业承担社会责任。[2] 有的学者则侧重于从企业刑事合规角度阐述其功能价值，认为它既可以帮助企业规避反腐败合规执法风险，也可以推动企业内部风险管理与治理水平的提升。[3] 而朱孝清教授认为企业合规有着四个方面的价值体现：（1）企业合规有利于防范违规风险，促进企业治理和社会治理。（2）企业合规有利于企业高质量发展，从而促进整个经济高质量发展。（3）企业合规有利于推进企业依法治理，从而促进依法治国。（4）企业合规有利于我国企业参与国际市场竞争，促进更高水平对外开放。[4]

具体而言，企业合规是一种以合规风险防控为导向的管理体系。无论是国外经验，还是国内改革实践，都展现出企业合规对于企业自身经营、国家治理和公共利益保护的巨大价值。企业合规机制的实施，可能使企业在短时间内牺牲部分商业利益和商业机会，却不同程度地改变了企业的经营理念，使其形成了越来越浓厚的依法依规经营的企业合规文化。企业在追求商业利益的同时，更加注重承担企业的社会责任，树立企业的良好社会形象。这种促使企业遵守道德规范并承担起社会责任的意义，是企业合规所要实现的内在价值。[5]

---

[1] 陈瑞华：《企业合规的基本问题》，载《中国法律评论》2020年第1期。
[2] 李玉华：《我国企业合规的刑事诉讼激励》，载《比较法研究》2020年第1期。
[3] 万方：《反腐败合规法律实践的规范演进与实践展开》，载《法治研究》2021年第4期。
[4] 朱孝清：《企业合规中的若干疑难问题》，载《法治研究》2021年9期。
[5] 陈瑞华：《企业合规基本理论》，法律出版社2020年版，第79页。

企业合规的自治价值包括以下两个层面：一是企业基于履行道德义务和承担社会责任，执行企业合规，建立积极向上的社会形象；二是企业合规能够提高企业运营效率，防范和化解市场风险，提高商业信誉，提升企业市场竞争力，实现可持续发展。[1]

1. 遵守道德规范，承担社会责任

最初西方国家的公司在组建合规部门时，常将"合规"和"道德"联系在一起，有些公司直接将合规部命名为"道德与合规部"。我国在学习引进时，接受此种理念，也倡导建立一种合规文化。而所谓合规文化，就是一套体现公司社会责任和道德义务的价值观念和道德规范。[2] 具体来说，企业的道德责任和社会责任，是指企业在追求扩大生产和增加利润的同时，要注重维护社会公共利益，包括保护环境、依法纳税、尊重知识产权、维护劳动者权益、保障公平竞争等社会价值。越是大的企业，所要承担的社会责任可能越多元、繁杂。比如，上市公司还要额外承担向社会如实披露专项信息的义务。企业合规与社会责任相契合，具有内在的道德性。企业合规在国外推行之初，合规和企业道德、社会责任就紧密联系在一起。可见，企业合规的自治价值之一，就是促使企业自觉履行道德义务，承担合法合理合情的社会责任。

企业合规的实施，在短期内会增加企业的管理成本，企业可能因此丧失部分的商业机遇，企业效益有所损失。但从长远发展看，企业合规经营不仅有利于保护企业、员工、客户和众多关联人员的利益，而且有利于优化区域内营商环境，民生福祉有了更好的保障。企业合规促使企业改变经营理念，营造依法依规的企业文化，展现出高度的社会责任感，社会对于企业品牌的关注度和好感度直线上升，铸就"百年老店"成了可能。

2. 提升企业竞争力，实现可持续发展

企业合规不仅能保护价值，更能创造价值。现代化的企业合规管理体系，以预防违规风险为前提，激励企业成员依法依规从事生产活动。从长远角度来看，生产经营活动合规可以为企业获得公平竞争的机会，赢得良好的商业信誉，带来更多的商业机会。更为重要的是，生产经营活动合规所塑造的企业文化，能真正提高企业的软实力，更好地实现可持续发展。

完备的合规体系为企业带来的底线价值在于实现企业对外部风险的"可知、可控"，使得企业可以通过确定性的合规管理应对不确定的外部环境，抵御溃塌式风险带来的致命打击。同时，合规也具有安全价值，一是在风险尚未发生之时，通过对企业和员工的

---

[1] 最高人民检察院涉案企业合规研究指导组：《涉案企业合规办案手册》，中国检察出版社2022年版。

[2] 陈瑞华：《论企业合规的中国化问题》，载《法律科学（西北政法大学学报）》2020年第4期。

经营活动设置边界，确保经营活动都在安全边界之内；二是在风险已经发生之时，通过完备的合规体系证明企业已尽到对员工的管理责任，从而有效隔离、切割公司责任和员工责任，减轻甚至免除企业责任。最后，完备的合规体系还是企业具备良好信用的标志，合规给企业带来激励价值，使得企业可以享受来自"信用红利"的正向激励。

在推进企业合规管理的过程中，我国的监管部门引入了"可持续发展"的公司治理理念。2017年7月颁布的《合规管理体系指南》（GB/T35770—2017）（已废止）明确指出合规是组织可持续发展的基石，是实现良好治理的保障。企业若违法违规开展经营活动，如贿赂官员、商业欺诈、恶性竞争等，虽然可能会在短时间内增加营业收入、获取暂时的高额利益，但这种违法活动必然会破坏企业竞争的公平性，导致企业运行成本增加，面临被处罚的风险。若一个企业可以做到合法合规经营，其就可以有效规避潜在的法律风险，避免因违法而导致的法律处罚从而避免重大财物损失或商誉损失。虽然合规本身并不直接创造经济价值，但通过合规避免经济损失和声誉损失可以最终避免企业收益的丧失。另外，企业建立合规机制本身也可以成为行政监管调查和刑事执法调查过程中重要的抗辩事由，从而有效地避免承担被并购企业的"继承责任"，实现有效止损。针对员工和高管实施的违法犯罪行为，企业可以自身建立有效的合规计划为依据，进行无罪责任抗辩，通过主张企业不存在主观过错从而免除企业的法律责任。在发展供货商、经销商、代理商等第三方合作伙伴的过程中，以及在并购的过程中，建立合规计划的企业通过开展有效的尽职调查，就可以对第三方或并购方进行风险评估，通过尽职调查和风险管理就可以将企业责任和第三方责任有效分离，从而规避风险。综上可知，通过建立合规计划，企业可以树立良好的社会形象，同时获得长久的商誉，也能有效规避风险，进而实现企业的可持续发展。

3. 维护市场经济秩序，规范社会管理秩序，促进更高水平对外开放

全面贯彻新发展理念，充分发挥市场在资源配置中的决定性作用，营造各种所有制主体依法平等使用资源要素、公开公平公正参与竞争、同等受到法律保护的市场环境，既是政府的责任，也是司法机关的责任。企业合规保障企业及其员工遵守法律法规、行业惯例、职业道德和规章制度的机制，关系到人民群众的生命、健康和财产等权益，关系到经济社会的可持续、高质量发展。把企业合规引入刑事司法程序作为司法裁量的重要情节，不仅给涉嫌犯罪的企业和企业家一个完善自身治理体系，实现治理结构现代化的机遇，而且在使经济社会免受不必要冲击的同时，实现违法犯罪预防机制的企业化。

在市场经济条件下，企业合规既是企业治理体系和治理能力现代化的一个重要标志，也是国家治理体系和治理能力现代化的一个重要组成部分。企业合规机制的建立大大节省了监管的成本投入，将原来的外部监督转变为对企业自我监管的激励和奖励，

从而使企业激发出自我监管、自我报告、自我整改的活力。①

伴随着越来越多的中国企业走出国门、走向世界，参与海外投资、经营、上市，参与国际市场竞争，合规管理问题的重要性更加突出，合规已经成为国际竞争力的重要方面。企业只有建立完备的合规体系提升运行规范性，才能获取更多的商业机会。

四、企业合规管理体系

企业合规管理体系是指企业确立合规管理策略和目标，以及实现这些目标的过程中相互关联或相互作用的一组或几组要素构成的有机整体。包括必要的结构、政策、流程和程序，以实现所需的合规结果，并采取措施防止、发现和应对不合规情况。合规管理体系应以良好治理、匹配性、完整性、透明性、责任明确和可持续性、全面性、公正性、有效性等原则为基础。

（一）企业合规管理原则

1. 诚信原则：企业合规管理中，诚信是合规的基石。诚信贯穿企业合规管理体系的各构成要素，对企业合规管理发挥着统领的作用。

2. 前瞻性原则：企业合规管理要求企业不仅仅是被动地遵守、应对法律法规的监管，更要走在法律法规的前面，要具有前瞻性和预测性。

3. 全面性原则：全面性原则是公认的企业合规管理原则。《中央企业合规管理指引（试行）》已经将此原则确立为企业合规管理的首要原则，要求合规管理覆盖企业各业务领域、各部门、各级子公司和全体员工，贯穿决策、执行、监督各环节。②

4. 协同性原则：《中央企业合规管理指引（试行）》第四条将此原则确立为企业合规管理的一项基本原则，要求推动合规管理与法律风险防范、监察、审计、内控、风险管理等工作相统筹、相衔接，确保合规管理体系有效运行。

5. 责任性原则：该原则也是《中央企业合规管理指引（试行）》确立的企业合规管理的一项基本原则。

6. 适用性原则：《企业境外经营合规管理指引》第五条将此原则确立为企业合规管理的基本原则之一，要求企业合规管理从经营范围、组织结构和业务规模等实际出发，兼顾成本和效率，强化合规管理制度的可操作性，提高合规管理的有效性。

7. 独立性原则：该原则是有关合规管理的国际标准、指南以及我国国家标准、办法和指引都确认的一项合规管理基本原则。主要体现在：合规负责人的独立性和合规管理部门与合规管理人员的独立性。

---

① 陈瑞华：《论企业合规的基本价值》，载《法学论坛》2021年第11期。
② 王汝洋：《强化合规管理助力行稳致远——〈中央企业合规管理指引（试行）〉解读》，载《山东国资》2019年第7期。

8. 客观性原则：该原则体现在：一是严格依照法律法规等规定对企业和员工行为进行客观评价和处理；二是企业合规管理应当贯彻以合规规范为依据，以客观事实为准绳的原则。

9. 透明性原则：提高企业合规管理的透明性可以增加全体员工的信任，也是实施和改善企业合规管理的关键。

10. 专业有效原则：制定符合监管要求的合规管理制度，建立与企业实际相适应的工作机制，并根据发展需要持续改进完善，不断提升人员队伍专业化水平，确保合规管理发挥实效。

11. 实施精准原则：通过信息化手段将合规要求全面融入经营管理活动，利用大数据对重点领域关键节点开展实时动态监测，加快提升合规管理数字化、智能化水平。

12. 持续性原则：合规管理是一个持续的过程。持续合规、持续改进，从企业实施合规管理开始，贯穿企业始终，直至企业消亡。

(二) 合规管理机构

合规管理机构，是指在企业经营管理过程中，为实现其合规风险防控的治理目标而在企业内部设置的独立的职能机构。合规管理机构是企业合规治理体系的重要组成部分，承载合规政策和计划的设计及推行，负责识别和预判企业经营管理中的合规风险，保障合规计划的整改落地。合规管理机构是合规治理体系的核心要素，因而也是评估企业合规计划是否有效的重要节点。

1. 合规管理机构的组织结构

企业合规管理机构的组织结构不同于其他管理职能的组织结构，其具有完全独立性的固有属性，有管理、监督、指导、评审、调查、问责等相关职能。企业合规管理机构的建立和完善，要因企制宜、因事制宜，根据公司经营的业务性质、地域范围、监管要求等设置，其规模要与合规管理任务相匹配。合规管理机构，一般由合规委员会、合规负责人和合规管理部门组成。尚不具备条件设立专门合规管理机构的企业，可由相关部门如法律事务部门、风险防控部门暂行合规管理职责，同时明确合规负责人。[①]

2. 合规管理机构的职权

为保证合规管理职责能够独立、权威、高效地实现，合规管理机构需要具备几个方面的职权：（1）信息权。（2）调查权。（3）汇报权。（4）否决权。（5）管理权。（6）资源保障权。

---

① 国家发展改革委、外交部、商务部、人民银行、国资委、外汇局、全国工商联关于印发《企业境外经营合规管理指引》的通知（发改外资〔2018〕1916号）第十一条。

(三) 合规管理制度

1. 什么是合规管理

合规管理是一门新的管理学课程，是指以有效防控合规风险为目的，以企业和员工经营管理行为为对象，开展包括制度制定、风险识别、合规审查、风险应对、责任追究、考核评价、合规培训等有组织、有计划的管理活动。合规管理体系是指结合公司实际情况建立的一套以有效防控合规风险为目的，以企业和员工经营管理行为为对象，开展包括制度制定、风险识别、合规审查、风险应对、责任追究、考核评价、合规培训等有组织、有计划的管理体系。[①] 一般包括合规管理组织体系、合规风险防范体系、合规管理运行体系、合规支持体系、合规监控体系、合规应对体系、合规文化体系等。由国际标准化组织制定的《合规管理体系 要求及使用指南》(ISO37301：2021)[②] 是律师为企业建设合规管理体系的重要参考文件。

合规管理、业务管理和财务管理并称现代企业管理的三大支柱。强化合规管理已成为企业管理发展的一个新的潮流。2014年ISO19600《合规管理体系——指南》和2021年ISO37301《合规管理体系 要求及使用指南》，结合2018年发布的《中央企业合规管理指引（试行）》和《企业境外经营合规管理指引》，合规管理制度应包括13个构成要素，即合规方针、合规组织、合规风险管理、合规制度与流程、合规审查、合规管理评估、合规审计、合规考核与评价、合规宣传与培训、违规管理与问责、合规计划与合规报告、合规管理信息系统及合规文化。这是从宏观角度来看的合规管理制度，也就是广义上的合规管理制度。从微观角度来看，合规管理制度着眼于合规运行的具体制度，即狭义的合规管理制度，相关的合规程序、合规文化等合规运行系统和评价体系等就不考虑在内。合规管理制度不仅要关注要素的完整性，同时要强调重点要素，一套良性运行的合规管理制度在各要素都具备的前提下，应当突出重点，针对企业自身的性质、运行环境等综合因素，制定具有企业自身特色的合规管理制度。狭义范围内的合规管理制度包括通用合规管理制度和专项合规管理制度：(1) 通用合规管理制度：是指每个企业都必须具有的管理制度。要构建合规管理制度，必须从企业的规章制度入手，分层次、分领域予以一一建章立制，从而形成一整套互相配合、互相衔接的合规体系，以此来覆盖企业经营管理中的各大领域与环节经过长年累月的积淀，进而形成企业的合规文化。企业合规管理是一个持续的过程，是企业对自身管理体系的再造与提升。当前企业在构建合规管理制度时，仍明显存在以下几个问题：

[①] 《国资委印发〈中央企业合规管理指引（试行）〉》，载《招标采购管理》2018年第11期。

[②] 2022年10月12日，国标《合规管理体系 要求及使用指南》GB/T35770-2022发布，《合规管理体系 指南》GB/T 35770-2017废止。

一是缺乏完善的合规管理框架；二是缺乏合规管理资源，如精通合规问题的专业人员、可共享的合规平台等；三是缺少专门的合规部门。一方面说明企业领导对合规重视不够；另一方面也是因缺乏专业人才而提出的防控风险建议缺乏实质性价值。这种"大而全"的制度，在实际工作中流于形式而无法起到真正的指导作用。（2）专项合规管理制度：是指企业针对某一合规风险点，为避免行政处罚或刑事追究就某一特定事项制订的合规管理计划。专项合规计划是企业合规的灵魂，同时也是构建整个合规体系的基础。①设立专项合规管理部门。②明确基本内容。所谓专项管理，就是制订科学合理的专项计划，随后制定相应的规则让相关人员予以遵守执行，从而调动企业的相关职能，以实现企业的有效合规功能，达到预期目标。

2. 合规管理制度的重点

合规管理制度的前提是对企业在经营管理中风险点的识别，在准确辨识和判断企业管理风险点的基础上，建立起防范风险的合规管理机制。合规管理作为一项独特的风险管理技术，本身就源于对一些重大风险事故的深刻反思。

可根据合规风险防控和合规领导机构履职的需要，结合企业实际、涉嫌犯罪事实，对涉案企业进行合规现状分析，指导、帮助涉案企业设立合规目标，细化合规措施，制定商业行为准则、员工合规手册等合规管理规范，搭建合规制度体系。

根据《中央企业合规管理指引（试行）》中的有关规定，合规管理的重点主要包括重点领域、重点环节和重点人员三个方面。（1）合规管理的重点领域：根据相关规定，合规管理的重点领域包括市场交易、安全环保、产品质量、劳动用工、财务税收、知识产权、商业伙伴等。[①]（2）合规管理的重点环节：从合规系统建立的流程上来看，主要有以下几个重点环节：①制度制定环节。②经营决策环节。③生产运营环节。④其他需要重点关注的环节。（3）合规管理的重点人员：合规管理中最为核心的是对重点人员的管理，因他们是公司经营时的重要人物。因此，合规要在企业内外部形成合规合力，做好主动合规和积极合规，其首要任务是培养重点人员的合规意识，规制其合规行为。①切实提高管理人员的合规意识。②切实提高重要风险岗位人员熟悉并严格遵守业务涉及的各项规定的自觉性。③切实提高海外人员熟悉国内外法律法规的自觉性。

3. 合规组织体系的建立

可根据企业类型、规模、业务范围、行业特点等，设置相适应的合规领导机构、合规管理部门、业务部门合规联络员；针对决策层、管理层、执行层制定不同的岗位职责，形成三道防线，建立合规组织体系；配备专职或兼职的合规管理人员，明确具

[①] 骆彬：《企业法治建设的几点思考》，载《中小企业管理与科技（上旬刊）》2019年第2期。

体的、可考核的合规管理职责。

4. 合规保障体系的建立

为合规管理体系的有效运行提供必要的人员、培训、宣传、场所、设备和经费等人力物力保障。重点做好以下保障：

(1) 管理层支持；

(2) 专项经费支持；

(3) 合规人才引进支持；

(4) 一般包括合规管理组织体系、合规风险防范体系、合规管理运行体系、合规支持体系、合规监控体系、合规应对体系、合规文化体系等。

(四) 合规流程评审和监控

合规管理制度和管理体系建立后，要对体系运行情况进行常态化的实时监控以及不同深度、不同频率的评审，及时改进以确保其体系持续的适用性、充分性和有效性。就评审而言，评审什么，如何评审。首先要有明确的合规制度，一般可以从以下几个指标来评审：(1) 可获得性；(2) 责任承担；(3) 质量；(4) 审查与批准；(5) 定期评估。

企业应在合规管理体系中建立对合规管理活动进行适时监控的工作机制，具有监视、测量、分析和评价的功能，涵盖合规政策与合规风险的匹配性、合规管理资源的充足性、合规职能机构的独立性、合规目标的达成度、控制措施和绩效指标的有效性等监控要点，主要包括企业合规风险识别预警机制、合规监测和风险评估审查机制、合规信息举报与调查机制、合规风险应对处置机制等几个方面工作机制。

1. 合规风险识别预警机制

重点合规风险领域涉及的法律法规较多，企业应全面系统梳理经营管理活动中存在的合规风险，对风险发生的可能性、影响程度、潜在后果等进行系统分析、识别、预判合规风险，对于典型性、普遍性和可能产生较严重后果的风险及时发布预警。包括：(1) 内部控制监控；(2) 核心业务流程监控；(3) 审计监控；(4) 第三方尽职调查监控；(5) 外部信息预判。

2. 合规监测和风险评估审查机制

企业的合规管理制度应当与企业的合规风险相匹配，不要求面面俱到，但要针对企业的重要和关键点设置合理、科学、充足的防控机制。因此要对企业自身面临的风险进行充分识别和排序，建立风险库。对此，企业可以通过定期监测来评估合规管理的有效性，这种监测通常以合规风险评估的方式进行。具体步骤包括：(1) 成立专门的评估小组；(2) 业务及职能管理部门定期填写自我评估表；(3) 业务及职能管理部门定期确认评价指标和控制点的准确性、执行情况；(4) 业务及职能管理部门就业务管理过程中发现的合规管理缺陷，提出整改方案和计划；(5) 企业管理层针对年度合规风险评估中发现的政策、程序、实施或执行中的缺陷提出处理计划,针对所发现的新的合规风险,采取政策或程序上的补救措施。

3. 合规信息举报与调查机制

企业应根据自身特点和实际情况建立和完善合规信息报告及举报体系。员工、客户和第三方均有权进行举报和投诉,企业应充分保护举报人。第一,企业应在合规管理制度中明确规定全体员工关于合规管理的问题,都有向上级或合规管理机构报告的义务。第二,明确员工各自岗位上的合规义务。第三,核心岗位员工定期提供书面报告,表明其已经了解行为准则并严格遵守合规管理制度。第四,应保障所有人包括员工、客户和第三方都能够无顾虑地举报违反合规政策或合规义务的行为。第五,应在企业内部建立实时举报通道,完善电话举报、网络举报、书面举报、当面举报等举报途径,搭建全面有效的举报平台,并对有贡献的举报人给予必要的奖励。

4. 合规风险应对处置机制

企业应建立合规风险应对处置机制,对识别评估的各类合规风险采取恰当的控制和处置措施。发现合规风险后应采取的应对措施包括:一是及时纠正违规。二是持续更新改进合规管理体系。三是在企业内部及时采取适当的奖惩措施。四是获得行政监管的认可。五是化解刑事处罚风险。

(五) 合规文化建设

1. 合规文化的定义

企业合规文化建设是一项全员参与的系统性工程。合规管理的至高境界是形成合规文化,而合规文化的要求是"合规从高层做起、全员全面合规、合规创造价值"。合规文化作为合规要素,是评估合规计划有效性的重要指标。

合规文化是合规管理的基石,是保障合规管理体系有效运行的重要支撑。《合规管理体系 要求及使用指南》(ISO37301:2021)在引言中开宗明义:"为获得长远发展,组织必须基于利益相关方的需求和期望,建立并维护合规文化。""合规的可持续性体现在将合规融入组织文化,以及员工的行为意识。"最后归结为"合规管理体系的目标之一是协助组织培育和传播积极的合规文化"。在《合规管理体系 要求及使用指南》正文3.28将合规文化定义为:"贯穿整个组织的价值观,道德规范,信仰和行为,并与组织结构和控制系统相互作用,产生有利于合规的行为规范。"由中国中小企业协会发布的《中小企业合规管理有效性评价》团体标准,在第九章对合规文化建设有效性评价专门作了说明。由中标信达认证公司参与起草的《企业合规师职业技能标准》也对企业合规师的合规宣传合规文化建设,合规意识和敏感性制定了技能标准。

可见,合规文化有效性是可以评价的。合规文化是合规管理的灵魂,它贯穿于合规管理体系整个过程,可以规范人的意识和行为,是合规之"道"。说到底,合规管理是对合规义务合规风险进行评价管控,是对责任人行为的具体管理,是一门系统性的管理科学。而由道德、诚信、价值观、信仰等要素组成的合规文化与合规管理体系各要素相辅相成,相得益彰。可以以文化人,从价值观、道德层面规范约束人的合规意识和行为。先进合规文化的力量是巨大的,那么企业如何进行合规文化建设?[①]

与其他合规要素不同,合规文化是在实践中较晚成为合规计划有效性指标的要素。在国外以往的合规计划有效性评估实践中,一方面,相关机关欠缺评估经验和专业知识;另一方面,法律规范天然具有形式性。

从《合规管理体系 要求及使用指南》5.1.2(2)的规定可以看出合规文化是企业文化,对于整个组织所要求的共同行为准则,治理机构最高管理者和各管理层应作出积极的、明示的,一致且持续的承诺。

也就是说,企业的最高管理者应根据企业的性质、经营理念、愿景,明确提出与企业合规方针一致的,能够体现企业合规文化的价值观和核心理念,即企业合规文化的宗旨,该宗旨是高度概括精练的企业合规共同准则。

广义的合规文化具有很多优势,但最大的疑问是执法司法机关在多大程度上介入企业文化的道德层面才具有正当性。从执法、司法(政府干预与社会治理)而非企业管理、公司治理(企业自治和市场经济)的视角看合规计划,作为合规计划有效性评估标准的合规文化不应对企业施加超出法律的要求,也要避免由执法司法者决定企业是否具有一套良好的价值观和道德准则。狭义的合规文化概念应具有三个特征:一是在主体维度上,合规文化由企业的高级管理层推动;二是在空间维度上,合规文化遍及企业整体;三是在时间维度上,合规文化下的良好的合规计划的运行在企业具有日常性、持续性、长期性。综合起来,合规文化是指企业的高级管理层通过各项举措自上而下营造的使制订良好的合规计划(不含道德内容)日常性、持续性、长期性地运行(企业的合规管理)的状态。

2. 合规文化的特点

归纳合规文化,有以下特点:(1)合规文化的源头是合规意识。合规意识是人们关于法律现象的思想、观念、知识、心理的总称,它是公民主动遵规守法的心理基础。(2)合规文化是企业的内在需求。根据国内外企业的经营实践与监管经验,合规风险是产生其他风险的重要诱因,特别是导致企业操作风险的主要和直接诱因。(3)合规文化体现了价值取向。合规文化是企业在业务发展和经营管理中形成的遵规守法的价值取向。(4)合规文化通过制度来表达。合规文化理念应通过一系列制度体现并传达给每一位员工,也就是说企业进行制度建设时,就应包括对合规文化的理解、所倡导

[①] 安杰:《企业合规文化建设及作用》,载搜狐网,https://www.sohu.com/a/571097016_121123736,最后访问时间2023年5月23日。

和鼓励的价值取向。(5) 合规文化的界限意识。有权力的人都容易滥用权力，使用权力一直遇到界限为止，合规文化就是这个界限。(6) 合规文化有一定的脆弱性。管理层对违规行为的无原则宽容，随意解释、破坏或变相规避法规制度，都会使合规边界变得模糊，进而导致整个公平环境和良好风气的损毁。①

3. 合规文化的有效建设

合规文化是合规计划有效性评估体系中的一种指标而非核心，但其同时能与其他指标相融合，即合规文化要求设计良好的其他合规要素（其他合规计划有效性标准）遍及企业，日常性、持续性、长期性地存在和运行。根据《合规管理体系 要求及使用指南》5.1.2（1）的规定，组织应在其内部各个层级建立维护并推广合规文化。企业各层级各职能部门因实际业务不同，合规义务、合规风险、合规目标也不一样，反映在合规文化建设上也各有侧重。这就要求各层级各业务部门培育与企业合规文化方针一致，契合本层级本部门合规目标，能够反映本层级本部门特色的合规文化，为企业整体合规文化建设作出贡献。

（1）要树立全员合规的文化理念，先进的合规文化具有强大的渗透力和教化作用，可以预防或消除合规风险于无形。各层级各部门要以人为本，充分发挥员工的主观能动性，全员参与合规文化建设。让合规的理念，合规文化渗透到每个员工的潜意识中，从被动的要我合规升华到主动的我要合规。

（2）开展丰富多彩的文化活动和合规文化培训，通过"寓教于乐"的文化活动，使员工了解领会企业合规文化的内涵，通过文化活动陶冶情操，提升员工的精神境界。

（3）合规文化要有褒奖和惩处的作用。

（4）学习、借鉴、交流、创新合规文化。

（5）带动第三方合规文化建设。树立大合规理念，保持全域全员所有第三方的合规。与第三方一起营造和谐、合规、合作共赢的营商环境。

（6）跨境企业的合规文化建设。

合规文化建设是合规体系建设的"灵魂"。合规文化作为一种价值观和理念，应贯穿于企业运营管理过程的每个环节。企业应当将合规文化作为企业文化建设的重要内容，企业决策层和高级领导层应当确立合规理念，并将合规文化传递至利益相关方，同时不断提升员工的合规意识和行为，营造依法办事、按章操作的文化氛围。

只有树立起人人合规、主动合规、全流程合规的文化理念，合规才能成为全员的行为准则和自觉行动，合规文化才能真正融入企业血脉，合规体系建设才能真正落实落地。

---

① 梁枫、何勇：《企业合规文化建设的 12 条建议》，载搜狐网，https://www.sohu.com/a/583742252_121446383，最后访问时间 2023 年 5 月 23 日。

(六)合规管理体系有效性评价[①]

企业应当建立合规管理评价机制,评价的目的是及时发现合规管理体系运行过程中存在的问题和不足,并进行整改和持续改进,确保企业合规管理体系持续的适用性、充分性和有效性。

1. 进行合规绩效考核:合规绩效考核是指以企业合规制度为依据,对机构、部门和干部、员工开展合规各项控制措施和相关管理规定的行为,按照考核标准,实行评价和管理。合规绩效考核的对象包括合规制度适用的机构、部门和领导、员工。

实践中,通常以企业根据外部监管要求和内部制订的《合规手册》为直接依据,强化合规绩效考核的结果运用,将合规职责履行情况作为员工考核、干部任用、评优评先等工作的重要依据。一般是将合规绩效考核纳入企业薪酬管理体系,遵循公平、公正、公开的原则,以客观指标和明确的分值来评价员工履行岗位职能的合规情况。

2. 进行合规管理有效性评估:企业合规管理评估通常包括有效性评估和完整性评估。有效性评估是指已建立合规管理体系的企业为了进一步完善合规体系设计,对合规体系的有效实施与有效运行进行的评估。完整性评估则旨在指导企业建立合规体系,扩展合规管理职能及完善合规要素和合规内容。

"合规管理有效性评估"是企业根据监管要求或参照相关标准、依据,对合规管理活动及其所发挥的实际效用进行评估的行为。企业应当定期开展合规管理体系的有效性评估,可以针对重点业务合规管理情况适时开展专项评估,强化评估结果的运用。有效性评估的程序一般包括:评估准备、评估实施、评估报告和后续整改四个阶段。评估方法包括但不限于访谈、文本审阅、问卷调查、知识测试、抽样分析、穿行测试、系统及数据测试等。

大多数中央企业从合规管理职责、合规管理重点、合规管理运行、合规管理保障四个方面进行合规管理体系建设。同样,在开展合规管理有效性评估时,也是参照此结构进行评估。

在评估指标体系中,具体指标并不固定,需根据企业实际情况和项目需求量身定制,在实践中倾向于使用具有较强弹性的评估指标,充分考虑评估的阶段性特征的同时,也要兼顾评估深度和调查实操性、评估重点和全面性的平衡。

大型企业开展合规管理有效性评估工作时,需要遵循全面性原则。合规管理有效性评估应当覆盖企业经营管理活动的全过程,评估指标应当系统、全面。总集团和下属企业之间的利益往来、合规管理体系的统筹安排等都是评估工作的重点。

对跨国经营型企业在开展合规管理有效性评估工作时,需要注意中外合规管理要求的差异。对于跨国经营型的企业来说,不能只关注本土合规管理的有效性,对于有

[①] 本节内容主要参考北京市律师协会《企业合规管理与律师实务操作指引》相关规定。

业务合作或进出口往来的国外地区的法律制度也要严格遵守。

3. 合规管理有效性评估应定期开展,一般一年至少进行一次。其一般流程为:

(1) 作出评估决定。

(2) 成立合规评价小组。企业需要成立合规评价小组。可以聘请第三方机构或者由企业各部门抽调相关人员组成联合评估工作组,并且明确负责人,开展合规管理有效性的评估工作。应当确保评估小组具备独立开展合规管理有效性评估的权力,并确保评估小组成员具备相应的履职能力。评估小组的权力应来自企业最高管理层的授予,要切实保障评估小组可独立顺畅地开展评估工作,全企业人员应尽全力予以支持配合。

(3) 文档收集和审查,制订评价方案和评价计划。评估小组需要获取和审阅合规管理体系设计、执行的相关文档,包括合规管理政策和程序、内部审计报告、与企业的合规运营及经营活动相关的各类文件。

(4) 开展评价活动,现场检查与评价。评估小组可通过调查问卷、调阅资料、实地查看、个人访谈等手段来深入挖掘信息、查找存在的问题,把从各种途径渠道了解到的信息进行交叉印证,对企业合规管理制度的完备性、体系的完整性、机制设置的适当性和运行的有效性以及合规文化的环境氛围作出全面的评价。

(5) 评估信息的分析,发现合规管理缺失、遗漏或薄弱的环节,并提出整改建议。评估小组可以通过分析所收集的重要信息,对企业合规管理体系的状况进行详细评估,利用表格、矩阵如实地反映企业当前的合规管理体系运转及执行状态,同时对应目前行业领先的企业合规管理所采用的指标框架,将合规管理体系内各个重要元素分别进行对标。

(6) 编写完成年度合规管理评估报告。最终评估结果应当以书面报告的形式展现,应当包括评估结果和意见、阐述企业合规管理工作涉及按重要性排序的风险及事项,并提供下一步潜在工作的具体意见。① 按规定程序向董事会、合规委员会提交年度合规管理评价报告。

(7) 提出改进方案。

4. 合规管理有效性评估的具体评价指标

指标1:合规管理体系建设是否横向覆盖集团所有管理职能、经营管理业务和经营区域,是否纵向贯通集团内所有企业?

指标2:治理层、管理层、执行层是否明确合规管理责任机构及其管理职责,职责分工是否明确、各司其职,相关人员配备是否适当?

指标3:是否制定了规范本企业规章制度建设工作的制度性文件和规章制度更新的标准化流程?是否明确规章制度建设的统筹部门?规章制度是否已覆盖全部业务领

---

① 王志乐:《合规:建立有效的合规管理体系》,中国经济出版社2016年版。

域和管理职责，且内容合法，符合企业实际？规章制度能否根据外部法律监管环境的变化以及企业管理的实际需要及时调整更新？是否建立了合规管理基本制度及其配套规定和重点领域的专项规定？规章制度是否已有效宣传贯彻？

指标4：是否已对合规风险进行有效的识别和评估，并及时调整更新？是否已根据合规风险级别合理配置资源，采取有效措施防控重大合规风险？是否已通过内部检查、审计等方式检验合规风险防控措施的有效性？是否已建立有效的合规风险预警机制？

指标5：是否已持续开展合规宣传，使企业内部形成合法合规经营的企业文化？是否对员工持续进行合规培训？是否已建立有效的合规风险报告机制？是否有专业系统和数字化手段保障合规管理要求落实？是否已将合规指标纳入企业及员工的绩效考核？是否已建立违规追责机制？

5. 合规管理体系改进

合规管理体系改进是合规管理循环以及风险管理过程的必备步骤。唯有改进，才能完成一个合规管理循环。合规改进的步骤包括两部分：一是对不合规的纠正；二是改进和改善已有的合规措施。

纠正和改进对企业来说是合规管理的重要组成部分。纠正和改进可以将某些负面事物转化成对风险识别，流程优化，风险管控有利有益的信息和机会，为合规管理中的预防和监督部分提供有价值的内容，为合规培训提供活生生的案例，并帮助提升企业的合规和道德文化。

企业根据合规审计和体系评价情况，进入合规风险再识别和合规制度再制定的持续改进阶段，保障合规管理体系全环节的稳健运行。

企业应积极配合监管机构的监督检查，并根据监管要求及时改进合规管理体系，提高合规管理水平。

为保证合规风险闭环管理，企业应明确合规管理改进政策，定期评估合规管理体系的有效性，并将测试监控的成果纳入改进工作。企业应根据内外部环境变化，持续调整和改进合规管理体系。

五、刑事诉讼中的涉案企业合规

（一）涉案企业刑事合规的概念及对象

涉案企业合规是涉嫌单位犯罪的企业或者实际控制人、经营管理人员、关键技术人员等涉嫌实施与生产经营活动密切相关的犯罪，在检察机关等国家机关或者第三方组织的监督下，通过制订和实施合规整改计划，强化企业自治，建立健全预防违法犯罪的合规管理体系。前述"企业"的范围主要是指涉案企业以及与涉案企业相关联企业等各类市场主体。包括国企民企、内资外资、大中小微企业等。把企业合规引入刑事司法程序作为司法裁量的重要情节，既是司法机关、检察机关立足自身职能，深刻分析和主动回应犯罪结构变化和整体形势变迁的新要求，依法推动国家治理体系和治理能力现代化和服务保障经济社会高质量发展的重要举措，也为涉嫌犯罪的企业与企业相关人员提供一个完善自身治理体系的机会，有效预防和识别违法犯罪行为，促使经济社会在免受不必要冲击的同时，建立企业违法犯罪预防机制。

企业刑事合规，其实是对涉罪企业"合规不起诉"或附条件不起诉的另一个说法。简单地说，是指对企业在生产经营活动中涉嫌犯罪行为后，企业本身具有合规意愿的，检察机关通过责令企业针对违法犯罪事实，制订专项整改计划，并监督计划实施，推进企业合规管理体系建设，待企业达到合规标准，然后视情况对企业作出相对不起诉决定的法律制度。刑事合规就是企业合规的组成部分，是最基础的部分，也是最重要的部分。

企业刑事合规应该包括以下几个方面的内容：

一是实施刑事合规的对象，是涉嫌犯罪且罪行轻微的企业单位，而不是个人。实践中，所谓罪行轻微的基本尺度，是指可能判处3年以下有期徒刑的案件。其法律依据，分别来源于《中华人民共和国刑法》（以下简称《刑法》）第三十七条规定："对于犯罪情节轻微不需要判处刑罚的，可以免予刑事处罚……"；《中华人民共和国刑事诉讼法》（以下简称《刑事诉讼法》）第一百七十七条第二款规定："对于犯罪情节轻微，依照刑法规定不需要判处刑罚或者免除刑罚的，人民检察院可以作出不起诉决定。"

二是涉嫌犯罪的企业单位要有合规意愿。也就是说，企业刑事合规程序的启动，是发生了涉嫌刑事犯罪的企业单位基于企业自身利益考虑，而有主动开展刑事合规的意愿，并非企业之外的其他单位或个人强迫企业为之。

三是企业开展刑事合规业务过程，必须置于检察机关的主导之下。即是否同意企业适用刑事合规程序，什么时间开始，制订什么样的合规整改方案，选择什么样的合规监控人来监督企业的合规整改方案及过程，是否达到合规标准，这一系列的工作，其最终的主导方，均是人民检察院或人民检察院的审查起诉部门。

四是企业刑事合规的最终目的是通过合规整改，达到对涉嫌犯罪的企业不再进行刑事起诉，从根本上维护企业声誉，促进企业发展，防止企业损失，从总体上维护国家经济利益。

关于企业合规问题的对象，虽然一些大型企业，包括央企、大国企等几年前就开始探讨实施，但在现阶段，检察机关探索建立的企业刑事合规制度，其目标更多地体现在民营企业身上。因为事实上，民营企业已经成为推动我国经济发展的重要力量。

（二）为什么要进行企业刑事合规

企业刑事合规和企业的涉嫌犯罪行为紧密相关。对于企业犯罪现象，如果简单地采用刑法规定的单位判处罚金、个人判处有期徒刑的"双罚制"方式追究企业和相关人员的刑事责任，不仅不能从根本上阻却企业犯罪现象的发生，甚至还有可能让更多的企业因涉罪而污名化，直到全面破产。久而久之，动摇的是一个地区乃至一个国家的经济根基。

实践中，因为发生一起犯罪案件而毁掉整个企业的案例屡见不鲜。企业发展面临的这种形势，一方面倒逼立法机关从立法层面研究遏制和预防企业犯罪；另一方面则促使相关部门反思，如何将已经发生刑事犯罪的企业可能的损失降到最低，甚至通过行使一定的补救措施来挽回企业损失。而企业刑事合规制度的出现，无论是从理论还是实践上，都为企业走出涉罪困境，防止企业涉罪灭失提供了思路和可能。

具体说来，企业因涉罪问题而开展刑事合规，具有非常重要的意义。刑事合规可以为企业发展提供法治保障。司法实践表明，以往那种企业单位犯罪后以罚金为主的刑罚措施，即使再严厉，也很难产生最佳的威慑效果，并不能解决企业犯罪问题。某种意义上，所谓的"威慑"，只是一个陷阱而已。要让企业跳过这个"威慑陷阱"，必须转变思路，摒弃惩罚思维，实施激励功效。

而结合国内外实践，对企业通过合规整改，附条件不起诉的做法，恰恰适应了企业发展的这种激励需求。而在司法机关主导下的企业刑事合规，也为企业的这一做法提供了法治保障。

最近几年，我国检察机关和相关企业，特别是大型民营企业所作的探讨，无论是以合规换取作出不起诉决定或暂缓起诉，还是以合规进行无罪抗辩，甚至将合规作为从轻、减轻、免除刑罚处罚的情节，都是通过企业刑事合规，让企业免予或轻于刑事追究，进而免予破产的有效尝试和法律保障。

企业家正是从企业刑事合规的实践中，才深刻地体会到，只有合规，才能鼓励、引导、帮助企业进行行业自律和自我监管，减少违法犯罪成本损耗，重新获得免疫力，规避重大甚至毁灭性打击，从而让企业得到健康恒久发展。

（三）刑事合规整改方案的基本内容

企业涉嫌刑事犯罪后，通过刑事合规的方式，帮助企业走出困境，一套行之有效的整改方案或合规计划必不可少。而要真正能够做到使企业出罪，减轻或免予处罚，其整改方案必不可少，且必须具备以下基本内容：

一是企业认罪认罚态度及刑事和解的内容。所有企业的刑事合规行为，都是建立在涉罪企业对所犯罪行认罪认罚，并做好刑事和解基础上的。企业只有认罪认罚，做好刑事和解，解除追究刑事责任的"后患"，才谈得上通过合规争取不受刑事追究。因此，在整改方案中必须包含企业认罪认罚的态度，且必须做好刑事和解，没有后续纠缠。

二是完备的刑事合规队伍和机制。企业的刑事合规的整改，并非三言两语，一朝一夕，列几条规定就成，而是需要扎扎实实的人来做扎扎实实的具体工作。实践中，通常的企业合规考察期均在半年到一年时间。

企业合规涉及产品生产、开发经营、人员管理，需要专门的队伍、专业的人才参与，形成专门的纠偏机制。唯其如此，才能保证合规事项有人抓，有人管，得到落实。

三是切实可行的刑事合规措施。实践中，企业单位犯罪涉及内容很多，常见的如合同诈骗、非法吸收公众存款、生产销售假冒伪劣商品、虚开增值税专用发票，等等。无论企业合规整改方案对应的是哪一种或多种犯罪，都必须针对企业本身特点、发生犯罪的原因、防范的机制等，制定出具有针对性的措施。

可以说，刑事合规的措施，在某种意义上是企业能否达到合规标准的关键，是整改内容的核心。因此，涉案单位必须把整改措施作为合规方案的重中之重制定好，落实好。

四是常态化的监督报告体系。涉嫌刑事犯罪的企业单位，不会因为制订了一个整改方案，指定了整改人员和队伍而自行完成整改，从而达到合规要求，最重要的是把整改各项措施落到实处，实现整改目标。达到这样一个标准，关键是要有常态化、可执行的监督体系，要建立定期督察报告制度，对发现的整改措施不落实等问题及时纠正，确保相关的措施真正落到实处。

刑事合规的措施整改，不是企业一般的教育整顿，也不是一般的问题整改，而是一旦进入程序，就具有司法强制属性的整改。因此，必须具有常态化的监督报告运行机制，持续对涉罪企业的合规整改落实进行跟踪、反馈、监督，保证合规方案真正落实。否则，等待企业的将是更为严厉的刑事处罚。

五是制定合规管理制度，全面落实合规要求。合规管理制度是合规战略的具体化，也是实现合规战略的保证。依据规范的内容不同，合规管理制度可以分为商业行为准则、合规管理办法、重点领域专项合规政策、场景化的合规指引等层级。发布合规制度之后，企业亦需基于公司战略需求和业务发展，并结合外部法律法规变化等，及时修订、更新合规管理制度，以确保合规制度与合规战略的一致性。固有合规风险和剩余合规风险的变化，是企业开展合规管理工作的风向标，因此企业亦应当建立合规风险识别、评估及处置的制度和流程，关注重点领域、重点环节和重点人员，对风险发生的可能性、影响程度、潜在后果、原因等进行全面分析，将刑事合规风险管控进行制度化，以便采取有效措施，及时应对处置，切实防范合规风险。

六是与行政监管的有效衔接。应当说，所有企业单位的刑事犯罪，其源头都在于最初的行政违法。因此，企业刑事合规的整改措施，通常是行政监管和检察机关的司法管辖相融合。可以想象，如果一个连行政违法行为都不敢作为的企业，何谈它去触犯刑事法律。而相反，只有一个无法有效阻止其实施行政不法行为的企业，才会对企业的违法甚至犯罪行为产生纵容甚至激励作用。

七是重视合规文化塑造，树立积极正面形象。合规应当成为企业文化的核心价值观、全体员工的共同理念，这也是刑事合规计划的关键要求。良好的合规文化具有导向、约束、凝聚、激励及辐射作用，能够指引和规范企业的行为。企业管理层应作出合规承诺，率先垂范、身体力行，全体员工应认同并切实遵行合规要求。企业需建立制度化、常态化培训机制，确保所有人员理解、遵循企业合规战略及具体要求，践行依法合规、诚信经营的价值观，参与行业合规组织，营造和谐健康的经营环境。

（四）如何进行合规监管

如何选择有效的合规监管模式，是检察机关必须予以解决的重要课题。目前实践中，企业整改计划的合规监管，主要有以下几种方式：

第一种方式是由检察机关主导的监管。即由检察机关与符合适用合规条件的企业签订刑事合规监管协议，后者制订有效的合规计划，并同意接受检察机关的监管。执行中，检察机关除业务部门办案人员外，应设立刑事合规专员，全程参与对企业的监管，承办对案件的审查、协议签订和监管考察等各项工作。

监管协议内容应当包括企业承担配合案件调查及合规调查义务，企业承担被害人赔偿、缴纳罚款等补救性义务，企业制订合规计划，建立有效预防犯罪的制度，企业定期向检察机关报告合规计划执行进度，协议考察期限以及履约或违约法律后果等。

其中，根据合规监管协议内容，企业应当指派高管或聘请律师等专业人员，组织合规监管小组，以制订和改进监督合规计划。检察机关也可以根据具体情况，直接聘请具有合规经验的律师、审计、会计、税务等专业外部监管人，制订企业合规计划，并监督合规计划的执行。

第二种方式是独立的第三方监控人模式。这种模式中，检察机关与司法行政机关经过协商，共同确定外部监控人，以供涉案企业从中聘请独立监控人。这些独立监控人一般由律师事务所、会计师事务所、税务师事务所等外部机构兼任。

独立监控人的一项重要职责是根据企业的历史和现状，出具刑事合规报告，成为检察机关是否作出附条件不起诉的依据。独立监控人确定之后，与涉案企业签订独立监控协议，明确监控权限、职责范围、履职方式、聘期、费用、权利义务及违约责任。同时，要协助涉案企业提出有效的书面合规计划，并协助检察机关对涉案企业进行监督考察，定期督促合规计划落实并向检察机关作出报告。

第三种方式是行政部门监管模式。即检察机关在审查起诉过程中，对于符合适用合规考察条件的企业，委托政府行政部门担任考察机关，对企业实施合规计划的情况进行考察监督。根据这一模式，检察机关可以委托政府行政主管部门，或者企业所在街道、乡镇政府部门担任考察机关，企业出具接受合规考察承诺书。

考察机关可以督促企业切实有效地实施合规计划，聘请律师参与合规计划，对企业提交的实施计划报告进行分析。考察期满出具的涉案企业合规考察评估报告，以及是否提起公诉的建议，最终作为检察机关决定是否提起公诉的重要参考。

（五）企业刑事合规的法律后果

企业刑事合规，其本质是对犯罪企业的附条件不起诉，秉承的是认罪认罚从宽制度及协商性司法理念，是我国刑事诉讼制度重大而深刻的变更，其最终的法律后果，是企业通过落实刑事合规计划，做好赔偿，缴纳罚款，完善制度，堵塞漏洞，防止再犯，达到检察机关规定并认可的合规标准，对企业的涉罪行为不再提起公诉，从而防止企业因罪而亡。

通常通过以下几个方面来体现法律后果：一是企业承认违法犯罪事实，认罪认罚并愿意缴纳罚款，赔偿被害人的损失及补偿；二是有刑事合规意愿，并制订全面合规计划；三是接受人民检察院的合规指导和第三方的监管监督；四是定期适时汇报合规整改情况；五是达到刑事合规标准；六是由检察机关综合评定对涉罪企业相对不起诉。

第二编　律师从事企业合规法律服务[①]

律师开展合规法律服务的类型包括但不限于合规管理体系建设、合规调查、合规监管应对、合规评价、商业合作伙伴合规管理、合规培训、合规顾问等。但就涉案企业来说，律师如何正确提供涉案企业合规顾问服务，如何担任第三方监管人进行有效监管？是最需要厘清和明确的重点。

[①] 本编内容主要参考江苏省律师协会《律师从事合规法律服务业务指引》和广州市律师协会《律师开展企业合规法律服务业务指引》的相关规定编写而成。

第一部分　律师从事合规法律服务与传统法律顾问服务的区别和联系

一、传统法律顾问的特点

法律顾问服务是指在一定期限或者一定范围内，为客户提供常态化的法律咨询、出具法律意见的服务。传统的法律顾问服务，作为一种咨询服务，本身是一种被动性的服务。即只有在客户有问题需要咨询时，律师才会去被动地提供解答和解决方案。根据服务周期的不同，法律顾问服务分为常年法律顾问服务和项目法律顾问服务（又称专项法律顾问服务）。根据客户对象的不同，法律顾问服务可以分为为个人提供的法律顾问服务、为政府机关提供的法律顾问服务、为商事主体或者非营利性机构提供的法律顾问服务等。传统的法律顾问内容着重于控制、降低企业的法律风险，仅仅注重对客户单方权益的保护。在意识到合规风险时，受客户需求影响，律师往往通过交易安排规避合规义务，把合规和客户的商业利益对立起来。

做过常年或者专项法律顾问业务的律师应该清楚，顾问服务最令人纠结的部分莫过于因"顾问"这一身份，导致律师很难在顾问单位拥有一些实质的地位和权力，如果顾问单位方面又有过高的期望值和较低的配合度，那么顾问服务的实施就会变成一锅夹生饭。因此，如何避免类似情况在涉案企业合规顾问服务过程中发生，就是律师应当重点关注的服务要点。

二、合规顾问（律师从事合规法律服务）[①] 的特点与区别

合规法律服务本身具有主动性的特点，这一点区别于传统的日常法律服务的被动咨询的特点。如果合规顾问也是以被动式的咨询答复、文件审查、修订工作为主，则模糊了合规顾问和一般法律顾问的界限，增加了涉案企业合规整改偏离合规计划和目标的概率。事实上，无论是主导型模式还是辅助型模式（详见第三编），都要求律师在提供合规顾问服务过程中必须有主动性。这是合规顾问服务区别于传统的法律顾问

---

① 律师从事合规法律服务，在各地实践中有不同的概括。例如，江苏省律师协会《律师从事合规法律服务业务指引》规定"合规法律服务的类型包括但不限于合规管理体系建设、合规调查、合规监管应对、合规评价、商业合作伙伴合规管理、合规培训、合规顾问等"。安徽省律师协会《安徽省律师从事涉案企业合规建设评估业务操作指引》规定"合规顾问律师：指合规顾问中为涉案企业提供合规服务的律师"。本书以"合规顾问"的表述来和一般法律顾问进行区别，并主要在第三编展开分析。第四编则围绕"律师作为第三方监管人"的操作展开分析。

服务被动咨询的最主要的特点——合规顾问在涉案企业合规整改中的定位，以及工作量承担的多寡。

合规事务会涉及企业运营中的方方面面并贯穿于企业/项目运营的始终。合规事务通常需要主动地介入企业或者项目的运营，这包括规则的制定和落实、规则运行的常态监控和对于违规行为的调查和处理；这些通常都需要合规业务人员介入。合规服务的主要工作目标，则不是单方面控制法律风险，而是控制公司整体的合规风险，同时注重对企业以及其利益相关方的保护，提高公司、企业等商事主体的合规管理水平。此外，合规业务也不再以传统的法律风险控制作为其目的，并拓展了为企业运营建立秩序、强化组织功能、提高效率、降低成本和损失等维度。合规法律服务，要求把公司合规义务的认知、研判、评价、践行等事项独立出来，形成独立的合规维度，避免公司因商业利益诉求而忽视甚至规避合规义务。

因此，从公司治理的角度而言，合规业务的把控层级比法律顾问的着眼点更高，合规业务对于企业的重要性也远超过传统的法律事务。在一些大型的跨国企业中，不论是合规和法律统一为一个部门还是分立为两个不同的部门，合规业务对于企业的支持力度和介入的深度都在超越单纯的法律支持部门。合规业务的相关人员对于企业的业务和企业运行状况的了解也超过了一般（指不做合规业务）的法务人员。合规法律服务要求律师具备国际化视野，律师需要关注的法域从国内法扩展至国际法、业务所在地法律法规、商业道德等；律师需要关注的主体从企业自身扩展至企业的利益相关方，包括当地监管机构、企业周边的社区、企业的员工、工会、合同相对方、消费者等；更为重要的是，律师在为企业提供合规服务的过程中，尤其是合规管理体系服务，要注重对企业全体成员合规意识的培育以及企业合规文化的培育，这是一个需要长期交流和投入的过程。

虽然合规法律服务与传统的法律顾问服务在内容上存在较大区别，但是合规法律服务可以采用类似法律顾问的服务形式提供。因此，良好的做法是：第一，在签订法律顾问合同的情况下，把常年法律顾问服务的内容和合规法律服务的内容并列，并专门就合规法律服务内容与客户达成共识；第二，分别签订法律顾问合同和合规法律服务合同，并由律师分别履行该两份合同；第三，相比于法律顾问服务，合规法律服务往往更适合签署专项的服务合同，如专门就某一块业务的制度建设进行服务或者就某一专门的合规问题提供从问题调查到制定解决方案、监控方案/规则运行等一整套的合规专项服务。合规顾问服务的良好实施，重点在于处理好两个方面的问题：一是处理好内部关系，即合规顾问与涉案企业的关系，让合规建设在企业内部真正落地；二是协调好外部关系，即涉案企业与外部人员组织的关系，让合规建设得到来自企业外部的肯定。

第二部分 律师从事企业合规法律服务的内容和要求

一、律师从事企业合规法律服务的内容

在企业合规发展大趋势下，律师可以通过企业合规法律服务，帮助企业精准识别合规风险、提供有效合规计划，从而保障企业依法合规经营，获得合规激励。律师从事企业合规法律服务包含但不限于以下内容：

1. 为企业经营管理合规提供法律服务，保障企业依法合规经营，实现企业健康稳健发展；

2. 为企业建立符合行政监管激励机制的合规计划提供法律服务，为行政监管部门与企业达成行政和解协议创造条件；

3. 为企业建立符合刑法激励机制的合规计划提供法律服务，以期使涉嫌犯罪的企业获得合规不起诉的结果；

4. 为企业建立符合境外国家和国际组织合规要求的合规体系提供法律服务，以期通过合规计划保证涉外经营活动的合规。

二、律师从事企业合规法律服务的职责和义务

1. 律师从事合规法律服务有严格依据《中华人民共和国律师法》（以下简称《律师法》）、《律师职业道德和执业纪律规范》等规定，恪守行业规范、职业操守和职业道德；

2. 律师从事合规法律服务应充分了解与客户相关的法律法规，如果涉及国有企业的，应当充分了解国有资产管理的相关规定；

3. 律师从事合规法律服务应了解客户的商业（业务）模式，法律、风控、内控的相关制度，避免提出的合规方案和计划与实际相脱节；

4. 律师从事国有企业（包括国有独资公司、国有控股公司）合规法律服务应熟悉国企相关法律法规，充分了解其决策机制，合规制度的构建应与之相匹配；

5. 律师为客户进行投资、并购及发展第三方合作伙伴时，应当做好合规尽职调查，对评估与防范合规风险提出专业性意见和建议；

6. 律师为客户提供合规内部调查服务，应协助客户查明违规行为、识别责任人、发现合规管理漏洞，为切割员工责任与企业责任、建立与完善合规体系做好充足的准备；

7. 律师从事合规法律服务要遵守保密义务，除按照与客户签订的合同履行相关义务外，还必须对其提供法律服务过程中接触、了解到的国家秘密、商业秘密、不宜公

开的情况及个人隐私负有保密的义务;①

8. 律师从事合规法律服务有防止利益（执业）冲突义务，担任合规法律服务律师以及律师事务所，如果同时担任合同双方或当事人双方的服务律师或者与其均有利益关系的，应依照相关律师执业避免利益冲突的规则，来避免因此产生利益冲突，并积极向客户等进行解释或说明，以防止争议及纠纷的产生；

9. 律师从事合规法律服务应当严格按照《中华人民共和国律师法》《律师职业道德和执业纪律规范》以及《律师执业行为规范》等来规范同行业的竞争，防止行业内部出现不正当的竞争行为以及诋毁同行的行为；

10. 律师担任合规监管人应当具有相应的专业能力、与企业形成委托代理关系（有不同意见者认为双方之间不能形成委托关系，否则会影响监管的公正性），同时，要保持基本的独立性，协助检察机关进行合规监管并接受后者的持续监督；

11. 律师参加第三方组织，作为第三方监管人，在履行第三方监督评估职责期间：（1）不得违反规定接受可能有利益关系的业务；在履行第三方监督评估职责结束后一年以内，律师及其所在律师事务所不得接受涉案企业、个人或者其他有利益关系的单位、人员的业务。（2）从事合规监管过程中，应当实事求是，杜绝伪造证据，协助客户逃避监管等不当行为。（3）不得利用履职便利，索取、收受贿赂或者非法侵占涉案企业、个人的财物。（4）不得利用履职便利，干扰涉案企业正常生产经营活动。

三、律师从事企业合规法律服务的类型和方式

1. 律师从事企业合规法律服务的类型包括但不限于：
（1）合规管理体系建设；
（2）合规调查（合规体检）；
（3）合规评估与合规报告；
（4）合规监管应对（刑事合规与行政合规）；
（5）合规保障体系建设；
（6）合规培训；
（7）商业合作伙伴合规管理；
（8）合规重点领域专项顾问等。

2. 企业合规法律服务的方式主要包括常年合规法律服务和专项合规法律服务。

四、律师从事涉案企业合规法律服务的内容和方法

1. 律师从事涉案企业合规法律服务通常是指在审查起诉阶段开展的，以帮助涉案

---

① 徐家力主编：《律师实务》，法律出版社2007年版。

企业申请适用企业合规试点和第三方机制，协助涉案企业建立有效合规计划为宗旨的一系列法律服务的总称。

2. 律师在办理涉企犯罪案件时，应当注意审查涉案企业是否符合企业合规试点以及第三方机制的适用条件，及时征询涉案企业、个人的意见，以适当的方式向检察机关提出适用企业合规试点以及第三方机制申请。

3. 律师可以帮助企业制订合规计划，帮助涉案企业通过第三方组织审查。制订合规计划应主要围绕与企业涉嫌犯罪有密切联系的企业内部治理结构、规章制度、人员管理等方面存在的问题，制定可行的合规管理规范，构建有效的合规组织体系，健全合规风险防范报告机制，弥补企业制度建设和监督管理漏洞，防止再次发生相同或者类似的违法犯罪。

4. 律师在帮助涉案企业适用企业合规试点和第三方机制的服务中，应督促涉案企业及其人员按照时限要求认真履行合规计划，避免涉案企业出现拒绝履行或者变相不履行合规计划、拒不配合第三方组织合规考察或者实施其他严重违反合规计划的行为。

5. 发现涉案企业在预防违法犯罪方面制度不健全、不落实，管理不完善，存在违法犯罪隐患，需要及时消除的，可以结合合规材料，向涉案企业提出法律建议。

6. 在第三方机制运行期间，如发现第三方组织或其组成人员存在行为不当或者涉嫌违法犯罪的，应及时向涉案企业反馈，向负责选任第三方组织的第三方机制管委会反映或者提出异议，或者向负责办理案件的人民检察院提出申诉、控告。

五、律师从事合规法律服务的风险防范

1. 律师从事合规法律服务涉及的风险类型主要包括：行业惩戒风险、行政处罚风险、民事责任风险、刑事责任风险。

（1）律师从事合规法律服务的行业惩戒、行政处罚风险防范：

第一，虽然合规法律服务与传统法律服务有一定的区别，但本质上仍然是一种法律服务，因此律师在从事合规法律服务时，也应当清晰地了解提供法律服务过程中应当遵守的执业行为规范及执业纪律要求。

第二，针对合规法律服务涉及对象多、业务细分类型多、工作量大等特点，在开展合规法律服务时应特别关注利益冲突、规范收案收费、代理尽责、保守商业秘密等执业规范，防范因触犯《律师协会会员违规行为处分规则（试行）》《律师和律师事务所违法行为处罚办法》等规定而导致受到行业惩戒或者行政处罚的风险。

（2）律师从事合规法律服务的民事责任风险防范：

第一，律师从事合规法律服务应当由律师事务所与客户签订书面委托合同，双方建立民事法律关系，律师在履行委托合同过程中应勤勉尽责，努力钻研业务，掌握从事合规法律业务所应具备的法律知识和服务技能，防止因服务不尽责、提交成果存在错误等原因而被客户要求退还律师费甚至赔偿损失的民事责任风险。

第二，为防范从事合规法律服务的民事责任风险，从事该业务的律师应建立专业团队、对不同工作类型和阶段进行分工，专业律师团队应针对合规法律服务的综合性，加强执业技能提升，综合学习研究相关法律法规、公司治理、服务企业所在行业规则、监管规则、域外法律法规、财务/税务等专业知识，构建复合型的合规人才队伍，避免在提供合规法律服务过程中由于对有关专业知识的不熟悉而导致提供错误的法律服务成果。

(3) 律师从事合规法律服务的刑事责任风险防范：

一是律师在提供合规法律服务过程中，对于客户的违法要求应予以拒绝，并阐明拒绝理由以及相应的法律依据；

二是律师在从事涉案企业合规整改等刑事合规法律业务时，应严守执业规则，在协助客户防范刑事法律风险的同时，更应防范自身刑事责任风险，坚决抵制毁灭证据、伪造证据、妨害作证等违法犯罪行为，严守律师执业底线。

2. 注意免责条款的约定

律师在办理合规业务时，应当在订立的法律服务合同中，增加免责条款的规定。例如，"律师事务所为委托人提供合规法律服务，不应视为律师对委托人行为合规的保证；律师对某一商业行为，某一体系、制度、流程是否合规的判断，仅为律师的职业判断，律师已做到勤勉尽责的，不对其分析和结论的正确性做出保证；除了律师违反职业道德和执业纪律要求之外，律师事务所不对律师的执业后果承担赔偿责任"。

3. 执业风险的主要防范措施

(1) 引入专业律师团队：引入专业律师团队作为合规项目的总负责人，配合客户，做好每一步、每一环节、每一程序、每一阶段的法律服务工作，包括尽职调查、合规管理体系的设计、管理架构的组建、合规计划书的起草、合规制度的编制以及后期合规运行等一系列法律问题的法律风险提示或者风险防范。

(2) 专业律师团队具备的条件：合规法律服务律师应是专业团队，需要包括法律专业人士、相关行业专家、涉外专业人才等，以减少从事合规项目法律服务的各项风险。此外，在很多情况下，律师还应具备一定的财务/税务知识，或者团队中应引入这方面的专家提供支持。

(3) 提高专业律师团队素质、技能：引入的专业律师团队必须加强自身的素质建设及执业技能提升，减少因服务不到位、法律适用不当、工作方法不当导致客户经济损失，导致其承担不应承担的法律责任，同时从事合规法律服务的专业服务律师应兼具或不断学习国际规则、域外法律法规、行业规则、监管规则、商业道德等知识。此外，鉴于合规业务通常需要对企业所在的行业和企业的业务有较深的认识和了解；这就要求律师应对相关行业有较深的知识储备，以及谨慎介入自己不熟悉的行业。

(4) 专业律师团队工作作风：专业律师团队树立良好的工作作风及高度的工作责任

心，为客户建立完善的合规制度、程序，使责任明确到位，从而防范及减少法律风险。

（5）专业律师团队的底线：对于客户的违法要求，专业律师团队应立即拒绝，并向客户阐明拒绝理由的法律依据。①

第三部分 律师开展企业合规法律服务的办理流程

一般来讲，律师开展合规法律服务的类型包括但不限于合规管理体系建设、合规调查、合规监管应对、合规评价、合规培训、商业合作伙伴合规管理、合规顾问等。但就涉案企业来说，律师如何正确提供涉案企业合规顾问服务，如何担任第三方监管人进行有效监管，是最需要厘清和明确的重点。对此，该两部分内容是本书的重点，本编不重点涉及这两个方面内容，将在第三编和第四编详细展开。

一、律师开展合规管理体系建设业务的办理流程

1. 确立委托关系：与客户签订专项法律服务合同，明确服务内容和服务范围。合规管理体系建设的服务期限较长，建议法律服务合同签订期限不低于6个月。

2. 开展尽职调查工作：与客户的法务部门（或者合规业务部门）对接，必要时与主要业务部门进行访谈；了解以下内容：公司的沿革、公司的治理结构、管理架构、公司的业务、公司业务的主要利益相关者、公司的合规管理现状、公司各部门的合规意识等。与企业特点有关的重点领域合规分析（市场交易、商业贿赂、安全环保、产品质量、劳动用工等）。尽职调查的目的在于了解公司的基本情况、风险管理情况、合规意识情况，对于建设合规管理体系的有利和不利之处。

3. 梳理合规规则：根据客户的特点和类型，总结客户涉及的合规要素，梳理与客户行业、业务、所涉国家相关的公司合规规则、基础法律规定。

4. 拟定《合规风险报告》：根据尽职调查的发现，对标现行《合规管理体系指南》及《中央企业合规管理指引（试行）》等政策法规标准，帮助企业了解目前的合规管理水平，全面掌握企业的合规管理工作现状，发现与标准准则的差距，总结合规风险，拟定《合规风险报告》。

5. 拟订《合规管理体系建设方案》：根据企业合规管理需求，制订符合《合规管理体系指南》、法律规定、企业治理结构实际要求的合规管理体系建设方案，并在获得公司认可后协助公司实施。建设方案应当包括完善公司治理结构的建议、董事会的合规职责、合规管理架构的搭建、合规管理部门的职责、合规岗位的设置、合规岗位

---

① 朱静：《律师参与PPP项目法律服务的要点与注意事项》，载《中国律师》2015年第7期。

的合规职责、合规管理制度建设、具体合规规范建设、合规运行机制的设计、合规培训内容的建议等。

6. 建立合规管理体系构架、内部运行流程：协助企业依照《合规管理体系指南》搭建合规管理体系及制定合规管理方针，体系应覆盖企业各业务领域、部门，贯穿全业务流程。通过业务过程梳理和组织结构的优化，明确合规管理责任制并梳理各业务流程环节的合规管理要求、合规绩效和职责。同时补充完善合规管理流程框架，包括合规风险评估和防范流程、违规行为调查流程、监督流程、投诉与举报流程等。

7. 合规义务收集与风险评估：协助企业梳理各环节适用法律法规、标准及其他合规要求，并编制《重要合规义务清单》及合规性检查清单。建立合规义务识别机制，全面系统地梳理经营管理活动中存在的合规风险，指导各部门进行识别评估，并制定风险管控措施。包括反舞弊、反商业腐败、反垄断、反不正当竞争、财务税收合规、知识产权、环境管理、安全制度、职业健康等方面。识别企业全生命周期的合规风险，并指导建立《典型合规风险分析与控制措施策划》等。

8. 体系文件策划与编制辅导：策划合规管理体系文件架构，辅导企业梳理各环节合规管理的相关要素及其过程文件，并将其转化编制成公司管理文件，包括合规管理方针、合规管理制度、合规管理规范等。

9. 合规培训：组织公司进行公司成员的合规初始培训，导入合规理念。

10. 合规管理体系的运行和测试：按照公司合规管理体系建设方案，协助公司合规管理部门成立和运作、合规管理文件颁布和实施，并形成运行《测试报告》。组织并检查公司总体层面、各部门、各业务流程内部控制的体系运行工作；协助企业定期对合规管理体系的有效性进行分析，对重大或反复出现的合规风险和违规问题，深入查找根源，完善相关制度，堵塞管理漏洞，强化过程管控。

11. 档案管理：根据《合规管理体系指南》的要求，从应对监管部门调查的角度，协助企业完善归档流程、应存档文件清单、重要存档文件模板。

12. 成果验收：提请公司对合规管理体系建设的情况进行验收。

二、律师开展合规调查服务业务的办理流程

1. 确立委托关系：与客户签订专项法律服务合同，明确服务内容和服务范围。

2. 开展尽职调查工作：调查的内容包括违规行为是否存在、违规行为所涉及的具体事实经过、违规行为人的任职情况和个人其他情况、公司的管理规定、与违规行为有关的业务流程等。

3. 梳理合规规则：梳理与违规行为有关的合规规则、法律规定等。

4. 出具《合规调查报告》：内容包括详细的违规行为事实发生经过、有关合规规则和法律规定、对违规行为性质的分析、违规行为的处理建议等。

5. 区分违规行为的不同情况，以及公司对违规行为处理的相关意见，协助公司对违规行为予以劳动纪律处理、民事诉讼追究或者刑事报案。

需要注意的是，与合规管理体系建设法律服务不同，律师开展合规调查法律服务时，应当承担严格的保密责任，同时注意避免利益冲突。

三、律师开展合规监管应对业务的办理流程

1. 确立委托关系：与客户签订专项法律服务合同，明确服务内容和服务范围。

2. 开展尽职调查工作：调查的内容包括违规行为是否存在、违规行为所涉及的具体事实经过、违规行为人的任职情况和个人其他情况、公司的管理规定、与违规行为有关的业务流程等。

3. 梳理合规规则：梳理与违规行为有关的合规规则、法律规定等。

4. 出具《合规调查报告》：内容包括详细的违规行为事实发生经过、有关合规规则和法律规定、对违规行为性质的分析、违规行为的处理建议等。

5. 区分违规行为的不同情况，以及公司对违规行为处理的相关意见，协助公司对违规行为予以劳动纪律处理、民事诉讼追究或者刑事报案。

6. 协助客户对外发布与合规监管有关的信息。包括违规/不违规事实、受到合规监管的情况、公司的态度、违规事实的处理情况等。

7. 协助客户配合监管部门的调查工作，指导客户根据监管部门的要求进行整改。

四、律师从事合规评价业务的办理流程

1. 确立委托关系：与客户签订专项法律服务合同，明确服务内容和服务范围。

2. 开展尽职调查工作：与客户的法务部门（或者合规业务部门）对接，必要时与主要业务部门进行访谈；了解以下内容：公司的沿革、公司的治理结构、管理架构、公司的业务、公司业务的主要利益相关者、公司的合规管理现状、公司各部门的合规意识等。与企业特点有关的重点领域合规分析（市场交易、商业贿赂、安全环保、产品质量、劳动用工等）。尽职调查的目的在于了解公司的基本情况、风险管理情况、合规意识情况，对于建设合规管理体系的有利和不利之处。

3. 梳理合规规则：根据客户的特点和类型，总结客户涉及的合规要素，梳理与客户行业、业务、所涉国家相关的公司合规规则、基础法律规定。

4. 拟定《合规风险报告》：根据尽职调查的发现，对标现行《合规管理体系指南》及《中央企业合规管理指引（试行）》等政策法规标准，帮助企业了解目前的合规管理水平，全面掌握企业的合规管理工作现状，发现与标准准则的差距，总结合规风险，拟定《合规风险报告》。

5. 根据《合规风险报告》以及企业的实际情况，出具最终的《合规评价报告》。

内容包括：参照对应的合规标准（如针对合规管理体系，评价标准是《合规管理体系指南》；针对特定的专项合规项目，评价标准是具体的合规规则、法律法规）对企业合规管理的现状描述，列出合规风险，可能导致的后果、评价，建议采取的整改措施。

五、律师开展合规培训业务的办理流程

1. 确立委托关系：与客户签订专项法律服务合同，明确服务内容和服务范围。与客户进行沟通，了解或启发客户对合规培训的需求。

2. 律师可以提供合规培训的一般课程供企业选择，也可根据企业合规管理的需要，设置定制化培训课程。合规培训的一般课程包括：合规理念导入培训，合规法律法规串讲，合规管理体系建设和运行，合规管理文件解读，合规要素的讲解等。定制化培训课程，则可以通过了解企业目前合规管理体系的建设情况及其需求进行设置（如串通投标案，可以将与此相关的案例和法律规定等进行专门培训），或者针对社会上发生的，或企业自身遭遇的某些重大合规事项进行设置。

3. 根据合规培训的对象的不同，培训内容也有所区别。针对企业管理层，侧重于合规与公司治理的关系、合规与董事责任的关系；针对合规岗位人员、法务人员、内审人员，侧重于合规管理体系的建设、合规管理的流程等；针对全体员工，侧重于普及基础的合规理念，公司现有的合规制度，与业务紧密相关的合规要素等。

4. 提前制作合规培训课件和讲稿，并发送给企业审阅。

5. 进行现场合规培训；记录并回答现场的提问。

6. 培训结束后，可以发放问卷调查，了解培训效果；也可以根据企业要求，设置考卷。考卷作为合规的材料归档保存。

六、律师从事商业合作伙伴合规管理业务的办理流程

1. 确立委托关系：与客户签订专项法律服务合同，明确服务内容和服务范围。与客户进行沟通，了解或启发其对商业合作伙伴的合规期望，明晰目前存在的问题。拥有供应商、销售商、代理商较多的客户有更多商业合作伙伴管理方面的需求，特别是客户的商业合作伙伴与客户处在不同的地域、法域时。

2. 针对已建立合规管理体系的企业，熟悉和掌握客户的合规政策，并对适用于商业合作伙伴管理的相关合规政策进行分解；针对尚未建立合规管理体系的企业，了解其目前的合作伙伴管理制度。

3. 了解客户商业合作伙伴管理的模式，审核目前的管理制度，如是否有针对商业合作伙伴的分级管理，不同类型商业合作伙伴的管理部门、管理方式和手段是否合适，商业合作伙伴的进入、考核、退出机制是否顺畅，标准是否合理等，并提出优化建议。

4. 对客户与商业合作伙伴的交易文件进行梳理，并嵌入合规要求。可以要求商业

合作伙伴签署《商业合作伙伴合规承诺》，也可以在合同模板中加入合规条款，并赋予其适用违约条款的权力。

《商业合作伙伴合规承诺》的内容包括重点合规要素：诚信守法，反贿赂、反腐败，公平竞争，信息保护，知识产权，劳工标准，环境保护，财务与纳税，其他商业伙伴的管理，监督、投诉与举报，奖惩条款等。

合同中合规条款的内容可以参照《商业合作伙伴合规承诺》进行简要描述。

5. 协助客户对商业合作伙伴开展合规培训，宣传客户的合规理念。

6. 畅通投诉渠道，接受有关对商业合作伙伴的投诉，并进行处理。

七、律师从事合规顾问业务的办理流程

1. 合规顾问法律服务，分为合规常年顾问法律服务和合规专项顾问法律服务。以上六类合规法律服务，更适用专项法律顾问的方式提供，但也不排除使用常年法律顾问的方式。

2. 合规常年顾问法律服务的内容是：在服务期限内，为客户提供合规咨询、合规培训，对服务企业提出有针对性的合规整改意见和建议，最后出具《合规法律意见书》等。

3. 合规专项顾问法律服务的内容一般包括：针对客户的商业模式、特定业务、特定项目，提供合规咨询、培训服务，出具合规法律意见书等。商业模式，如社交电商；特定业务，如涉及出口管制的合规审查；特定项目，如某个对外投资项目，涉及被投资地的合规要求等。

八、律师从事涉案企业合规顾问业务的办理流程[①]

实践中，大多数从事涉案企业合规律师习惯将涉案合规企业流程分为七个步骤[②]：第一步：启动合规整改；第二步：开展尽职调查；第三步：制订合规计划；第四步：提交监管审核；第五步：合规计划实施；第六步：监管评估验收；第七步：审查作出裁决。

1. 启动合规整改：面对指控的罪名，涉案企业需要针对矫正违法经营行为向负责承办案件的检察机关申请启动合规整改程序。

该阶段工作是对涉案企业合规整改必要性的评估和判断的程序；申请启动的主体是涉案企业，不是涉案的高管人员，或者员工个人；申请对象是负责承办案件的检察

---

① 本部分详细内容操作指引具体详见第三编，在此仅就律师从事涉案企业合规顾问业务办理流程进行简要综述。

② 由姜先良律师结合涉案企业合规整改总结得出。

机关；申请时间一般是在案件进入审查起诉阶段。

2. 开展尽职调查：是指涉案企业和聘请的第三方专业机构（律师或者税务师）围绕被指控的犯罪事实进行相关风险识别及产生风险原因的了解、核实、分析并提出风险防范建议的工作。该阶段的工作性质是对涉案企业合规整改的内容进行了解和确定的程序。该步骤的工作内容包括：围绕被指控犯罪事实的风险识别；产生风险原因的了解、分析；提出风险防范的建议等。

3. 制订合规计划：在尽职调查识别和梳理合规风险的基础上，涉案企业要根据前一步骤尽职调查掌握的相关情况，依照最高人民检察院等九部委共同颁布的《涉案企业合规建设、评估和审查办法（试行）》等相关规定制订涉案企业的专项合规整改计划，这是合规整改计划的关键要素之一，直接关系涉案企业合规整改的成败。该阶段的工作性质是对涉案企业的合规整改进行整体规划，工作目的是确保合规整改符合合规建设原理和涉案企业实际情况。

4. 提交监管审核：涉案企业将制订完成的专项合规整改计划提交给第三方监督评估组织进行审核，经审核确认是否合格，以决定合规整改工作是否继续推进。经过审核确认的专项合规整改计划是整个合规整改工作的基础。

5. 合规计划实施：是指第三方组织在审核确认专项合规整改计划后，涉案企业按照审核确认的合规计划组织实施，确保合规计划各项任务落地。该阶段是合规整改计划落实的重要环节，如何确保计划得到充分贯彻落实，确保计划执行的充分性是其直接目的。

6. 监管评估验收：是指涉案企业在完成专项合规整改计划各项任务的落实后，将计划落实情况提交第三方监督评估组织进行审核评估，以确认是否合格的程序。该阶段是第三方监督评估组织对涉案企业合规整改情况进行核实和验收，对涉案企业合规整改情况经审查后得出是否合格的结论。

7. 审查作出裁决：是指对涉案企业的合规整改情况进行验收后，涉案企业依照刑事诉讼程序，根据第三方组织验收合格的结论，向办案检察机关申请就案件的处理结果，依据相关法律和刑事政策作出裁决。这是检察机关对涉案企业合规整改情况进行审查后作出最终裁决的环节，在该环节检察机关会对涉案企业涉嫌犯罪问题作出是否不起诉、量刑从宽的司法裁决。

第三编 律师提供涉案企业合规顾问服务操作指引和实践[①]

无论是主导型模式还是辅助型模式,都要求律师在提供合规顾问服务过程中必须有主动性。这是合规顾问服务区别于传统的法律顾问服务被动咨询的特点——主要区别在于合规顾问在涉案企业合规整改中的定位,以及工作量承担的多寡。

---

① 本编主要拟稿人:姚源远。

目前，律师应当参与涉案企业合规，并发挥其作为法律专业人士在企业合规整改中所起的指导、帮助作用，不仅已成为律师业界的共识，在理论和实务界，也得到了包括大专院校研究机构、司法机关专业人士的支持。一般来说，律师在刑事合规中有三重角色：一是作为体检师和工程师，开展预防式合规，帮助企业预防风险；二是作为辩护律师，开展治疗式合规，帮助企业化解危机；三是作为第三方监管人，开展复诊式合规，监督考察企业对合规计划的履行情况。可以肯定的是，在最高人民检察院开展的企业合规改革试点工作中，律师参与涉案企业合规本就体现了企业合规制度与现有法律、政策的衔接，它一方面表现在根据《刑事诉讼法》关于辩护的规定，律师在侦查和审查起诉阶段，可以辩护人的身份为涉案企业提供法律帮助，向公安机关和检察机关提出适用企业合规的申请，并发表意见；另一方面表现在根据九部委共同发布的《关于建立涉案企业合规第三方监督评估机制的指导意见（试行）》，律师可以作为涉案企业合规第三方组织组成人员，在合规考察期内针对涉案企业合规计划、定期书面报告开展必要的检查、评估。除上述两种路径外，业内普遍的看法是律师参与涉案企业合规还存在第三种身份选择，即作为涉案企业合规顾问为涉案企业开展企业合规整改提供企业合规建设意见和建议，帮助企业建立合规制度，协助企业践行合规承诺，其理由是：根据《律师法》第二十八条规定，律师可以接受自然人、法人或者其他组织的委托，担任法律顾问，或者接受委托，提供非诉讼法律服务。但笔者认为，这一观点只是回应了律师从事涉案企业合规业务在律师执业层面的合法性问题，但截至目前，无论是刑事诉讼法律制度，还是合规改革有关的制度文件，均未对律师担任涉案企业合规顾问作出明确的制度安排。这一缺失会对律师为涉案企业提供合规顾问服务造成一定的困难和阻碍，主要表现为：

1. 导致涉案企业合规顾问难以通过阅览刑事案卷了解第一手案件事实，一定程度上妨碍合规顾问服务的顺利开展。《刑事诉讼法》第四十条规定：辩护律师自人民检察院对案件审查起诉之日起，可以查阅、摘抄、复制本案的案卷材料。其他辩护人经人民法院、人民检察院许可，也可以查阅、摘抄、复制上述材料。但现实中，因企业合规体系建设的专业性和复杂性，有的辩护人并不一定胜任合规顾问的角色，存在辩护人与合规顾问并非同一律师的情况。此时，如不在制度安排上对合规顾问角色加以设计，基于《中华人民共和国保守国家秘密法》和《律师法》的相关规定，辩护律师将案卷交由合规顾问阅览则存在被追究泄露国家秘密相关责任的风险。为规避此风险，合规顾问只能通过与辩护律师的沟通了解案件相关事实和主要证据内容，但由于不能直接阅览第一手证据材料，且此情形下辩护律师往往是刑事专精而不擅长合规领域，一定程度上会妨碍合规顾问对合规风险的识别和梳理，从而对合规计划的制订产生一定影响。

2. 导致涉案企业合规顾问在涉案企业合规整改中的定位不明确，影响涉案企业与

⑦从招聘到离职：HR必备的十大法律思维及劳动仲裁案例实操

书号：978-7-5216-1197-7

定价：59.00元

⑧企业劳动法实战问题解答精要

书号：978-7-5216-3601-7

定价：69.00元

企业合规管理法律实务指引系列

①企业合规必备法律法规汇编及典型案例指引

书号：978-7-5216-2692-6

定价：98.00元

②企业这样做不合规：企业合规风险经典案例精析

书号：978-7-5216-3225-5

定价：59.00元

③数据安全合规实务

ISBN：978-7-5216-2828-9

定价：66.00元

④涉案企业合规实务操作指南：律师如何开展合规业务

ISBN：978-7-5216-3373-3

定价：82.80元

企业法律与管理实务操作系列

①劳动合同法实务操作与案例精解【增订8版】

书号：978-7-5216-1228-8

定价：109.80元

②劳动争议实务操作与案例精解【增订6版】

书号：978-7-5216-2812-8

定价：79.80元

③人力资源管理合规实务操作进阶：风控精解与案例指引

书号：978-7-5216-1508-1

定价：78.00元

④企业裁员、调岗调薪、内部处罚、员工离职风险防范与指导【增订4版】

书号：978-7-5216-0045-2

定价：52.80元

⑤人力资源管理实用必备工具箱.rar：常用制度、合同、流程、表单示例与解读

书号：978-7-5216-1229-5

定价：119.80元

⑥全新劳动争议处理实务指引：常见问题、典型案例、实务操作、法规参考【增订3版】

书号：978-7-5216-0928-8

定价：66.00元

中国法制出版社管理与法律实用系列图书推荐

M&L 企业管理与法律实用系列

① 劳动争议指导案例、典型案例与企业合规实务：纠纷解决、风险防范、合规经营、制度完善
书号：978-7-5216-3193-7
定价：138.00元

② 首席合规官与企业合规师实务
书号：978-7-5216-3184-5
定价：138.00元

③ 工伤认定典型案例解析与实务指南
书号：978-7-5216-2758-9
定价：59.80元

④ 企业股权实务操作与案例精解
书号：978-7-5216-2678-0
定价：68.00元

企业人力资源管理与法律顾问实务指引丛书

① 劳动争议高频问题裁判规则与类案集成
书号：978-7-5216-3180-7
定价：60.00元

② HR劳动争议案例精选与实务操作指引
书号：978-7-5216-2604-9
定价：69.00元

③ 人力资源法律风险防范体系：可视化流程指引和工具化落地方案
书号：978-7-5216-1842-6
定价：79.80元

④ 劳动争议案件35个胜诉策略及实务解析
书号：978-7-5216-1180-9
定价：88.00元

⑤ 人力资源数据分析师：HR量化管理与数据分析业务实操必备手册
书号：978-7-5216-2047-4
定价：68.00元

⑥ 管理者全程法律顾问
书号：978-7-5216-1201-1
定价：59.00元

第三方监管人、检察机关的沟通、交流，妨碍涉案企业合规整改和合规体系建设的顺利推进。

3. 导致涉案企业合规顾问在涉案企业合规整改验收、听证等程序中的定位不明确，不利于涉案企业合规程序的顺利推进。

上述问题并非没有解决方法，在笔者近期办理的一件单位犯罪案件中，笔者即以犯罪单位的辩护律师和涉案企业合规顾问的双重身份参与到刑事诉讼和企业合规程序中，最终也取得了良好的效果。究其原因，一方面在于笔者具有多年刑事诉讼和企业常年法律顾问、非诉讼业务的经验。另一方面在于案件本身并不复杂，涉案企业自身条件较好，客观上也降低了合规整改的难度。换句话说，如果企业合规整改难度超出了辩护律师的能力，导致辩护律师不得不寻求相关专业领域同行合作时，在相关制度安排缺失的前提下，只有让辩护律师担任名义上的涉案企业合规顾问，这一方法能够稍微解决涉案企业合规顾问身份定位的问题，但仍然无法彻底解决合规顾问团队其他成员阅卷的问题。

综上，在全国涉案企业合规改革试点工作推进如火如荼的当下，希望检察机关从探索和总结涉案企业合规制度和经验的角度出发，给律师参与涉案企业合规提供更加宽容的态度和更多的空间。当然笔者也相信，在最高人民检察院领导全国检察机关发力推进企业合规改革工作的背景下，制度安排方面都会得到妥善解决。

第一部分　涉案企业合规顾问服务的内涵

一、涉案企业合规顾问服务的定义

第一编的合规基础知识部分明确了涉案企业合规的内涵，与通常意义上的企业合规比较的话，其实质就是特殊与一般、被包含与包含的关系。因此涉案企业合规顾问服务，也就是在当前检察机关及其他有关官方部门关于涉案企业合规的法律、政策规定的程序和框架内，律师结合案件事实和涉案企业自身情况，通过顾问服务的形式，将企业合规的思维和方法应用于指导涉案企业合规整改的过程，以协助涉案企业、涉案员工实现相对不起诉目的。

律师提供涉案企业合规服务为什么一定要通过"顾问服务"的方式进行？

1. 《律师法》的要求；
2. 企业合规领域的惯例；
3. 界定律师在涉案企业合规整改中的定位。

二、涉案企业合规顾问的职责

根据笔者自身办理涉案企业合规案件的经验，涉案企业合规顾问在涉案企业合规整改中主要有以下几个方面的职责：

1. 指导或协助涉案企业制订合规计划和方案；
2. 指导或协助涉案企业落地和分解合规计划和方案的具体事项；
3. 指导或协助涉案企业进行合规具体制度的制定和合规体系的建设；
4. 审查并提示涉案企业合规计划实施的完成度和偏离度，提出合规整改意见和建议；
5. 指导或协助涉案企业与第三方监管人、检察机关的沟通、配合；
6. 指导或协助涉案企业起草、修改和提交合规整改报告；
7. 指导或协助涉案企业参与合规验收；
8. 指导或协助涉案企业、涉案员工参加听证会。

三、涉案企业合规顾问服务的工作原则

1. 独立原则。合规顾问受涉案企业委托提供合规顾问服务，但不应被涉案企业视为内部成员参与合规整改；也不应担任涉案企业合规领导机构或者组织机构的内部成员。以保证合规顾问作出专业思考和判断的独立性。

2. 客观原则。合规顾问应从涉案企业客观条件出发指导涉案企业的合规整改，不能期望以套模板或者一套放之四海而皆准的合规整改方法去提供企业合规整改服务，否则极易让企业陷入"假合规""假整改"的死局。

3. 勤勉原则。合规顾问服务是一个长期的过程，如果适用合规监管模式，期限至少为三个月，和一件诉讼案件审理期限相当；但相对于诉讼程序，其内容更加复杂，对合规顾问服务投入的时间、精力要求更高。要想使得涉案企业合规整改达到好的效果，合规顾问必须勤勉履职。

4. 专业原则。涉案企业合规整改以涉案企业的涉案专业领域整改为重点，这就要求合规顾问必须在涉案企业的涉案专业领域有一定专长或经验。比如，企业涉嫌串通投标罪的，那么其合规整改重点领域就是企业招投标行为，并且延伸扩展至整个不正当竞争专业领域，这就要求合规顾问在招投标乃至不正当竞争领域具备一定的诉讼和非诉讼专长和经验。

5. 协作原则。涉案企业合规整改和合规体系建设的复杂性，决定了涉案企业合规必然不是靠一个人或者几个人的力量能够完成的事务，它不仅需要合规顾问服务团队内部的有效协作配合，更需要合规顾问团队与涉案企业内部合规组织和人员的有效协作配合，这对合规顾问的协作意识、习惯和方法都提出了较高的要求。

四、涉案企业合规顾问服务的准备

（一）合规顾问服务方案的制订

涉案企业合规是新生事物，但企业合规并不是，因此在最高人民检察院开展涉案企业合规改革试点工作后开始试水涉案企业合规的第一批合规顾问，往往都是之前从事企业合规业务的律师及其团队。他们最大的优势就是在以往为企业开展合规业务过程中，已经形成了一套较为成熟并且行之有效的合规顾问服务方案。

（二）合规顾问服务团队的组建

合规顾问服务对律师勤勉、专业和协作的原则要求，注定合规顾问服务是依赖团队化模式开展业务的，并且对合规顾问团队的组建提出了较高的要求，主要包括两大方面：

1. 不同专业背景人才的挑选

首先，可以肯定的是，涉案企业合规顾问团队必须有资深的刑事律师，而且现阶段该律师往往也承担了涉案企业的辩护人角色，这是保证团队对合规风险的识别以及与涉案企业、第三方组织和检察机关保持沟通顺畅性的基本要求。

其次，涉案企业合规顾问团队应当配备公司业务尤其是擅长尽职调查等非诉讼业务的商事律师。这类律师相对于一般律师而言，除熟悉公司商事领域相关法律和规则外，另外一个很重要的优势在于工作习惯较好，如对业务资料的收集和梳理、业务计划和完成节点的把握、清单制作的工作方法等。

最后，涉案企业合规顾问团队应当根据涉案企业的涉案专业领域，配备在专项整改领域有专长或经验的律师或者非律师专业人员，如涉税犯罪最好邀请税务律师或者税务师参与；涉及环保犯罪最好邀请环保律师或专家参与等，有助于保证合规顾问团队与第三方组织中专业领域监管人沟通的顺畅和互动的对等。

2. 内部岗位设置和责任划分

根据合规顾问服务流程的需求，顾问团队内部岗位最好设置组织、顾问、执行、记录各基本岗位，并根据涉案企业合规整改的需求、律师能力、专长决定人选。比如，一名资深的合伙人律师，因其通常具有一定的管理经验，有利于组织协调好团队的工作安排以及把控团队的工作进度，并且因其积累的良好声誉，更容易在外部的沟通中取得信任和认可；而在专项整改领域有专长或经验的律师或者非律师专业人员，则可以纳入顾问岗位，作为咨询服务人员配合其他岗位人员开展工作；如果是一名具有较强的文本写作能力和材料组织能力的律师，则适合担任执行岗位，负责具体制度的撰写、汇编以及涉案企业内外部文件、文书的起草、审查；最后是记录岗位，可以由习惯好、做事认真的青年律师、实习律师或者律师助理担任，负责业务过程中的各项记录及相关材料的整理、保存等业务留痕工作。

当然，上述岗位设置和责任划分并不绝对，毕竟具有复合能力的人才也很多。尽管普遍认为合规顾问服务更适合团队化展开，但实践中也时常会看到律师单打独斗的情形，这样的律师无疑是以个人能力同时负责了以上多个基本岗位的工作。对此，笔者敬佩但不提倡，毕竟个人的时间和精力是有限的，大多数律师也不会在一段时间内只做一项业务，结合涉案企业合规顾问服务的工作原则中对律师勤勉的要求，团队化模式仍应是保障服务质量的最优先选择。

（三）合规知识的学习培训

由于合规业务发生领域的多样性，为满足合规顾问服务团队开展业务的需要，合规顾问服务团队必须是一个善于学习研究的团队，其中最重要的是建立学习培训的机制，主要包括：

1. 在培训范围上，应当实现"涉案法律知识＋专业领域知识"的全覆盖。前者包括案件涉及的刑事、行政法律法规、规章、规范性文件和国家、地方政策文件；后者则包括涉案企业主营业务，尤其是涉案专业领域方面的基础知识、常识。

2. 在培训机制上，可以采用"集中培训＋个人学习"的方式，实行"线上＋线下"相结合的方式，重视线上方式的运用，以适应时间碎片化和办公地点不固定的特点；同时，要通过团队内学习任务布置，定时进行考核并开展学习交流、讨论活动，不断优化团队人员的知识结构。

第二部分　涉案企业合规顾问服务的流程

一、涉案企业合规顾问服务的洽谈

（一）涉案企业合规顾问服务的切入路径

律师想从事涉案企业合规顾问服务，案源从哪里来？笔者根据公开案例、个人经验以及和其他律师界同人交流探讨的结果，从客户、第三方和其他三种视角出发，梳理出涉案企业合规顾问服务以下几个方面的切入路径：

1. 客户视角

（1）常年或专项合规业务衍生。2014年之前，国内的合规业务还很少。2014年之后，逐渐开始有知名律所和律师在国内尝试开展合规业务。其主要业务聚焦于协助企业制订合规计划、为企业提供合规调查服务等。这些律所和律师拥有从既往合规业务中衍生案源的路径。

（2）常年法律顾问业务衍生。在法律服务市场营销日益成熟的今天，很多律所和律师并不将常法业务的营利性作为其首要追求，而是将其作为培育客户的方式，这种思路是正确的。笔者目前参与办理的一起涉案企业合规案件，就是在常法业务沟通过程中，答复顾问单位如何应对执法调查的咨询而衍生出来的。

（3）刑事辩护业务衍生。一般而言，在刑事案件立案初查阶段，侦查人员出于谨慎办案的想法，往往不会明确将企业直接作为犯罪单位开展调查，而是主要围绕作为犯罪嫌疑人的员工开展调查询问，让企业配合调查，此时一般企业对相关后果和后续流程并没有充分的认识和判断，以为只要配合调查就没有问题了。而这种情况下，作为犯罪嫌疑人的员工一般会委托律师担任辩护人提供法律帮助，而在咨询和委托洽谈过程中，有经验的律师会敏锐地察觉到其中存在的涉案企业合规顾问服务的机会，从而通过涉案员工的渠道获得与涉案企业高层沟通、交流的机会，从中衍生出涉案企业合规顾问服务。

（4）企业高管私人顾问业务衍生。法律服务市场中有一类被称作"口袋律师"的私人顾问律师，他们通过常年的服务、沟通和交往，与企业高管形成了信赖伙伴关系，甚至可以影响到后者对于企业的决策。这提醒我们不但要去发展企业高管的私人顾问业务，更提醒我们要注意与律师同行保持良好的合作关系，毕竟律师都有自己擅长的执业领域，"口袋律师"不仅是涉案企业合规顾问服务的竞争者，也可以成为案源的提供者和合作方。

2. 第三方视角

（1）积极交流扩大影响力。当前，"不得为律师或其他法律工作者推荐承接检察机关办理的案件"已成为多地检察机关规定的检察人员职业行为准则之一，而律师可以通过检察机关组织的一些正规的检律行业交流活动，去扩展律师个人的专业影响力。

（2）第三方监管委员会推荐。九部委《关于建立涉案企业合规第三方监督评估机制的指导意见（试行）》第八条明确了第三方监管委员会可以建立本地区第三方机制专业人员名录库，根据目前各地政策和实践，第三方机制专业人员名录库均有一定数量的执业律师作为法律专业人员加入其中，目前官方并未禁止专业人员名录库中的律师担任涉案企业合规顾问，在此情形下，第三方机制专业人员名录库事实上可以被看作一份涉案企业合规顾问的专业推荐指南。

（3）第三方监管人推荐。当前官方尚无明确禁止涉案企业第三方监管人向涉案企业推荐合规顾问的规定，但从利益冲突的基本法理和逻辑出发，这样做是存在极大风险的。因此笔者强调的乃是作为专业人员名录库中的第三方监管人律师，在其未担任涉案企业第三方监管人的前提下，向涉案企业推荐合规顾问。此外，需要注意的是，无论是推荐人还是合规顾问，不能以明示或暗示的方式强调推荐人作为专业人员名录库成员专业能力以外的其他便利条件。

3. 其他视角

除前述提及内容外，其实还存在其他很多的合规顾问服务的发展路径，如参加活动开展企业公益培训、企业法治体检等，但这些路径与律师发展其他类型业务并无实质的不同，故此不再赘述。

(二) 涉案企业合规顾问服务的模式选择

涉案企业合规顾问服务涉及涉案企业与合规顾问之间的互相配合，那么在合规顾问服务过程中以谁为主导，即合规顾问服务的模式选择，应当是在合规顾问服务协议签订前必须明确的问题。从涉案企业合规顾问视角出发，合规顾问服务的模式可以分为主导型和辅助型两类。

1. 主导型

即涉案企业合规顾问作为涉案企业合规整改和合规体系建设的主导者，作为企业合规整改领导组织的重要成员，具体指挥、把控整个涉案企业合规整改的流程和节点，为企业合规整改提供全方位和全覆盖的合规顾问服务，在必要时还可以派驻顾问团队成员在涉案企业驻点办公，直接负责涉案企业有关合规机构设置、制度制定、文件审查、资料整理等具体事务。

主导型模式的优势在于：它强化了合规顾问对涉案企业合规整改效率和质量的把控，减少了企业合规整改偏离合规计划和目标的概率；减轻了合规整改给涉案企业工作人员带来的压力，企业只需要根据合规顾问的要求按部就班落实合规方案、开展行动、收集材料即可。

当然，主导型模式的劣势也显而易见：它一方面对合规顾问的管理和组织能力提出了较高的要求，也极大地增加了合规顾问团队的工作量，并且将大部分合规整改的风险揽到了合规顾问身上；而另一方面，合规顾问团队的全方位全覆盖服务，容易让涉案企业及高管、员工形成依赖心理，合规计划的参与性不足，也容易淡化他们对于合规重要性的认识，反而不利于合规意识在涉案企业的树立。而要克服这种劣势，就要求合规顾问团队重视提升涉案企业高管和其他工作人员对合规计划和实施的参与度，避免"纸面合规"的现象。

2. 辅助型

即涉案企业合规顾问仅作为涉案企业合规整改和合规体系建设的辅助者，作为企业合规整改的外聘咨询角色，在涉案企业制订、落实合规计划，进行专项整改和合规体系建设过程中提供专业意见，审查、提示相关风险，协助修订相关制度文件。在此模式下，一些案件甚至只需合规顾问一人即可办理。

辅助型模式的优势在于：它极大地减少了合规顾问的工作量，使得合规顾问的主要任务表现为提供法律专业和合规知识方面的咨询，而无须承担管理和组织工作，也减少了工作出错和责任承担的风险；它让涉案企业掌握合规整改的主动权，使得企业更容易从自身实际情况和条件出发制订和落实合规计划，从而提升涉案企业对合规整改的认识和参与度。

辅助型模式的劣势在于：合规顾问对涉案企业合规整改过程缺乏控制，如果合规顾问以被动式的咨询答复、文件审查、修订工作为主，则模糊了合规顾问和一般法律顾问的界限，增加了涉案企业合规整改偏离合规计划和目标的概率；而如果涉案企业内部对合规的意义和重要性认识不足，则即便由涉案企业主导的合规整改，也会沦为单纯以通过合规验收为目的的"纸面合规"。而要克服这种劣势，就要求合规顾问团队不能消极、被动地提供合规整改顾问服务，而是要积极过问涉案企业合规整改进度，对涉案企业合规计划的制订和落实进行主动干预，适时提出意见和建议，并充分利用合规培训的机会加强企业内部对合规意义和重要性的认识。

事实上，无论是主导型模式还是辅助型模式，都要求律师在提供合规顾问服务过程中必须具有主动性——这是合规顾问服务区别于传统的法律顾问服务被动咨询的特点——主要区别仅在于合规顾问在涉案企业合规整改中的定位，以及工作量承担的多寡。当然，这同时也影响到律师关于顾问服务费用的洽谈和收取。

（三）涉案企业合规顾问服务费用的洽谈

作为新生事物，涉案企业合规顾问服务市场尚未成型，顾问服务费用的市场标准自然也就无从谈起。根据笔者了解，目前大多数律所和律师都是以专项法律顾问业务或非诉讼业务的标准为参照开展顾问服务费用的洽谈，而无论是哪一种标准，其费用的决定因素主要考虑以下几个方面：

1. 模式选择类型。前文已述，律师是以主导型还是辅助型模式提供涉案企业合规顾问服务，其风险责任承担和工作量将会有很大的区别，显然主导型模式的收费标准应当显著高于辅助型模式，才能体现出费用合理性。此外，这里模式选择的类型还包括涉案企业合规模式的选择，即合规监管模式还是检察建议模式，然而无论从合规的紧迫性还是合规顾问的工作量等因素考虑，前者显然相比后者更容易获得更高的成交率和费用。

2. 企业涉罪身份。涉案企业是否以犯罪单位身份被追究刑事责任，决定了涉案企业领导层对企业合规重要性和紧迫性的认识和判断。显然，在涉案企业同时作为犯罪单位的条件下，涉案企业领导层为避免定罪处罚对企业带来的不良影响，更容易接受较高的费用报价；当然，即便仅仅是涉案员工被追究刑事责任，在费用洽谈过程中也要尽可能向涉案企业领导层阐明此种情形给企业带来的不良影响。

3. 企业类型和规模。涉案企业是内资企业还是外资企业？如果是内资企业，是大型企业、中型企业还是小微企业？企业的类型和规模，一方面，直接影响到企业的付费意愿和能力；另一方面，不同类型和规模的企业领导层自我认知和对企业合规的认识也不相同，从而间接影响到他们对合规顾问费用合理性的预期。一般来说，外资企业在付费意愿和能力上一般高于内资企业；而内资企业中，国有企业付费能力一般高于民营企业，但在付费意愿上，两者表现其实具有明显的一致性，主要受到企业涉罪身份的影响。因企业规模还影响到检察机关对合规模式的选择,如对中小微企业一般适用检察建议模式开展合规整改,那么此类企业在付费聘请合规顾问方面的意愿也不会很高。

4. 企业组织度。涉案企业自身的组织管理程度,与企业合规整改的难度以及合规计划制订和实施的顺利程度直接相关,也会直接影响到律师提供涉案企业合规顾问服务的工作量。因此,在洽谈费用过程中,可以通过与企业领导层的沟通对企业组织度进行初步的了解,从而对合规整改难度、工作量有一个初步的预期和评估。

5. 合规监管考察期(评估)。在合规监管模式下,律师根据企业类型和规模、企业组织度等因素,结合法律政策和自身经验,一般会对合规监管考察期进行初步的评估,即是否能在三个月内完成合规验收。考虑到行业内以工作时间来计算律师报酬的惯例,可以在洽谈费用过程中,将自行评估的合规监管考察期作为费用洽谈的一个因素加以考虑。

需要注意的是,上述费用洽谈的逻辑建立在计件收费方式的基础上。如果是计时收费方式,则可以在合规顾问服务方案中明确各类服务项目的小时计费标准和费用结算周期。

(四) 涉案企业合规顾问服务协议的签订

1. 合规顾问服务协议的主要内容和起草要点

(1) 合同名称。实践中,一般叫作"涉案企业合规顾问聘用协议""企业刑事合规顾问服务协议"或者"涉案企业合规顾问服务协议"等,无论何种,一般应体现涉案企业合规顾问服务的性质。

(2) 合同当事人。委托方为涉案企业,受托方为律师事务所。

(3) 委托原因。一般应写明委托方所涉刑事案件的案由、当前阶段和委托原因。

(4) 委托范围和事项。可以根据与涉案企业洽谈的方案,参考前文关于涉案企业合规顾问的职责选择确定。同时,建议明确合规顾问服务模式是前文提到的主导型还是辅助型。

(5) 委托期限。一般情况下,建议约定委托期限为合规听证结束之日或合规考察终止之日止,以避免企业合规整改进展不顺利的情形发生时产生争议;如当事人须明确具体的委托期间的,可以参考江苏省律师协会《律师从事合规法律服务业务指引》关于合规管理体系建设业务确定委托关系的建议,约定合同签订期限至少为6个月。

(6) 顾问报酬金额及支付方式、时间。根据双方洽谈达成的一致意见写明顾问费用的具体数额,因涉案企业合规顾问服务具有团队化、周期长和资料庞杂的特点,建议在费用磋商过程中一定要明确交通费、打印费等费用的具体承担,如需派驻人员驻点办公的,还应明确派驻人员就餐、交通和派驻补贴等费用的具体承担。在费用支付方式上，如果是计时收费的，应写明各类服务项目的小时计费标准和费用结算周期，以及不满最小工时情形下的费用计算问题。在报酬支付时间上，如不是采用计时收费模式，建议优先考虑一次性付款，但实践中，涉案企业往往会提出按项目流程节点付款的意见，双方应在协商一致后将节点付款条件和时间写入合同中。

（7）保密条款。协议应有专门的保密条款声明，律师在从事涉案企业合规顾问服务时负有保密义务，除按照与客户签订的合同履行相关义务外，还必须对其提供法律服务过程中接触、了解到的国家秘密、商业秘密、不宜公开的情况及个人隐私负有保密的义务。

（8）违约责任和合同解除。除一般情况下针对委托方的付款义务和受托方的履职义务约定具体的违约责任外，还要考虑涉案企业合规顾问服务的长期性，详细约定委托方拖延支付顾问报酬时，受托方行使合同解除权的具体条件。

（9）免责声明。由于涉案企业合规过程和结果的不确定性，为避免职业风险，律师应当在订立的合规顾问服务合同中增加免责条款的规定。对此，笔者建议可以参考江苏省律师协会《律师从事合规法律服务业务指引》第二十一条的建议内容："律师在办理合规业务时，应当在订立的法律服务合同中，增加免责条款的规定。例如'律师事务所为委托人提供合规法律服务，不应视为律师对委托人行为合规的保证；律师对某一商业行为、某一体系、制度、流程是否合规的判断，仅为律师的职业判断，律师已做到勤勉尽责的，不对其分析和结论的正确性做出保证；除律师违反职业道德和执业纪律要求之外，律师事务所不对律师的执业后果承担赔偿责任'。"

（10）争议解决条款。从有利于维护律师作为合规顾问利益角度出发，建议将争议解决方式约定为仲裁而不是诉讼，主要原因是各地仲裁委的仲裁员以律师居多，在律师工作量的评估、顾问报酬合理性的考量方面，更容易得出对合规顾问一方有利的结论。

（11）附则和附件。在协议的份数上，一般建议至少制作三份，除双方各执一份外，还有一份会作为涉案企业合规整改资料的一部分存卷归档。此外，如受托方有比较详细的合规顾问服务方案，建议作为合同附件在免责条款中标注具体名称，声明为合同的组成部分，与正文具有同等法律效力，并将内容附于协议正文之后，与协议正文一起加盖骑缝章。

2. 合规顾问服务协议的参考模板

涉案企业合规顾问聘用协议

甲方（委托方）：

乙方（受托方）：

根据《中华人民共和国民法典》《中华人民共和国律师法》的有关规定，甲乙双方秉着诚实信用的基本原则，经协商一致，订立本协议。

第一条　委托原因

在_____一案_____阶段，甲方被列为涉案企业/犯罪单位，为维护自身合法权益，尽最大努力争取不起诉结果，甲方拟委托乙方律师作为合规顾问，为甲方提供涉案企业合规顾问服务。

第二条　委托范围和事项

乙方律师在受聘期间，应以自己的全部法律知识和业务技能为甲方提供下列法律服务和收取律师服务费：

1. 指导或协助涉案企业制订合规计划和方案；
2. 指导或协助涉案企业落地和分解合规计划和方案的具体事项；
3. 指导或协助涉案企业进行合规具体制度的制定和合规体系的建设，包括审核、修改相关制度文件，开展合规知识宣讲、培训等；
4. 审查并提示涉案企业合规计划实施的完成度和偏离度，提出合规整改意见和建议；
5. 指导或协助涉案企业与第三方监管人、检察机关的沟通、配合，包括审查、修改向第三方监管人、检察机关提交的阶段性报告，参加第三方监管人、检察机关阶段性考察会议等；
6. 指导或协助涉案企业起草、修改和提交合规整改报告；
7. 指导或协助涉案企业参与合规验收，包括参加合规验收会议；
8. 指导或协助涉案企业、涉案员工参加听证会；
9. 与涉案企业合规整改有关的其他服务。

第三条　协议期限

本协议期限自本协议生效之日起至合规听证结束之日或合规考察终止之日止。（也可以直接约定起止时间，一般建议不少于六个月）

第四条　顾问报酬及其他必要费用的支付

1. 经甲乙双方协商一致，选择以下第___种方式计算并支付顾问报酬：

（1）计时收费。根据附件《合规顾问服务报价方案》载明的小时计费标准，按实际发生的工作量，由乙方律师于每月_____日前向甲方提交付款申请、工作量清单和对账单，由甲方于接到上述材料之日起_____日内支付顾问报酬。

（2）计件收费。律师在担任合规顾问期间的顾问报酬为：人民币_____元（大写）：_____整（¥_____）。支付方式为以下第___种：

①于本协议生效之日起___日内一次性支付；

②分期支付，具体方式为：

2. 乙方为甲方提供合规顾问服务过程中，需向有关部门缴纳的各种费用，以及主城区范围外的交通费、差旅费、住宿费、复印费等，由甲方承担。

3. 乙方于钱款到账之日起3日内向甲方提供合法正规的发票。

第五条　费用支付方式

甲方可直接向乙方财务处交纳现金，也可将款项直接转入下列账户：

开户行：

户名：

账号：

第六条　甲方的义务

1. 甲方应当全面、客观、及时地向乙方提供与企业合规情况有关的各种情况、文件、资料；

2. 甲方应当为乙方律师开展企业合规顾问服务提出明确、合理的要求；

3. 甲方应当按时、足额向乙方支付顾问报酬和其他必要费用；

4. 甲方指定_____、_____为联系人，负责转达甲方的指示和要求，提供文件和资料等，甲方更换联系人应当通知顾问律师；

5. 甲方有责任对委托事项作出独立的判断、决策，甲方根据乙方律师提供的法律意见、建议、方案所作出的决定而导致的损失，非因乙方律师错误运用法律等失职行为造成的，由甲方自行承担。

第七条　乙方的义务

1. 乙方委派_____律师作为合规顾问，并作为合规顾问团队负责人开展合规顾问服务工作，甲方同时认可上述律师指派的其他律师配合完成前述企业合规情况工作，但乙方更换合规顾问和合规顾问负责人应取得甲方认可；

2. 乙方律师应当勤勉尽责地完成第二条所列涉案企业合规顾问工作；

3. 乙方律师应当以其依据法律作出的判断，尽最大努力维护甲方利益；

4. 乙方律师应当在取得甲方提供的文件资料后，及时完成委托事项，并应甲方要求通报工作进程；

5. 乙方律师在担任合规顾问期间，不得为甲方员工个人提供任何不利于甲方的咨询意见；

6. 乙方律师在涉及甲方的对抗性案件或者交易活动中，未经甲方同意，不得担任与甲方具有法律上利益冲突的另一方的合规顾问或者代理人；

7. 乙方律师对其获知的甲方商业秘密负有保密责任，非由法律规定或者甲方同意，不得向任何第三方披露；

8. 乙方对甲方业务应当单独建档，应当保存完整的工作记录，对涉及甲方的原始证据、法律文件应当妥善保管。

第八条　协议的变更或解除

1. 经甲乙双方协商同意，可以变更或者解除本协议。

2. 乙方有下列情形之一的，甲方有权解除协议：

（1）未经甲方同意，擅自更换担任合规顾问和合规顾问团队负责人律师的；

（2）因乙方律师工作延误、失职、失误导致甲方蒙受损失的；

（3）违反第七条第五至第七项规定的义务之一的。

3. 甲方有下列情形之一的，乙方有权解除协议：

（1）甲方的委托事项违反法律或者违反律师执业规范的；

（2）甲方有捏造事实、伪造证据或者隐瞒重要情节等情形致使乙方律师不能提供有效的法律服务的；

（3）甲方逾期10日未向乙方支付合规顾问费或者其他必要费用，经乙方催收仍不支付的。

4. 本协议提前解除的，应当由双方书面确认并结清有关费用。

第九条　违约责任

1. 乙方无正当理由不提供第二条规定的合规顾问服务或违反第七条规定的义务，甲方有权要求乙方退还部分或全部已付的合规顾问费。

2. 乙方律师因工作延误、失职、失误导致甲方遭受损失，或者违反第七条第五项至第七项规定的义务之一的，乙方应当通过其所投保的执业保险向甲方承担赔偿责任。

3. 甲方无正当理由不支付合规顾问费或者工作费用，或者擅自解除协议的，乙方有权要求甲方支付未支付的顾问报酬、其他必要费用以及延迟支付的利息。

第十条　免责声明

乙方声明，律师事务所为委托人提供合规法律服务，不应视为律师对委托人行为合规的保证；律师对某一商业行为，某一体系、制度、流程是否合规的判断，仅为律师的职业判断，律师已做到勤勉尽责的，不对其分析和结论的正确性做出保证；除律师违反职业道德和执业纪律要求之外，律师事务所不对律师的执业后果承担赔偿责任。

甲方确认知悉并认可上述乙方声明的内容。

第十一条　争议解决方式

双方如因协议理解和执行发生分歧，应首先友好协商解决；协商不能达成一致的，任何一方可向_____（仲裁机构完整名称）申请仲裁。

第十二条　其他

1. 本协议未尽事宜，双方可订立补充协议。

2. 附件《合规顾问服务报价方案》是本协议的一部分，与协议正文具有同等法律效力。

3. 本协议正本一式三份，甲、乙双方各执一份，剩余一份作为合规整改证明材料由甲方附卷存档；协议自甲乙双方签章之日生效。

甲方（公章）：　　　　　　　　乙方（公章）：

委托人（签字）：　　　　　　　委托人（签字）：
日　期：　　　　　　　　　　　日　期：

二、涉案企业合规顾问服务的启动

一般来说，如果不是半途更换合规顾问的特殊情形，合规顾问介入案件的时机往往都是在刑事案件的审查起诉阶段，毕竟涉案企业是否符合条件以及程序启动的决定权掌握在检察机关手中。此外，许多涉案企业也是到了审查起诉阶段，经过检察官的告知才知道可以启动企业合规程序，继而才又聘请合规顾问指导合规整改。如果合规顾问是在此阶段介入案件，那么合规顾问服务的启动首先应聚焦于两个方面，一是了解和梳理涉案企业基本情况；二是协助涉案企业起草并提交企业合规申请。

（一）涉案企业基本情况的梳理

最高人民检察院等九部委《关于建立涉案企业合规第三方监督评估机制的指导意见（试行）》第四条将"涉案企业能够正常生产经营，承诺建立或者完善企业合规制度，具备启动第三方机制的基本条件"作为适用第三方监督评估机制的三个条件之一。其中，"涉案企业能够正常生产经营"是合规启动的最基础条件，毕竟企业合规的直接目的在于挽救涉案企业，从而让其能够持续为本地经济和社会服务，从这个意义上讲，一些"壳公司""僵尸企业"就不符合第三方监督评估机制的适用条件，不应启动第三方机制。而实践中，鉴于企业合规制度适用也还处于探索阶段，检察机关也在相关制度的启动上十分谨慎和重视，这也体现为除"涉案企业能够正常生产经营"这个基本条件外，一般还要审查涉案企业是否具有被挽救的价值。

因此从实践出发，合规顾问在顾问服务启动的第一时间，就应该着手了解并梳理企业的基本情况，并尽快制作涉案企业基本情况介绍材料汇编并提交给检察机关，并且在梳理材料形成汇编时，要注意各种证明材料与企业基本信息的对应性。

以下是笔者办理的一起涉企业合规案件的企业基本情况介绍材料汇编，供读者参考：

1. 企业基本情况综述或简介。其内容除企业营业执照以及公开信息可以获取的企业基本信息，如名称、地址、法定代表人性质、股东、认缴资本金、经营范围、涉案单位组织代码、占地面积、土地及厂房性质外，还应包括企业的成立、发展的历史沿革、企业在主营业务领域中的地位、财务信息、纳税记录、员工招聘计划和本地投资计划等情况。

2. 公司基本信息印证材料，包括营业执照、企业信用查询报告、公司章程等。

3. 公司纳税情况印证材料，包括纳税情况说明和完税凭证等。

4. 公司财务情况印证材料，包括财务报告和审计报告等。

5. 公司员工就业情况印证材料，包括入职员工明细表、员工社保缴费回执单和当年度员工招聘计划等。

6. 公司在本地运营投资计划、规划项目和当前运营情况印证材料。包括与地方政府签订的招商引资协议、项目策划书、项目申请和批准材料、项目合同等。

（二）涉案企业合规申请的起草和提交

企业合规是否必须提交书面的申请？根据九部委《关于建立涉案企业合规第三方监督评估机制的指导意见（试行）》第十条"人民检察院在办理涉企犯罪案件时，应当注意审查是否符合企业合规试点以及第三方机制的适用条件，并及时征询涉案企业、个人的意见。涉案企业、个人及其辩护人、诉讼代理人或者其他相关单位、人员提出适用企业合规试点以及第三方机制申请的，人民检察院应当依法受理并进行审查"来看，似乎并无此要求。但部分地方亦规定涉案企业可以向人民检察院提出适用企业合规制度的书面申请，如《襄阳市政法机关开展涉案企业合规检察改革办案工作规范（试行）》第八条第二款即规定："涉案企业可根据本工作规范规定，直接向人民检察院提出适用企业合规制度的书面申请，充分说明理由和依据，并提交企业经营、纳税、员工情况说明及行政主管机关证明等相关材料。人民检察院应当及时进行审查。"因此，从有利于推进企业合规制度适用层面来看，涉案企业提交适用企业合规的书面申请是非常必要的。

合规适用申请书应包括哪些内容呢？根据既往经验，笔者认为合规适用申请书应当主要包括：

1. 涉案企业的基本情况简介。这里的简介可以在前述提到的材料汇编中简介基础上进一步压缩文字并提炼主要内容，在企业必要的基本信息外，重点强调阐述营业额、纳税、员工就业和荣誉资质、行业地位等情况，以引起检察机关对涉案企业的重视。

2. 对案件发生原因的分析意见。涉案原因分析一方面要重视企业自查报告的意见；另一方面要重视辩护人的阅卷意见，综合两个方面意见，在客观、真实、辩证的立场上形成案件发生原因分析汇总意见。

3. 企业目前已采取的措施。这里需要强调的是，九部委《涉案企业合规建设、评估和审查办法（试行）》第三条规定："涉案企业应当全面停止涉罪违规违法行为，退缴违规违法所得，补缴税款和滞纳金并缴纳相关罚款，全力配合有关主管机关、公安机关、检察机关及第三方组织的相关工作。"实际上已经指明了涉案企业在案件发生后应当采取的首要措施就是全面停止涉罪违规违法行为，因此这句话是非常有必要写进已采取的措施中的。此外，对涉案企业目前已采取的整改措施，应当实事求是地予以阐述。

4. 企业拟采取的整改措施。之所以这里采用整改措施的表述，主要是合规适用申请并非合规计划书，并不需要十分严密和复杂的计划体系设计；合规适用申请中，整改措施表述的主要目的在于体现涉案企业申请适用企业合规的诚意，因此整改措施内容可以不多，但应在有效性和可操作性方面发力。

5. 适用企业合规对涉案企业的必要性和意义。这里可以结合涉案企业基本情况简介以及材料汇编的有关内容，重点从企业商誉及社会影响方面出发，阐述涉案企业或涉案员工被定罪处罚对企业的重大影响，包括对企业的行业形象、地位以及企业在本地项目投资前景产生重大影响。

6. 企业符合适用企业合规程序的基本条件。这里要根据涉案企业当前实际情况，结合九部委《关于建立涉案企业合规第三方监督评估机制的指导意见（试行）》第四条规定的三个条件，逐条回应是否满足并说明理由。

7. 企业明确提出申请并作出承诺。一般可以表述为"请贵院在办理××××××××罪一案过程中，对本案是否适用企业合规制度进行审查，如符合条件的，请依法予以受理，我公司承诺将积极予以接受和配合"。

以下是笔者办理的一起涉企业合规案件的申请书，供读者参考：

关于对H公司适用企业合规程序进行审查和受理的申请

×××人民检察院：

贵院近日受理的H公司及××等涉嫌××××罪一案，暴露出我公司在日常管理中存在的问题。为弥补我公司制度建设和监督管理漏洞，防止再次发生相同或者类似的违法犯罪，根据《最高人民检察院关于开展企业合规改革试点工作方案》等相关规定，特向贵院申请对本案适用企业合规程序，并将相关理由和依据说明如下：

一、我公司的基本情况

我公司全称为_____，住所地位于_____，法定代表人_____，系我公司_____。社会统一信用代码：_____。

我公司所属行业为_____。公司主要职能是_____，近三年累计产值____亿元，实现税收_____元，带动就业_____余人。

二、我公司对本案发生的原因分析

本案发生后，我公司第一时间组织企业管理层、内部机构和技术人员对案件发生的原因进行了分析，我公司认为，本案发生的客观原因系_____。（对涉嫌犯罪的动因、目的等主观动机进行剖析；对走向犯罪道路的主观、客观原因进行分析；尤其注意分析涉案违法犯罪行为与企业经营管理中内部控制的缺陷、合规风险的识别能力欠缺等方面的认识和分析……）

三、我公司目前已采取的措施

（略）

四、我公司拟采取的整改措施

（略）

五、对我公司适用企业合规程序的必要性

我公司拟在本地投资_____等____个项目，加强与本地政府的密切、广泛及深层次合作，规模约____亿元。具体包括：……

（略）

如我公司遭受刑事处罚，将对我公司市场形象和商业信誉造成不可挽回的巨大损失，也会严重影响我公司在本地的投资和发展；在此情况下，如能够对我公司适用企业合规程序并决定不起诉，我公司将十分感念贵院给予的整改机会，并借此机会推进公司内部的合规管理，也势必会增强我公司在本地投资和发展的信心。

六、我公司符合适用企业合规程序的基本条件

1. 我公司系一家正常经营的企业，基本组织结构健全，人员配置充足，具有进行企业合规程序所需要的基本经营环境和条件。

2. 我公司承诺将在贵院以及贵院指定的第三方监管人指导下，建立、完善企业合规制度，配合贵院以及第三方监管人对我公司履行合规计划、方案和承诺的审查和考核。

3. 我公司承诺将积极督促涉案员工配合刑事诉讼程序和企业合规程序，配合贵院以及其他职能部门对涉案员工的调查，推动涉案员工在刑事案件中积极认罪认罚。

《最高人民检察院关于开展企业合规改革试点工作方案》要求，开展企业合规改革试点要与依法适用认罪认罚从宽制度和检察建议、依法清理"挂案"、依法适用不起诉结合起来。对涉企案件，在依法贯彻相关检察政策的同时，督促企业建立合规制度，履行合规承诺。而据我公司了解，本地检察机关已经批准对部分刑事案件的涉案企业适用了企业合规程序，并在涉案企业和员工作出合规方案、承诺并积极履行落实的前提下，对涉案企业和员工依法决定不起诉。

根据上述政策和案例，基于本案特殊情况，特恳请贵院对本案是否适用企业合规程序进行审查，如符合条件的，依法予以受理，我公司将积极予以接受和配合。

此致

申请人：H 公司
年　月　日

三、涉案企业合规顾问服务的实施（以合规监管模式为例）

目前，由最高人民检察院开展的企业合规改革试点工作，经过试点地区检察机关的积极探索，在司法实务中涉案企业合规不起诉逐渐形成了两种模式，即检察建议模式与合规监管模式。考虑到检察建议模式目前各地实践做法不一，且尚无合规程序方面的制度文件，而合规监管模式目前已有官方出台文件，各地制度做法已逐渐趋近和统一，笔者就以合规监管模式为例，谈谈在监管考察各阶段应该如何进行涉案企业合规顾问服务的实施。

需要指出的是，不同案件的不同监管人对监管考察阶段的划分并不完全一致。就笔者所知就有三阶段、四阶段和五阶段的划分方法，但万变不离其宗，考虑到监管人对涉案企业的监管考察总是一个从介入（了解情况）、考察（提出建议）到总结（结束监管）的过程，将之划分为前、中、后三期是最简单和最直观的做法，即便有其他四阶段或者五阶段的划分方法，也不过是在此基础上将三期之一扩展为两期，在阅读下文时仍可对号入座。

（一）监管考察前期

监管考察开始的标志即检察机关作出开展企业合规监管考察决定，而在此之前，一般已经由第三方监管委员会、办理案件的检察机关依照第三方监管人选任的条件和程序选任了第三方监管人。对应第三方监管人在本阶段主要开展的工作，即了解涉案企业基本情况、涉案情况，审核涉案企业提交的合规计划书，制订第三方监管人合规监管方案和日程，则可以得到涉案企业此阶段重点工作，继而得出合规顾问服务的四项重点工作，即配合监管调查、合规计划书起草和修改、合规实施方案制订和修改、合规实施方案分解和布置。

1. 配合监管调查

为什么合规顾问要把配合监管人放在工作的首位？这个答案是不言而喻的。第三方监管人作为受权对涉案企业合规整改进行调查、监督、评估的第三方组织，他们的意见对合规验收乃至不起诉听证的结果至关重要，从某种意义上讲，可谓"一言而定企业生死"。因此合规整改过程中无论哪一阶段，涉案企业都应将配合监管人工作作为合规整改工作的重中之重，而在此过程中，合规顾问又能做些什么呢？笔者认为，在监管考察前期，合规顾问应至少通过以下几个方面的工作助力涉案企业配合好监管人工作：

（1）协助企业做好企业基本情况的梳理。这里如前期在申请时已编制涉案企业合规案件的企业基本情况介绍材料，则会节省很多工夫。

（2）协助企业制作《自查报告》，汇报案发经过并总结案发成因。这里面分两种情况，如果刑事案件来源系行政执法机构移送，那么在前期行政执法调查过程中，涉案企业为应对行政监管，一般早已开展了相应自查自纠活动并形成了自查报告，而合规顾问只需协助企业在自查报告基础上结合相关法律法规、政策规定进行修改即可；如果没有形成自查报告，则合规顾问应及时提醒涉案企业迅速开展涉案领域、部门、岗位的自查自纠活动，并协助起草《自查报告》。

（3）提示和协助企业收集汇总各部门工作职责、业务流程、各项管理制度、重大事项报告制度及流程的书面文件。制度、流程的修订，本就是企业合规整改的重中之重，即便不考虑配合第三方监管人工作，这也是合规顾问服务的必要工作之一。

（4）提示企业对涉案人员作出处理并形成处理文件。目前，涉案企业所涉案件许多都是企业和员工一并被追究刑事责任，因此在企业合规整改过程中涉案人员应如何处理，也是当前企业合规实务中值得探讨的一个问题。但无论涉案人员最终处理结果如何，企业在事发后的内部自查自纠过程中对涉案人员依照规章制度和纪律作出处分，体现的都是企业内部治理的有序性，也侧面反映了企业仍在正常运转，是必要且必需的。企业对涉案人员的处理，如果有内部处分通知文件的，可以直接提交；如果内部处分文件不方便对外的，应当提交《涉案负责人追责情况说明》，并将处分文件作为合规资料存档备查。

（5）提示企业高管将合规整改工作作为企业当前第一要务，将配合监管人开展调查作为本阶段企业工作安排的重点。根据企业类型和涉案原因的不同，如实体生产制造类企业生产过程中涉嫌的犯罪，因为其生产制造工艺和操作流程与案发原因直接相关，则第三方监管人负有现场调查的义务和职责，此时合规顾问应提示企业高管必须开放相关场所，而不能以商业秘密等原因拒绝监管人的调查；如确属重大商业秘密，也应提前与第三方监管人沟通，在做好保密措施后开放相关场所供监管人调查。

（6）建立涉案企业与第三方监管人沟通联络渠道。在合规整改正式启动后，合规顾问就应第一时间建立涉案企业与第三方监管人沟通机制，最直接的做法就是由合规顾问建立企业合规整改沟通联络工作群，将涉案企业方面合规整改工作主要负责人、办事人员与第三方监管人纳入其中。在工作群初建时，合规顾问就应与第三方监管人沟通并确定双方在群内沟通的基本规则，并在群内予以声明；合规顾问应当将沟通基本规则向群内的涉案企业人员进行强调，避免因为发表意见不当给监管考察工作造成妨碍。如有必要，该工作群也可邀请办案检察机关进驻，以方便后者随时掌握合规整改的动向和进展，也方便合规计划、报告等资料的提交和审查。

需要注意的是，尽管合规监管考察是由第三方监管人主导，但办案检察机关也可以根据刑事诉讼法所赋予的职权，依照检察系统内部企业合规案件办理规范等依据随时对涉案企业合规有关情况开展监督。在实践中，检察机关为减少对涉案企业正常经营的干扰，一般会选择随同第三方监管人开展现场调查的时机一并进入企业调查，对此涉案企业也应予以同等重视和配合。

2. 合规计划书起草和修改

根据九部委《关于建立涉案企业合规第三方监督评估机制的指导意见（试行）》第十一条第一款规定：第三方组织应当要求涉案企业提交专项或者多项合规计划，并明确合规计划的承诺完成时限。现实中，各地企业合规的相关文件大多规定涉案企业15日内向第三方监管人提交合规计划。

H 公司企业合规计划书

自我公司及公司员工×××涉嫌××××××××罪一案发生后，经我公司申请，检察机关同意对我公司适用企业合规程序，并通过第三方监管程序对我公司整改情况进行监管，我公司对此深表感激。为防止我公司及员工再次走上犯罪道路，让企业更好地创造价值、服务于社会、贡献于地方经济发展，根据最高人民检察院等九部委《涉案企业合规建设、评估和审查办法（试行）》、本地市委市政府有关涉案企业合规工作机制的规定，我公司特制订本合规计划书，以便指导本次专项企业合规建设工作。

一、企业基本情况

（一）企业概况

（基本情况略）

（二）企业发展核心能力

（略）

（三）企业社会公民责任履行情况

H 公司截至＿＿年＿＿月＿＿日资产总额：＿＿＿＿＿万元，负债总额：＿＿＿万元，资产负债率：＿＿＿＿＿%，＿＿年＿＿月实现营业收入：＿＿＿＿＿＿＿万元，实现净利润：＿＿＿＿＿万元，2021 年度累计缴纳税费：＿＿＿＿＿万元。

H 公司目前在职员工＿＿＿＿＿＿人，员工均享受五险二金，未发生违规辞退现象，因业务拓展，计划继续在本地和全国范围内招聘员工＿＿＿＿＿＿余人。

二、企业涉案的经过、成因分析

（一）涉案经过

（略）

（二）案件成因

环顾本次案件发生的过程，我公司认为本案的发生主要有以下几个方面的原因：

(略)

三、企业合规承诺

我公司在此承诺并明确宣示：合规是企业的优先价值，对违规违法行为采取零容忍的态度，确保合规融入企业的发展目标、发展战略和管理体系。

四、制订合规计划遵循的原则

（一）全面性原则

本案的发生不仅仅是个别员工本人的问题，也不仅仅是公司某部门的问题，它反映出公司在业务、人员管理和文化建设等方面的整体经营中存在相当的问题，因此在制订合规计划过程中，我公司尽可能地全面收集与案件发生相关的公司经营、管理、建设问题，保证合规计划的整体性、全面性。

（二）重要性原则

在全面收集问题的基础上，根据检察机关和第三方监管人的专项整改要求，我公司将重点放在杜绝相关人员、部门的同类、类似违法犯罪行为方面，主要围绕相关规章制度、具体工作规程的修订、人员管理培训和合规文化建设、第三方运维机构管理方面制订合规计划。

（三）可行性原则

我公司保证所制订的合规计划在经济、技术和法律层面上具备可行性。在经济可行性方面，我公司具备执行合规计划书事项的经济能力；在技术可行性方面，合规计划并未超越我公司当前技术、制度、经验条件，技术层面是可以实现的；在法律可行性方面，我方聘请的法律顾问将对合规计划的合法性进行全面审查，保证合规计划书记载的事项不违反法律法规的强制性规定，不得侵害国家利益、社会公共利益和他人的合法权益。

（四）有效性原则

基于前述违法犯罪因素的分析结论，我公司保证合规计划书所记载的合规措施可以有效弥补或减轻企业犯罪行为产生的损害，防范和排查相关的法律风险。

五、企业合规建设方案

（一）成立合规建设领导机构

1. 成立合规建设领导小组。领导小组组长由H公司董事长兼总经理×××担任，成员包含H公司其他董事、监事和高级管理人员，以及公司各部门、生产车间负责人。其职责是制定关于合规监督管理工作的方针政策和决策部署，统筹推进H公司合规建设工作，协调解决合规建设工作推进中的重大问题。

合规领导小组下设办公室，办公室设在后续建立的合规中心，由合规中心负责人担任办公室主任，具体负责H公司企业合规专项整改工作的推进和落实，主要包括：组织开展合规整改专项检查，督促各部门、生产车间按照合规专项整改计划制订、落实具体整改措施；定期组织召开合规建设工作推进会，督导、检查各部门、生产车间整改措施落地情况；及时与合规第三方监管人、检察机关沟通、反馈整改情况；负责合规专项整改资料，相关会议材料整理工作；负责 H 公司企业合规体系的建设，主要包括企业全面合规体系的搭建、合规管理组织体系的更新、合规管理制度的完善、合规管理运行机制的日常保障和合规文化的日常宣传、推广等。

2. 成立合规中心。合规中心负责贯彻落实公司关于合规监督管理工作的方针政策和决策部署，在履行职责过程中坚持和加强公司对各部门监督管理工作的集中统一领导。合规中心作为公司常设合规领导机构，配备负责人、专职办公人员、专门办公场所。

其主要职责包括：（1）负责公司各部门综合监督管理。起草公司监督管理有关制度，制定有关规章、标准，组织实施合规监管标准化，拟订并组织实施有关规划，规范和维护合规秩序，营造诚实守信、依法合规的生产环境。（2）负责公司法律、法规条款学习及宣贯。指导各部门、生产车间的法律、法规培训及考试。建立系统的培训机制，依法公示和共享有关信息，加强学习，推动公司依法合规体系建设。（3）负责组织和指导公司各部门依法合规工作。指导各部门合规整合和建设，推动实行统一的合规监管。规范公司合规监管行为。合规中心负责人不参与公司的经营管理及财务管理等其他与合规相冲突的工作，以确保负责人独立地识别合规风险，及时向公司报告并直接向公司负责。

（二）建立合规管理组织体系

1. 修改公司章程，增设合规内容。根据本公司治理的实际情况，在章程中规定合规的基本理念、基本原则、基本框架结构等要素，并根据公司内部程序和外部登记法律程序，对公司章程修正案进行备案。

2. 建立合规管理组织架构。合规中心根据各部门、生产车间合规风险程度、业务频率、人员配备等情况，在各部门、生产车间任命专职或兼职的合规专员，以确保各部门、生产车间对合规政策的理解和执行。各部门、生产车间的合规专员是合规中心的组成部分，向合规中心负责人报告。合规专员的职权由合规中心确定。

3. 聘请专业人士担任合规顾问。对合规管理工作进行专业指导，通过对公司经营管理活动进行合法、合规性审核，防止再次发生违法违规事件。

（三）建立健全各项合规制度

按照检察院和第三方组织的要求，制定生态环境等方面的专项合规制度。公司围绕合规风险点健全完善各类合规制度，确立各部门的行为准则，使得企业各环节都有遵循的法律、法规以及内部要求。

1. 建立合规审查机制。将合规审查作为规章制度制定、事项决策、合同签订、项目运营等经营管理行为的必经程序，及时对不合规的内容提出修改建议，未经合规审查不得实施。

2. 完善环境风险应急预案制度。委托第三方单位对东某园区城镇污水厂环境风险应急预案进行全面升级。强化对生产设施故障等原因造成环保风险的管控能力。

3. 完善环境保护合规管理制度。公司将进一步完善环境保护管理制度，提高全体人员环保意识；专门设立环保管理人员岗位，建立健全环保档案。

（四）建立合规管理运行保障机制

1. 建立飞行检查机制。合规中心负责人定期和不定期地对公司运营过程中存在的合规风险进行监督巡查，针对合规风险进行调查和研究，形成调研报告，并研究制定和实施降低风险的措施报合规领导小组通过。

2. 建立投诉机制。公布举报电话、设置合规投诉箱，让员工有机会并能便利地反映公司运营中存在的违法违规行为，合规专员针对投诉要及时高效地处理，并对投诉者进行奖励和保护。

3. 建立合规报告机制。合规专员、合规中心负责人定期和不定期地就公司合规体系的实施状况以及相关合规风险向合规中心、合规领导小组进行报告，并对发现的制度漏洞和结构性缺陷快速及时地加以修补和完善。

4. 建立合规考核机制。将员工对合规制度的执行情况列入考核内容，对员工合规行为进行奖励，对员工违规行为进行惩罚，所有奖惩情况均记录留档。

（五）开展合规风险自查自纠

（略，应结合案件涉案领域、部门进行风险排查和纠正）

（六）注重培育企业合规文化

1. 针对重点岗位、重点人员进行有针对性的合规培训和教育。特别是对单位负责人和××××业务部门人员进行法制培训，加强对环保法规的学习和运用，树立环保法治观念，绝不触犯法律法规的底线，避免侥幸心理。特别是红线标准和处罚规定反复多次全员宣贯，温故知新。

2. 针对全体员工进行全员性合规培训。帮助员工了解法律法规和内部规章制度的变化，传达公司关于合规的最新政策和措施，通过与员工进行持续不断的沟通，帮助其了解处理合规风险的方法和经验，解答有关合规管理的疑问和难题。

3. 制定《员工合规手册》并签订全员合规承诺书。持续不断将诚信和合规理念融入员工的思维之中，着力营造合规文化氛围，提升企业核心竞争力，促进企业效益稳步提升。

（七）开展涉案领域部门专项整改

（略，应根据案件涉案领域的专门问题制定相应的整改措施）

（八）开展涉案员工处理教育整改

1. 对涉案员工进行纪律和职务处理。根据公司纪律、规章制度对涉案员工相关违法违规行为进行处理。

2. 对涉案员工开展跟踪式教育整改。在全体员工合规培训学习教育外，对涉案员工参加合规集中教育培训、个人学习情况进行检查；要求涉案员工定期提交合规心得体会，定期开展谈心谈话，考察涉案员工合规意识是否树立；监督涉案员工工作日常表现，考察涉案员工合规行为习惯是否建立。

3. 对涉案员工进行整改评估。将涉案员工个人整改评估纳入公司整改自查范围，涉案员工表现经评估达标的，作为公司合规整改部分提请第三方监管人和检察机关对其情节予以考虑；涉案员工表现经评估不达标的，予以解除劳动关系处理，不作为公司合规整改部分。

六、合规整改期限（考察期）

根据第三方监管程序启动会议要求，本次合规整改期限为＿＿年＿＿月＿＿日至＿＿月＿＿日。

七、实施方案的机制和措施

（一）无条件接受第三方监管人监督评估组织的指导、检查、评估

（二）外聘专业的合规建设机构辅导

（三）筹措专项经费保障

公司将从业务费用中专门开辟合规专项保障经费，以配合合规专员岗的设立，为本次合规案件以及今后的合规岗位运行提供相应的经费保障。

（四）定期或不定期阶段性报告和最终评估报告

我公司将根据第三方监管程序启动会议要求，在合规计划审批通过后，每月就合规计划涉及的合规建设方案和具体整改措施的实施情况向第三方监管人定时进行汇报，汇报将通过面对面会议和提交整改资料的方式进行。整改期限到期后，我公司将就整改的情况形成《企业合规自行整改报告》并提交第三方监管人核查，作为第三方监管人形成《合规考察报告》的参考。

八、合规目标

通过专项整改形成较为完善的企业合规体系建设，通过第三方监管人和检察机关的审查，杜绝相关人员、部门再次实施同类、类似的违法犯罪行为。

此致

×××人民检察院

企业合规第三方监管人

H公司

年 月 日

按照笔者的经验，如果是合规顾问起草的合规计划初稿，那么在初稿起草完毕后，

为节约时间，合规顾问可以将初稿同时发给涉案企业和第三方监管人进行审查，并就合规计划书内容进行探讨。在听取涉案企业意见方面，应主要就涉案企业是否具备实施当前合规计划的条件与涉案企业合规工作负责人以及业务部门负责人进行交流；在与第三方监管人沟通过程中，除记录第三方监管人的修改意见和建议外，也应将合规顾问起草合规计划的考虑因素、听取的涉案企业意见明确充分地向第三方监管人进行汇报。以目前笔者的经历，绝大多数第三方监管人均能充分听取涉案企业的意见，在提出合规计划修改意见和建议时能够考虑到企业的实际情况，并不会做过于苛刻和硬性的要求。

第三方监管人确认合规计划后，还需将定稿的合规计划书提交办理案件的检察机关予以审核，相对于第三方监管人多关注合规体系建设和专项整改的措施和细节，检察机关更看重的是合规计划反映出的涉案企业对待合规整改的态度，这就要求涉案企业在设计合规领导机构和合规管理体系过程中，落实一把手和其他企业高管的表态和责任。

需要注意的是，合规计划书的起草、修改和提交并非一次性的工作，而是需要与第三方监管人乃至检察机关多轮沟通，并且应当将起草和修改的历次计划书版本编号，并与沟通记录一起保存归档，作为合规整改材料的一部分。

3. 合规实施方案制订和修改

在目前官方的文件中，并无合规实施方案的有关表述，但合规实施方案的制订，却会对合规整改起到至关重要的作用。如果将涉案企业合规视为一项工程，那么合规计划书无疑就是一张蓝图或者计划，但光有蓝图和计划是无法真正实施工程的，还必须有更详细的施工图纸和进度计划表等组织编制图表，而合规实施方案起到的就是这个作用。换句话说，合规实施方案就是在合规计划书基础上，根据监管考察期限和企业实际情况进一步制订的合规计划实施的工程图和日程表。

H 公司企业合规实施方案

自我公司及公司员工×××涉嫌××××××××罪一案发生后，经我公司申请，检察机关同意对我公司适用企业合规程序，并采取第三方监管模式对我公司企业合规进行监管考察，根据检察机关和第三方监管人的要求和建议，我公司前期已起草并提交了《H 公司企业合规计划书》，现在合规计划基础上，进一步制订《H 公司企业合规实施方案》，以指导公司合规具体工作。

一、总体目标

（一）短期目标

合规计划的落实情况得到第三方监管人肯定，在监管考察期内提请验收，并通过合规验收小组的验收，经检察机关组织听证后，案件获得相对不起诉处理。

（二）长期目标

公司建立和完善企业合规管理体系，实现公司业务和其他各方面工作的全面合规，杜绝相关人员、部门再次实施同类、类似的违法犯罪行为。

二、基本原则

（1）以合规整改为公司现阶段中心工作。

此次合规整改涉及公司未来生存和发展，公司各部门和全体人员要将合规整改作为公司现阶段中心工作，在保证公司经营情况基本稳定的前提下，将配合合规整改放在所有工作的首要优先级别。

（2）坚持领导带头、全员参与合规。

公司决策层、各业务部门负责人要以身作则，率先垂范，主动配合合规工作，带动所属部门公司人员参与合规。

（3）坚持真实合规，反对形式合规。

严禁在收集、整理合规整改相关材料过程中弄虚作假，编造虚假整改内容并制作相应材料。

三、工作方案（略）

注：工作方案应围绕合规计划的企业合规建设方案、实施方案的机制和措施的具体细节展开，结合涉案企业的实际情况和意见，逐条落实到企业相应部门、岗位、人员，例如：

建立企业合规领导机构：

成立企业合规建设领导小组……

涉及责任主体：董监高和业务部门负责人

组织实施部门/岗位：综合办公室

工作完成证明材料：《关于成立企业合规建设领导小组的通知》《关于成立企业合规建设领导小组的会议纪要》及会议签到表、照片等记录文件、影像资料。

预计完成日期：　　年　　月　　日

需要说明的是，合规实施方案并无形式和格式上的要求，因此根据涉案企业内部业务习惯，完全可以采取表格、PPT等多种形式，更方便全员学习和贯彻。

此外，如同合规计划书一样，合规实施方案的修改也应当召集涉案企业各部门负责人和有关业务人员，尤其是承担专项整改主要任务的部门和人员开会，听取他们关于实施方案的意见，并在沟通过程中，据实予以修改和完善。

4. 合规实施方案分解和布置

合规实施方案定稿后，合规顾问即应建议涉案企业召开针对不同层级、不同部门的合规实施方案推进会议并下发合规实施方案。一般来说，至少应当组织召开以下几场推进会议：

（1）决策层推进会议。由企业一把手组织召开的领导层会议，重点在于向各部门分管领导介绍并强调其本人主体责任，以及其分管部门落实实施方案的相关要求。

（2）部门管理层推进会议。由各部门分管领导召开的部门会议，重点在于向部门中层干部和业务人员介绍并强调本部门落实实施方案的相关要求。

（3）全员推进会议。由企业一把手组织召开的全员会议，重点在于向全员宣贯合规实施方案的内容，助推全员合规意识和企业合规气氛的形成。

要提醒的是，从节约时间、减少合规对企业经营影响的角度出发，在召开上述会议过程中，可以将以下内容嵌入：

（1）企业合规培训讲座。由合规顾问介绍本案案情及相应法律法规，讲解企业合规基础知识，宣讲解读合规法律政策文件，解释合规计划书和实施方案制订的背景和原因。

（2）合规承诺书的签订。利用全员集中的时机，下发签署并收集全员合规承诺书。

（二）监管考察中期

一般而言，涉案企业正式提交合规计划书并通过第三方监管人审查后，即可认为监管考察中期的开始。考虑到第三方监管人在本阶段主要开展的工作即监督合规计划的落实，则涉案企业此阶段重点工作即配合监管调查、落实合规计划和实施方案，同时注意制作和收集合规整改材料。

1. 配合监管考察

在本阶段，合规顾问应至少通过以下几个方面的工作助力涉案企业配合好监管人工作：

（1）协调第三方监管人、检察机关入企开展检查、监督的时间安排、场地布置和人员随同等事项。如果是书面检查和监督，应当提示企业准备好当前已开展和正在实施的工作措施的相应材料和简单汇报，根据来访人数准备材料数量，布置欢迎用品和桌牌，协调好陪同的领导层；如果是现场检查和监督，应当提示企业协调好陪同的领导和业务骨干，随时应对提问，生产现场还应做好相应的安全措施准备。

（2）畅通涉案企业与第三方监管人沟通联络渠道。通过监管考察前期已建立的企业合规整改沟通联络工作群，及时提醒企业工作人员上传合规整改的有关文件材料，并将落实措施中遇到的有关问题及时在群里向第三方监管人报告，必要时对具体问题的落实进行多方沟通。

2. 合规计划和方案的落实

本阶段是涉案企业最重要的工作阶段，是否达到真合规的要求，关键看涉案企业是否能真正将合规计划和实施方案中的相应内容嵌入具体的制度、流程中并且开始有效运行。合规顾问在本阶段，应将工作重点放在参与、指导、检查计划和方案落实方面，主要包括：

（1）参与计划和方案的落实。合规顾问在这一环节往往负有开展合规培训和讲座、起草和修改相关制度等任务，应积极组织或者配合企业合规管理机构予以落实。

（2）指导计划和方案的落实。在这一阶段，合规顾问要注意适时解答涉案企业各部门和工作人员关于合规方案实施方面的咨询，提供明确的参考意见和建议，必要时应参加有关现场会开展现场指导。

（3）检查计划和方案的落实。合规顾问会同企业合规管理机构适时对各部门、人员落实计划和方案的情况进行检查，一旦发现可能存在理解、认识或者态度方面的问题，应及时予以纠正，避免偏离计划和方案的目的和初衷。

3. 合规整改材料的制作和收集

最高人民检察院强调，要强化第三方监督评估机制适用和运行，坚决防止和避免"纸面合规"，但这并不意味着合规整改过程中书面合规整改材料不重要。相反，作为企业合规整改过程的载体之一，包括各类制度文件、照片、会议记录在内的书面材料是必不可少的，因此合规整改材料的制作和收集是非常必要的。主要包含以下两类：

（1）需要制作的书面材料。这类材料主要包括需要提供给第三方监管人的承诺、说明等书面文件，如合规承诺书、有关专业领域的解释说明等，属于配合监管考察需要专门制作的一些承诺和说明文件。这部分书面材料一般由公司综合办公室等综合部门进行收集和保存。

（2）需要收集的书面材料。这类材料主要包括企业合规体系建设和专项整改过程中，公司各层级、相关业务部门和人员根据合规实施方案形成的各类书面材料，也就是前述《合规实施方案》范本中的"工作完成证明材料"。在本阶段，应当要求各部门及时收集本部门的工作完成证明材料备用。

（三）监管考察后期

监管考察后期一般是临近监管考察期结束前的一个月或15日，在这个阶段，涉案企业合规计划和实施方案的实施基本应处于收尾状态，此时涉案企业的工作重点应放在三大方面，即配合飞行监管和验收、合规整改报告的起草和修改以及合规整改材料的梳理。

1. 配合飞行监管和验收

根据当前企业合规检察工作改革的实践，为保证第三方监管人公正、客观地评估涉案企业合规计划落实情况，部分地区第三方监管委员会采取飞行检查方法对第三方监管人履职情况进行检查。比如，在最高人民检察院发布的第二批企业合规典型案例"山东沂南县Y公司、姚某明等人串通投标案"中，即由第三方监管委员会组建巡回检查小组，对第三方组织履职情况开展"飞行监管"，确保对涉案企业的监督评估客观公正有效。因此，"飞行监管"对第三方监管人的重要性显而易见，而从另一个角度来说，配合好飞行监管团队对第三方监管人的检查，让第三方监管人顺利过关，也有利于提升检察机关、第三方监管人乃至后续验收小组对涉案企业合规整改工作的整体印象。

合规考察验收，是指涉案企业合规建设经第三方监管人考察后，办理案件的检察机关提请第三方监管委员会根据案件特点，成立涉案企业合规考察验收小组，负责对涉案企业合规计划落实情况进行验收。一般情况下，合规考察验收小组主要由检察官、行政主管部门业务骨干、相关行业领域业务专家组成。合规考察验收，是整个企业合规整改工作的收尾，其重要性毋庸置疑，但只要企业是真合规，并且在合规整改过程中注意保存和梳理各项整改材料，已通过第三方监管人的考察，在合规验收过程中对验收小组的有关疑问能够给予充分的解答并提供印证材料，并不难通过。

2. 合规整改报告的起草和修改

合规整改报告是整个合规整改过程中最重要的书面文件之一，它既是第三方监管人合规考察报告的重要依据，也是合规验收小组听取汇报的主要书面材料，其与合规计划书构成了整个合规整改的闭环，因此合规整改报告在结构上要比照合规计划书和合规实施方案的整改方案内容进行设计，在具体撰写过程中，在精练概括、详略得当的基础上，要注意突出具体过程的措施细节和相关数据，给人留下言之有物、内容翔实的印象。以下是笔者办理一起案件的合规整改报告，供读者参考选用：

<h2 style="text-align:center">H 公司合规整改报告</h2>

<h3 style="text-align:center">目　录</h3>

一、企业基本情况

（一）企业概况

（二）企业发展核心能力

（三）企业社会公民责任履行情况

二、企业涉案情况

（一）案件发生地点基本情况

（二）案件发生经过及救援情况

（三）案件原因分析

三、企业合规整改过程与配合监管考察情况

四、企业合规整改和合规体系建设情况

（一）企业成立建设领导机构

（二）建立合规管理组织体系

（三）建立健全各项合规制度

（四）建立合规管理运行保障机制

（五）开展合规风险自查自纠

（六）注重培育企业合规文化

（七）开展涉案领域部门专项整改
（八）开展涉案员工处理教育整改

××××人民检察院
H公司企业合规第三方监管人：
H公司及公司员工×××、×××、×××等人涉嫌犯罪一案，经检察机关批准对我公司适用企业合规制度，并通过第三方组织监管程序对我公司合规整改情况进行监管。整改考察期内，我公司在听取和执行检察机关、第三方监管人合规考察意见和建议的基础上，按照合规承诺和合规计划书的内容进行了合规专项整改和合规体系建设，现整改考察期限即将届满，特将相关工作情况汇报如下：
一、企业基本情况
（一）企业概况
（略）
H公司根据职能管理、流程管理及战略管理的需要，目前部门设置具体如下：（略）
H公司组织机构图：（略）
（二）企业发展核心能力（略）
（三）企业社会公民责任履行情况（略）
二、企业涉案情况（略）
（一）案件发生地点基本情况（略）
（二）案件发生经过及救援情况（略）
（三）案件原因分析（略）
1. 直接原因（略）
2. 主要原因（略）
3. 深层原因（略）
三、企业合规整改过程与配合监管考察情况（略）
四、企业合规整改和合规体系建设情况
根据合规计划内容以及检察机关、第三方监管团队的修改和完善建议，通过对涉案成因的分析和梳理，我公司将此次企业合规分为专项整改和合规体系建设两大方面，两方面并行不悖，相互交叉，相互融合，具体逻辑和执行措施如下：

案件成因分析	原因性质归类	合规整改方向	合规整改措施

（一）企业成立建设领导机构

1. 成立合规建设领导小组

××××年×月×日，H公司经研究决定，下发××××发〔×××〕××号文，成立合规建设领导小组。

领导小组组长由H公司党委书记、董事长×××担任，成员包含H公司其他高级管理人员，以及公司各部门、生产单元负责人。其职责是制定关于合规监督管理工作的方针政策和制度程序，统筹推进H公司合规建设工作，协调解决合规建设工作推进中的重大问题。

合规领导小组下设办公室，办公室设在后续建立的合规中心，由合规中心负责人担任办公室主任，具体负责H公司企业合规专项整改工作的推进和落实。主要职责包括：组织开展合规整改专项检查，督促各部门、生产单元按照合规专项整改计划制订、落实具体整改措施；定期组织召开合规建设工作推进会，督导、检查各部门、生产单元整改措施落地情况；及时与合规第三方监管人、检察机关沟通、反馈整改情况；负责合规专项整改资料，相关会议材料整理工作；负责H公司企业合规体系的建设，主要包括企业全面合规体系的搭建、合规管理组织体系的更新、合规管理制度的完善、合规管理运行机制的日常保障和合规文化的日常宣传、推广等。

2. 成立合规中心

××××年×月×日，公司经研究决定，下发×××发〔××××〕××号文，设置合规中心，任命了合规中心负责人及合规专员。

合规中心负责人不参与公司的经营管理及财务管理等其他与合规相冲突的工作，以确保负责人独立地识别合规风险，及时向公司报告并直接向公司负责，根据工作需要，经研究决定，合规中心负责人由×××兼任，×××为合规专员。合规中心负责贯彻落实公司关于合规监督管理工作的方针政策和决策部署，在履行职责过程中坚持和加强公司对各部门监督管理工作的集中统一领导。合规中心作为公司常设合规领导机构，配备负责人、专职办公人员、专门办公场所。

合规中心主要职责包括：（1）负责公司各部门综合监督管理。起草公司监督管理有关制度，制定有关规章、标准，组织实施合规监管标准化，拟订并组织实施有关规划，规范和维护合规秩序，营造诚实守信、依法合规的生产环境。（2）负责公司法律、法规条款学习及宣贯。指导各部门、生产单元的法律、法规培训及考试。建立系统的培训机制，依法公示和共享有关信息，加强学习，推动公司依法合规体系建设。（3）负责组织和指导公司各部门依法合规工作。指导各部门合规整合和建设，推动实行统一的合规监管。规范公司合规监管行政执法行为。

（二）建立合规管理组织体系

合规领导小组下设领导小组办公室，与合规中心合署办公，合规领导小组办公室主任由合规中心负责人兼任，以提升合规中心负责人层级，保持其独立性。

合规中心设置的合规专员向合规中心负责人报告。同时，由合规中心负责人指定各部门、生产单元的若干员工作为合规信息员，定时由合规专员收集所在部门合规反馈信息。

合规中心还聘请××××律师事务所×××律师作为合规顾问对合规体系建设和合规管理工作进行专业指导，通过对公司经营管理活动进行合法、合规性审核，防止再次发生违法违规事件。

建立合规管理组织架构后的公司组织机构图：（略）

（三）建立健全各项合规制度

1. 修改公司章程，增设合规内容

公司编制并通过了章程修正案，在章程中增加了公司合规宣言和董监高的合规职责，具体内容如下：

（1）明确合规为公司的优先价值。增加一条作为第×条：公司以合规作为经营管理的优先价值，并以零容忍的态度对待违规违法行为，将合规融入公司的发展目标、发展战略和管理体系，以确保公司整体业务和内部管理的全面合规。

（2）明确组织并支持公司合规经营体系的建设工作是董事会职权之一。在第××条第×款第××项和第××项之间增加一项作为第××项：组织并支持公司合规经营体系的建设工作，保障公司切实履行合规义务。

（3）明确配合并支持公司合规经营体系的建设工作是总经理职权之一。在第××条第×款中增加一项作为第×项配合并支持公司合规经营体系的建设工作，保障公司切实履行合规义务。

（4）明确参与并支持公司合规经营体系的建设工作是监事职权之一。在第××条中增加一项作为第×项参与和支持公司合规经营体系的建设工作，保障公司切实履行合规义务。

2. 制定《H公司合规管理办法》，作为企业合规基本法

公司发布并实施了《H公司合规管理办法》（以下简称《合规管理办法》），目标是建立健全合规管理制度，完善合规管理组织架构，明确合规管理责任，树立合规经营意识，加强合规文化建设，全面构建合规管理体系，有效防控合规风险，确保公司依法合规经营。《合规管理办法》依据公司实际开展业务，从公司治理、合同管理、工程建设、土地资产管理、市场交易、招标投标、投融资及担保、租赁性资产管理、商业伙伴、财务税收、劳动用工、信息安全、知识产权、礼品与商务接待、社会捐赠与赞助等方面，重点关注制度制定、经营决策、运营管理等关键环节，进一步明确规范和强化了管理人员、重点风险岗位人员的履责、尽责、监督、问责。

3. 梳理和完善公司既有合规内容相关制度

梳理公司所有经营项目，对相关环节进行合法合规审查，明确合法合规审查职责，明确涉嫌违法违规"一票否决"的要求，将合规规范作为经营管理的必经程序，及时对不合规的内容提出修改意见。具体包括：

（1）梳理完善公司××管理制度流程×项，其中管理规定类×项，操作流程类×项，对《××××管理办法》等进行修订和升版，新增《××××管理规定》……

（2）公司从工程建设、节能管理、环保管理、审批管理、合同管理、制度管理、资料管理等方面嵌入合规业务评估表，进行合规情况自审，对业务领域及业务分级进行合规审查，共计完成×××项，其中涉及生产安环合规共计×××项。

4. 完善××××业务专门制度（略）

（四）建立合规管理运行保障机制

1. 建立了飞行检查和报告机制，巡检合规情况，形成合规检查报告。（略）

2. 建立合规投诉机制，设立合规投诉信箱和投诉电话，为员工及时反映公司运营中存在的违法违规行为提供便利。投诉邮箱自设立后每周查看一次，投诉电话专人专线，均由合规专员负责。合规投诉处理简易流程图如下：（略）

3. 建立合规考核机制，合规管理已纳入PBA绩效考核中。（略）

（五）开展合规风险自查自纠

1. 编制了《合规法律法规汇编》

公司完善合规文件的汇编，梳理与我司相关的国家法律法规××项，编制了公司《合规法律法规汇编》，强化合规意识。

2. 业务部门合规风险自查自纠

各部门再次梳理公司所有经营项目并开展合规嵌入工作，各业务部门就各自业务领域、业务流程进行合规机制嵌入，设立《合规评估表》《H公司经营业务及适用合规义务清单》《经营业务合规评估表》《合法合规审查机制建设情况排查表》《机制建设情况排查表》等排查表格，自查是否存在涉及违法违规、未经深入合法合规论证仍继续开展的情况，将合法合规自查自纠贯穿于工作始终。

公司每月进行××风险隐患排查，共进行××次专项隐患排查，同时号召每位员工进行隐患排查，自公司合规整改以来，共计查出隐患××××条，其中××××年×月，组织外部专家共××名，对H公司从制度到流程再到生产现场进行为期×天的三级安全检查，此次综合检查，共查出隐患××条，均已在规定时间内整改完成；××××年×月，集团又专门组织专家，对各生产单元进行××隐患综合检查，共查出隐患××条，已在规定时间内整改完成。

（六）注重培育企业合规文化

1. 重点岗位、重点人员针对性的合规培训和教育

公司针对作为重点岗位的××××部门开展了制度化的员工教育培训，制订了公司×

×××培训计划，各生产单元按照要求开展了《××××法》等国家法律法规及公司制度的学习，并组织安排了全员法律法规考试。同时每月例会学习××相关事件案例，自××××年以来，共开展各类培训学习××次，参训人员共计×××人次。

此外，H公司重点岗位、重点人员均参与对应的从业资格培训及授权考试，为公司各项工作顺利推进提供合法、合规保障。其中，为明确公司值班网络、值班工作规范和公司节假日值班带班工作要求，确保及时有效处理紧急公务和突发事件，H公司总经理部×人、基层管理干部×人以及××××部相关人员参与了应急值班培训，并进行了授权考试。

2. 针对全体员工进行全员性合规培训

公司现有员工×××人，其中中层管理×人，基层管理干部××人，专业技术工人××余人。在《××××年H公司培训计划》要求的基础上，结合××××事件的警示和本次合规整改的计划，从年初开始，公司大力组织开展红线底线警示教育大会，并且分层级召开，确保每名员工都受到警示教育，后期又召开震撼教育大会，全员受教育、深反思、促警醒；××××年×月，在各生产单元又相继开展红线底线宣贯；××××年××月，开展全员××××法律法规学习及考试；涉及安全生产法、环境保护法等相关法律，让全员学法普法，强化红线底线意识，深化对红线底线不能碰，不敢碰的意识；××××年×月，公司再次开展全员震撼教育，强调对违规违纪行为零容忍，每人手写心得体会进行反思警醒。

公司举办各类培训共计××项，培训内容涉及××××法律法规培训、高风险作业安全培训、采购流程/技能培训、环保法规培训、规范运营培训等方面。同时，公司定期举行工作票签发人、工作负责人、工作许可人资格认定考试以及安全操作规程考试，落实相关人员培训成果，保证相关培训人员的学习效果。

截至目前，公司通过采取岗位培训与现场操作相结合、集中学习与分散学习相结合、专家授课与员工自学相结合等多种灵活方式，较好地推进各项岗位培训、操作技能培训、法律法规培训等任务，做到一般人员普遍培训、骨干人员重点培训，进一步提高了员工队伍的整体素质，为公司适应快速发展做好人才、技术储备，保障公司合法、合规运营。

3. 制定并下发《企业员工合规手册》，全员签订《员工合规承诺书》

制定H公司《企业员工合规手册》，写明了合规基础知识、合规基本制度、合规机构和职责、违规行为举报途径以及合规绩效考核的相关内容，便于公司员工能够反映违规行为并进行举报，提升公司员工合规意识，方便合规中心开展合规监测、举报受理和处理工作。同时，全体×××名员工分为管理层和普通员工两类分别签订了相应的《员工合规承诺书》。

（七）开展涉案领域部门专项整改（略）

（八）开展涉案员工处理教育整改

1. 对涉案员工和其他违规员工进行处理

××××年××月××日，公司成立调查组对案件进行了深入的调查。鉴于案件进展情况，调查组对涉案员工依据公司内部《×××××制度》对涉案员工及相关员工进行了处理。

（1）涉案员工的处理（略）

（2）其他违规员工的处理（略）

2. 对涉案员工开展跟踪式教育整改

整改期内，×名涉案员工参加××××法律法规、合规知识学习培训××次，使×名涉案员工进一步充分认识到个人行为的违法性和合规整改的意义；参与公司组织的集中教育培训共××次，参加现场工艺规程实操培训××次，主要针对××××××等关键环节进行现场培训；开展工艺理论学习××次，包括××××等讲解。个人自学时长达到××学时/人；提交个人反思材料×篇，学习整改心得体会×篇。

3. 对涉案员工进行整改评估

公司对×名涉案员工进行个人整改效果评估，由合规中心和人力资源部牵头，结合绩效评价制度中的行为评价、业绩评价考核标准，通过合规知识考试、检查个人学习笔记、反思材料和学习心得体会、上级评价、员工互评方式对员工从责任心、纪律性、知识学习能力、合规意识树立、合规知识掌握程度等评价维度进行综合评估。经评估，×名涉案员工在责任心、纪律性、知识学习能力以及合规意识树立、合规知识掌握程度方面均有长足进步，公司决定将个人整改情况纳入公司合规整改中的一部分，提请第三方监管人和检察机关对其情节予以考虑。

合规整改报告的修改方面，尤其要注意听取第三方监管人的意见，留意涉案企业合规整改过程和第三方监管人监管考察过程的同步性和一致性，避免在合规验收过程中，发生涉案企业合规整改报告与第三方监管人监管考察报告的内容不一致甚至互相冲突的情况。

3. 合规整改材料的梳理

合规整改材料所反映的信息是合规整改报告起草的重要依据，因此对合规整改材料的梳理是否适当，直接影响到合规整改报告的质量。在梳理合规整改材料过程中，应注意以下几点：

（1）在材料分类编排上，按照合规计划书和实施方案中整改措施的类别对相关材料进行分类汇总，在汇总同类型材料上按照时间顺序进行汇总。

（2）在材料信息提取上，如果是制度、流程等文件，要提取文件名称、制作和下发的时间、简要内容、传达对象等内容；如果是培训活动的书面记录，要提取活动名称、时间、参与部门和人员数量、活动基本内容等。

四、涉案企业合规顾问服务的收尾

合规验收和听证结束后，从涉案企业角度，合规专项整改基本就结束了，但从合规顾问角度，如果要最大化合规顾问服务的价值，还应当做好以下两个方面的收尾工作：

（一）合规顾问服务报告的制作和提交

合规顾问最好能根据本次参与合规顾问服务的经历和感受，向涉案企业出具合规顾问服务报告，报告内容除罗列合规顾问在合规整改过程中提供的服务项目、时间和内容外，还应结合公司法和专业领域的知识，为涉案企业今后全面合规建设或专项领域合规建设提供意见和建议，从而为将来的全面或者专项合规法律服务埋下伏笔。

（二）合规材料的销毁或者归档

涉案企业的合规材料涉及涉案企业内部的人事、制度等许多商业秘密，而合规顾问在提供服务过程中必然收集很多类似材料，因此在合规顾问服务结束后，律师应当将保存的相关合规材料根据是否具有复用价值予以销毁或者归档。

第三部分　涉案企业合规顾问服务的要点

做过常年或者专项法律顾问业务的律师应该清楚，顾问服务最令人纠结的部分在于"顾问"的身份，这使律师很难在顾问单位拥有一些实质的影响力，如果顾问单位方面又有过高的期望值和较低的配合度，那么顾问服务的实施就会变成一锅夹生饭。因此，如何避免类似情况在涉案企业合规顾问服务过程中发生，就是律师应当重点关注的服务要点。根据笔者的经验，合规顾问服务的良好实施，重点在于处理好两大方面的问题，一是处理好内部关系，即合规顾问与涉案企业的关系，让合规建设在企业内部真正落地；二是协调好外部关系，即涉案企业与外部人员组织的关系，让合规建设得到来自企业外部的肯定。

一、通过企业组织管理体系实施合规顾问服务

作为一个具备人合性并且在特定领域开展经营行为的组织，每家企业都有其相对独特的权利分配机制、组织和人事架构，因此要顺利地开展合规顾问服务，必须了解企业组织管理体系，并想办法借助体系的力量助推合规工作的顺利进行。根据笔者的经验，其主要技巧有：

（一）通过企业决策和管理层传导合规压力

火车跑得快，全靠车头带。企业合规是需要动员企业全员参与的一项工程，如果决策和管理层对合规工作不重视，那么中层干部和基层员工自然也不会重视；反过来，如果决策和管理层决定将合规工作作为当前公司工作第一要务，那么毫无疑问工作就会好做得多。

合规顾问在开展合规顾问服务过程中，一定要善于与企业决策和管理层沟通，先从改变企业决策和管理层领导认识开始，让其充分了解和领会合规工作对当前企业生存和发展的重要性，这样才能将压力传导下去，形成全员参与合规的氛围。

（二）通过合规工作部署会议树立顾问权威

前面在讲合规实施方案分解和布置时已提到可以用分层级、分部门开会的方式部署合规实施方案，并提示合规顾问可以在此时嵌入合规培训讲座。而事实上，合规顾问在合规工作部署会议上更需要考虑的问题是如何树立自己在企业中的权威形象。以笔者的经验，这种权威形象的树立，主要从以下两个方面着手：

1. 获取决策和管理层的明确表态支持。在全员大会或者部门会议上，企业一把手或者其他决策层成员应当明确强调合规顾问在本次合规整改中的地位，比照公司高级管理人员确定其业务层级和权限。

2. 树立职业和专业的形象。通过合规培训讲座和对合规计划和实施方案的解释，在企业中层干部、员工中树立起专业人士的形象。

（三）通过培训企业合规人员提升工作效率

合规体系建设的内容之一就是要在企业内部建立合规管理机构，因此在实施合规计划和方案过程中，合规顾问一定要督促企业管理层尽早确定企业合规人员的人选并投入工作，通过对企业合规人员的专门培训——重点应放在合规部门、人员的职责、现阶段合规整改工作部署等方面——以保证在合规顾问无暇顾及的情况下，企业内部合规管理机构能够自行运作，督促合规整改的顺利进行，以提升整个合规整改的工作效率。

（四）通过定期沟通联络会议提升工作质量

合规考察期限尽管一般只有三个月，但仍然是一个相对长期的过程，加之企业合规整改需要多部门、多人员共同进行，其间可能发生各种各样的问题。因此，合规顾问应当与涉案企业保持畅通的沟通渠道，不但要通过电话、工作联络群及时解答企业部门、人员的各类涉及合规工作的咨询并提供指导意见和建议，还应当定期组织沟通联络会议，审核部门、人员制作和收集的合规整改材料，避免因理解和认识的偏差导致工作方向错误。

二、协调处理好合规顾问服务过程中的各方关系

从地位来看，合规顾问是受涉案企业委托指导企业开展合规整改的外部人员，但

因合规整改的需要，又要在一定场合代表涉案企业与外部组织、人员进行沟通、联络，因此协调处理好合规顾问服务过程中的各方关系，是合规顾问的一堂必修课。

（一）涉案企业与涉案员工的关系

在大多数企业合规案例中，涉案企业都是以涉嫌犯罪单位身份出现，而单位犯罪中，具体犯罪行为的实施者必然是企业员工，在官方表述中一般称之为涉案员工。尽管员工涉嫌犯罪是解除劳动合同的法定事由之一，但在重视企业文化和员工氛围的企业中，如何处理涉案员工往往也会使管理层面临法律、制度、人情等方面的难题。此时，合规顾问要做的就是在尊重企业既有的员工文化氛围和企业管理层意见的前提下，代表涉案企业与涉案员工进行沟通。合规顾问一方面可以通过释法说理，向涉案员工指出其触犯的法律及其法律后果、企业合规的相关程序以及涉案员工在企业合规中的一般处理情况，让其对本人未来有所预期；另一方面可以经与检察机关、第三方监管人的沟通并取得同意后，通过涉案员工自行学习整改、接受内外部考察、评估等方式，将涉案员工纳入企业合规整改的程序中来，为其争取合规不起诉或从宽处理情节。

（二）涉案企业与第三方监管人的关系

第三方监管人与涉案企业是监管与被监管的关系，而合规顾问尽管是涉案企业委托的专业人员，但毕竟不是涉案人员而是企业外部人员，从这个角度考虑，合规顾问一定程度上又取得了可以和第三方监管人平等对话的地位。结合第三方监管团队中一般会有一名法律专业人士作为第三方监管人，因此律师作为合规顾问，应当充分发挥法律职业共同体的优势，在合规程序、制度适用，合规计划方案、整改具体措施的制定方面，作为涉案企业与第三方监管人之间的润滑剂，起到消弭分歧，加强沟通联络的重要作用。

（三）涉案企业与检察机关的关系

检察机关在企业合规中的主要职责体现在对涉案企业合规条件的符合性审查、对涉案企业权利的保障、涉案企业合规计划书和汇报的审查并提出意见建议、参与合规验收和受理相关人员申诉投诉等方面；相比第三方监管人，检察机关往往不会直接干预合规整改具体措施的制定，即便提出意见和建议，也往往是相对宏观的要求。因此，合规顾问在协调处理好涉案企业与检察机关的关系方面，要把关注重点放在涉案企业管理层与检察机关案件负责人的沟通环节，把工作重点放在涉案企业管理层代表企业认罪认罚的态度、合规承诺表态以及对企业犯罪和企业合规的认识方面，从根本上避免检察机关形成企业高层不重视合规的印象。

（四）涉案企业与第三方监管委员会的关系

考虑到第三方监管委员会主要职责在于第三方监管人的选任、监督和惩戒方面，在制度设计上，除合规启动阶段选择第三方监管人程序外，涉案企业并不会与第三方监管委员会发生直接联系；即便是合规验收和飞行监管，也只是与第三方监管委员会选派的验收小组和飞行监管团队发生接触，因此在第三方监管人履职出现严重问题，或者涉案企业在合规计划制订中与第三方监管人发生严重分歧等特殊情况下，合规顾问可以代表涉案企业向第三方监管委员会或者其组织的飞行监管团队进行反映。

第四编　律师作为第三方监管人操作指引和实践[①]

第三方组织在合规考察期届满后,应当对涉案企业的合规计划完成情况进行全面了解、监督、评估和考核,并制作合规考察书面报告,报送负责选任第三方组织的第三方机制管委会和负责办理案件的检察机关。合规考察书面报告一般应当包括以下内容:涉案企业履行合规承诺、落实合规计划情况;第三方组织开展了解、监督、评估和考核情况;第三方组织监督评估的程序、方法和依据;监督评估结论及意见建议;其他需要说明的问题。

[①] 本编拟稿人:周成;拟稿指导:贾俊(枣阳市人民检察院检察长)。

涉案企业合规改革无疑给了律师界探索新型合规业务的机会。律师要从事合规监管业务成为第三方监管人，需要具有从事合规监管所需要的专业能力。其所在的事务所最好设置有合规业务部门，拥有若干名具有合规业务经验的律师。通过参与为顾问单位或者其他企业客户提供合规专项服务，切实提升律师在合规服务方面的专业知识、技能和经验，进而使自己有可能被纳入监管人专家库名册。

经过两三年的实践探索，涉案企业合规检察制度改革成效显著，第三方监管人模式已成为监管的制度范本，九部委的规定也落实了这一制度。根据最高人民检察院等九部委《关于建立涉案企业合规第三方监督评估机制的指导意见（试行）》（以下简称《九部委指导意见》）[①] 和九部委《关于建立涉案企业合规第三方监督评估机制的指导意见（试行）实施细则》（以下简称《指导意见实施细则》）的规定[②]，律师可以作为第三方组织组成人员，成为第三方监管人。但同时应当遵守规定，在履行第三方监督评估职责期间不得违反规定接受可能有利益关系的业务；在履行第三方监督评估职责结束后一年以内，不得接受涉案企业、个人或者其他有利益关系的单位、人员的业务。

推进涉案企业合规改革，重在落实第三方监督评估机制。第三方监管人工作的好坏是关系着涉案企业合规整改效果的重中之重。如何贯彻"既要严管也要厚爱"的政策，形成监管压力与合规动力，是确保监管工作到位的根本。可以说，合规案件的效果如何？合规案件质量的好坏？很大程度上取决于第三方监管的工作成效。对此，最高人民检察院原检察长张军多次强调，要通过改革试点工作督促涉案企业"真整改""真合规"，重要前提是第三方组织、人员要做到"真监督""真评估"，谨防企业合规整改成为走过场的"纸面合规"、可改可不改的"软约束"，绝不能让合规改革成为涉案企业无条件"免罚金牌"。可见，真整改、真合规的根本在于第三方监管人的履职效果好坏。而任何一个监管团队中，律师的作用非同小可，甚至是合规落地的关键所在。

对于为何启用第三方监管人，有学者认为："第三方监管人的启用是执法机关出于对涉案企业的不信任而对企业进行持续监督的一种方式，也是检察机关执法的延续。"[③] 如何定位第三方监管人？第三方监管人到底是独立于涉案企业之外还是游离其中？有学者认为："合规监管人的职责并非限于监督，也包括为被监督企业提供服务，

[①] 最高人民检察院等九部委：《关于建立涉案企业合规第三方监督评估机制的指导意见（试行）》第十七条。

[②] 最高人民检察院等九部委：《关于建立涉案企业合规第三方监督评估机制的指导意见（试行）实施细则》第三十八条。

[③] 李本灿：《刑事合规的基础理论》，北京大学出版社2022年版，第344页。

与企业一道确保合规计划的有效性，发现与预防未来可能的不法行为。"① 但根据《九部委指导意见》和《指导意见实施细则》的规定，可以看出，第三方监管人的角色和职能强调的是监督，而非服务。因此，该定位明确了律师作为第三方监管人应当明确其职责与服务涉案企业的合规律师工作内容有着明显的区分和不同。

律师担任的第三方监管人与涉案企业的法律顾问、诉讼代理人、辩护人的角色也明显不同，合规监管人在为企业提供合规监管服务的同时，还要接受检察机关的监督，协助检察机关履行合规考察和合规监管的职能。在一定程度上，合规监管人承担着一种"准司法职能"，"要遵守法律法规，服从检察机关的合规考察指令，如实、全面披露与企业合规有关的信息，认真、有效执行检察机关批准的合规计划，定期如实报告企业合规建设的进展情况，及时披露和制止企业或内部员工可能存在的违法犯罪行为，督促企业按照检察机关的整改要求进行合规体系建设。对于怠于履行职责或者违反职业行为守则的合规监管人，检察机关有权进行更换"②。

当下，就合规而言，仅有一些检察机关的规范性文件，其中只是提出有效合规的要求，但没有出台详细的具有针对性的合规指引，这就导致产生一些问题：在没有一个相对客观公正的评判标准的情况下，如何准确判断涉案企业的合规标准是否达标？是否提交了合格的合规计划书？第三方监管人是否尽到了相应的职责？如何评估和考核第三方监管人的工作绩效？

第一部分　律师作为第三方监管人参与涉案企业合规的依据

一、涉案企业合规第三方监管人的定义、职责和启用条件

（一）定义

什么是涉案企业合规第三方监管人？

所谓监管人，是指那些接受检察机关的聘请，协助涉案企业推进合规管理体系建设的外部专业人员。③ 根据《九部委指导意见》的规定，第三方组织是第三方机制管委会选任组成的负责对涉案企业的合规承诺及其完成情况进行调查、评估、监督和考

---

① 马明亮：《论企业合规监管制度——以独立监管人为视角》，载《中国刑事法杂志》2021年第1期，第135页。
② 陈瑞华：《律师如何开展合规业务（五）》，载《中国律师》2021年第1期。
③ 陈瑞华：《企业合规基本理论》，法律出版社2020年版，第422页。

察的临时性组织。①

根据九部委《指导意见实施细则》和各地的具体规定，第三方监管人（第三方组织）是指第三方监管委员会（第三方机制管委会）根据企业合规建设需要，从第三方监管人名录库中选任，供办理案件的人民检察院和涉案企业选择确定的，对涉案企业合规整改情况进行调查、评估、监督和考察的专业人员②。

可见，从程序上来讲，律师能否被选择担任第三方监管人，是由第三方机制管委会和检察机关来决定的。但最终是否能进入监管人名录，是由律师本身的业务素质决定的。主要体现在以下几个方面：一是知识结构的要求。需要熟悉《刑法》《公司法》以及企业管理知识等。二是执业经验的要求。至少应当从事过刑事辩护业务。三是职业道德的要求。合规考察期限长，报酬低，只有将其当成一项社会责任，方可以履好职。四是能抵制利益诱惑的要求。在监管期间和监管结束后的一定期限内，不得与被监管企业有利益纠葛和业务关联。

（二）职责

涉案企业合规第三方监管人的职责是什么？

第三方组织开展监督评估，重点是核查涉案企业承诺的"合规计划"是否执行到位。

据此，有学者提出独立监管人的职责主要有以下几项："一是对涉案企业所在行业的情况、企业生产经营状况、违法历史、可能造成的社会影响、可替代处罚措施等进行调查进行合规内部调查，提交合规调查报告，该项调查报告可以成为检察机关是否作出附条件不起诉决定的依据。二是协助涉案企业提出有效的书面合规计划，合规计划主要包括拟采取的补救挽损措施；拟构建的刑事合规制度，如合规管理规章、合规审查监督体系、合规风险预警机制、合规审查评估机制、违规行为上报机制、合规奖惩机制、合规文化培养体系等。三是在附条件不起诉的考验期内，独立监管人协助检察机关对涉案企业进行监督考察，督促企业执行合规计划，发现有不合规行为的，及时向检察机关报告，并督促企业加以整改。四是定期向检察机关提交企业监督考察的阶段性报告，在考验期届满之前，提交综合性监督考察报告，并根据报告情况提交附条件不起诉考察意见书，提出起诉或者不起诉的意见，检察机关以此意见作为参考，作出是否提起公诉的决定。"③

---

① 最高人民检察院等九部委：《关于建立涉案企业合规第三方监督评估机制的指导意见（试行）》第一条。

② 最高人民检察院等九部委：《关于建立涉案企业合规第三方监督评估机制的指导意见（试行）实施细则》第十六条。

③ 陈瑞华：《律师如何开展合规业务（五）》，载《中国律师》2021年第1期。

根据九部委《涉案企业合规建设、评估和审查办法（试行）》的规定，涉案企业合规第三方监管人的职责就是对涉案企业合规进行专业性的评估。具体来讲，就是对涉案企业及工作人员涉嫌刑事犯罪，在其认罪认罚并承诺进行合规整改拿出整改计划后，对其整改计划和相关合规管理体系的有效性进行了解、评价、监督和考察的活动。监管期结束后，根据合规整改的情况出具合规监管报告，并将报告作为涉案企业刑事合规整改结果依据递交办案检察机关，作为检察机关依法处理案件的重要参考①。

（三）启用条件

并非所有进入合规考察程序的涉案企业均需启用第三方监管人，只有那些符合条件的企业需经过筛选，才能最终进行实际的合规建设，方可采用第三方监管模式。具体来讲，要根据企业涉嫌的犯罪性质、情节和危害后果，考虑企业的规模和经营状况、税收贡献或创新能力、容纳就业情况、发展前景、合规意愿等，将符合这些条件的案件有限纳入合规整改范围。对一些小型轻微案件直接适用检察建议的形式即可。

二、涉案企业第三方监管人工作的基本原则

第三方监管人应向检察机关出具书面保证，承诺恪尽职守，秉承诚实、信用、谨慎、勤勉、中立的立场，承担几项基本义务：一是服从检察机关的监督；二是认真、有效地实施合规监管；三是定期向检察机关报告企业合规监管情况；四是发现涉案企业未曾披露或者新出现的不合规行为，及时报告并督促其进行整改；五是对监管过程中知悉的商业秘密、案件情况和个人隐私等信息予以保密；六是禁止损害涉案企业的合法权益。② 在此基础上，应当遵守如下原则：

1. 独立原则：第三方监管人在履行监管职责期间应当保持工作的独立性，以维护保证监管考察过程和结果的客观性、公正性和可接受性。律师担任第三方监管人后，应当与涉案企业避免利益冲突，不出现利益勾连，与检察机关也不应存在法律所禁止的利害关系。原则上，律师曾经担任过涉案企业的法律顾问、诉讼代理人、辩护人或者其他存在利益冲突的角色的，就不宜再担任该企业的合规监管人；律师担任过与涉案企业存在利益冲突的个人、单位的法律顾问、诉讼代理人、辩护人等角色的，也不宜成为合规监管人的候选人；律师与某一检察机关存在利益牵连，如曾经在某检察机关工作过一段时间，与检察机关的相关责任人存在某种利害关系，也不应被委任为合规监管人。

---

① 最高人民检察院等九部委：《涉案企业合规建设、评估和审查办法（试行）》第一条第二款。

② 陈瑞华：《律师如何开展合规业务（五）》，载《中国律师》2021年第1期。

2. 合法原则：第三方监管人履行监管职责应当依法进行，不得违反法律法规的禁止性规定，不得损害国家利益、社会公共利益和当事人及其他利害关系人的合法权益。

3. 诚实信用原则：第三方监管人履行监管职责应当遵循诚实信用原则，根据批准的合规计划和评估方案开展合规监管考察，如实向第三方监管委员会、检察机关反馈企业合规监管工作情况，向涉案企业告知调查、评估、监督和考察的意见和建议。

4. 勤勉履职原则：第三方监管人在履行监管职责期间，应当恪尽职守、勤勉尽责，注重监管工作效率，除因涉案企业原因及其他特殊情况需延长合规考察期限的情形外，一般在合规考察期限内完成合规监管考察。律师担任第三方监管人后，与企业法律顾问、诉讼代理人、辩护人的角色不同，在为企业提供合规监管服务的同时，还要接受检察机关的监督，协助检察机关履行合规考察和合规监管的职能。在一定程度上，合规监管人承担着一种"准司法职能"，"要遵守法律法规，服从检察机关的合规考察指令，如实、全面披露与企业合规有关的信息，认真、有效执行检察机关批准的合规计划，定期如实报告企业合规建设的进展情况，及时披露和制止企业或内部员工可能存在的违法犯罪行为，督促企业按照检察机关的整改要求进行合规体系建设。对于怠于履行职责或者违反职业行为守则的合规监管人，检察机关有权进行更换"。①

5. 保密原则：除涉案企业同意或检察机关批准，或者法律法规另有规定外，第三方监管人在履行监管职责期间所获得的涉案企业相关资料、信息一律不公开，不得泄露涉案企业的商业秘密或犯罪嫌疑人的个人隐私。

6. 效率和专业原则：第三方监管人运用专业知识履行监管职责，应当根据涉案企业的实际情况，灵活确定工作方式、方法和程序，建立便捷高效的工作机制，最大限度减少对涉案企业正常经营的干扰和妨碍。律师担任第三方监管人应当具有从事合规监管所需要的专业能力。尤其是那些从事过为企业客户合规服务、制订专项合规计划、展开合规尽职调查、启动合规内部调查、帮助企业应对行政监管调查、展开合规辩护等合规业务的律师，具备企业合规方面的专业知识、技能和经验，就有可能被纳入合规监管人名录专家库中，成为合规监管人的备选人。

---

① 陈瑞华：《律师如何开展合规业务（五）》，载《中国律师》2021年第1期。

第二部分　律师作为第三方监管人参与涉案企业合规的过程

一、第三方监管人的产生和介入

根据《指导意见实施细则》的规定，第三方机制管委会收到人民检察院商请后，应当综合考虑案件涉嫌罪名、复杂程度以及涉案企业类型、规模、经营范围、主营业务等因素，从专业人员名录库中分类随机抽取人员组成第三方组织。专业人员名录库中没有相关领域专业人员的，第三方机制管委会可以采取协商邀请的方式，商请有关专业人员参加第三方组织。① 第三方组织一般由3名至7名专业人员组成，针对小微企业的第三方组织也可以由2名专业人员组成。② 有些地方还明确：监管委员会办公室应当在检察机关作出适用企业合规监管考察决定之日起十日内，根据案件具体情况，从第三方监管人名录库中，分类随机抽取若干名第三方监管人，由办案检察机关从中选取6名，再由涉案企业从检察机关选取的第三方监管人中选择3名，作为企业合规第三方监管人，负责企业合规调查、评估、监督和考察工作。检察机关、监管委员会办公室应与选任的企业合规第三方监管人签订合规监管考察三方协议，约定监管考察的相关事宜。在3名第三方监管人中，检察机关可以指定1人为负责人。③

第三方机制管委会应当将第三方组织组成人员名单以提出意见的方式向社会公示，接受社会监督。公示期一般不得少于五个工作日。公示可以通过在涉案单位所在地或者有关新闻媒体、网站发布公示通知等形式进行。④ 公示期满后无异议或者经审查异议不成立的，第三方机制管委会应当将第三方组织组成人员名单报送负责办理案件的人民检察院备案。⑤

---

① 最高人民检察院等九部委：《关于建立涉案企业合规第三方监督评估机制的指导意见（试行）实施细则》第二十一条。
② 最高人民检察院等九部委：《关于建立涉案企业合规第三方监督评估机制的指导意见（试行）实施细则》第二十三条。
③ 湖北省襄阳市涉案企业合规检察改革领导小组：《涉案企业合规第三方监管人选任管理办法（试行）》第九条、第十条。
④ 最高人民检察院等九部委：《关于建立涉案企业合规第三方监督评估机制的指导意见（试行）实施细则》第二十四条。
⑤ 最高人民检察院等九部委：《关于建立涉案企业合规第三方监督评估机制的指导意见（试行）实施细则》第二十五条。

人民检察院对第三方机制管委会报送的第三方组织组成人员名单，经审查未提出不同意见的，应当通报第三方机制管委会，并由第三方机制管委会宣告第三方组织成立。第三方组织存续期间，其组成人员一般不得变更。①

综上，第三方监管人的产生是由办案检察院通过第三方监管委员会办公室选派出来作为第三方监管人到涉案企业开展企业合规调查、评估、监督和考察，第三方监管人针对涉案企业及工作人员涉嫌的罪名，对其认罪认罚并承诺合规整改的情况在监管期内出具合规监管报告。

二、第三方监管人对涉案企业合规考察的开展方式和内容

企业合规的有效性是检验企业是否真正建立了合规管理体系的关键，有律师提出，企业合规整改工作流程可分为前期准备、中期考察监督工作、后期工作验收三个阶段。② 在前期准备阶段：首先要有办案检察院审查第三方机制适用条件，征询企业意见后，由办案检察院和第三方机制管委会共同启动第三方机制，企业成立合规领导小组③，提交《合规计划》《合规承诺书》《自查报告》《涉案负责人追责情况说明》等申请材料，并制定时间节点，由第三方组织审查《合规计划》，出具修改完善的初审意见，并确定合理的合规期限。在合规整改的中期阶段：涉案企业应采取补救措施，处置、限制责任人权利，开展全员合规，主要针对企业内部治理结构、规章制度、人员管理、财税制度、反商业贿赂、知识产权、安全生产、集团管控、环境保护等方面的缺陷或行政许可资质方面的运营管理漏洞进行完善，预防再次犯罪及其他刑事犯罪发生。中期阶段企业需配合第三方组织进行检查监督，方式可采用审查材料、访谈、现场勘查等，提交《合规计划执行情况报告》，第三方组织应主要考察企业的治理结构、经营模式、管理制度、对员工及合作方的管理方式、合规绩效考核等，监督企业建立合规体系。结合第三方的检查监督意见，涉案企业根据实际情况，结合时间节点，提交《合规计划执行情况报告》。在后期验收阶段：企业应初步搭建合规体系，再次向第三方组织提交《合规计划执行情况报告》，第三方组织根据对企业合规体系检查监督情况，出具《合规考察评估报告》提交第三方机制管委会。

（一）第三方监管人第一阶段工作步骤

1. 第一种形式：检察机关、第三方机制委员会（监管委员会办公室）与第三方监

---

① 最高人民检察院等九部委：《关于建立涉案企业合规第三方监督评估机制的指导意见（试行）实施细则》第二十六条。

② 杨晓波等：《谈刑事合规不起诉实务》，载《中国律师》2022年第6期。

③ 《关于建立北京市涉案企业合规第三方监督评估机制的实施办法（试行）及两个配套规定的通知》。

管人签订"企业合规第三方监管考察三方协议书",建议文书格式如下:

【文书 1】企业合规第三方监管考察三方协议书

甲　　方(办理案件的人民检察院):
代 表 人:
职　　务:
单位地址:
联系电话:

乙　　方(第三方监管委员会办公室):
代 表 人:
职　　务:
单位地址:
联系电话:

丙　　方(第三方监管人):
工作单位:
身份证号:
联系电话:
住　　址:

甲、乙、丙三方本着平等自愿、协商一致的原则,根据相关法律法规及甲、乙、丙三方各自的意愿,现就甲方通过乙方选派丙方到具体涉案企业开展企业合规调查、评估、监督和考察等事宜达成如下协议:

一、工作概述

三方同意丙方在____年____月____日至____年____月____日期间在涉案企业_____进行为期____月的合规监管考察。

二、甲方的权利与义务

(一)甲方的权利

1. 甲方有权定期或不定期向丙方了解涉案企业合规建设情况,对丙方在开展企业合规调查、评估、监督和考察等工作期间的行为进行监督,以确保丙方遵守本协议及相关规章制度;

2. 甲方有权对违反合规考察承诺的涉案企业终止合规考察,依法提起公诉,并在作出终止决定后及时通知乙方、丙方;

3. 甲方有权对丙方出具的合规考察书面报告进行审查,并参与组织合规考察验收,发现丙方故意提供虚假报告或者提供的报告严重失实的,有权依照有关规定及时向乙方通报,建议将其列入第三方监管人名录库黑名单,涉嫌违法犯罪的,及时将线索移送公安司法机关。

（二）甲方的义务

1. 依法办理乙方、丙方在合规监管考察运行期间提出的申诉、控告或者有关申请，并在规定期限内进行反馈；

2. 建立健全相关工作联络制度，主动同乙方、丙方做好合规考察期间沟通联络；

3. 对丙方提出的对涉案企业合规计划的修改完善意见建议进行细致研究，提出具体的修改意见；

4. 《中华人民共和国刑事诉讼法》《人民检察院刑事诉讼规则》等法律、司法解释规定的其他法定职责。

三、乙方的权利与义务

（一）乙方的权利

1. 乙方有权督促协调甲方落实第三方监管委员会联席会议确定的工作任务和议定事项；

2. 乙方负责对第三方监管人名录库的建立选任、日常管理、动态调整，以及建立禁入名单、"黑名单"等惩戒机制；

3. 乙方有权对丙方的监管工作开展日常监督和巡回检查。

（二）乙方的义务

1. 指派专门人员与甲方、丙方开展联络沟通，协调处理第三方机制启动和运行有关事宜；

2. 采取措施切实保障丙方依法充分履行职能；

3. 围绕合规计划制订、审查、日常考察和合规考察标准等内容，运用多种形式对丙方进行专业培训等，帮助丙方提升监管考察能力水平；

4. 在第三方监管考察期结束后，根据丙方履职尽责情况，工作突出的，经向甲方征求意见，对丙方给予适当表彰，并通报丙方所在单位或行业协会等；

5. 其他法律法规及规范性文件规定的工作义务。

四、丙方的权利与义务

（一）丙方的权利

1. 丙方有权要求适用企业合规第三方监管制度的企业在规定时限内按要求提交专项或者多项合规计划，以及合规计划的承诺完成时限；

2. 丙方有权根据案件情况和涉案企业承诺的履行期限，确定具体的合规监管考察期限，合规考察期满发现涉案企业合规计划执行不到位的，有权同甲方开展协商是否延长考察期限；

3. 丙方有权对涉案企业的合规计划提出修改完善的意见建议，并报甲方进行审核；

4. 丙方有权在协议规定的时间内，采取审查涉案企业书面报告、调研、评估、检查等形式，定期或不定期对涉案企业合规建设情况进行日常监督。

（二）丙方的义务

1. 遵守法律法规，党纪党规，服从第三方监管委员会的监督、管理；

2. 依法、独立、客观、公正地开展企业合规监管；

3. 定期向第三方监管委员会、检察机关反馈企业合规监管工作情况；

4. 发现犯罪嫌疑企业、犯罪嫌疑人曾隐匿的或者新出现的不合规行为，或者存在不适宜继续进行企业合规建设情形的，应中止第三方监管考察程序，并及时向甲方和乙方报告；

5. 对履职过程中知悉的国家秘密、商业秘密、案件信息及个人隐私等信息严格予以保密；

6. 对涉案企业合规计划的可行性、有效性与全面性进行审查，重点审查合规计划的可能性、可操作性；

7. 发现涉案企业执行合规计划存在明显偏差或错误的，及时指导、提出纠正意见，并及时报告甲方；

8. 合规考察期限届满前十五日内，对涉案企业的合规计划完成情况进行全面检查、调查、评估和考核，并按照规定要求制作合规考察书面报告，报送甲方；

9. 其他法律法规及规范性文件规定的工作义务。

五、其他规定

1. 本协议未尽事宜，甲、乙、丙三方可以签订补充协议加以解决，补充协议是本协议的一部分，具有同等的法律效力；

2. 在本协议执行过程中产生的任何争议，甲、乙、丙三方应协商解决；

3. 本协议一式三份，经甲、乙、丙三方签字或盖章后生效，三方各持一份，均具有同等法律效力。

甲方：（盖章）　　　　乙方：（盖章）　　　　丙方：

代表人签字：　　　　　代表人签字：

协议签订日期：　　　年　　月　　日

第二种形式：

【文书2】××人民检察院
合规第三方监管委托协议书

为促使涉案企业健康发展，弥补经营管理漏洞，消除法律风险，××人民检察院与第三方监管人共同签订协议，保证该企业在检察机关监督下构建完善涉案合规体系。

（一）检察机关义务

1. 检察机关对涉案企业监督考察工作负责统筹安排，协调第三方监管人的具体成员，对涉案企业落实开展专项的监督考察工作。检察机关可根据实际情况，对整改方案的执行附加特定条件。

2. 监督考察期内，检察机关应当为第三方监管人（包括体制外的律师与主管部门）履行考察事项提供必要的便利和条件，根据情况提供相关案件信息。

3. 检察机关根据期满考察报告以及涉案企业完成整改方案（合规计划）的情况作出最终处理决定。

（二）第三方监管人义务

1. 第三方监管人成员单位有××。第三方监管人员由××第三方合规监管管理办公室选派。

2. 第三方监管人应当根据本协议的内容和要求，组织开展考察评估活动并制作书面考察报告；应当加强与检察机关的联系，及时通报考察情况；发现涉案企业及内部人员违反监督管理规定的，应当在24小时内通知检察官。

3. 第三方监管人不得对外泄露案件信息、未经批准不得擅自变更考察人员、需遵守法律规定、依法开展监督考察事项。

（三）监督考察方式与内容

1. 第三方监管人应重点针对涉案企业自身经营管理漏洞、自身内部控制、风险评估监督、财务管理制度、合规文化建设体系等方面进行合规考察。

2. 监督考察可以采取走访检查、要求涉案企业汇报情况、查阅涉案企业书面材料、召开座谈会、听取意见等方式。

3. 监督考察期限届满前，检察机关应当委托第三方监管人对涉案企业与犯罪嫌疑人遵守规定、履行承诺以及整改方案的执行等情况进行评估，并制作监督考察报告。

（四）协议的生效及期限

本协议自签署之日起生效，于××单位完成涉案企业刑事合规计划时终止。监督考察期限××个月（自××年××月××日起至××年××月××日止）。

本协议一式三份，本院与第三方监管人各持一份，同时抄送××第三方合规监管管理办公室。

检察机关　　　　　　　　　　　　　　　　　　第三方监管人

在确定第三方监管人并签订相关协议后，检察机关应告知涉案单位做出合规整改承诺书，建议文书格式如下：

【文书3】××人民检察院
合规整改承诺书

一、涉案人员及涉案企业愿意认罪认罚。

二、遵守规定，服从第三方监管人考察与检察机关监督，按照专项合规整改方案切实推荐合规整改，确保合规整改获得监管部门验收。

三、配合第三方监管人出具书面阶段性的考察报告，分析合规整改的进度及在该阶段尚存在的问题与原因，并对下一阶段合规整改作出具体安排。

四、合规考察整改期满两个月前，配合第三方监管人出具总结性的书面考察报告，确保合规整改获得监管部门的验收。

以上告知书（个人/单位）已阅读并理解合规考察的相关事项、诉讼权利及义务，（同意/不同意）参与合规整改以及承担相应法律责任。

被告知人（签名）
××××年××月××日

同时，第三方监管人也向涉案企业发出提交专项合规整改计划的通知，并要求涉案企业承诺合规计划的完成时限。涉案企业向第三方监管人提交合规计划，是涉案企业正式进入合规监督评估机制的标志，是第三方监管人履行后续的监管职责的基本依据。

【文书4】关于提交专项合规整改计划的通知

××××公司：

作为你公司涉嫌×××罪一案的第三方监督评估组织，于××××年××月××日正式成立，负责对你公司合规整改工作进行了解、考察、监督和评估。根据××市《〈关于建立涉案企业合规第三方监督评估机制的指导意见（试行）〉实施细则》的规定，现通知你公司如下事项：

1. 结合你公司被指控的犯罪行为发生原因，以及你公司目前的业务经营情况，制订专项合规整改计划，计划应当重点围绕下列内容展开："……"

2. 请你公司在前期报送材料的基础上，补充提交下列材料：（1）合规义务清单；（2）合规风险清单；（3）尽职调查报告。

以上专项合规整改计划请于××××年××月××日报送给第三方组织；相关材料请于××××年××月××日前报送。

特此通知。

材料寄送地址：

联系人：

联系电话：

第三方组织

××××年××月××日

2. 第三方监管人向检察机关出具"涉案企业合规第三方监管人保证书"，建议文书格式如下：

【文书5】××市人民检察院
涉案企业合规第三方监管人保证书

一、涉案企业合规第三方监管人应保证自身符合下列条件：

（一）具有良好的诚信和职业操守。

（二）具有完善的内部管理、项目监控和操作制度，并且执行规范。

（三）具备承担独立监督职责的专业知识及技能。

（四）从事相关业务两年以上并有相关经验。

（五）近三年未被主管部门或者监管部门处罚。

（六）与案件无牵连关系。

（七）具有正向效应。

二、涉案企业合规第三方监管人应就涉案单位所存在的规章制度、人财物管理、流程监控、内部调查机制、奖惩机制、合规文化等方面的漏洞、问题进行调查，协助涉案单位制订涉案单位合规整改方案以及协助人民检察院监督整改方案的执行，并针对其履职情况及涉案单位执行合规整改方案情况向人民检察院出具阶段性书面监控报告。

三、涉案企业合规第三方监管人应当恪尽职守，履行诚实、信用、谨慎、勤勉、中立的义务，并遵守下列规定：

（一）遵守法律法规，服从监督。

（二）有效地实施合规监控。

（三）定期向人民检察院报告合规监控情况。

（四）发现涉案单位、犯罪嫌疑人曾隐匿的或者新出现的不合规行为以及未严格履行涉案单位合规整改方案，应及时报告并督促其整改。

（五）对监控过程中知悉的商业秘密、案件情况及个人隐私等信息予以保密。

（六）禁止损害涉案单位的合法权益。

四、有下列情形之一，人民检察院有权更换企业合规第三方监管人：

（一）企业合规第三方监管人违背中立义务，参与涉案单位生产经营活动的。

（二）企业合规第三方监管人怠于履行职责，无合规监控成效的。

（三）因客观条件无法履行职责的。

（四）其他需要更换企业合规第三方监管人的情形。

本人已阅读并充分理解上述条款，（同意/不同意）遵守上述规定以及承担相应法律责任。

企业合规第三方监管人：
年　月　日

本文书一式两份，一份留存附卷，另一份当事人留存。

由检察机关以"第三方监管人须知"的形式发送第三方监管人和提出要求，建议文书格式如下：

【文书6】第三方监管人须知

第三方监管人可以通过以下一种或多种方式开展合规考察业务，并重点围绕组织架构、制度建设、工作机制与流程管控四大方面监督涉案企业进行合规整改：

一、组织架构

（一）协助涉案企业建立合规部门并确定专门负责人（可以与纪检监察部门有效整合）。

（二）列席决策机构，通过参加会议、与有关人员交谈、接受合规情况反映等方式获取与合规考察有关的信息。

（三）对违规或者可能违规的人员和事件进行独立、初步调查，可外聘专业人员或者机构协助工作并同步汇报。

二、制度建设

（一）汇集现有规章制度、主营业务开展情况、组织架构、业务流程、关键岗位职责、涉案专项合规标准的信息。

（二）协助涉案企业建立专项合规风险信息库，就合规整改过程中存在的风险因素进行识别、评估。

（三）协助涉案企业形成并修改合规整改方案并接受质询。

（四）根据合规标准协助涉案企业建立专项风险排查、风险整改机制。

三、工作机制

（一）采用多样化方式全面了解专项合规风险因素，如书面审查、访谈约谈、问卷调查、抽样检查。

（二）协助涉案企业通过内部调查、尽职调查的方式对面临的潜在风险进行调查。

（三）建立内部通报机制，如内部周报月报、匿名举报、合作伙伴筛选机制，实现涉案企业内部自查自纠。

（四）出台员工合规手册、合规管理办法，优化合规考核问责及奖励机制，最终实现全员参与、全员覆盖的合规文化。

（五）根据要求形成考察报告。

（六）协助涉案企业全面践行专项合规体系管理。

（七）定期留痕合规监督情况、建立合规档案。

（八）聘请有关机构鉴定、审计、司法会计鉴定，对涉案企业的违规情况进行量化评估。

（九）其他有利于强化涉案企业合规整改的方法。

四、流程管控

（一）定期或不定期抽查涉案企业涉及专项合规风险因素的业务。

（二）协助涉案企业对专项风险因素进行合规审查。

（三）追踪与专项风险有关的重大执法调查与诉讼案件。

（四）一旦再次违法犯罪，进行是否是单位行为的有效审核。

五、第三方监管人不得：

（一）泄露商业秘密、擅离职守、无故不履行职责。

（二）违反规定授权他人代为履行职责。

（三）对涉案企业运作中存在的违法违规行为或者重大风险隐患隐瞒不报或者做出虚假报告。

（四）利用履行职责之便谋取私利。

（五）滥用职权，干预涉案企业的正常经营运作。

（六）拒绝参与听证会、接受质询。

（七）其他损害合规考察主旨的行为。

3. 也可由第三方监管人向检察机关出具"第三方监管人承诺书",建议文书格式如下:

【文书7】××人民检察院
涉案企业合规第三方监管人承诺书

涉案企业合规第三方监管人可以通过以下一种或多种方式开展合规监管考察业务,并重点围绕组织架构、制度建设、工作机制与流程管控四大方面监督涉案单位进行合规整改:

一、组织架构

(一)协助涉案单位建立合规部门并确定专门负责人(可以与纪检监察部门有效整合)。

(二)列席决策机构,通过参加会议、与有关人员交谈、接受合规情况反映等方式获取与合规考察有关的信息。

(三)对违规或者可能违规的人员和事件进行独立、初步调查,可外聘专业人员或者机构协助工作并同步汇报。

二、制度建设

(一)汇集现有规章制度、主营业务开展情况、组织架构、业务流程、关键岗位职责、涉案专项合规标准的信息。

(二)协助涉案单位建立专项合规风险信息库,就合规整改过程中存在的风险因素进行识别、评估。

(三)协助涉案单位形成并修改合规整改方案并接受质询。

(四)根据合规标准协助涉案单位建立专项风险排查、风险整改机制。

三、工作机制

(一)采用多样化方式全面了解专项合规风险因素,如书面审查、访谈约谈、问卷调查、抽样检查。

(二)协助涉案单位通过内部调查、尽职调查的方式对面临的潜在风险进行调查。

(三)建立内部通报机制,如内部周报月报、匿名举报、合作伙伴筛选机制,实现涉案单位内部自查自纠。

(四)出台员工合规手册、合规管理办法,优化合规考核问责及奖励机制,最终实现全员参与、全员覆盖的合规文化。

(五)根据要求形成考察报告。

(六)协助涉案单位全面践行专项合规体系管理。

(七)定期留痕合规监督情况、建立合规档案。

(八)聘请有关机构鉴定、审计、司法会计鉴定,对涉案单位的违规情况进行量化评估。

（九）其他有利于强化涉案单位合规整改的方法。

四、流程管控

（一）定期或不定期抽查涉案单位涉及专项合规风险因素的业务。

（二）协助涉案单位对专项风险因素进行合规审查。

（三）追踪与专项风险有关的重大执法调查与诉讼案件。

（四）一旦再次违法犯罪，进行是否是单位行为的有效审核。

五、企业合规第三方监管人不得：

（一）泄露商业秘密、擅离职守、无故不履行职责。

（二）违反规定授权他人代为履行职责。

（三）对涉案单位运作中存在的违法违规行为或者重大风险隐患隐瞒不报或者做出虚假报告。

（四）利用履行职责之便谋取私利。

（五）滥用职权，干预涉案单位的正常经营运作。

（六）拒绝参与听证会、接受质询。

（七）其他损害合规考察主旨的行为。

同时，检察机关就适用企业合规第三方监管听取被害人意见，建议文书格式如下：

【文书8】××人民检察院
适用企业合规第三方监管听取意见书

（被害单位/被害人）：

根据《涉企案件刑事合规办理规程（试行）》，本院初步认为××企业符合第三方合规监管的条件。现听取您/贵单位的意见。请如实叙写您/贵单位的意见。

意见：

附：企业合规第三方监管的文件与解读

××人民检察院
年　月　日

检察机关就第三方监管决定通知涉案单位,建议文书格式如下:

【文书9】××人民检察院
涉案企业合规第三方监管决定书

×检合规监管(　　)号

××单位:

你单位涉嫌×××一案,根据《涉企案件刑事合规办理规程(试行)》,本院已将合规风险告知该单位。后你单位进行了合规承诺并出具了整改方案,现认定你单位及涉案人员符合第三方监管条件。

本院将委托×××团队进行涉案企业合规第三方监管,此外主管部门也将随机对你单位进行执法检查。

现向你告知检察官与第三方监管人将通过走访考察、调取资料核查、随机检查的方式,对单位的整改情况进行考察。检察官与第三方监管人承诺不得泄露案件信息与涉案企业内部信息。你单位有义务配合检察官与第三方监管人的考察。一旦有异议,请于24小时内告知检察机关。否则你单位需要承担充分的举证责任与不利后果。

注:详细情况见附表:

××单位(签字/盖章)

××人民检察院
年　月　日

附表:

根据《涉企案件刑事合规办理规程(试行)》,本院决定对××单位开展涉案企业合规第三方监管,考验期为××个月,从××××年××月××日至××××年××月××日。第三方监管人有×××。

一、××单位在考察期内应当做到以下内容:

(一)遵守法律法规,服从检察机关的监督;

(二)定期如实全面报告整改情况;

(三)告知并移送员工违法犯罪情况;

(四)及时发现、有效制止单位与员工可能存在的违法犯罪行为;

(五)积极补缴税款及相关损失。

二、整改期间内发现涉嫌犯罪的涉案企业及主管人员有下列情形之一的,应当撤销诉前考察决定:

(一)实施新的犯罪;

(二)发现决定企业合规监督考察以前还有其他犯罪需要追诉的;

(三)没有有效履行整改方案,经二次自查对照整改仍无法通过验收的(自查

整改—第三方监管人检查—主管部门检查/通不过后一关就程序倒流到前一关);

(四)违反本决定造成严重后果的。

××人民检察院
年　月　日

4. 向涉案企业出具合规风险告知书,建议文书格式如下:

【文书10】第三方监管企业合规风险告知书

在合规监管过程中,我团队采用了访谈、文本审阅、问卷调查、知识测试、抽样分析、穿行测试、系统及数据测试等合规考察方法,从合规管理环境、合规管理职责履行情况、经营管理制度与机制的建设及运行状况等方面,复核了各业务及管理部门的自评底稿等文件,为合规考察公司合规管理的有效性取得了必要的评价证据。

一、经合规考察,报告期内,公司对纳入合规考察范围的业务与事项均已建立了相应的管理制度,并得到有效执行,达到了公司合规管理的目标,在所有方面不存在重大合规风险。

二、我团队还注意到,公司合规管理尚存在以下待改进的薄弱环节:

合规管理环境方面

合规管理职责履行方面

经营管理制度与机制建设及运行方面

三、合规考察期间,公司存在的合规管理问题及整改情况如下:

序号	问题描述	问题涉及的领域或部门	建议采取的整改措施	建议整改期限
一、合规管理环境方面				
1				
2				
…				
二、合规管理职责履行方面				
1				
2				
…				
三、经营管理制度与机制建设及运行方面				
1				
2				
…				

四、除上述业务及事项外，其他纳入合规考察范围的业务与事项已建立了相应的管理制度和机制，并得到有效执行，达到了公司合规管理的目标，不存在重大合规风险，但尚存在以下待改进的薄弱环节：

合规管理环境方面

合规管理职责履行方面

经营管理制度与机制建设及运行方面

第三方监管人团队成员（签名）
××××年××月××日

5. 了解涉案企业基本情况。

6. 了解涉案情况及涉案罪名相关联的刑事、行政、民事法律规范、司法解释、司法政策等。

7. 查找和学习典型案例；制订第三方监管人合规监管方案。

8. 制订第三方监管人监管工作计划日程表，建议文书格式如下：

【文书11】第三方监管人监管计划日程表

第一阶段	（一）成立涉案企业合规第三方监管人团队、监管人召开第一次工作会议	1. 签订企业合规第三方监管考察三方协议书	预计完成时间段
		2. 学习涉案企业合规第三方监管人的有关规定	
	（二）了解涉案企业的基本情况	3. 了解公司基本情况及各项管理制度	
		4. 了解公司各部门工作职责、流程	
		5. 了解公司招投标制度及各项财务制度	
		6. 了解公司重大项目申报制度及监管流程	
		7. 检查公司内部对涉案人员的通报处理情况	
	（三）审查涉案企业自查报告及合规计划并提出意见	8. 审查涉案企业自查报告并提出意见建议	
		9. 审查涉案企业合规计划并提出建议	
		10. 根据前期了解情况指导公司下一步合规工作开展	

续表

第二阶段	（四）召开第三方监管人工作会议，明确监管人职责	11. 学习研究探讨企业合规中的疑难问题、相关文章企业合规典型案例	预计完成时间段
		12. 讨论和明确监管人的工作职责和工作内容	
	（五）制订涉案企业合规评估工作方案、审议合规工作报告	13. 制订涉案企业合规评估工作方案	
		14. 审议涉案企业提交的企业合规工作实施报告	
		15. 制作并形成涉案企业第三方监管人工作职责思维导图	
		16. 为第三方监管人实地考察进行讨论和研究	
	（六）对涉案企业进行第一次实地考察	17. 对涉案企业管理层进行第一次访谈了解管理层合规意识	
		18. 检查涉案企业合规工作管理部门组建情况	
		19. 检查涉案企业各项合规管理制度制定情况	
		20. 检查和评价涉案企业合规文化建设情况	
		21. 检查和评价涉案企业合规风险识别情况	
	（七）召开监管人工作会议为下一阶段涉案企业合规监管提出意见建议	22. 收集考察量化评分（企业自评）表	
		23. 对涉案企业已完成的合规建设提出建议并完善企业下一阶段合规工作	
	（八）对涉案企业进行第二次实地考察	24. 召开会议对企业合规计划落实情况进行检查	
		25. 检查风险管控措施落实情况	
		26. 对涉案企业负责人和相关人进行第二次访谈	
		27. 抽查涉案企业工作人员合规学习情况	
		28. 全面考核评估合规整改情况	
第三阶段	（九）检查涉案企业合规组织体系完善情况	29. 检查合规制度修改完善情况	预计完成时间段
		30. 检查合规组织完善情况	
		31. 检查合规部门合规法律法规汇编情况	
		32. 检查合规部门开展合规宣传、培训情况	
	（十）监管人对涉案企业的合规整改做全面评估	33. 第三方监管人对涉案企业合规考察量化评分	
		34. 出具书面合规监管考察报告	

9. 制定第三方监管人工作流程，建议工作流程如下，供读者参考：

【文书12】涉案企业第三方监管人工作流程

一、合规前期准备

学习合规知识、制度、法律（通用）

附件：相关制度、法律

1. 了解企业涉案情况、确定合规计划类型（监管人—涉案企业—检察院）

附件：涉案企业情况（包含但不限于以下内容）

（1）涉案企业基本情况；

（2）涉案企业内部管理制度；

（3）部门工作职责、流程；

（4）重大项目申报及监管流程；

（5）其他相关情况。

2. 提出合规计划制订要求和合规考察期限承诺的意见建议

附件：合规计划基本内容与要求

3. 制订合规监管工作计划（监管人）

附件：合规监管工作计划表（日程安排）

二、合规计划审定与下达（涉案企业—监管人—检察机关）

1. 涉案企业提出合规计划（涉案企业）

附件：涉案企业合规计划

2. 监管人审查合规计划（监管人）

附件：涉案企业合规计划审查意见表（模板主要内容）

（1）涉案企业完成合规计划的可能性以及合规计划本身的可操作性；

（2）合规计划对涉案企业预防治理涉嫌的犯罪行为或者类似违法犯罪行为的实效性；

（3）合规计划是否覆盖涉案企业在合规领域的薄弱环节和明显漏洞；

（4）其他根据涉案企业实际情况需要重点审查的内容。

3. 提出修改完善意见（监管人—检察院—涉案企业）

在审查意见和建议的基础上，向办案检察机关征求意见，综合审查情况一并向涉案企业提出修改完善的意见。

4. 合规计划的确定（涉案企业—监管人—检察院）

涉案企业提交修改后的合规计划—监管人再次审查—报检察院审核—检察院同意后，发送涉案企业合规计划实施（确定合规考察期限）。

5. 合规考察期限的确定（监管人—检察院—涉案企业）

监管人审查合规计划—征求人民检察院意见确定合规考察期限—通知合规企业。

三、合规考察期（对合规计划的执行情况检查、调查和评估）

1. 合规计划执行情况检查与监督

（1）涉案企业每月书面报告合规计划执行情况（监管人、检察院）。

附件：涉案企业合规计划执行情况报告表（主要内容）

（2）监管人定期或者不定期对涉案企业合规计划履行情况进行检查、调查和评估；发现涉案企业执行合规计划存在明显偏差或错误，应及时指导并纠正意见，同时报负责办理案件的人民检察院（监管人—检察院）。

2. 监管人合规监管的内容、方法和工作记录

（1）制订合规监督、评估工作方案（监管人）

附件：涉案企业合规评估方案（模板）

（2）监管工作开展记载（现场考察、文案检查等）

（3）监管人会议及记载

四、合规考察后期（考察期限届满）

1. 涉案企业自评（涉案企业）

附件：涉案企业合规整改自评报告

2. 企业合规计划完成情况的考察（监管人）

附件1：合规监管考察报告（模板）

附件2：涉案企业合规考察量化表（模板）

3. 合规考察期限的延长建议（监管人）

10. 召开第三方监管人第一次、第二次工作会议，会议记录格式内容如下，供读者参考：

【文书13】第三方监管人第一次工作会议

会议时间：

会议地点：

参会人员：

记录人员：

会议主要内容：

一、结合第三方监管人与检察机关召开的联席会议，通过询问和阅卷以及企查查、天眼查等软件了解并进一步核实涉案企业的具体情况以及企业涉案基本情况。尤其是对涉案企业所在行业的情况、企业生产经营状况、违法历史、可能造成的社会影响、可替代处罚措施等进行调查。

二、监管人制作并形成涉案企业第三方监管人工作职责思维导图。制订第三方监管

人监管工作计划日程表以及第三方监管人监督、评估办法和第三方监管人工作流程等。

三、共同学习《关于建立涉案企业合规第三方监督评估机制的指导意见（试行）》及其《实施细则》等企业合规相关文件。

与会人员签字：

【文书14】第三方监管人第二次工作会议

会议时间：
会议地点：
参会人员：
记录人员：
会议主要内容：

一、根据第一次会议学习的企业合规第三方监管人有关文件的精神和规定，结合涉案企业的具体情况，讨论和明确第三方监管人的工作职责和工作内容。

二、监管人共同学习最高人民检察院发布的企业合规典型案例。

三、监管人共同学习研究探讨企业合规中的疑难问题。

四、为即将召开的检察院和第三方监管人工作会议汇报监管人的前期工作内容等，进行讨论和总结。

与会人员签字：

11. 制定涉案企业准备的材料及第三方监管人监督、评估办法，具体如下：

【文书15】涉案企业应当准备的材料及第三方监管人监督、评估方法

1. 涉案企业业务发生频率高、重要性高、合规风险高的业务管理事项制度、审批文件；
——抽样检查

2. 涉案企业相关业务的原始文件、业务处理踪迹、操作管理流程等文件，尤其是与集团总部和母公司之间的关联关系；
——穿透式检查

3. 涉案企业的相关业务系统中交易数据、业务凭证、工作记录以及权限、参数设置等情况；
——比对检查

4. 涉案企业的基本情况，包括名称、地址、法定代表人性质、股东、认缴资本金、经营范围、涉案单位组织代码、占地面积、土地及厂房性质、员工人数（签订劳

动合同情况)、纳税数额、营业额等证明文件；

——文本审阅、观察

5. 涉案单位的组织结构、部门职责、部门负责人基本情况等；

——文本审阅、观察、访谈

6. 涉案单位的主要经营内容、方式、模式、利润点有关情况。

——文本审阅、观察、访谈

(二) 第三方监管人第二阶段工作步骤

1. 审核涉案企业提交的合规计划书。

律师作为第三方监管人，在收到涉案企业的合规计划书后，应当对计划的可行性、有效性与全面性进行认真审查。这一阶段的审查重点表现在：

1) 合规计划与犯罪原因的相关性；
2) 合规计划对解决企业存在问题的完备性；
3) 合规计划本身的可操作性；
4) 合规计划按期完成的可能性。

第三方监管人有权提出修改完善的意见和建议，直到涉案企业的合规计划达到要求。是不是一份有效的合规计划十分重要，对于企业能否顺利完成整个合规监督评估程序，对于监管人后续继续履行监管职责十分重要。

第三方监管人对合规整改计划审核后，可以分别就以下情形进行处理：

(1)《确认函》：第三方组织审核通过专项合规整改计划，向涉案企业发出《确认函》。建议文书样式如下：

【文书 16】 确认函

××××公司：

你公司提交的专项合规整改计划，经审核批准该计划。

你公司的合规整改考察期定为×个月，自××××年××月××日至××××年××月××日。

你公司应在上述考察期内，认真落实计划各项工作；如有问题，可及时联系第三方组织。

特此函告。

联系人：　　　　　　联系电话：

邮箱地址：

第三方监管人

××××年××月××日

【文书 17】第三方监管人第三次工作会议

会议时间：
会议地点：
参会人员：
记录人员：
会议主要内容：

一、监管人共同商议是否延长合规考察期限。

二、监管人共同学习企业合规相关视频讲座培训及合规系列文章、专著等。

三、监管人按照合规的有效性和标准规范化的要求，从拟采取的补救挽损措施；拟构建的刑事合规制度，如合规管理规章、合规审查监督体系、合规风险预警机制、合规审查评估机制、违规行为上报机制、合规奖惩机制、合规文化培养体系等方面，共同审议涉案企业提交的《涉案企业开展企业合规工作实施报告》（初稿）。

与会人员签字：

（2）在企业整改和第三方监管人深入了解企业情况的过程中，若发现涉案企业的整改计划存在明显问题。比如，没有认清全面合规计划与专项合规整改计划的区别，没有体现出作为专项合规整改计划应该在防范相同或类似犯罪行为上的作用等。

为此，第三方监管人可以向涉案企业发出修改意见，指导和帮助涉案企业完善合规整改计划。建议文书样式如下：

【文书 18】纠正意见函
（以涉嫌污染环境罪为例）
关于《××××公司专项合规整改计划》的纠正意见函

××××公司：

你公司根据第三方组织提出的意见进行了修改并重新提交的《××××公司专项合规整改计划》（以下简称整改计划）已收悉，经第三方组织成员讨论，现提出以下修改意见：

1. 本次涉案指控的是污染环境罪，根据《刑法》第三百三十八条的规定，污染环境的行为表现有：排放、倾倒或者处置。行为对象有：有放射性的废物、含传染病病原体的废物、有毒物质或者其他有害物质。这些行为和对象，都应该是企业合规整改的内容。不局限于倾倒行为一种，也不局限于固体废物一种，因为合规整改是预防，要扩展到相近犯罪行为。所以整改的内容还要再进一步扩展和细化。

2. 你公司建立的合规风险识别和评估机制没有起到应有的作用。涉案企业合规整改是在风险识别的基础上找到经营管理的漏洞。你公司的整改计划将风险识别评估放在制度建设之后进行，缺乏针对性，无法保证业务制度修订的有效性。所以，你公司需要在整改计划中抓紧完善合规风险识别这项工作安排。

请于××××年××月××日前将修订后的专项合规整改计划报告给第三方监管人。

联系人：　　　　　　联系电话：

第三方监管人

××××年××月××日

第三方监管人对合规整改计划审核后，认为专项合规整改计划不符合要求，决定终止合规整改程序，可以发出《终止函》：

【文书19】终止函

××××公司：

你公司于××××年××月××日提交的《专项合规整改计划》，经审查并多次提出纠正意见后，提交的合规整改计划仍然不符合最高人民检察院等九部委和×××省关于涉案企业合规整改计划的相关政策和要求，经报××××人民检察院审查决定，本次合规整改程序终止。

本函自××××年××月××日起生效。

第三方监管人

××××年××月××日

1. 涉案企业和其合规顾问律师对第三方监管人中止、终止企业合规程序有异议的，可以向第三方机制管委会提出异议，也可以直接向检察机关提出申诉、控告。

2. 建立第三方监管人与涉案企业微信工作联系群，对涉案原因进行分析、对涉案风险点关联因素进行分析。

3. 召开第三次监管人工作会议，就合规计划书提出整改意见和建议。

在涉案企业整改计划实施环节，第三方监督评估组织可以通过各种形式的监督考察，针对发现的整改中的问题提出监督意见，向涉案企业发出《监督函》。建议文书格式如下：

【文书20】监督函

××××公司：

本组织于××××年××月××对你公司的合规整改情况进行实地考察，发现存在下列问题：

1.

2.

3. ……

请你公司对上述问题予以及时纠正，并将纠正工作情况于××××年××月××日报告我处。

第三方监管人

××××年××月××日

注意事项：如发现涉案企业有未被办案机关掌握的犯罪事实及新实施的犯罪行为时，应当中止第三方监管评估程序，并向负责办理案件的检察机关报告。

4. 召开检察院与第三方监管人涉案企业合规监管工作会议，建议文书格式如下：

【文书21】×××检察院与第三方监管人涉案企业合规监管工作第一次会议

会议时间：

会议地点：

参会人员：

记录人员：

会议主要内容：

一、×××检察院×××（具体承办案件检察人员）就涉案企业×××公司×××案情进行介绍；

二、检察人员×××就第三方监管人的工作职责和内容进行了详细解读和说明，并强调了工作纪律、双方会议定期沟通等事宜；

三、×××人民检察院与第三方监管人签订涉案企业合规第三方监管考察三方协议书；

四、第三方监管人签订承诺书。

【文书22】×××检察院与第三方监管人涉案企业合规监管工作第二次会议

会议时间：

会议地点：

参会人员：

记录人员：

会议主要内容：

一、×××检察院×××（具体承办案件检察人员）就第三方监管人监管工作进行指导和强调。

二、双方就合规监管期限延长事宜进行了沟通和说明；同意延期至××××年××月××日，并报省检同意。

三、双方就前往涉案企业实地考察的时间进行了商议确定；确定在××××年××月××日前往涉案企业进行实地查看和座谈等，并就涉案企业应当及时提交合规计划报告等内容进行了交流沟通。

【文书23】×××检察院与第三方监管人涉案企业合规监管工作第三次会议

会议时间：

会议地点：

参会人员：

记录人员：

会议主要内容：

一、×××检察院×××（具体承办案件检察人员）就前阶段合规监管相关事宜进行总结并提出要求

（1）明确第三方监管人提前介入企业的整改，提出涉案企业合规整改的建议及具体方案，以便企业如期完成合规整改；

（2）现涉案企业需申请延期考察，第三方监管人须将考察情况、相关材料、会议记录等均保存好提交；

（3）要求涉案企业定期书面报告每月整改情况，并抄送检察院，要真合规、真整改；

（4）合规文化要融入涉案企业的管理之中，还要定期对员工进行普法讲座；

（5）×时间要对涉案企业进行一次百分制考察量化评分。

二、监管人分别针对涉案企业合规整改情况进行报告并发表意见和建议

（1）在企业整改中，母子关系的企业必须延伸合规；

（2）涉案企业的领导比较重视合规整改，高层对合规认识比较到位；

（3）涉案企业的合规评估机制尚未建立，合规要融入企业的章程、制度、整改计划中去，而目前企业整改计划的全面性、专业性仍然不够；

（4）涉案企业要建立完善的合规制度、机制，监管人要检查从案发到现在企业在制度层面所作的合规整改工作；

（5）目前涉案企业没有把合规整改工作做实做细，没有制定相应的制度、文案、细则；

（6）除了涉案企业提供的报告，监管人要再查一下文案、财务数据、合规制度、组织体系、组织架构，看一下相关台账；

（7）应当再去涉案企业，完善汇报制度，梳理整改亮点、档案等。

三、×××检察院×××（具体承办案件检察人员）工作总结

（1）可要求涉案企业相关负责人定期到监管人处汇报阶段性合规整改工作情况及下一阶段合规工作计划等；

（2）对于涉案项目收益情况，涉及的非法所得情况，涉案企业必须自查；

（3）监管人要始终注意总结规范，注意收集案件中的材料，包括监管过程的流程化与规范化；

（4）通过合规整改进行案件规范化，通过这一案件的办理形成规范标准化，对整个行业及各个部门的制度进行完善，可供其他检察院、企业、监管人借鉴，并且可复制、可推广。

【文书24】×××检察院与第三方监管人涉案企业合规监管工作第四次会议

会议时间：

会议地点：

参会人员：

记录人员：

会议主要内容：

一、×××检察院×××（具体承办案件检察人员）听取涉案企业第三方监管人工作报告并有针对性进行指导

（1）第三方监管人要不断地学习培训关于企业合规整改的制度、规范等，整个监管过程从涉案企业初期整改计划，到整改进程，再到最后的办理案件，要形成监管计划。

（2）监管人在监管过程中如有问题，可以向检察院了解案件的相关情况。

（3）如有必要，随时可以到涉案企业实地考察企业合规计划书是否执行到位。

（4）可以召开定期或者不定期会议，对涉案企业提出合规整改意见。

二、监管人对涉案企业合规整改情况进行汇报

监管人通过定期或不定期召开监管人工作会议，收集文件，学习企业合规监管考察的相关规定、书籍及典型案例，针对涉案企业合规实施方案提出审查意见和建议，制作合规考察终期检查评价方案，制作合规考察终期企业合规第三方组织考察量化评分表，对涉案企业合规整改情况进行实地考察，组织主要负责人进行访谈，对涉案企业合规整改情况进行量化评分等工作。

最终我们认为：该涉案企业目前阶段的合规整改已/未取得了符合计划的进展，企业已/未基本建立一套权威、独立和高效的合规组织体系，已/未完成合规制度的建立及完善，已/未具有合规风险识别、风险评估、合规风险处置能力。

三、×××检察院×××（具体承办案件检察人员）工作总结

要总结在监管过程中涉案企业合规整改的亮点，如涉案企业将合规整改延伸到整个集团公司，要激励涉案企业自主研发合规监管软件等。第三方监管人在监管过程中形成的对×××案件的规范性文件，以及对在合规监管中所作出的创新举措、监管流程加以总结，可以做成制度规范。

5. 前往涉案企业进行现场考察；实地走访企业，抽查企业员工对于合规培训、合规测试、合规考核等环节的了解及参与情况，以及企业合规文化的建立和宣贯情况，据此得出合规计划是否落地执行的结论。

6. 第三方监管人对涉案企业相关负责人及相关人员进行第一次访谈，建议具体内容如下：

（律师作为第三方监管人可以定期或者不定期访谈涉案企业各层级人员，了解企业执行合规计划的情况。谈话应当随机进行，避免企业提前做好准备。当然，也可以以业务对象、普通消费者或者其他身份对企业进行暗访。暗访有时候获得的信息更为真实，也可以促使企业自觉自愿履行合规计划，从而达到真合规的目的）。

【文书25】第三方监管人对涉案企业相关负责人访谈笔录
（第一次）

时　　间：
地　　点：
访　谈　人：
访谈对象：
访谈方式：　　现场访谈/视频访谈
访谈内容：

第三方监管人（问）：我们合规监管小组成立后第一次到你公司进行访谈，先把本次合规访谈的目标和价值跟你们沟通一下：1. 监管人员通过对你公司管理层或员工的访谈，了解员工是否已经开始合规工作，准备如何开展合规工作，是否已经总结过此次刑事犯罪的经验教训。2. 将合规工作的监督要求向公司告知。3. 希望与公司共同做好企业合规，总结以前的经验教训，制定完善的法律法规，包括专项合规在内的一整套合规制度，为公司的行稳致远做大做强，建立制度基础，既要治标也要治本。这个情况你们可知晓？

相关负责人（答）：

第三方监管人（问）：请您介绍一下公司的基本情况。

相关负责人（答）：

第三方监管人（问）：公司的主要业务有哪些？

相关负责人（答）：

第三方监管人（问）：公司目前有员工多少人，是否签订了劳动合同？

相关负责人（答）：

第三方监管人（问）：公司和涉案企业关联的其他公司之间存在哪些关系？

相关负责人（答）：

第三方监管人（问）：进入合规整改后，公司的涉案相关业务情况如何？

相关负责人（答）：

第三方监管人（问）：公司对此涉案人员目前是如何处理的？

相关负责人（答）：

第三方监管人（问）：公司进行合规管理以来有无未履行合规制度的行为发生？公司是如何处理的？

相关负责人（答）：

第三方监管人（问）：通过这次的访谈和现场的查看、检查，发现整改的书面材料非常充分，但是否落实到位？您认为怎么才能做到真整改、真合规？

相关负责人（答）：

第三方监管人（问）：基于公司的股权结构特殊性，如何把合规整改落到实处？

相关负责人（答）：

第三方监管人（问）：请您谈谈您对企业合规的认识？

相关负责人（答）：

第三方监管人（问）：请您谈谈公司本次违法的原因？

相关负责人（答）：

第三方监管人（问）：请您谈一下目前公司内部合规工作的开展情况？有哪些工作成果？有哪些不足和后期需要继续改进的地方？

相关负责人（答）：

第三方监管人（问）：请您介绍一下在合规工作开展过程中公司的实际经营情况（如公司业绩有无增长或其他亮点）？

相关负责人（答）：

第三方监管人（问）：请您谈谈公司未来3年到5年的发展规划？

相关负责人（答）：

第三方监管人（问）：请您谈谈，在本次合规工作开展的过程中，公司内部有没有营造出浓厚的合规文化氛围？如何体现？

相关负责人（答）：

第三方监管人（问）：谈谈合规委员会（或者合规部）的工作机制？

相关负责人（答）：

第三方监管人（问）：谈谈合规负责人的工作成效？

相关负责人（答）：

第三方监管人（问）：请您谈谈，公司内部的合规监督机制是如何运行的？

相关负责人（答）：

第三方监管人（问）：谈谈公司有无严格按照合规计划的完成时间落实各项合规工作？

相关负责人（答）：

第三方监管人（问）：谈谈合规验收所需完成的相关指标？

相关负责人（答）：

访谈人（签字）：

被访谈人（签字）：

总之，第三方监管人团队应当在涉案企业合规整改期间，根据需要组织开展多次监管人会议，在多次进行视频督导以及微信群监管指导之外，还应当及时到涉案企业进行现场核查监管。

根据《指导意见实施细则》的相关规定[①]，可结合涉案企业涉嫌罪名以及企业的状况，采用如下方式对涉案企业进行监督、评估：

1. 对该企业业务发生频率高、重要性高、合规风险高的业务管理事项制度、审批文件进行抽样检查，如涉嫌串通招投标，则就招投标业务方面进行检查；

2. 对该企业相关业务的原始文件、业务处理踪迹、操作管理流程等文件，若涉案企业存在关联企业，尤其应当对涉案企业与集团总部、与母公司之间的关联关系进行穿透式检查；

3. 对该企业的相关业务系统中交易数据、业务凭证、工作记录以及权限、参数设置等情况，尤其是进入合规考察期后涉案企业涉嫌罪名的合规情况进行比对检查和抽查案例；

4. 对企业的基本情况，包括名称、地址、法定代表人性质、股东、认缴资本金、经营范围、涉案单位组织代码、占地面积、土地及厂房性质、员工人数（签订劳动合

---

① 最高人民检察院等九部委：《关于建立涉案企业合规第三方监督评估机制的指导意见（试行）实施细则》第三十五条。

同情况）、纳税数额、营业额等证明文件进行文本审阅、观察，结合合规计划书涉及的内容进行核实；

5. 对企业的组织结构、章程修改、部门职责、部门负责人基本情况等进行文本审阅、观察、访谈，并查看之前设置部门和新增部门的运行与监督情况；

6. 对企业的主要经营内容、方式、模式、利润点有关情况，通过查看风险防控及整改痕迹等进行文本审阅、观察、访谈；

7. 对涉案单位合规文化建设情况，通过观察、访谈、查看公司宣传牌、网站以及审阅相关文件等方法，查看涉案企业如何强化企业管理层和员工的合规意识；合规文化氛围营造以及合规制度实施和落地情况。

（三）第三方监管人第三阶段工作步骤

1. 重点检查涉案企业履行合规承诺、落实合规计划情况等，企业应当根据所识别出的相关法律风险及漏洞，制订详细可落地的整改计划，监管人从而综合衡量企业合规计划的可行性、有效性、全面性。具体为：

（1）高层是否重视。涉案企业高层是否对本次合规整改工作高度重视，是否积极组织各项工作会议，是否签署各项合规承诺书，发动公司内部全体员工参与合规建设等。

（2）针对涉案的具体罪名涉及的违法行为，是否及时采取相关补救措施，公司高层是否召开各项会议明确各部门及相关责任人员的主体责任并带头签署《合规承诺书》，是否积极举办并参加公司内部合规培训，是否依据相关人事管理制度对涉案的责任人员进行处理，及时停止违法行为并采取补救措施等。

（3）涉案企业是否制定了专门针对涉嫌罪名的具体管理制度和实施细则，如涉嫌串通投标罪，就要制定《反串通投标管理实施细则》，专门规范公司内部投标行为，针对未严格依照规定执行的行为，设立举报机制。有针对性地防止企业员工重蹈覆辙，对员工起到很好的震慑作用，针对案件有防止再犯的作用。

（4）涉案企业是否进一步修订了《合规计划书》《合规实施方案》《企业合规管理制度》《企业风险自查报告》等重要的合规管理文件，使公司本次合规整改工作有了更加明确的指引，特别是深入分析企业内部各部门现存的法律风险漏洞，并提出详细的改进措施。

（5）涉案企业是否完善了合规管理组织架构，明确相关责任人员的职责。比如，进一步优化公司内部设立的合规委员会、合规管理办公室、刑事合规领导小组等合规管理组织机构，细化各机构负责人及相关成员的主体责任，优化上述机构的工作制度及工作流程。

（6）是否将"合规经营"写入公司章程。公司章程是指公司依法制定的，规定公司名称、住所、经营范围、经营管理制度等重大事项的基本文件，也是公司必备的规定公司组织及活动基本规则的书面文件。公司章程是股东共同一致的意思表示，载明了公司组织和活动的基本准则,是公司的宪章。因此,通过合规整改,将"合规经营"等内容增加到公司章程之中,使合规工作有更充分的依据,也能够凸显公司本次实施合规整改工作的决心和态度。

(7)是否进一步优化了公司高层决策治理结构,充分发挥监事在公司重大事项决策中的地位和作用,避免重大事项的决策权集中在某些个别领导的手中。

(8)是否进一步提升了公司内部合规文化的建设水平。涉案企业是否将合规延伸至母公司和关联企业集团总部等,是否统筹规划、共同推进企业合规文化建设,是否在公司内部提升合规文化的宣传水平,将普通员工纳入合规文化建设主体的范畴之中,充分调动广大员工的积极性。

(9)是否梳理出企业内部各部门具体法律风险的自查清单。体系化地认知涉案行为发生的原因及公司各部门、各主要负责人自身存在的法律风险,是否完成了详细的风险梳理清单,并拟定了改进的具体措施,并将各自可能存在的风险预警提升到更高级别。

(10)是否系统性地修订并公示《反商业贿赂反腐败管理实施细则》,将涉案企业涉嫌罪名方面的合规整改工作延伸至反商业贿赂反腐败领域,并且专门组织专业人员进行相关的系统法律培训,提升公司全体上下对反商业贿赂反腐败问题的重视程度。

(11)是否进一步完善了公司财务管理制度,严格落实公司财务报销和收付款制度,是否明确公司允许向员工个人账户转账的具体情形及审批、操作流程,明确规定制作并保存相关财务账簿及关联记录,确保相关记录足以反映付款、费用、交易等所有资产处置的真实情况,明确禁止以任何理由在账簿与记录上作出虚假、误导性或错误记录等。

(12)有党组织的涉案企业,还可以确立以党建引领合规建设、从纸面合规到智慧合规的长期合规目标,结合公司自身优势最大限度地展示合规整改工作成果。

总之,涉案企业提交的合规计划需要具体落实执行,第三方监管人不仅要求企业提交符合要求的全流程合规文件,同时也应当对相关文件进行逐项审核;如果企业能长期贯彻执行合规计划,认真落实上述整改措施,必然会给企业带来良好的实践结果。

2. 通过对涉案企业进行现场观察、对相关部门负责人和关键岗位负责人进行第二次访谈,监管人了解涉案企业合规整改的成效。具体的访谈内容可以参照以下文书:

【文书26】第三方监管人对涉案企业相关负责人访谈笔录
(第二次)

时　　间:
地　　点:
访 谈 人:

访谈对象：

访谈方式：

第三方监管人（问）：你好，经过你们的自查整改后，你发现公司还存在哪些风险？

相关负责人（答）：

第三方监管人（问）：我们给公司制定的一个满分为100分的考察量化评分表，公司自评分为多少？

相关负责人（答）：

第三方监管人（问）：你对公司的合规管理还有没有要补充的？

相关负责人（答）：

第三方监管人（问）：你认为用什么样的方式可以避免纸面合规？

相关负责人（答）：

第三方监管人（问）：对公司的合规，公司高层的态度怎么样？

相关负责人（答）：

第三方监管人（问）：公司自合规整改以来，相比之前有何效果？比如，收入、税收、创造社会价值等方面。

相关负责人（答）：

第三方监管人（问）：关于反贿赂、反贪污、反腐败的流程，公司具体实施中是怎么操作的？

相关负责人（答）：

第三方监管人（问）：公司对举报人的一系列机制很完整，目前有没有按照此制度处理过实际案例？

相关负责人（答）：

第三方监管人（问）：关于和商业合作伙伴的合规管理，高层、管理层充分关注和重视，在具体实施中员工如何去规避违规行为发生？

相关负责人（答）：

第三方监管人（问）：在某项业务过程中，员工是否会从某个特定的利益因素考虑，和合作伙伴、利益关系人共同去做违规操作？

相关负责人（答）：

第三方监管人（问）：公司对财务制度做了修订和完善，从财务角度如何去发现和判断违规风险？

相关负责人（答）：

第三方监管人（问）：合同上发现违规问题，在业务上怎么沟通？

相关负责人（答）：

第三方监管人（问）：如发现有不合规的支出、报销等情况，财务怎么处理？

相关负责人（答）：

第三方监管人（问）：关于合规工作，高层高度重视主要体现在哪些方面：关于合规工作，高层做了哪些工作？包括公司章程的内容调整？为防止一个人决策以及监事监督不力等，公司在治理结构和内控制度设计方面做了哪些调整？如何把合规工作融入公司业务和发展战略中，合规文化体现在哪些方面？

相关负责人（答）：

第三方监管人（问）：公司章程是否增加了有关合规的内容？为防止一人决策以及监事监督不力等，公司在治理结构和内控制度设计方面做了哪些调整？如何把合规工作融入到公司业务和发展战略中，合规文化体现在哪些方面？

相关负责人（答）：

第三方监管人（问）：合规培训工作是否做到全员覆盖？对于重点岗位、重点部门的人员的合规培训，在培训内容方面有没有体现差异性？

相关负责人（答）：

第三方监管人（问）：如何检验合规培训的效果？

相关负责人（答）：

第三方监管人（问）：对于关键岗位的合规培训如何与公司业务相结合？培训效果的评估如何与绩效考评相结合？请提供相关资料。

相关负责人（答）：

第三方监管人（问）：请说一下关于供应商入库的评选标准。

相关负责人（答）：

第三方监管人（问）：供应商入场是否考察曾经有无违规个案？

相关负责人（答）：

第三方监管人（问）：关于信用资质方面是否纳入评选标准？

相关负责人（答）：

第三方监管人（问）：供应商年度评审如何划分等级？

相关负责人（答）：

第三方监管人（问）：合规工作已经纳入绩效管理体系，请问该项工作是如何开展的？绩效考核指标是如何设计的？绩效考核结果是如何兑现的？请以一个部门或几个岗位为例进行说明，并出具相关佐证材料。

相关负责人（答）：

第三方监管人（问）：需要看下合规评分中的评估标准，提供一个具体评估案例给我们。

相关负责人（答）：

第三方监管人（问）：请拿出两个岗位的佐证材料：一个岗位因合规管理做得好得到加分以及一个岗位因合规管理没做到位被扣减分数？

相关负责人（答）：

访谈人（签字）：

被访谈人（签字）：

3. 第三方监管人根据涉案企业的特点与优势，可以特别建议涉案企业在考察期内作出贡献于社会的项目，内容如下：

【文书27】第三方监管人特别建议书

×××公司：

基于监管人对贵单位负责的态度，希望在合规结束后，检察院能做出对贵司及相关人员最轻的处理决定，基于贵司的行业特点和××优势，我们郑重建议：

一、贵司可立即启动×××事项，若能在最短时间内完成，可将该成绩作为最终检察院量刑建议从轻处罚（如相对不起诉等）的关键考量因素。望贵司引起重视，立即向×××人民检察院汇报并按要求立即启动为宜。

二、同时贵司应继续做好相关合规工作的保密事宜，监管过程中一切保密事宜均不能对外泄露。

第三方监管人：

年　月　日

第三部分　第三方监管人对涉案企业合规结果的评估

一、第三方监管人对合规计划书的审查原则和考量要素

合规计划书是涉案企业对于其涉嫌犯罪行为的一种自我矫治方案，合规计划书内容具有针对性和专业性，重点在于针对涉罪行为的专项矫正。第三方监管人在审查合规计划书时应当遵循以下几项原则：[①]

[①] 谈倩、孙宋龙：《企业合规计划书审查"五要素"》，载《检察日报》2021年7月30日第3版。

1. 全面性审查原则。全面性审查是刑事诉讼程序对证据审查的基本要求。坚持对合规计划书的全面性审查原则，主要做到两个方面：

一是坚持将合规计划书放到全案证据当中去审查。二是坚持对合规计划书内容的系统性审查。

2. 可行性审查原则。合规计划书的可行性可以从以下几个方面审查：

一是经济可行性，对于合规计划书记载的内容，涉罪企业具备执行合规计划书事项的经济能力。二是技术可行性，合规计划书记载事项没有超越现有技术条件，是在当前技术、制度、经验条件下可以实现的。三是法律可行性，合规计划书记载的事项不得违反法律法规的强制性规定，不得侵害国家利益、社会公共利益和他人的合法权益。四是期限可行性，合规计划书记载的事项，涉罪企业可以在检察机关确定的考察期限内执行完毕，并能接受独立第三方监管人的考察评估。

3. 有效性审查原则。有效性审查是对合规计划书实质性功能审查的体现。坚持对合规计划书的有效性审查原则，主要体现在两个方面：

一是合规计划书记载的企业的合规措施应当与合规计划书分析的违法犯罪因素相对应，即合规计划措施可以弥补或减轻企业犯罪行为产生的损害，能够防范和排查相关的法律风险。

二是合规计划书效益可量化，即检察机关、第三方监管人可以对合规计划书记载事项、执行合规计划书所取得效益进行量化评估，这种量化评估主要体现在对合规计划书效益的数据化、可视化的定量分析。

对合规计划书的审查要素主要包括以下几个方面：

一是审查涉罪企业对行为性质的认识。强调要将企业合规试点工作与依法适用认罪认罚从宽制度结合起来。

二是审查涉罪企业对犯罪原因的认知。涉罪企业对犯罪原因的分析，是其对经营行为和经济活动的反思，也是企业法律风险自查的过程。

三是审查涉罪企业制订的合规方案。合规方案是合规计划书的主体内容，是企业犯罪治理的"药方"，是审查合规计划书的核心部件，也是企业合规能否取得实效的关键所在。

四是审查涉罪企业的合规文化培育。之所以将合规文化独立于合规方案进行审查，是因为合规文化在企业文化建设中占据重要地位。只有将合规的观念和意识渗透到每个员工的日常行为中，形成普众性的合规文化，把坚持合规操作和管理当作每个部门、每个员工日常工作的重要职责，自觉形成按章办事、遵纪守法的良好习惯，才能有效控制风险，确保企业经营行为和经济活动不偏离目标，实现企业利益最大化。

五是审查涉罪企业的合规保障措施。涉罪企业对企业合规制度适用的保障措施是合规计划有效执行、取得预期实效的重要基石。对合规保障的审查主要分为两个方面：

一方面，涉罪企业如何保障合规计划有效执行；另一方面，在合规计划执行的过程中，涉罪企业如何保障第三方监管人对合规计划执行效果的监督考察。

评估指标体系建议内容如下：

第一位阶指标	第二位阶指标	第三位阶指标	第四位阶指标
专项合规整改计划内容的适用性	制订合规整改计划	计划文本内容全面、匹配性	视涉案企业情况而定
	合规组织建设	1. 合规领导机构 2. 合规工作机构 3. 合规专业力量 4. 业务部门合规力量 5. 合规与其他监督资源整合	
	合规制度建设	1. 合规管理基本制度 2. 合规管理配套制度 3. 重点领域专项合规指引 4. 制度的修订和完善机制	
	合规管理运行机制建设	1. 合观义务数据库 2. 合规风险数据库 3. 业务的合规审查 4. 合规风险的应对 5. 合规风险的报告 6. 违规行为的举报 7. 违规行为的问责 8. 合规问题的整改 9. 合规责任的考核 10. 合规管理的自评 11. 合规运行的计划	

二、第三方监管人对涉案企业合规工作组织考察量化结果

结合涉案企业案情及合规计划，第三方监管人可以设计"三阶段十步骤"的《涉案企业合规第三方组织考察量化评分表》，[①] 主要从 3 个阶段、10 个方面、53 个观测点设计考察量化评分表。

涉案企业可以先根据具体要求按照量化评分表先自行测评打分，打分结束后交第三方监管人，第三方监管人在监管考察结束后，结合最后的整改情况按照评分表的观

---

① 该表由吴巍、刘艳洁、赵妍律师结合量化合规考察总结整理。

测点进行细化打分，最终形成《涉案企业合规第三方组织考察量化评分表》作为第三方监管人考核结果的重要参考资料报送检察机关。

涉案企业合规第三方组织考察量化评分表建议文书内容格式如下：

【文书28】涉案企业合规第三方组织考察量化评分表

合规项目	合规要素	评价要点	佐证材料（不局限所列）	分值
1.《自查报告》对犯罪原因及漏洞的分析（5分）	1.1	对法律法规的了解分析	自查报告	1
	1.2	违法行为发生的原因分析		1
	1.3	对违法行为的认识分析		1.5
	1.4	内控制度现状及管控漏洞的分析		1.5
2.《合规计划》的可行性、有效性、全面性（5分）	2.1	完成合规计划的可能性以及合规计划本身的可操作性	合规计划	2
	2.2	合规计划对预防同类犯罪行为或者类似违法犯罪行为的实效性		1.5
	2.3	合规计划覆盖涉案企业在合规领域的薄弱环节和明显漏洞		1.5
3. 停止违法行为和/或业务，采取补救措施（5分）	3.1	停止违法违规行为和/或业务	声明、补救措施、退款、支付罚金、滞纳金的凭证	2
	3.2	采取补救措施，如退缴非法所得等		3
4. 处理涉案人员（5分）	4.1	公司按照内部规定对涉案人员作出充分问责、处罚	公司对涉案人员处理处罚文件、涉案人员自我检查	3
	4.2	涉案人员认罪认罚，积极配合、参与合规整改		2
5. 优化企业内部治理结构（5分）	5.1	结合具体案情，优化董事会运行机制、集体决策机制等	公司决策方面相关文件	5

续表

合规项目	合规要素	评价要点	佐证材料（不局限所列）	分值
6. 高层的重视与承诺（10分）	6.1 合规承诺	企业实际控制人、主要负责人充分重视合规整改工作，带头作出合规承诺并明确宣示，合规是企业的优先价值，对违规违法行为采取零容忍的态度	承诺书或相关文件	2
		合规融入企业的发展目标、发展战略和管理体系	公司相关文件或规划	1.5
		公司根据有关规定要求和实际确定合规目标，合规管理机构和各层级管理经营组织根据其职能特点设立合规目标	公司相关文件或计划	1.5
	6.2 高层重视合规建设	积极向员工及合作伙伴传递公司合规政策及要求	有关记录等	2
		对开展合规管理工作给予高度授权，包括但不限于直接向董事会汇报的权利等	公司相关文件或制度	1.5
		对开展合规工作给予资源支持和保障，包括但不限于办公场所、设备、经费等	公司相关文件或其他物证	1.5

续表

合规项目	合规要素	评价要点	佐证材料（不局限所列）	分值
7. 基础性的合规管理体系建设（20分）	7.1 合规管理组织体系	搭建适合公司规模的合规管理组织架构，配备适当的合规管理人员	合规管理组织机构、合规管理人员及其相应职责、权限、考核等的相关文件或制度	1
		承担合规管理职责的人员具有独立性及专业性		1
		各层级人员的合规管理职责及义务规定清晰、合理		1
		合规管理人员享有履职的权限，如违规调查、处理等相关权限		1
		合规管理人员的绩效考核相对独立		1
	7.2 合规管理制度体系	按照公司规定的程序制定、发布符合公司实际需要的合规管理制度	合规管理制度（公司文件）及其相关实施记录	2
		明确定期审查公司合规管理制度的运行情况，并根据公司的实际情况更新		1
		确保员工知悉、理解公司各项合规管理制度		1
		采取有效措施监督合规管理制度的落地执行		1

续表

合规项目	合规要素	评价要点	佐证材料（不局限所列）	分值
7. 基础性的合规管理体系建设（20分）	7.3 合规管理运行机制	建立风险识别预警机制。（1）明确合规风险的识别、评估、分析方法；（2）明确定期评估、更新风险识别预警机制	《专项合规内部规章制度》《合规管理规范》包括预警、审查、惩戒相关内容，相关运行实施记录等佐证材料	2
		建立合规审查机制。（1）明确合规审查内容及要点；（2）明确合规审查结果的上报流程；（3）对审查人员提供有针对性指导和培训		1.5
		建立合规惩戒机制，明确规定对违规行为的处罚		1.5
	7.4 合规管理保障机制	建立合规考核评价机制。设定对企业主要负责人、经营管理人员、关键技术人员等进行合规绩效评价考核的合规指标，将员工合规表现纳入公司考核评价体系	《专项合规内部规章制度》《合规管理规范》包括考评、报告、培训、咨询、举报调查等相关内容及相关实施记录等佐证材料	1
		建立合规报告机制。（1）明确规定合规报告的时间、方式、内容；（2）建立通畅、稳定的报告渠道；（3）妥善保存合规报告相关的材料及记录		1
		建立合规培训机制。（1）合规培训覆盖全员；（2）培训内容有助于培育合规文化，防范同类犯罪行为再次发生；（3）培训讲师具备相应资质或能力；（4）培训的频率、时长、形式设置合理；（5）培训后及时测试员工掌握情况		1

续表

合规项目	合规要素	评价要点	佐证材料（不局限所列）	分值
7. 基础性的合规管理体系建设（20分）	7.4 合规管理保障机制	建立合规咨询制度，向全体员工公开合规咨询的范围、渠道、方式，并对员工有关合规的疑问予以及时有效的解答	《专项合规内部规章制度》《合规管理规范》包括考评、报告、培训、咨询、举报调查等相关内容及相关实施记录等佐证材料	1
		建立合规监测、举报、调查、处理机制，保证及时发现和监控合规风险，纠正和处理违规行为。（1）向全体员工、商业伙伴公布举报渠道，确保举报渠道通畅；（2）明确规定受理举报的范围（应涵盖案涉违规行为）；（3）明确规定受理举报后的调查处理流程；（4）明确对举报人的保护，鼓励奖励举报人；（5）受理、调查举报信息的人员应具有独立性		1
8. 针对违法行为的专项合规建设（20分）	8.1 反商业贿赂专项合规管理制度	制定反商业贿赂专项合规管理制度，明确商业贿赂行为定义，并禁止一切形式的贿赂行为	反商业贿赂专项合规管理制度	2.5
		反商业贿赂专项合规管理制度明确礼品招待、捐赠赞助等公司可能涉及的商业贿赂高发领域，以及商业贿赂表现形式，划定日常经营中的反商业贿赂红线底线		2.5
	8.2 反商业贿赂专项合规管理流程	针对可能面临的商业贿赂风险，明确规定反商业贿赂管控要求，制定配套的流程、审批表单	反商业贿赂管控要求、流程、审批单等	5

续表

合规项目	合规要素	评价要点	佐证材料（不局限所列）	分值
8. 针对违法行为的专项合规建设（20分）	8.3 商业伙伴及人员聘用管理	规范商业伙伴选聘及审批流程，制定商业伙伴资格审查审批表等配套表单文件。对商业伙伴开展合规尽职调查，关注商业伙伴的廉洁合规情况，加强对商业伙伴的监督管理	商业伙伴选聘及审批流程	3
		加强对人员聘用流程的管理，禁止违规聘用政府工作人员、对交易有影响力的商业伙伴或其近亲属	人员聘用管理	2
	8.4 财务管理制度完善	修订、完善公司财务制度，制定严格的财务报销和收付款制度，明确公司允许向员工个人账户转账的具体情形及审批、操作流程	财务管理制度等	2.5
		明确规定严格、准确地制作并保存相关财务账簿及关联记录，确保相关记录足以反映收付款、费用、交易等所有资产处置的真实情况。明确禁止以任何理由在账簿及记录上作出虚假、误导性或错误记录	会计账簿等	2.5
9. 合规整改工作（15分）	9.1 合规评估指标体系建设	以涉案合规风险整改防控为重点，结合特定行业特点，制定符合企业实际的评估指标体系	专项合规评估指标体系	2
		根据企业类型、规模、业务范围、行业特点以及涉罪行为等因素，提出合规管理的重点领域、薄弱环节和重要岗位等方面指标权重		2

续表

合规项目	合规要素	评价要点	佐证材料（不局限所列）	分值
9. 合规整改工作（15分）	9.2 合规风险防控机制建设	针对合规风险防控和合规管理机构履职的需要弥补监督管理漏洞，合规建设领导小组全面分析研判企业合规风险	合规风险防控制度及实施	2
		确保合规管理机构或者管理人员独立履行职责，对于涉及重大合规风险的决策具有充分发表意见并参与决策的权利合规管理制度机制		2
	9.3 合规制度机制调整完善	根据企业经营发展实际不断调整和完善合规管理制度机制	制度完善、整改措施、会议记录等	1
		建立合规持续整改机制		1
	9.4 合规资料全程留痕	妥善保存开展合规整改相关资料，包括但不限于各项制度修改记录、会议记录、培训及测试资料等，电子或纸质形式皆可	合规全部资料	5
10. 配合有关机关和第三方组织相关工作（10分）	10.1	积极配合检察机关及第三方组织的工作，认可其考察评估标准		1
	10.2	定期向检察机关及第三方组织报告合规建设和合规工作的情况，按时提交《自查报告》《合规计划》《阶段性报告》等工作文件	《阶段性报告》等	5
	10.3	接受第三方组织的审查及督导意见，改进、落实合规整改措施	合规整改措施及相关文件或记录等	3
	10.4	积极配合第三方组织开展的检查、评估工作，并提供便利		1
考察结论及相关意见			企业最终得分	
			第三方组织成员署名	

三、第三方监管人对涉案企业合规结果定性分析

根据《指导意见实施细则》的规定①,第三方组织应当对涉案企业合规计划的可行性、有效性与全面性进行审查,审查内容主要包括:涉案企业完成合规计划的可能性以及合规计划本身的可操作性;合规计划对涉案企业预防治理涉嫌的犯罪行为或者类似违法犯罪行为的实效性;合规计划是否覆盖涉案企业在合规领域的薄弱环节和明显漏洞;以及其他根据涉案企业实际情况需要重点审查的内容。

第三方监管人通过对涉案企业的现场观察、相关人员的访谈(尤其应当对涉案企业相关负责人和关键岗位负责人进行访谈)、文本审阅、关键事项的抽样调查、涉罪业务的穿透式检查以及对比检查等,在定期与检察机关召开涉案企业合规监管工作会议的前提下(第三方监管人至少每月不低于一次向检察机关汇报阶段性工作进程),第三方监管人就涉案企业合规整改后取得的成绩从以下几个方面进行评判:

1. 涉案企业是否已基本建立一套权威、独立和高效的合规组织体系

企业合规组织是企业实施合规管理以及建设企业合规管理体系的组织载体。建立独立、高效、协调合作的企业合规组织,是企业合规管理体系的重要组成部分,是企业有效进行合规管理、依法治企的组织保障。

如果涉案企业在原有基础上已全面优化组织结构,修改公司章程,设立企业合规委员会、设立刑事合规领导小组,并任命企业法定代表人担任合规委员会主任,或者企业高层任命刑事合规领导小组组长(中小微企业是否设立合规专员),将合规工作作为企业重中之重,那么就可以认为组织构架体系已建立。同时参考以下几个方面进行考核:

其一,涉案企业合规部门的成员是否均为企业的高层,如果都在企业中具有较高的级别,这就使合规部门在企业的管理体系中具有较高的行政权威,保证了合规部门的权威性;其二,合规管理部门要属于独立的设置,不与生产经营部门、财务管理部门等部门发生管理职能上的交叉或混淆,保证合规部门的独立性;其三,合规部各部门成员为企业其他重要职能部门的负责人,有利于将合规管理嵌入企业经营管理的所有环节,能够确保合规管理成为企业所有管理事务的前置性程序,保证合规部门的高效性。

2. 涉案企业是否已完成合规制度的建立及完善

企业合规管理制度是企业与员工在经营活动中需要共同遵守的行为指引、规范和规定,是企业合规管理的核心内容。

---

① 最高人民检察院等九部委:《关于建立涉案企业合规第三方监督评估机制的指导意见(试行)实施细则》第二十九条。

涉案企业是否对现有管理制度进行了全面整理及完善，从而确保企业员工经营活动中的管理制度做到全方位的规范。同时，涉案企业要制定《合规管理制度》、涉嫌罪名方面的专项《管理实施细则》、《反商业贿赂反腐败实施条例》、《供应商管理制度》（存在关联企业）、《财务制度》、《员工借款及报销制度》、《印章管理制度》等对合规管理机构、各部门工作职责、合规一般准则等进行全方位的明确，提出具体且具有可操作性的规定，进一步在企业进行"内部立法"。

3. 涉案企业是否积极营造合规管理文化

合规文化是企业在合规管理中形成的合规理念、合规目的、合规方针、合规价值观、合规管理体系、合规管理运行等的总和。如果对组织的文化缺乏敏感性，那么在有效性方面无论如何都达不到标准。

涉案企业在合规经营文化理念方面，首先要确定合规从高层做起、全面合规、全员合规、合规创造价值的合规文化理念。通过合规管理体系的建设，使合规管理适应公司发展战略需求，并持续有效符合外部监管要求；形成公司内部约束长效机制，在全公司范围内牢固树立"信守合规文化坚持诚信经营"的经营理念；建立"人人合规""事事合规""时时合规"的合规文化。

企业的高层管理都要以身作则，确保公司经营的合规性，并对企业合规的有效性承担最终的责任，积极向公司各部门及全体员工传递合规的理念，并且将合规体现在工作多个方面，贯穿于公司的决策、员工的执行、监督与反馈等各个环节，并能够确定企业合规经营理念，进而创造更好的业务机会，吸引更多的客户，从而不断提升公司的品牌价值，为公司带来良好的声誉。

4. 涉案企业是否定期开展各项合规培训活动

合规培训是有效刑事专项合规的基本要素，更是企业全面合规的根本。合规培训的目的是使公司全员树立合规意识、掌握合规知识、降低企业经营管理风险。

涉案企业合规负责人应当确保所有员工都了解公司合规政策的存在以及获取的渠道，要在公司网站、微信公众号上公布并更新公司合规政策的电子版本。公司及其分公司的所有管理人员、董事会和监事会所有成员以及财务部和市场部的所有员工必须接受由合规负责人每年度安排的培训，该培训旨在让上述人员了解公司合规政策。

合规负责人应当对其认为的在高风险职位的员工进行额外的特别培训。所有新入职的员工都应自入职之日起6个月内接受合规负责人安排的培训。其他员工都应熟悉公司合规政策的内容，并接受合规负责人认为需要的培训。

第三方监管人应当对涉案企业明确要求合规培训需遵循持续性原则、适当性原则、有效性原则、可追溯性原则和重要性原则，涉案企业要积极建立合规的学习宣传教育活动制度，编制合规学习宣传教育活动计划，用影像资料记录计划的落实情况，形成常态化学习培训机制。

5. 涉案企业是否已具有合规风险识别、风险评估、合规风险处置能力

合规风险识别是发现、收集、确认、描述、分类、整理合规风险，对其产生原因、影响范围、潜在后果等进行分析归纳，最终生成企业合规风险清单，为下一步合规风险的分析和评价明确对象和范围的活动；合规风险评估是指企业在有效识别合规风险的基础上，运用一定的评估方法对合规风险可能产生的危害、损失及造成的影响程度等进行测算，并基于此采取相应的控制措施；合规风险处置是指在完成风险评估之后，选择并执行一种或多种改变风险的措施，包括改变风险事件发生的可能性或后果，以及针对合规风险采取相应措施，消除合规风险或者将合规风险控制在企业可承受的范围内。

涉案企业尤其应当对企业的财务部、研发部、销售与运营部、人事部、总裁办、行政部及采购部等进行风险点排查，识别出合规风险，进一步明确风险特性，制定相应的风险防控措施。

建议涉案企业合规负责人每六个月审查一次公司各部门合规政策的执行情况，并且每年对经授权的分公司（或子公司）合规负责人所作出的决定和批准进行监督审查。合规委员会定期（至少应当每年一次）对公司的合规风险进行评估，对公司的每个部门和分公司（或子公司）进行"高""中""低"三类风险级别分类。在评估合规风险时考虑总公司或分公司（或子公司）、每个部门的规模、业务领域、经营地点及其他特殊因素以及对公司合规政策的执行情况。

建议涉案企业的审计部门可以每年联合合规负责人对重点岗位和风险高发部门的合规政策遵守情况进行审计：①对于被确定为高风险的部门或分公司，必须至少每六个月进行一次合规审计；②对于被查实有违反合规政策情况的部门或分公司，在此后的一年内必须每三个月对该部门或分公司进行审计；③基于合规负责人或合规委员会的建议，对于建议的对象进行审计。

完成以上指标，方可判断涉案企业已基本具有合规风险识别、风险评估、合规风险处置能力。

6. 涉案企业是否具备长期合规调查的基本条件

内部调查是有效合规计划的重要组成部分，一次彻底、有效和可信的内部调查对于企业是很重要的，不仅能够使企业充分了解自己所面对的责任和错误，而且能够让公司了解到存在的潜在问题和风险。

在监管中我们发现，只要涉案企业有长期外聘的独立法律顾问，外聘律师在企业日常经营管理过程中，能够对企业内部潜在的法律风险进行调查、管控，起到一定的风险预防、风险控制、风险应对的作用，能够使企业了解到自己所面临的法律风险与责任。同时，企业法律顾问亦隶属企业合规部门，具有明确的岗位职责，能够为企业在法律风险及有效合规方面起到积极长效的作用。

7. 涉案企业是否制定合规举报制度，确保举报机制的实施

合规举报是指企业员工以匿名的方式，对企业经营活动中存在的合规风险隐患或已发生的违规问题，根据一定的途径和步骤向合规部门报告的活动。合规举报机制的执行并不是为员工施加进行举报的义务，而是赋予全体员工对所有并不合规行为进行举报的权利，员工享有举报的权利这一点本身就可以对全体员工产生震慑效应，进而形成对全体员工行为的无形约束。

（1）设立报告和举报热线

涉案企业所有员工必须警惕并及时向合规负责人报告可能涉及违法犯罪、施加压力或其他不正当的可疑的事实和情况。公司设立咨询举报热线，鼓励员工或任何第三方对本单位的任何风险岗位的违法犯罪行为和其他不符合公司合规政策行为和情况进行举报。公司合规负责人是公司接受举报的主要负责人，公布举报方式，包括电话举报、短信举报、微信举报、信件举报、当面举报等多种举报形式。如果举报人对向公司合规负责人进行举报有所顾虑，则可以向公司合规委员会的任何一位成员进行举报。

（2）举报处理

合规负责人在接到举报后，立即对举报的问题进行调查。合规负责人在调查过程中有权约谈涉事人员、合作伙伴和公司员工以外的第三方，并收集文件等书面证据。如有必要，合规负责人可以联合审计部门对所举报的事项进行专项合规审计。

对于一项举报的调查，应在一个月内完成。对于复杂、涉及面广的举报事项，合规负责人可以在与合规委员会商议后延长调查时间，但应定期向合规委员会汇报调查进度。在调查过程中，发现可能存在合规风险的行为，即使调查尚未终结，合规负责人也有权要求立即暂停有风险的行为，直至出具正式调查处理结果。举报事项调查完成后，合规负责人应将调查结果和处理意见提交合规委员会审核。经合规委员会审核后，合规负责人应将事件的调查和处理结果通知举报人，并执行处理意见。

（3）对举报人的保护

鼓励实名举报，因为实名举报有利于合规委员会进行调查核实和反馈，也接受匿名举报。所有举报人的信息都将被严格保密。公司严格禁止对举报不法行为的人进行骚扰报复。

8. 涉案企业是否具备完整的问责与惩戒制度

有责必究是组织内部建立和保持道德文化的关键要素。合规的问责与惩戒是指企业对于违反企业合规计划的行为人进行的纪律处分。例如，教育、训诫、警告、罚款、降级、解雇、向执法部门报告违法情况、对违规者提起民事诉讼等。

四、第三方监管人关于涉案企业合规建设工作建议

根据《九部委指导意见》[①] 和《指导意见实施细则》的规定[②]，第三方组织应当对涉案企业合规计划的可行性、有效性与全面性进行审查，提出修改完善的意见建议。涉案企业提交的合规计划，应当以全面合规为目标、专项合规为重点，主要针对与企业涉嫌犯罪有密切联系的企业内部治理结构、规章制度、人员管理等方面存在的问题，制定可行的合规管理规范，构建有效的合规组织体系，完善相关业务管理流程，健全合规风险防范报告机制，弥补企业制度建设和监督管理漏洞，防止再次发生相同或者类似的违法犯罪。

在第三方监管人对涉案企业合规工作组织考察量化结果的基础上，结合第三方监管人对涉案企业合规结果的八项定性分析，为推进涉案企业合规建设形成长效机制，第三方监管人建议把合规工作作为企业发展的主线之一：

1. 完善组织架构，确保合规建设顺利开展。涉案企业应重新梳理组织架构，建立合规小组长效机制，将合规办公室长效运营，不断发现、解决企业在运营工作中暴露出的问题，同时通过合规举报邮箱、电话等方式，持续整改不合规的事件。同时优化内控流程，全面加强公司合规经营管理水平，完善风险管控机制，保障公司持续健康发展。

2. 规章制度先行，为经营管理保驾护航。根据合规建设的需求，不断优化公司现有的管理制度，并切实根据经营管理需要修订、新增规章制度，建立适合公司实际的管理制度体系，并将其应用于公司的日常管理中。

3. 加强人员管理，深植依法合规理念。定期开展合规学习宣传培训教育活动，提供专业化的法律培训，不断提高员工合规意识和底线思维。持续进行文化宣传活动，通过张贴海报、布置宣传标语等方式，坚持合规文化输出，增强公司人员对合规工作的守法意识；坚持以培训赋能，通过聘请内外部有丰富合规工作经验的人员，对企业员工进行合法合规培训，坚决杜绝违法违规的行为发生，提高人员的执业水平及职业素养。

4. 工作机制完善，全面提升风控合规能力。建立有效的监督机制。在商机储备阶段，确保通过初步评审后，将项目入库统一管理；如果是招投标项目，建议在投标前加入商务、技术、合规评审，全方位对项目进行分析，在保证项目合规性的前提下，

[①] 最高人民检察院等九部委：《关于建立涉案企业合规第三方监督评估机制的指导意见（试行）》第十二条。

[②] 最高人民检察院等九部委：《关于建立涉案企业合规第三方监督评估机制的指导意见（试行）实施细则》第二十八条。

再进行投标;在投标过程中全程监督,在投标结束后,建立反馈、总结机制,将问题入库,防止类似问题再次发生。

5. 将合规工作延伸到集团公司、母公司、分公司以及各关联企业合作伙伴等。

五、第三方监管人对涉案企业合规工作评估结论

根据《九部委指导意见》的规定,第三方监管人遵循独立原则、合法原则、诚实信用原则、勤勉履职原则以及保密原则,在完成上述监管工作任务后,应当对涉案企业的合规工作进行最终的定性和定量的考评,并最终做出对涉案企业合规工作评估结论,评估结论可采取优秀、合格、不合格的分类;也可以采取前述量化的指标进行打分,一般以百分制为准。百分制分为60分及格、70分以上合格、80分以上视为企业的合规计划已全部履行完毕,合规整改切实有效。

六、第三方监管人对延长合规考察期限的建议权

根据《九部委指导意见》[1]和《指导意见实施细则》的规定[2],第三方组织根据案件具体情况和涉案企业承诺履行的期限,并向负责办理案件的人民检察院征求意见后,合理确定合规考察期限。可见,对于考察期限到底多长合理?并无明确规定。有些地方规定[3],考察期限一般不超过六个月;情况复杂难以在规定期限内完成的,经上级检察院批准,最长可延长六个月。还有些地方规定[4]得更加细致,明确考察期限一般为两个月以上一年以下,自检察机关做出适用合规第三方监管制度决定之日起计算。合规考察期满,第三方监管人经考察,或者合规考察验收小组经检查,发现涉案企业合规计划执行不到位的,经与办理案件的人民检察院协商后,可以延长考察期限两个月。合规监管考察期限最多可以延长一次,最长不超过一年。

我们认为,合理的监管考察期限才可以促使涉案企业真正能整改落实到位,过短的考察期限根本没有来得及做到实质性的整改,很多都停留在制度层面,没有真整改、真合规。两个月太短,一年太长;建议以六个月期限更为合理。第三方监管人根据对涉案企业整改考察的情况,如有需要,可以向检察机关申请延长合规考察期限,建议

---

[1] 最高人民检察院等九部委:《关于建立涉案企业合规第三方监督评估机制的指导意见(试行)》第十二条。

[2] 最高人民检察院等九部委:《关于建立涉案企业合规第三方监督评估机制的指导意见(试行)实施细则》第三十条。

[3] 湖北省检察院等九部门:《关于建立涉案企业合规第三方监督评估机制的实施意见(试行)》第三十二条。

[4] 湖北省襄阳市涉案企业合规检察改革领导小组:《关于建立涉案企业合规第三方监管制度的实施意见(试行)》第二十三条。

文书内容格式如下:

【文书 29】 建议延长合规考察期限的函

×××市人民检察院:

　　作为贵院办理的涉嫌×××罪一案的涉案企业×××公司的第三方监管人,我们根据《关于建立涉案企业合规第三方监督评估机制的指导意见(试行)》及其《实施细则》的规定和"企业合规第三方监管考察三方协议书"的约定,对涉案企业开展了合规监管考察工作。

　　现因涉案企业提出的企业合规计划书需要修订完善、整改措施仍然没有完全到位,监管人暂未到涉案企业实地考察,还没有来得及对涉案企业的合规计划完成情况进行全面检查、调查、评估和考核,第三方监管人认为在指定的合规考察期内无法完成相应工作,现经三名监管人集体商议:

　　建议贵院对涉案企业×××公司的合规考察期延长×个月。

第三方监管人:
年　月　日

第四部分　第三方监管人涉案企业合规监管考察报告

　　第三方监管人的义务有很多,如应当要求涉案企业明确合规计划的承诺完成时限;[①] 可以定期或者不定期对涉案企业合规计划履行情况进行检查和评估,可以要求涉案企业定期书面报告合规计划的执行情况;如果发现涉案企业或其人员尚未被办案机关掌握的犯罪事实或者新实施的犯罪行为,应当中止第三方监督评估程序,并及时向负责办理案件的检察院报告等。[②] 但最重要的一项工作任务和义务就是要按期完成高质量的合规监管考察报告,因为这是检察院在决定对涉案企业依法作出批准或者不批准逮捕、起诉或者不起诉以及是否变更强制措施等决定,提出量刑建议或者检察建议的重要参考。[③]

---

　　① 最高人民检察院等九部委:《关于建立涉案企业合规第三方监督评估机制的指导意见(试行)》第十一条。

　　② 最高人民检察院等九部委:《关于建立涉案企业合规第三方监督评估机制的指导意见(试行)》第十二条。

　　③ 最高人民检察院等九部委:《关于建立涉案企业合规第三方监督评估机制的指导意见(试行)》第十四条。

根据《九部委指导意见》[①]和《指导意见实施细则》的规定[②]，第三方组织在合规考察期届满后，应当对涉案企业的合规计划完成情况进行全面了解、监督、评估和考核，并制作合规考察书面报告，报送负责选任第三方组织的第三方机制管委会和负责办理案件的检察机关。合规考察书面报告一般应当包括以下内容：涉案企业履行合规承诺、落实合规计划情况；第三方组织开展了解、监督、评估和考核情况；第三方组织监督评估的程序、方法和依据；监督评估结论及意见建议；其他需要说明的问题。有些地方规定[③]非常详细且具体，第三方监管人应当在考察期限届满前十五日内，对涉案企业的合规计划完成情况进行全面检查、调查、评估和考核，并书面制作合规监管考察报告，报送办理案件的检察机关。合规考察报告应包括以下几个方面：

（1）涉案单位的基本情况；

（2）涉案情况简介；

（3）涉案关联法律及政策渊源、典型案例；

（4）企业合规的方案；

（5）企业合规的过程；

（6）企业合规的结果；

（7）办理案件的检察机关特别要求的其他内容。

合规考察报告的主要内容，应覆盖以下几个方面：

（1）涉案单位的基本情况，包括名称、地址、法定代表人性质、股东、认缴资本金、经营范围、涉案单位组织代码、占地面积、土地及厂房性质、员工人数、纳税数额、营业额等；

（2）涉案单位的组织结构、部门职责、部门负责人基本情况；

（3）涉案单位的主要经营内容、方式、模式、利润点；

（4）涉案主要内容、情节、后果及前科；

（5）涉案罪名相关联的刑事、行政、民事法律规范、司法解释、司法政策及典型案例；

（6）涉案原因分析、涉案风险点关联因素分析；

（7）涉案风险点企业合规整改方案；

（8）涉案风险点企业合规阶段性成果；

---

① 最高人民检察院等九部委：《关于建立涉案企业合规第三方监督评估机制的指导意见（试行）》第十三条。

② 最高人民检察院等九部委：《关于建立涉案企业合规第三方监督评估机制的指导意见（试行）实施细则》第三十三条、第三十四条。

③ 湖北省襄阳市涉案企业合规检察改革领导小组：《关于建立涉案企业合规第三方监管制度的实施意见（试行）》第二十六条。

（9）涉案风险点关联因素企业合规结果；

（10）合规考察/合规建设长效机制；

（11）涉案单位是否有效合规整改的确定性专业意见；

（12）第三方监管人也可以根据检察机关的需要，在考察报告中一并出具类案社会治理模式分析内容。

合规考察书面报告应当由第三方组织全体组成人员签名或者盖章后，报送负责选任第三方组织的第三方机制管委会、负责办理案件的人民检察院等单位。第三方组织组成人员对合规考察书面报告有不同意见的，应当在报告中说明其不同意见及理由。

合规改革是一个新政策新规定，涉案企业已经用行动表达出真诚悔改的决心，切实提升了合规管理能力，构建了合规体系，建立了合规管理组织，制定了可行性、有效性、全面性的合规管理制度，主动、积极地进行了整改，而且第三方监管人也给予了监管合格的评价，对此，社会大众应当给予正面的评价和支持，给涉案企业一个真正的重生机会。

但是，在有些情况下，当涉案企业违反合规不起诉协议或者多次违背合规计划时，涉案企业根本不可能达到合规整改的目的，第三方监管人也可以建议提前结束考察期限。对此，也应当在书面报告中提出相关意见和建议。

下面，结合各地不同的规定，根据《九部委指导意见》第十三条的规定以及笔者参与第三方监管人的工作总结，提出如下监管报告建议文书格式：

【文书30】××有限公司合规监管考察报告

目　录

引言

参考依据

第一部分　企业情况简述

第二部分　涉案情况简介

第三部分　涉案罪名相关联的刑事、行政、民事法律规范、司法解释、司法政策及典型案例、涉案原因分析、涉案风险点关联因素分析

第四部分　企业合规的方案

第五部分　企业合规的过程

第六部分　对企业合规结果的评估

第七部分　第三方监管人工作总结

附件1：合规监管考察三方协议书

附件2：涉案企业合规第三方监管人保证书
附件3：第三方监管人须知（承诺书）
附件4：第三方监管企业合规风险告知书
附件5：第三方监管人工作流程
附件6：第三方监管人监管工作计划日程表
附件7：涉案企业准备的材料及第三方监管人监督、评估办法
附件8：第三方监管人工作会议记录
附件9：第三方监管人对涉案企业相关负责人访谈笔录
附件10：涉案企业合规第三方组织考察量化评分表
附件11：检察院与第三方监管人涉案企业合规监管工作会议记录
附件12：建议延长合规考察期限的函
附件13：第三方监管人特别建议书
附件14：《××市涉案企业合规第三方监管人工作操作指引（试行）》建议稿

特别提示：

第三方监管人报酬支付途径和标准：

监管费用是影响第三方监管人客观性、公正性、积极性的重要因素。第三方监管人报酬支付途径有三种：1. 实践中，大多数地方规定由涉案企业单独承担。比如黄石市[①]。但如何有效防止和避免合规监管人与被监管企业出现利益输送的可能，是否会出现"合规腐败"等问题，需要制定措施来防范。2. 有的采取财政预算模式。由地方财政年度经费预算承担合规监管费用。比如张家港市[②]，合规监管的全部费用均由地方财政设立专项资金列入年度财政预算。这种方式可以避免涉案企业与合规监管人之间发生利益关联，确保合规监管的独立性、公正性，但也遭受质疑：很多老百姓和部分官员认为均不能将涉案企业违法犯罪的代价转嫁至由全体纳税人员来承担。对此，有学者认为："第三方监管人的启用是执法机关出于对涉案企业的不信任而对企业进行持续监督的一种方式，也是检察机关执法的延续。在此意义上，监管费用应当是执法成本的一部分，由公共财政负担具有一定的合理性。"[③] 3. "涉案企业承担+财政保障"模式，即合规监管费用原则上由涉案企业承担，若企业确因经营不善无力支付的由财政进行支付。比如张家港市[④]。对此模式，深圳宝安区[⑤]的做法更为细致，将合规

[①] 黄石市检察院：《关于建立企业合规第三方监督评估机制的指导意见（试行）》。
[②] 温州市检察院：《关于建立企业刑事合规第三方监管机制的工作办法（试行）》第十六条。
[③] 李本灿：《刑事合规的基础理论》，北京大学出版社2022年版，第344页。
[④] 《张家港市企业合规监管委员会第三方监督评估经费管理暂行办法（试行）》。
[⑤] 深圳市南山区检察院：《刑事合规独立监管人工作办法（试行）》第十八条。

监管费用区分为第三方监督评估工作考察费用和合规整改咨询费用。第三方监督评估工作组的考察费用由区财政承担（官方性质）；涉案企业自己聘请的企业合规专业机构协助进行合规整改的咨询费用由涉案企业承担。

第三方监管人报酬支付标准：有些地方不分类型采取"一刀切"标准；如果涉案企业业务单一，监管难度小倒还可以；如果涉案企业规模大、治理结构复杂，"一刀切"的报酬标准可能无法起到足够的激励作用。有学者认为"应当提倡渐进式的监管费用承担模式，以企业涉案所适用程序为区分标准，对现阶段试点范围内因涉轻罪（自然人可能判处3年以下）监管费用由公共财政承担；对因重罪（自然人可能被判处3年至10年）监管费用由涉案企业自行承担"[①]。

在总结归纳的基础上，我们拟定出涉案企业合规第三方监管人工作操作指引，以供读者参考，试图从监管人的视角开拓合规思维和路径，期许早日实现全国统一的操作指引和规范。

【文书31】×××市涉案企业合规第三方监管人工作操作指引

第一章　总则

第一条　【制定目的】 为贯彻落实最高人民检察院《关于开展企业合规改革试点工作方案》、九部委《关于建立涉案企业合规第三方监督评估机制的指导意见（试行）》《涉案企业合规建设、评估和审查办法（试行）》，结合当前第三方监管人工作经验和实际，制定本操作指引。

第二条　【概念定义】 本操作指引所称企业犯罪，是指企业实施的单位犯罪，以及企业人员以企业名义或者为企业利益实施的与企业生产经营活动有关，但法律未规定追究单位刑事责任的犯罪，案件类型包括企业生产经营活动涉及的各种经济犯罪、职务犯罪以及为企业利益实施的其他刑事犯罪。

本操作指引所称犯罪嫌疑人，是指对企业犯罪承担刑事责任的企业主管人员、直接责任人员及其他相关人员。

本操作指引所称涉案企业，是指涉嫌犯罪的企业及犯罪嫌疑人所在的企业，包括国企民企、内资外资、大中小微企业。

本操作指引所称第三方监管委员会，是指市检察院、市工商联会同市司法局、市财政局、市审计局、市国资委、市税务局、市商务局、市市场监督管理局、市地方金融工作局、市自然资源和规划局、市生态环境局、市银保监分局等部门组建的涉案企业合规监管机构。

本操作指引所称第三方监管人，是指第三方监管委员会根据企业合规建设需要，

---

① 李本灿：《刑事合规的基础理论》，北京大学出版社2022年版，第346页。

从第三方监管人名录库中选任，供办理案件的人民检察院和涉案企业选择确定的，对企业合规整改情况进行调查、评估、监督和考察的专业人员。

第三条　【适用范围】 本操作指引适用于×××市范围内，已经检察机关批准适用涉案企业合规制度，并由第三方监管委员会选任的第三方监管人对涉案企业开展合规监管考察的案件。

第二章　第三方监管人工作的基本原则

第四条　【独立原则】 第三方监管人在履行监管职责期间应当保持工作的独立性，以维护保证监管考察过程和结果的客观性、公正性和可接受性。

第五条　【合法原则】 第三方监管人履行监管职责应当依法进行，不得违反法律法规的禁止性规定，不得损害国家利益、社会公共利益和当事人及其他利害关系人的合法权益。

第六条　【诚实信用原则】 第三方监管人履行监管职责应当遵循诚实信用原则，根据批准的合规计划和评估方案开展合规监管考察，如实向第三方监管委员会、检察机关反馈企业合规监管工作情况，向涉案企业告知调查、评估、监督和考察的意见和建议。

第七条　【勤勉履职原则】 第三方监管人在履行监管职责期间，应当恪尽职守、勤勉尽责，注重监管工作效率，除因涉案企业原因及其他特殊情况需延长合规考察期限的情形外，一般在合规考察期限内完成合规监管考察。

第八条　【保密原则】 除涉案企业同意或检察机关批准，或者法律法规另有规定外，第三方监管人在履行监管职责期间所获得的涉案企业相关资料、信息一律不公开，不得泄露涉案企业的商业秘密或犯罪嫌疑人的个人隐私。

第九条　【效率和专业原则】 第三方监管人运用专业知识履行监管职责，应当根据涉案企业的实际情况，灵活确定工作方式、方法和程序，建立便捷高效的工作机制，最大限度减少对涉案企业正常经营的干扰和妨碍。

第三章　第三方监管人业务规范

第十条　【与第三方监管委员会的关系】 第三方监管人由第三方监管委员会选任，服从第三方监管委员会的监督、管理，遵守合规监管考察三方协议约定，定期向第三方监管委员会反馈企业合规监管工作情况。

第十一条　【与办理案件的检察机关的关系】 第三方监管人遵守合规监管考察三方协议约定，配合办理案件的检察机关工作，定期向检察机关反馈企业合规监管工作情况，及时向检察机关提出合规监管考察的意见或建议。

第十二条　【无正当理由不得拒绝选任】 第三方监管人无正当理由不得拒绝第三方监管委员会的选任。

第十三条 【接受选任后不得不参与】 第三方监管人在接受第三方监管委员会的选任后，应主动告知自己可开展合规监管工作的时间，无正当理由，不得随意因个人原因影响合规监管工作的开展。

第十四条 【第三方监管人义务】 企业第三方监管人应当恪尽职守，履行诚实、信用、客观、公正的义务，遵守下列规定：

（一）遵守法律法规，党纪党规，服从第三方监管委员会的监督、管理；

（二）依法、独立、客观、公正地开展企业合规监管；

（三）定期向第三方监管委员会、检察机关反馈企业合规监管工作情况；

（四）发现犯罪嫌疑企业、犯罪嫌疑人曾隐匿的或者新出现的不合规行为，或者存在不适宜继续进行企业合规建设情形的，应及时向第三方监管委员会或办理案件的检察机关报告；

（五）对履职过程中知悉的国家秘密、商业秘密、案件信息及个人隐私等信息严格予以保密。

第十五条 【第三方监管人的禁止性规定】 第三方监管人在履行监管职责过程中不得有以下行为：

（一）妨碍案件公正处理；

（二）泄露案件涉及的国家秘密、商业秘密、个人隐私等信息；

（三）披露其他依照法律规定和有关纪律规定不应当公开的案件信息；

（四）以监督考察为名，随意干扰企业正常生产经营活动或者实施收受财物等可能影响公正履行职责的行为；

（五）损害涉案企业合法权益的其他行为。

第三方监管人组成人员系律师、审计师、注册会计师、注册税务师等中介组织人员的，在第三方监管制度运行期间不得违反规定接受有利益冲突的业务或者案件。在第三方监管评估职责结束后两年以内，不得接受涉案企业、个人及其他有利益关系的单位、人员的业务或者案件。

第十六条 【变更联系方式后的及时告知义务】 第三方监管人变更其联系电话、通信地址或者出现其他影响办理案件的检察机关、第三方监管委员会、涉案企业联系、安排工作情形的，应及时通知上述单位确定的工作联系人。

第十七条 【履职回避】 第三方监管人在被选任或者履行监管职责过程中，有下列情形之一的，应主动提出回避，但检察机关、第三方监管委员会和涉案企业均同意该第三方监管人继续履职的除外：

（一）近三年内与涉案企业有业务往来或受聘担任涉案企业相关职务；

（二）是涉案犯罪嫌疑人的近亲属；

（三）与本案有利害关系；

（四）与涉案企业有其他利害关系，可能影响履职独立性和公正性的。

第四章　合规监管考察的程序和内容

第十八条　【第三方监管人的选任】第三方监管人的选任，由第三方监管委员会、办理案件的检察机关依照《涉案企业合规第三方监管人选任管理办法（试行）》规定的条件和程序进行。

第十九条　【监管考察的启动和准备】检察机关作出开展企业合规监管考察决定后，第三方监管人应当要求涉案企业在十五日内，按要求提交合规计划，以及合规计划的承诺完成时限。

涉案企业在制订合规计划过程中，第三方监管人应当在办理案件的检察机关的支持协助下，深入了解企业涉案情况，认真研判涉案企业在合规领域存在的薄弱环节和突出问题，合理确定涉案企业适用的合规计划类型，做好前期准备工作，包括：

（一）了解涉案企业基本情况及各项管理制度，各部门工作职责、流程，重大项目申报及监管流程以及其他对于研判涉案企业问题或确定合规计划类型有帮助的信息；

（二）根据了解的涉案企业有关情况，与涉案企业就合规计划的类型、重点、疑难或专业问题进行沟通，提出关于合规计划制订和合规考察期限承诺的意见建议；

（三）其他第三方监管人认为有必要进行的准备工作。

第二十条　【合规计划的审查】涉案企业提交合规计划后，第三方监管人应对涉案企业合规计划的可行性、有效性与全面性进行审查，重点审查以下内容：

（一）涉案企业完成合规计划的可能性以及合规计划本身的可操作性；

（二）合规计划对涉案企业预防治理涉嫌的犯罪行为或者类似违法犯罪行为的实效性；

（三）合规计划是否覆盖涉案企业在合规领域的薄弱环节和明显漏洞；

（四）其他根据涉案企业实际情况需要重点审查的内容。

第二十一条　【修改完善意见的提出】第三方监管人应当在自行审查意见和建议的基础上，就合规计划向办理案件的检察机关征求意见，综合审查情况一并向涉案企业提出修改完善的意见。

第二十二条　【合规计划的确定】涉案企业提交修改完善的合规计划后，第三方监管人应再次对涉案企业合规计划的可行性、有效性与全面性进行审查，经审查无异议或有新的意见建议的，报办理案件的人民检察院审核。办理案件的人民检察院提出意见后，作为涉案企业合规计划实施。

第二十三条　【合规考察期限的确定】第三方监管人在审查合规计划过程中，

根据案件具体情况和涉案企业承诺履行的期限，向负责办理案件的人民检察院征求意见后，合理确定合规考察期限。

第二十四条 【合规评估方案的制定】第三方监管人可以根据涉案企业情况和工作需要，制订具体细化、可操作的合规评估工作方案。

第三方监管人对涉案企业合规计划和相关合规管理体系有效性的评估，重点包括：

（一）对涉案合规风险的有效识别、控制；

（二）对违规违法行为的及时处置；

（三）合规管理机构或者管理人员的合理配置；

（四）合规管理制度机制建立以及人力物力的充分保障；

（五）监测、举报、调查、处理机制及合规绩效评价机制的正常运行；

（六）持续整改机制和合规文化已经基本形成。

第二十五条 【合规评估指标体系的制定】第三方监管人应当以涉案合规风险整改防控为重点，结合特定行业合规评估指标，制定符合涉案企业实际的评估指标体系。评估指标的权重可以根据涉案企业类型、规模、业务范围、行业特点以及涉罪行为等因素设置，并适当提高合规管理的重点领域、薄弱环节和重要岗位等方面指标的权重。

第二十六条 【合规考察的检查、调查和评估方法】合规考察的检查、调查和评估方法应当紧密联系企业涉嫌犯罪有关情况，包括但不限于以下方法：

（一）观察、访谈、文本审阅、问卷调查、知识测试；

（二）对涉案企业的相关业务与管理事项，结合业务发生频率、重要性及合规风险高低进行抽样检查；

（三）对涉案企业的相关业务处理流程，结合相关原始文件、业务处理踪迹、操作管理流程等进行穿透式检查；

（四）对涉案企业的相关系统及数据，结合交易数据、业务凭证、工作记录以及权限、参数设置等进行比对检查。

第二十七条 【提出书面报告的要求】在合规考察期内，第三方监管人应当定期或者不定期对涉案企业合规计划履行情况进行检查、调查和评估，要求涉案企业每个月书面报告合规计划的执行情况，并适时提出完善意见，同时抄送办理案件的检察机关。

第二十八条 【建议终止考察的情形】第三方监管人在检查、调查和评估过程中，发现涉案企业具有下列情形之一的，应当及时报告检察机关，并提出终止考察的建议：

（一）实施新的犯罪的；
（二）发现漏罪的；
（三）合规计划、执行造假的；
（四）合规计划不符合实际、无法切实实施的；
（五）涉案企业主动提出放弃合规计划的；
（六）拒不配合第三方监管人监管考察的；
（七）实施其他违反合规承诺行为的。

第二十九条　【监管人团队内部履职监督和报告义务】 第三方监管人团队成员发现其他成员存在应当回避而未回避的情形或履职行为不当，违反第三方监管人义务的，应当向第三方监管委员会和办理案件的检察机关报告。

第三十条　【企业合规计划完成情况的考察】 第三方监管人应当在考察期限届满前十五日内，对涉案企业的合规计划完成情况进行全面检查、调查、评估和考核，并书面制作合规监管考察报告，报送办理案件的检察机关。

合规监管考察报告应包括以下几个方面：
（一）涉案单位的基本情况；
（二）涉案情况简介；
（三）涉案关联法律及政策渊源、典型案例；
（四）企业合规的方案；
（五）企业合规的过程；
（六）企业合规的结果；
（七）办理案件的检察机关特别要求的其他内容。

合规报告的主要内容，包括以下几个方面：
（一）涉案单位的基本情况，包括名称、地址、法定代表人性质、股东、认缴资本金、经营范围、涉案单位组织代码、占地面积、土地及厂房性质、员工人数、纳税数额、营业额等；
（二）涉案单位的组织结构、部门职责、部门负责人基本情况；
（三）涉案单位的主要经营内容、方式、模式、利润点；
（四）涉案主要内容、情节、后果及前科；
（五）涉案罪名相关联的刑事、行政、民事法律规范、司法解释、司法政策及典型案例；
（六）涉案原因分析、涉案风险点关联因素分析；
（七）涉案风险点企业合规整改方案；
（八）涉案风险点企业合规阶段性成果；

（九）涉案风险点关联因素企业合规结果；

（十）合规考察/合规建设长效机制；

（十一）涉案单位是否有效合规整改的确定性专业意见；

（十二）第三方监管人也可以根据检察机关的需要，在考察报告中一并出具类案社会治理模式分析内容。

第三十一条　【合规考察期限的延长】 有以下情形的，第三方监管人应当建议办理案件的检察机关延长考察期限：

（一）因第三方监管人、办理案件的检察机关多次提出意见建议，涉案企业合规计划修改完善占用大量考察期限的；

（二）根据涉案企业合规计划执行的实际情况，在合规监管考察期限内难以执行到位，但经评估认为在一年内可以执行到位的；

（三）第三方监管人或办理案件的检察机关发现涉案企业有终止考察情形，但检察机关最终决定不终止考察的；

（四）合规考察期限届满，第三方监管人经考察发现合规计划执行不到位的。

第三方监管人仅能提出一次延长考察期限的建议，延长时间为两个月及以上，延长后的考察期限最长不超过一年。

第三十二条　【案卷材料的归档与保管】 合规考察验收通过或终止后，第三方监管人应向第三方监管委员会或办理案件的检察机关移交合规考察的全部案卷材料，包括原件与副本。未经第三方监管委员会或办理案件的检察机关同意，第三方监管人不得保留案卷材料的任何形式副本。

第三十三条　【案件信息的保密】 涉案企业因制订、执行合规计划的原因而披露、制作或呈交的一切文件、通信或资料，均为案件的保密信息。合规考察验收通过或终止后，第三方监管人不得对外公开案件的保密信息。

第五章　附则

第三十四条　【指引效力】 本指引供×××市范围内涉案企业第三方监管人在实际业务中遵循、参考，由×××市第三方监管委员会负责解释。

第三十五条　【发布时间】 本指引自发布之日起实施。

第五编　涉案企业合规100问

刑事诉讼中的涉案企业合规是企业合规的组成部分，是最基础的部分，也是最重要的部分。而企业合规是为现代企业完善内部治理与风险管控的基本手段，是指企业采取措施，确保企业及其员工遵守法律规则、企业内部规章制度和道德规范。刑事合规其实是对涉罪企业"合规不起诉"或附条件不起诉的另一个说法。

第一部分　企业合规总则 20 问

1. 什么是企业合规？

答：企业合规是指企业通过优化治理结构、健全规章制度、建设合规文化，应对合规风险的管理体系。企业为预防、发现和处置违法违规行为而建立的一系列自上而下、贯穿企业各部门各环节的合规措施，以确保企业员工遵守现行法律法规、行业规范等规章制度，实现防范违法违规风险的目的。

合规既是企业的自我约束机制，也是现代企业管理的一种基本模式或者治理结构。企业合规可以分为全面合规与专项合规、刑事合规与行政合规、大型企业合规与中小微企业合规、境内合规与境外合规。

2. 企业合规改革是什么时候启动和推开的？

答：2020 年 3 月起，最高人民检察院在上海、山东等地的 6 个基层检察院，试点开展"企业犯罪相对不起诉适用机制改革"。2021 年 3 月，最高人民检察院决定扩大试点范围，部署在北京、上海、湖北等 10 个省份开展第二期改革试点，试点范围扩展到 62 个市级院、387 个基层院。在前期试点工作的基础上，2022 年 4 月 2 日，最高人民检察院会同全国工商联专门召开会议，深入总结两年来试点工作情况，并正式"官宣"，涉案企业合规改革试点在全国全面铺开。

3. 开展企业合规改革的背景和主要目的是什么？

答：随着我国市场经济蓬勃发展，由于部分企业经营管理者法治、合规意识不强，涉企刑事犯罪案件也呈增长态势。企业涉案，轻则元气大伤，重则破产倒闭，办理涉企案件，必须坚持依法稳妥审慎的原则。司法实践中，如果对涉案企业和相关负责人"一诉了之"，可能产生"办理一件案子，垮掉一个企业"的负面效应；如果简单地"一放了之"，又会导致企业违法成本过低，不利于惩治和预防犯罪、营造法治化营商环境。涉案企业合规改革结合在办案件，要求企业针对管理漏洞、法律风险进行合规整改，根据整改情况做出最后的法律处理决定，既能避免"一诉了之"带来的经济负面效应，又能防止"一放了之"的破窗效应。是立足企业治理、诉源治理，综合运用经济、行政、刑事等手段妥善处理企业犯罪案件的创新之举。

4. 哪些企业能够适用合规改革？

答：涉案企业，是涉嫌单位犯罪的企业或者企业的实际控制人、经营管理人员、关键技术人员等涉嫌实施的与生产经营活动密切相关的犯罪。案件类型包括企业生产经营活动涉及的各种经济犯罪、职务犯罪以及为企业利益实施的其他刑事犯罪。

企业的类型包括各类市场主体，既包括国企也包括民企、既有内资也有外资、既包括大型企业也包括中小微企业等。

同时符合下列五种条件的涉企犯罪，可以适用企业合规程序：（1）犯罪事实清楚，证据确实充分；（2）犯罪嫌疑企业、犯罪嫌疑人对主要犯罪事实无异议，且自愿认罪认罚；（3）企业能够维持正常经营，具备建立健全企业合规管理的意愿和条件；（4）涉案企业实施的犯罪行为给其他公民、法人或者组织造成损害的，应当赔礼道歉、积极赔偿损失；（5）涉案企业涉嫌损害国家利益、公共利益犯罪的，应当排除妨害、恢复原状或赔偿损失。

这种涉企犯罪原则上是可能判处三年以下有期徒刑的犯罪，但在司法实务中，省检察院强调了应用尽用的原则，也就是法定刑较高，但实际量刑可能在三年或三年以上的，也可以纳入适用范围。

但是也有五种不能适用的情形：

（1）涉嫌危害国家安全犯罪、恐怖活动犯罪、黑恶犯罪的；（2）个人为进行违法犯罪活动而设立的企业实施犯罪的，或者企业设立后，以实施犯罪为主要活动的；（3）个人盗用企业名义实施犯罪的；（4）涉案企业不接受合规检察建议或合规监管考察的；（5）无法挽回损失，社会影响恶劣或者可能引发群体性事件等其他不适宜适用的情形。

5. 企业合规程序是如何进行的？

答：根据案件性质、企业规模、合规难易程度，检察机关办理企业合规案件可采取"检察建议"和"合规监管"两种模式。

其中，对企业规模较小、犯罪情节轻微，依法决定不起诉的案件，通过制发合规检察建议的方式，督促企业强化内部监管，最大限度地降低企业合规成本；对企业生产经营规模较大、案发原因相对复杂的案件，通过启动企业合规第三方监督评估机制，由专业人员组成第三方组织对整改落实情况进行全流程、全方位的监管考察（考察期为两个月以上一年以下），经评估认为整改到位的，检察机关依法作出不起诉决定或提出宽缓量刑建议。

6. 企业合规制度是如何诞生并发展起来的？

答：合规最早起源于美国银行业，20世纪30年代的金融危机导致的大萧条首次让人们认识到合规管理与风险控制的重要性，只有加强银行自身的合规管理以及对银行业的监管才能确保金融系统的稳定。进入70年代后，以"水门事件"引出的企业捐款丑闻为导火线，企业合规扩展到反腐败等更多领域。21世纪初，包括安然、世通、雷曼兄弟等在内的多个美国巨头公司因不合规经营并实施了一系列欺诈行为卷入欺诈案件。对此，美国于2002年通过了《萨班斯—奥克斯利法案》。2019年5月2日美国司法部发布《公司合规计划评估》。之后，企业合规这一概念逐渐被一些西方国家和国际组织所采纳，并通过立法得以确立。

我国最早出现"合规"概念的文件是1992年国家审计署与中国人民银行联合发布的《对金融机构贷款合规性审计的实施方案》，随着企业涉外合规问题屡屡出现，国家在对企业监管过程中全面引入了合规的理念，密集出台了一系列更具针对性和可操作性的规范文件，引导企业建立合规管理体系。

7. 企业合规制度的价值和意义是什么？

答：（1）企业合规的自治价值：①履行道德义务，承担社会责任；②提升企业竞争力，实现可持续发展。

（2）企业合规的社会价值：①维护市场经济秩序；②全社会治理体系；③提升国际竞争能力。

8. 企业合规的基础要素有哪些？

答：（1）合规管理机构；
（2）合规管理制度；
（3）合规流程监控；
（4）合规文化。

9. 关于企业合规目前都有什么政策？

答：2021年6月最高人民检察院等九部委出台《关于建立涉案企业合规第三方监督评估机制的指导意见（试行）》（以下简称《九部委指导意见》），随后《关于建立涉案企业合规第三方监督评估机制的指导意见（试行）实施细则》（以下简称《指导意见实施细则》）、《涉案企业合规第三方监督评估机制专业人员选任管理办法（试行）》相继出台。2022年4月九部委出台《涉案企业合规建设、评估和审查办法（试行）》，就规范第三方监督评估机制相关工作有序开展作出了规定。

10. 企业合规的价值体现在哪些方面？

答：（1）企业合规有利于防范违规风险，促进企业治理和社会治理。（2）企业合规有利于企业高质量发展，从而促进整个经济高质量发展。（3）企业合规有利于推进企业依法治理，从而促进依法治国。（4）企业合规有利于我国企业参与国际市场竞争，促进更高水平对外开放。

11. 什么是涉案企业合规？

答：涉案企业合规是指企业在生产经营活动中涉嫌犯罪行为后，企业本身具有合规意愿的，检察机关通过责令企业针对违法犯罪事实，制订专项整改计划，并监督计划实施，推进企业合规管理体系建设，待企业达到合规标准，然后视情况对企业作出相对不起诉决定的法律制度。刑事合规就是企业合规的组成部分，是最基础的部分，也是最重要的部分。

12. 为什么要进行企业刑事合规？

答：企业刑事合规和企业的涉嫌犯罪行为紧密相关。对于企业犯罪现象，如果简单地采用刑法规定的对单位判处罚金，个人判处有期徒刑的"双罚制"方式追究企业和相关人员的刑事责任，不仅不能从根本上阻却企业犯罪现象的发生，甚至还可能让更多的企业因涉罪而污名化，直到全面破产。久而久之，动摇的是一个地区乃至一个国家的经济根基。

企业因涉罪问题而开展刑事合规，具有非常重要的意义。刑事合规可以为企业发展提供法治保障。司法实践表明，以往那种企业单位犯罪后以罚金为主的刑罚措施，即使再严厉，也很难产生最佳的威慑效果，并不能解决企业犯罪问题。在某种意义上，所谓的"威慑"，只是一个陷阱而已。要让企业跳过这个"威慑陷阱"，必须转变思路，摒弃惩罚思维，实施激励功效。

我国检察机关和相关企业，特别是大型民营企业所做的探讨，无论是以合规换取作出不起诉决定或暂缓起诉，还是以合规进行无罪抗辩，甚至将合规作为从轻、减轻、免除刑罚处罚的情节，都是通过企业刑事合规，让企业免予或轻于刑事追究，进而免予破产的有效尝试和法律保障。

13. 刑事诉讼中的涉案企业合规与企业合规有何不同？

答：刑事诉讼中的涉案企业合规是企业合规的组成部分，是最基础的部分，也是最重要的部分。而企业合规是为现代企业完善内部治理与风险管控的基本手段，是指企业采取措施，确保企业及其员工遵守法律规则、企业内部规章制度和道德规范。刑事合规其实是对涉罪企业"合规不起诉"或附条件不起诉的另一个说法。

14. 已经提起公诉的案件能否撤回起诉做企业合规？

答：根据《九部委指导意见》的精神，有两个原则必须明确：一是涉案企业合规审查必须在提起公诉之前进行。不起诉后进行的所谓合规，实际上是检察机关以检察建议的方式能动履职，促进诉源治理。二是检察机关对于已经提起公诉的案件不能为了做企业合规而撤回起诉，对于之前没有开展合规整改的涉案企业，相关企业在审判阶段向法院申请开展合规整改的，检察机关视案件整体情况特别是当事人认罪悔罪情况，可以给予支持。

15. 涉案企业启动合规整改的时间是否只能在审查起诉阶段？检察机关提前介入能否启动？

答：目前，改革试点及第三方机制启动运行主要在检察办案环节开展，在侦查环节和审判环节较少涉及，需要随着改革的不断深入，在党委政法委领导、推动下，各级政法机关共同、全面参与企业合规改革。正是因为目前在侦查阶段尚未作出启动企业合规的创新性制度设计，公安机关在两个月乃至更长时间的侦查过程中，有时不可避免已对涉案企业财物采取了查封、扣押、冻结等措施，甚至对涉案企业相关人员采取了羁押性强制措施，对涉案企业生产、经营产生影响，到了审查起诉环节，有的涉案企业已经"积重难返"，失去了启动合规的最佳时机。鉴于此，改革试点中检察机关探索在提前介入环节，待公安机关同意后启动合规程序。但也要充分考虑启动时机，启动涉案企业合规的前提是案件事实总体已查清，或者案件基本事实已查清，在此基础上才能够准确查明企业涉案的问题、漏洞，才能制订出相对完整、有效、针对性强的合规整改方案，以顺利开展合规工作。

此外，在侦查阶段即使没有启动合规程序的，也要落实依法平等保护民营企业的相关要求，在办案中贯彻少捕慎诉慎押刑事司法政策，运用好强制措施和涉案财物处置这两项合规工作的抓手，特别是对涉案人员能不采用羁押性强制措施的尽可能不采用，推动企业合规在审前程序的有效适用。

16. 各成员单位在涉案企业合规改革中承担着怎样的职责？

答：检察机关在涉案企业合规改革工作中承担的责任最重，起着决策、指导、定标准、把方向的作用。负责办理案件的检察机关履行下列职责：

（1）依法保障涉案企业、个人的诉讼权利，及时向其征询是否适用企业合规以及第三方监管制度的意见；（2）对第三方监管人名单进行备案审查，对组成人员存在明显不适当情形的，及时提出异议；（3）对涉案企业合规计划、定期书面报告进行审查,向第三方监管人提出意见建议;(4)对第三方监管人合规考察书面报告进行审查,并参与组织合规考察验收;(5)依法办理涉案企业、个人及其他相关单位、人员或其辩护人、诉讼代理人在合规监管考察运行期间提出的申诉、控告或者有关申请;(6)《刑事诉讼法》《检察机关刑事诉讼规则》等法律、司法解释规定的其他法定职责。

工商联是合规考察工作的重要牵头机构,负责组织建立和协调推进落实第三方监督评估机制、选任第三方监管人。第三方监管委员会各成员单位,履行下列职责:(1)积极向第三方监管委员会推荐相关业务专家人才参加第三方监管人名录库;(2)根据第三方监管委员会安排,结合自身职能对企业提交的合规计划、合规考察报告进行审阅,并提出意见;(3)根据第三方监管委员会安排,组织业务骨干参与合规考察验收,并提出意见;(4)按时参加联席会议,结合自身职能就合规改革试点提出意见建议;(5)根据自身监管职能,加强对涉案企业合规建设的监管;(6)监管委员会根据职能安排的其他工作。

市场监管、生态环境保护、自然资源和规划、应急管理、税务等各行政主管部门是履行企业合规考察职责的重要主体,与工商联共同完成各自监管领域涉案企业合规考察工作。纪委监委对合规改革工作中违规干预和插手市场经济活动以及违反廉洁纪律的行为进行监督和处理。

17. 涉案企业合规整改方案必备的基本内容包括哪些?

答:(1)企业认罪认罚态度及刑事和解的内容。
(2)完备的刑事合规队伍和机制。
(3)切实可行的刑事合规措施。
(4)常态化的监督报告体系。
(5)制定合规管理制度,全面落实合规要求。
(6)与行政监管的有效衔接。
(7)重视合规文化塑造,树立积极正面形象。

18. 涉案企业合规整改的监管方式有哪几种?

答:主要有以下三种方式:

一是由检察机关主导的监管模式。即由检察机关与符合适用合规条件的企业签订刑事合规监管协议,后者制订有效的合规计划,并同意接受检察机关的监管。执行中,检察机关除业务部门办案人员外,应设立刑事合规专员,全程参与对企业的监管,承办对案件的审查、协议签订和监管考察等各项工作。

监管协议内容应当包括企业承担配合案件调查及合规调查义务,企业承担被害人赔偿、缴纳罚款等补救性义务，企业制订合规计划建议有效预防犯罪的制度，企业定期向检察机关报告合规计划执行进度，协议考察期限以及履约或违约法律后果等。

其中，根据合规监管协议内容，企业应当指派高管或聘请律师等专业人员，组织合规监管小组，以制订和改进监督合规计划。检察机关也可以根据具体情况，直接聘请具有合规经验的律师、审计、会计、税务等专业外部监管人，制订企业合规计划，并监督合规计划的执行。

二是独立的第三方监控人模式。这种模式中，检察机关与司法行政机关经过协商，共同确定外部监管人，以供涉案企业从中聘请独立监控人。这些独立监控人一般由律师事务所、会计师事务所、税务师事务所等外部机构兼任。

独立监控人确定之后，与涉案企业签订独立监控协议，明确监控权限、职责范围、履职方式、聘期、费用、权利义务及违约责任。独立监控人的一项重要职责是根据企业的历史和现状，出具刑事合规报告，成为检察机关是否作出附条件不起诉的依据。同时，要协助涉案企业提出有效的书面合规计划，并协助检察机关对涉案企业进行监督考察，定期督促合规计划落实并向检察机关作出报告。

三是行政部门监管模式。即检察机关在审查起诉过程中，对于符合适用合规考察条件的企业，委托政府行政部门担任考察机关，对企业实施合规计划的情况进行考察监督。

19. 合规考察有无期限限制？期限确定后，能否根据实际整改情况调整延长期限？

答：合规考察有期限限制。合规考察期限一般是由第三方组织根据案件情况、涉案企业具体情况及其承诺履行的期限，经征求办案检察机关意见后确定。合规考察期限一经确定，各相关方都要严格遵循期限要求，合理、有序开展合规工作。合规考察期限不宜轻易变更，特别是缩短考察期更要严格限制，防止"形式合规"走过场。如由特殊原因导致考察程序未完结的，应当在确保整改效果的前提下适当延长考察期限。

20. 涉案企业合规整改有哪些结果和体现？

答：一是企业承认违法犯罪事实，认罪认罚并愿意缴纳罚款，赔偿给被害人损失及补偿；二是有刑事合规意愿，并制订全面合规计划；三是接受人民检察院的合规指导和第三方的监管监督；四是定期适时汇报合规整改情况；五是达到刑事合规标准；六是由检察机关综合评定对涉罪企业相对不起诉。

第二部分 涉案企业合规顾问 40 问

1. 什么是涉案企业合规顾问服务？

答：涉案企业合规顾问服务，即律师等专业人士以提供顾问服务的方式帮助涉案企业完成合规整改，以换取人民检察院等司法机关对涉案主体的不起诉或从宽处罚的机会。

2. 涉案企业合规顾问的职责是什么？

答：从涉案企业合规的主要流程出发，涉案企业合规顾问的主要职责有以下几个方面：一是指导或协助涉案企业制订合规计划和方案；二是指导或协助涉案企业落地和分解合规计划和方案的具体事项；三是指导或协助涉案企业进行合规具体制度的制定和合规体系的建设；四是审查并提示涉案企业合规计划实施的完成度和偏离度，提出合规整改意见和建议；五是指导或协助涉案企业与第三方监管人、检察机关的沟通、配合；六是指导或协助涉案企业起草、修改和提交合规整改报告；七是指导或协助涉案企业参与合规验收；八是指导或协助涉案企业、涉案员工参加听证会。

3. 涉案企业合规顾问与辩护人有什么不同？

答：从涉案企业角度出发，合规顾问与辩护人都是企业找来帮助企业通过合规整改，争取司法机关从宽处理机会的专业人士。当前，涉案企业合规顾问大多是由辩护人兼任，但随着改革的逐渐深入，第三方监督评估机制逐步完善，涉案企业合规建设的要求将进一步精细化、专业化，将会使辩护人和合规顾问两个角色的职能职责划分、工作中心能力要求逐渐出现区分。彼时即便都是由律师担任，辩护人更侧重于刑事诉讼程序事项的办理，而合规顾问更侧重于企业合规建设的指导。总而言之，刑事辩护是"事实内化为要件的总结过程"，刑事合规是"要件外化为事实的演绎过程"。

4. 涉案企业合规顾问与企业法律顾问有什么不同？

答：企业法律顾问是指律师依法接受公司、企事业单位、自然人或其他法人、其他组织的聘请，以自己的法律专业知识的专业技能为聘请方提供多方面的法律服务的专业性活动。尽管都是以顾问形式提供法律服务，但相比企业法律顾问，涉案企业合规顾问有以下几个方面的显著区别：

（1）启动原因不同。涉案企业合规顾问是因企业涉及刑事案件的需求引发，而企业法律顾问只是企业的常规法律风险防范行为。

（2）服务角色不同。涉案企业合规顾问主要完善企业合规体系建设并指导体系的正常运转，是指导和督查者的角色；而企业法律顾问主要目标是保障企业在一般商业活动中的合法权益，是守卫者的角色。

（3）关注领域不同。相比企业法律顾问关注企业制度、合同管理等领域，涉案企业合规顾问更关注企业运行模式、内部组织管理和制度执行、员工行为的合规性。

（4）责任后果不同。涉案企业合规顾问如不能贯彻落实，可能导致企业及员工承担刑事责任；而企业法律顾问一般以民事责任为主。

5. 涉案企业合规顾问与企业合规顾问有什么不同？

答：涉案企业合规顾问与企业合规顾问是特殊和一般的关系，相比企业合规顾问，涉案企业合规顾问具有以下几个方面的区别：

（1）启动原因不同。涉案企业合规顾问是因企业涉及刑事案件的需求引发，属于事后合规；而企业合规顾问既包括事后合规，也包括企业因自身发展的合规需求，即事前合规。

（2）关注重点不同。涉案企业合规顾问的关注重点在于迎合司法机关关于刑法特殊预防目的的实现及恢复性司法理念的实践；而企业合规顾问的关注重点在于企业完善治理体系中的各种因素的动态平衡。

6. 涉案企业合规顾问与涉案企业及其人员的关系如何定位？

答：在大多数企业合规案例中，涉案企业都是作为犯罪单位身份出现，而单位犯罪中，具体犯罪行为的实施者必然是企业员工，在官方表述中一般称之为涉案员工。涉案企业合规顾问与涉案企业是典型的委托关系，但与涉案员工的关系如何定位，应取决于涉案企业如何定位涉案员工。合规顾问要做的就是在尊重企业既有的员工文化氛围和企业管理层意见的前提下，代表涉案企业与涉案员工进行沟通，如有可能，应尽量将涉案员工纳入企业合规整改的程序中来，为其争取合规不起诉或从宽处理情节。

7. 涉案企业合规顾问与检察机关的关系如何定位？

答：合规顾问在定位与检察机关的关系方面，要注意自己作为涉案企业代言人之一的角色，把关注重点放在涉案企业管理层与检察机关案件负责人的沟通环节，把工作重点放在涉案企业管理层代表企业认罪认罚的态度、合规承诺表态以及对企业犯罪和企业合规的认识方面，从根本上避免检察机关形成企业高层不重视合规的印象。

8. 涉案企业合规顾问与第三方监管人的关系如何定位？

答：合规顾问尽管受涉案企业委托，但毕竟是企业外部人员，并且也是企业合规建设的指导者和推动者，在这个意义上，合规顾问的部分功能其实和第三方监管人有相似之处，因此也可以成为合规顾问与第三方监管人平等交流的契机。律师作为合规顾问，应当在合规程序、制度适用，合规计划方案、整改具体措施的制定方面，作为涉案企业与第三方监管人之间的润滑剂，起到消弭分歧，加强沟通联络的重要作用。

9. 涉案企业合规顾问如何选择顾问服务模式？

答：从涉案企业合规顾问视角出发，合规顾问服务的模式可以分为主导型和辅助型两类，其风险责任承担和工作量将会有很大的区别，并且主导型模式的收费标准应当显著高于辅助型模式，才能体现出费用合理性。如何选择顾问服务，主要还是根据涉案企业的需求、企业自身能力、工作量大小和费用多寡等因素来确定。

10. 涉案企业合规顾问服务费用如何确定？

答：涉案企业合规顾问服务市场尚未成型，顾问服务费用的市场标准自然也无从谈起。和其他非诉讼业务和诉讼业务一样，费用的确定主要应考虑以下几个因素：

（1）模式选择类型。采取主导型还是辅助型顾问服务，风险责任承担和工作量将会有很大的区别，费用自然不同；此外，涉案企业合规模式的选择，即合规监管模式还是检察建议模式，无论从合规的紧迫性还是合规顾问的工作量等因素考虑，前者显然相比后者更容易获得更高的成交率和费用。

（2）企业涉罪身份。涉案企业是否以犯罪单位身份被追究刑事责任，决定了涉案企业领导层对企业合规重要性和紧迫性的认识和判断。

（3）企业类型和规模。企业的类型和规模，一方面，直接影响到企业的付费意愿和能力；另一方面，不同类型和规模的企业领导层自我认知和对企业合规的认识也不相同，从而间接影响到他们对合规顾问费用合理性的预期。

（4）企业组织度。涉案企业自身的组织管理程度，与企业合规整改的难度以及合规计划制订和实施的顺利程度直接相关，也会直接影响到律师提供涉案企业合规顾问服务的工作量。

（5）合规监管考察期（评估）。律师根据企业类型和规模、企业组织度等因素，结合法律政策和自身经验，一般会对合规监管考察期进行初步的评估，可以在洽谈费用过程中，将自行评估的合规监管考察期作为费用洽谈的一个因素加以考虑。

11. 涉案企业合规顾问服务协议的要点主要有哪些？

答：合规顾问服务协议与一般法律服务合同并无明显不同，实践中主要注意以下几点：

（1）合同名称。实践中，一般叫"涉案企业合规顾问聘用协议""企业刑事合规顾问服务协议"或者"涉案企业合规顾问服务协议"等，无论何种名称，一般应体现涉案企业合规顾问服务的性质。

（2）合同当事人。委托方为涉案企业，受托方为律师事务所。

（3）委托原因。一般应写明委托方所涉刑事案件的案由、当前阶段和委托原因。

（4）委托范围和事项。可以根据与涉案企业洽谈的方案，参考前文关于涉案企业合规顾问的职责选择确定。同时，建议明确合规顾问服务模式是前文提到的主导型还是辅助型。

（5）委托期限。一般情况下，建议约定委托期限为合规听证结束之日或合规考察终止之日止，以避免企业合规整改进展不顺利的情形发生时产生争议；如当事人须明确具体的委托期间的，可以参考江苏省律师协会《律师从事合规法律服务业务指引》关于合规管理体系建设业务确定委托关系的建议，约定合同签订期限至少为6个月。

（6）顾问报酬金额及支付方式、时间。根据双方洽谈达成的一致意见写明顾问费用的具体数额，因涉案企业合规顾问服务具有团队化、周期长和资料庞杂的特点，建议在费用磋商过程中一定要明确交通费、打印费等费用的具体承担，如须派驻人员驻点办公的，还应明确派驻人员就餐、交通和派驻补贴等费用的具体承担。在费用支付方式上，如果是计时收费的，应写明各类服务项目的小时计费标准和费用结算周期，以及不满最小工时情形下的费用计算问题。在报酬支付时间上，如不是采用计时收费模式，建议优先考虑一次性付款，但实践中，涉案企业往往会提出按项目流程节点付款的意见，双方应在协商一致后将节点付款条件和时间写入合同中。

（7）保密条款。协议应有专门的保密条款声明，律师在从事涉案企业合规顾问服务时负有保密义务，除按照与客户签订的合同履行相关义务外，还必须对其提供法律服务过程中接触、了解到的国家秘密、商业秘密、不宜公开的情况及个人隐私负有保密的义务。

（8）违约责任和合同解除。除了一般情况下针对委托方的付款义务和受托方的履职义务约定具体的违约责任之外，还要考虑涉案企业合规顾问服务的长期性，详细约定委托方拖延支付顾问报酬时，受托方行使合同解除权的具体条件。

（9）免责声明。由于涉案企业合规过程和结果的不确定性，为避免职业风险，律师应当在订立的合规顾问服务合同中增加免责条款的规定。对此，笔者建议可以参考江苏省律师协会《律师从事合规法律服务业务指引》第二十一条的建议内容，"律师事务所为委托人提供合规法律服务，不应视为律师对委托人行为合规的保证；律师对某一商业行为，某一体系、制度、流程是否合规的判断，仅为律师的职业判断，律师已做到勤勉尽责的，不对其分析和结论的正确性做出保证；除律师违反职业道德和执业纪律要求之外，律师事务所不对律师的执业后果承担赔偿责任"。

（10）争议解决条款。从有利于维护律师作为合规顾问利益角度出发，建议将争议解决方式约定为仲裁而不是诉讼，主要原因是各地仲裁委的仲裁员以律师居多，在律师工作量的评估、顾问报酬合理性的考量方面，更容易得出对合规顾问一方有利的结论。

（11）附则和附件。在协议的份数上，一般建议至少制作三份，除双方各执一份外，还有一份会作为涉案企业合规整改资料的一部分存卷归档。此外，如受托方有比较详细的合规顾问服务方案，建议作为合同附件在负责条款中标注具体名称，声明为合同的组成部分，与正文具有同等法律效力，并将内容附于协议正文之后，与协议正文一起加盖骑缝章。

12. 涉案企业合规顾问如何调查了解企业基本情况？

答：合规顾问在顾问服务启动的第一个瞬间，就应该着手了解并梳理企业的基本情况，并尽快制作涉案企业基本情况介绍材料汇编并提交给检察机关，并且在梳理材料形成汇编时，要注意各种证明材料与企业基本信息的对应性。材料汇编主要内容应包括：

（1）企业基本情况综述或简介。其内容除了企业营业执照以及公开信息可以获取的企业基本信息，如名称、地址、法定代表人性质、股东、认缴资本金、经营范围、涉案单位组织代码、占地面积、土地及厂房性质之外，还应包括企业的成立、发展的历史沿革、企业在主营业务领域中的地位、财务信息、纳税记录、员工招聘计划和本地投资计划等情况。

（2）公司基本信息印证材料，包括营业执照、企业信用查询报告、公司章程等。

（3）公司纳税情况印证材料，包括纳税情况说明和完税凭证等。

（4）公司财务情况印证材料，包括财务报告和审计报告等。

（5）公司员工就业情况印证材料，包括入职员工明细表、员工社保缴费回执单和当年度员工招聘计划等。

（6）公司在本地运营投资计划、规划项目和当前运营情况印证材料。包括与地方政府签订的招商引资协议、项目策划书、项目申请和批准材料、项目合同等。

除书面材料调查外，还应到现场进行踏勘，并走访相关部门负责人和员工。

13. 起草、审查涉案企业合规计划书的注意事项有哪些？

答：如果是合规顾问起草的合规计划初稿，那么在初稿起草完毕后，为节约时间，合规顾问可以将初稿同时发给涉案企业和第三方监管人进行审查，并就合规计划书内容进行探讨。在听取涉案企业意见方面，应主要就涉案企业是否具备实施当前合规计划的条件与涉案企业合规工作负责人以及业务部门负责人进行交流；在与第三方监管人沟通过程中，除记录第三方监管人的修改意见和建议外，也应将合规顾问起草合规计划的考虑因素、听取的涉案企业意见明确充分地向第三方监管人进行汇报。以目前笔者的经历，绝大多数第三方监管人均能充分听取涉案企业的意见，在提出合规计划修改意见和建议时能够考虑到企业的实际情况，并不会做过于苛刻和硬性的要求。

第三方监管人确认合规计划后，还需将定稿的合规计划书提交办理案件的检察机关予以审核，相对于第三方监管人多关注合规体系建设和专项整改的措施和细节，检察机关更看重的是合规计划反映出的涉案企业对待合规整改的态度，这就要求涉案企业在设计合规领导机构和合规管理体系过程中，落实一把手和其他企业高管的表态和责任。

需要注意的是，合规计划书的起草、修改和提交并非一次性的工作，而是需要与第三方监管人乃至检察机关的多轮沟通，并且应当将起草和修改的历次计划书版本编号，并于沟通记录一起保存归档，作为合规整改材料的一部分。

14. 涉案企业合规顾问如何督促涉案企业及时停止违法行为并采取相关补救措施？

答：全国工商联、最高人民检察院、司法部等九部委联合印发的《涉案企业合规建设、评估和审查办法（试行）》第三条规定：涉案企业应当全面停止涉罪违规违法行为。退缴违规违法所得，补缴税款和滞纳金并缴纳相关罚款，全力配合有关主管机关、公安机关、检察机关及第三方组织的相关工作。根据上述规定，合规顾问应从现场、部门和人员三个角度督促涉案企业及时停止违法行为并采取相关补救措施，首先应配合开展调查的相关部门及其工作人员的工作，不得破坏现场或妨碍现场调查，退缴违规违法所得，补缴税款和滞纳金并缴纳相关罚款；其次要开展涉案部门相关业务领域的风险自查，并形成自查结论，对有必要马上进行整改的应及时整改到位；最后要对相关人员进行内部调查和处理，必要时应暂停相关人员的职务。

15. 涉案企业合规顾问如何分析涉案成因？

答：从与后果的关联程度考虑，涉案成因可以分为直接原因、主要原因和深层原因。直接原因是直接导致案件发生的因素，一般涉及具体人和事物的问题，可以由涉案企业在风险自查后予以归纳；而主要原因则进一步，是导致案件发生的必要背景原因，一般涉及具体的制度设计或执行问题；而深层原因则是企业内部治理和文化的问题。

16. 涉案企业合规顾问如何协助涉案企业设定合规风险识别计划？

答：设定合规风险识别计划，是企业开展合规体系建设的第一步，合规顾问在此步骤中的主要任务是协助涉案企业了解合规风险识别的概念即风险来源的类型，培训合规风险识别的主体（合规部门负责人和专员等）以及讲解完善风险识别和评估的程序，包括风险信息的收集、分析和研讨。

17. 涉案企业合规顾问如何协助涉案企业设定合规组织建构计划？

答：合规顾问在设定合规组织建构计划中主要任务是协助涉案企业了解合规组织结构的概念、基本模型，培训参与合规组织体系设计的相关人员主要是决策层、管理层以及讲解合规组织体系设计的程序和内容。

18. 涉案企业合规顾问如何协助涉案企业设定合规制度制定计划？

答：合规顾问在设定合规制度制定计划中主要任务是协助涉案企业了解合规制度的定义和范围，培训参与合规制度设计的相关人员，尤其是涉案专业部门和领域的相关负责人，以及讲解合规制度设计的程序和内容。

19. 涉案企业合规顾问如何协助涉案企业设定合规专项整改计划？

答：设定合规制度制订计划，是企业开展合规体系建设至关重要的一环，合规顾问在此步骤中主要任务是协助涉案企业确定专项整改的范围，确定并培训参与合规专项整改计划设计的相关人员，尤其在是否聘请外部专业人士作为专业顾问、如何确定与第三方监管人专业人士的沟通联络人方面的有关问题上达成一致意见，以及讲解合规专项整改的主要程序。

20. 涉案企业合规顾问如何协助涉案企业设定合规文化宣传计划？

答：设定合规文化宣传计划，是实现合规目标的关键渠道之一，合规顾问在此步骤中主要任务是协助涉案企业了解合规文化宣传的概念，尤其是合规文化宣传的载体和途径，培训参与合规文化宣传计划设计的相关人员，以及讲解合规文化宣传的主要程序。

21. 起草、审查合规实施方案的注意事项有哪些？

答：合规实施方案就是在合规计划书基础上，根据监管考察期限和企业实际情况进一步制订，如同合规计划书一样，合规实施方案的修改也应当召集涉案企业各部门负责人和有关业务人员——尤其是承担专项整改主要任务的部门和人员——开会，听取他们关于实施方案的意见，并在沟通过程中，据实予以修改和完善。合规实施方案并无形式和格式上的要求，因此根据涉案企业内部业务习惯，完全可以采取表格、PPT等多种形式，更方便全员宣贯。

22. 涉案企业合规顾问如何协助涉案企业开展合规风险识别？

答：具体步骤如下：

（1）协助涉案企业了解风险识别的概念和作用

涉案企业合规中的风险识别是对企业发生犯罪领域的所有经营管理活动实施风险评估，识别企业经营管理各环节可能面临的风险，并且评估风险发生的可能性和结果的严重性。企业合规体系建设应当以风险为导向，具体管理制度应建立在风险识别与评估的基础之上，实现针对性和有效性。建立风险识别与评估制度是制定和完善各项合规管理制度的基础，使得企业经营行为符合合规义务，是合规管理体系的重要组成部分。

（2）协助涉案企业确定风险识别和评估主体

涉案企业合规风险识别的主体应当是合规管理部门、负责人和相关工作人员，风险识别和评估应当由合规管理部门牵头组织实施；在日常管理中，各业务部门和其他管理部门也应当主动开展风险识别和评估排查，及时向合规管理部门通报风险事项。在此过程中，为了确保风险识别和评估的独立性和专业性，合规顾问可以先牵头组织设立合规管理部门，并协同涉案企业决策层确定负责人人选和相关工作人员，并在人员确定后对相关人员进行合规基础知识、合规计划、方案的培训。

（3）讲解完善风险识别的程序

①收集风险信息。合规顾问应引导合规管理部门先根据风险来源分类全面收集风险信息，可以采用询问、文件记录查询以及实地考察等相结合的方式。收集对象包括管理层、业务部门和管理部门负责人、内部控制管理部门负责人、涉案部门人员等，主要询问企业经营战略目标、企业治理结构、竞争对手、经营管理业务内部控制流程等内容。

②分析风险信息。合规顾问应协助合规管理部门将收集了解到的事实与标准要求进行对比分析，寻找矛盾和差异的过程，即通过分析不同数据之间的关系识别和评估风险。比如，将企业管理制度、经营性质与法律法规和监管要求对比分析；将员工行为与内部控制流程对比分析；将员工意识形态与合规文化对比分析；将组织结构变动与经营成果对比分析；将法律法规和监管要求的变动趋势对比分析等。

③风险信息研讨。合规顾问应协助合规管理部门组成风险识别与评估研讨小组，为项目组成员提供交流信息和分享见解的机会。项目组成员在各自领域内，汇报、介绍其收集的风险信息和分析过程，并对风险识别和评估结果说明理由。研讨会要求各项目组成员的汇报结果必须有理有据，最终结论性意见应当以多数人意见通过，少数人意见也应当在报告中体现和提示。

23. 涉案企业合规顾问如何协助涉案企业建立合规组织机构？

答：具体步骤如下：

（1）合规顾问应促使涉案企业决策和管理层了解以下基本概念：建立完善的合规管理组织架构是企业合规建设的基础和保障。企业合规管理工作的顺利开展必须自上而下建立贯穿企业内部机构、人员、流程的管理组织架构。科学的组织架构，能够明确不同层级部门的管理职责和汇报路径，确保企业合规管理体系的高效运行。企业合规管理组织结构不同于其他管理职能的组织结构，其具有独立性的固有属性，不仅具有管理职责，还有监督、指导、评审、调查、问责等职能。因而，合规顾问应当建议企业建立独立的合规管理组织体系。

企业合规组织体系的架构及组织职能不是一成不变的，企业应当根据自身人力资源配置和发展阶段设置、调整。但以下两点是所有企业必须遵守的：一是企业必须设置专门人员负责企业合规管理，且要有实际管理行为，可以兼任但不能"挂名"兼任。二是从事企业合规管理的人员必须具有合规管理经验。企业合规管理涉及领域较多，管理环节和过程也较为复杂和重要，企业应当配备具有相应管理经验的人员承担该项工作。

（2）在合规组织机构组织上，合规顾问应根据以下原则参与合规组织机构设计工作：对于规模较大、发展较为成熟的企业，合规顾问可以建议企业设立合规管理委员会，与董事会共同形成企业合规决策层，合规管理委员会拟定合规战略规划、实施方案，审批合规基本制度、合规计划书等，并全权负责企业合规管理体系的建设和运行；董事会负责审批合规战略规划和实施方案。合规管理委员会再下设合规管理部门作为管理层，负责具体事务性操作和管理，每个业务和管理部门专设合规专员，负责部门内的企业合规管理事务。合规执行层范围较广，广义的执行层包括企业内部所有人员和部门，狭义的执行层一般是指决策层、管理层之外各业务和管理部门负责人。合规管理制度需要企业每位成员参与执行，所有部门和个人都是合规管理制度的执行主体，包括董事、高级管理人员、监事和普通员工。因而，健全的合规管理组织体系应当包括决策层、管理层和执行层。

合规管理人员和部门经理在合规管理体系中起到承上启下作用，是保障合规管理制度有效运行的核心阶层。为更好地组织开展合规管理工作，合规管理部门与业务管理部门可以建立联席会议制度，促使部门之间合规管理工作的有效衔接，协调处理好合规管理工作中的争议。

规模较小、处于发展初期的企业，一般可不设置合规管理委员会，但也应当由专门的部门和人员负责实施企业合规管理工作，相关决策意见可由企业负责人作出。

24. 涉案企业合规顾问如何协助涉案企业制定合规管理制度？

答：具体步骤如下：

（1）协助涉案企业了解合规管理制度的定义和范围

参考《境外经营合规指引》，企业合规管理制度被分为行为准则、管理办法和操作流程三部分，其中行为准则作为企业合规管理的基础原则统摄合规全局，管理办法是行为准则的细化，操作流程则是具体落实合规管理办法的程序。根据这一概念又延伸出企业合规的基本制度和具体制度，这正是合规顾问应当协助涉案企业的主要内容和范围。

（2）培训参与合规管理制度设计的相关人员，讲解合规管理制度设计的程序和内容

参与合规管理制度设计的相关人员除了涉案企业决策层、合规管理部门、负责人和相关工作人员之外，还包括涉案专业部门和领域的相关负责人。合规顾问应促使上述人员了解到合规管理制度，尤其是合规管理基本制度的基本程序和内容。合规管理的基本制度应当包括合规内容的章程、合规基本制度；具体制度则是在基本制度的基础上，制定适应专项（专业领域、部门）整改相应的合规操作流程，进一步细化标准和要求。

25. 涉案企业如何将合规内容加入公司章程？

答：应至少在章程中增加公司合规宣言、董监高的合规职责，具体内容如下：

（1）明确合规为公司的优先价值。例如，公司以合规作为经营管理的优先价值，并以零容忍的态度对待违规违法行为，将合规融入公司的发展目标、发展战略和管理体系，以确保公司整体业务和内部管理的全面合规。

（2）明确组织、参与、配合并支持公司合规经营体系的建设工作分别是董事会、监事会、总经理、总法律顾问等高管的重要职责。

26. 涉案企业合规顾问如何协助涉案企业落实涉案企业专项整改？

答：涉案企业专项整改往往涉及涉案企业主要经营领域，也是涉案犯罪发生领域的专业整改，在此过程中，合规顾问应秉持专业事务交给专业人士的基本原则，主要在合规风险识别和评估、调查、处理的流程上与涉案企业专业人员、外聘专业顾问做好解释、沟通和咨询答复，并督促涉案企业专业人员要注意听取第三方监管人中相关专业人士的专业意见，做好解释、沟通和反馈工作。此外，在收集涉案企业专项整改材料过程中，要在听取涉案企业专业人员意见基础上，明确提出材料收集和数据信息统计要求，以保证专项整改材料收集的完整性和可靠性。

27. 涉案企业合规顾问如何协助涉案企业建立合规管理运行保障机制？

答：合规顾问协助涉案企业建立的合规管理运行保障机制应当包括检查和报告机制、投诉举报机制和合规考核机制。其中，检查和报告机制是合规管理部门负责人定期和不定期地对公司运营过程中存在的合规风险进行监督巡察，针对合规风险进行调查和研究，形成调研报告，并研究制定和实施降低风险的措施报合规领导机构通过，对发现的制度漏洞和结构性缺陷快速及时地加以修补和完善；投诉举报机制则是合规管理部门对企业内外部风险的常态化监测、举报、调查和处理机制；合规考核机制则是涉案企业将员工对合规制度的执行情况列入考核内容，对员工合规行为进行奖励，对员工违规行为进行惩罚，所有奖惩情况均记录留档。

28. 涉案企业合规顾问如何协助涉案企业建立合规投诉举报机制？

答：合规顾问应协助涉案企业建立监测、举报、调查、处理的整套投诉举报机制，保证及时发现和监控合规风险，纠正和处理违规行为。其中的合规监测，既包括对外部合规风险的预警，也包括对内部人员违规行为的监测。对于发现的具有趋势性、典型性、普遍性的外部合规风险，业务部门和合规部门应当出具合规风险提示书予以预警。对于内部人员违规行为的监测，要充分利用信访、巡视等渠道，接受企业内外部违规行为投诉、举报，同时企业应采取措施保护举报人。合规调查，应由不存在利益冲突的人员独立进行，并通过调查笔录、调查报告等形式确保调查过程的完整性、调查结果的公正性，必要时可以聘请公司外部机构开展。对于发现的违规人员、违规情况，应当按照公司有关制度，分别由各相关部门负责追究问责。一些有效措施包括公布举报电话、设置合规投诉箱，让员工有机会并能便利地反映公司运营中存在的违法违规行为，合规专员针对投诉要及时高效地处理，并对投诉者进行奖励和保护。

29. 涉案企业合规顾问如何协助涉案企业建立合规报告机制？

答：合规顾问应当将鼓励和支持充分、坦诚报告的文化作为对涉案企业决策层强调的内容重点之一，此外，还应协助涉案企业设定适当的报告准则和义务；确立定期报告时间表；建立便于对新出现的不合规进行特别报告的异常报告系统；足以确保信息的准确性和完整性的系统工具；向企业合规管理部门提供准确和完整的信息，以采取预防、纠正和补救措施；要对向合规领导机构提交报告的准确性予以签字确认，包括合规部门负责人的签字。

30. 涉案企业合规顾问如何协助涉案企业建立合规考核机制？

答：合规顾问应首先协助企业制定一系列可测量的合规管理绩效指标，帮助企业对合规目标的实现进行评价；其次应收集与合规考核评价对象有关的合规管理绩效信息，包括合规问题、不合规和合规疑虑、新出现的合规问题、持续的监管和组织的变更，实践案例等；再次应对合规绩效进行分类、分析和精确评估以识别根本原因和需采取的适当措施，并编制合规考核评价报告，在此过程中，还应与考核评价对象进行充分的沟通，听取其意见允许其申辩；最后则是考核评价结果的执行，将考核评价结果作为员工考核、干部任用、评先评优等工作的重要依据，并开展奖励以及违规问责等行动。

31. 涉案企业合规顾问如何协助涉案企业进行涉案员工个人整改？

答：合规顾问应在尊重企业既有的员工文化氛围和企业管理层意见的前提下，代表涉案企业与涉案员工进行沟通。合规顾问一方面可以通过释法说理，向涉案员工指出其触犯的法律及其法律后果、企业合规的相关程序以及涉案员工在企业合规中的一般处理情况，让其对本人未来有所预期；另一方面可以经与检察机关、第三方监管人的沟通并取得同意后，通过涉案员工自行学习整改、接受内外部考察、评估等方式，将涉案员工纳入企业合规整改的程序中来，为其争取合规不起诉或从宽处理情节。

32. 涉案企业合规顾问如何协助涉案企业制定并签订合规承诺书？

答：合规顾问应协助涉案企业制定合规承诺书，主要内容可以参考以下内容：

我是××××公司的员工。我完全了解本次企业合规整改的价值和意义，认同公司建立企业合规制度和文化的长远目标；为了公司更加长远、健康、稳定地发展，我深知自身责任重大，现发自内心地作出如下郑重承诺：

1. 认真遵守国家法律、法规以及行业监管制度，始终学习和践行公司合规基本制度和各项规章制度，严控各类合规风险。

2. 熟知本岗位工作职责和要求，掌握所从事工作的各项规定及业务操作流程，知晓自身岗位工作的合规要求及违规责任。对违规行为坚决抵制，不以任何理由和借口违反或偏离制度、规定；不授意、指使、强令他人违规办理业务；不迎合他人违规办理业务，对他人违规授意和指令坚决抵制并向合规部门和上级主管部门报告；发现他人存在违章违纪行为可能导致风险的，及时向合规部门和上级举报。

3. 保守国家机密和公司商业秘密，保护客户信息，客观、真实反映公司经营管理活动信息，拒绝弄虚作假。

4. 坚决抵制职务侵占、挪用资金和商业贿赂等违法行为，拒绝"黄、赌、毒"，在社会交往和商业活动中，杜绝与客户之间的非法利益往来。

5. 主动回避"利益冲突"，当所经办的业务涉及本人亲属或与本人有利害关系的人时，应主动提出回避；不从事与公司有利害关系的"第二职业"。

6. 积极配合主管部门和上级单位的业务检查，欢迎同事的监督和帮助，对存在的问题勇于承担责任，不推诿、不回避、不隐瞒，认真做好相应整改工作，避免重复犯错。

7. 强化自我保护意识，重视自身合规能力的持续提升，积极参与合规文化活动，参与合规长效机制建设，将"人人合规、时时合规、处处合规、我要合规"落到实处。

8. 认真履行工作职责，避免其他重大实质性违法违规行为。

本人承诺自觉遵守以上要求。如违反此承诺，将自愿接受公司根据相关管理规定做出的经济处罚和纪律处分，直至解除劳动合同并承担法律责任。

33. 涉案企业合规顾问如何指导涉案企业开展合规文化宣传？

答：合规顾问指导涉案企业开展合规文化宣传过程，可以建议涉案企业进行以下多种方式的合规文化宣传：

（1）在企业宣传墙、员工电脑屏保上宣传企业合规方针和领导承诺；

（2）发放合规手册、合规操作指引等；

（3）在员工大会上进行合规宣誓，在部门例会、晨会上宣誓、宣传合规；

（4）员工签署合规承诺书；

（5）开展合规宣传周、宣传日活动；

（6）有奖问答调查、现场案例宣讲、专题讲座等。

34. 涉案企业合规顾问如何协助涉案企业制定员工合规手册？

答：合规顾问可以建议企业在原有员工手册上增加有关合规内容，如不方便增改，也可以制定专门的员工合规手册。合规手册通常由三部分组成：前言、正文、结束语。前言包括企业合规承诺、合规宣传语等内容；正文包括企业合规基本制度、专业领域合规操作指引、合规举报投诉渠道和处理流程等；结束语包括生效日期、异议反映渠道和解释权归属等。

35. 涉案企业合规顾问如何督促涉案企业管理层重视合规整改工作？

答：在督促涉案企业管理层重视合规整改工作方面，合规顾问首先要通过获取与检察机关、第三方监管人沟通的主导权，来取得涉案企业管理层对合规顾问身份和地位的重视；其次要通过积极的正式培训和面谈沟通，并适当引入检察机关、第三方监管人的外力，来强化企业管理层对合规重要性的认识，让其充分了解和领会合规工作对当前企业生存和发展的重要性；最后要通过参与企业内部工作部署会议、开展合规培训等工作，通过对合规计划和实施方案的解释，树立起专业人士的形象，增强企业管理层对合规顾问的信任。

36. 起草、审查合规整改报告的注意事项有哪些？

答：合规整改报告是整个合规整改过程中最重要的书面文件之一，它既是第三方监管人合规考察报告的重要依据，也是合规验收小组听取汇报的主要书面材料，其与合规计划书构成了整个合规整改的闭环，因此合规整改报告在结构上要比照合规计划书和合规实施方案的整改方案内容进行设计，到了具体撰写过程中，在精练概括、详略得当的基础上，要注意突出具体过程的措施细节和相关数据，给人留下言之有物、内容翔实的印象。在合规整改报告的修改方面，尤其要注意听取第三方监管人的意见，留意涉案企业合规整改过程和第三方监管人监管考察过程的同步性和一致性，避免在合规验收过程中，发生涉案企业合规整改报告与第三方监管人监管考察报告的内容不一致甚至互相冲突的情况。

37. 收集、梳理合规整改资料的注意事项有哪些？

答：合规整改材料所反映的信息是合规整改报告起草的重要依据，因此对合规整改材料的梳理是否适当，直接影响到合规整改报告的质量。在梳理合规整改材料过程中，应注意以下几点：

（1）在材料分类编排上，按照合规计划书和实施方案中整改措施的类别对相关材料进行分类汇总，在汇总同类型材料上按照时间顺序进行汇总。

（2）在材料信息提取上，如果是制度、流程等文件，要提取文件名称、制作和下发的时间、简要内容、传达对象等内容；如果是培训活动的书面记录，要提取活动名称、时间、参与部门和人员数量、活动基本内容等。

38. 涉案企业合规顾问如何与第三方监管人沟通、配合？

答：考虑到第三方监管团队中一般会有一名法律专业人士作为第三方监管人，因此合规顾问应当充分发挥法律职业共同体的优势，在合规程序、制度适用，合规计划方案、整改具体措施的制定方面，作为涉案企业与第三方监管人之间的润滑剂，起到消弭分歧，加强沟通联络的重要作用。

39. 涉案企业合规顾问如何与检察机关工作人员沟通、配合？

答：合规顾问在协调处理好涉案企业与检察机关的关系方面，要把关注重点放在涉案企业管理层与检察机关案件负责人的沟通环节，把工作重点放在涉案企业管理层代表企业认罪认罚的态度、合规承诺表态以及对企业犯罪和企业合规的认识方面，从根本上避免检察机关形成企业高层不重视合规的印象。

40. 涉案企业合规顾问如何协助企业通过考察小组验收？

答：涉案企业通过考察小组验收，主要看合规整改工作的落实到位与否，而工作的落实到位主要看整改过程的留痕材料，因此在合规验收阶段，最重要的三类材料必须准备充分，一是合规阶段性报告，二是合规整改报告，三是合规过程中印证材料。同时，还应与第三方监管人做好沟通，在第三方监管人制作合规监管考察报告过程中，要充分做好配合工作，避免出现涉案企业合规整改报告与第三方监管考察报告"两张皮"现象。此外还需要注意合规验收组织工作，如与检察机关和第三方监管委员会沟通确定验收的具体日期、会议议程、会场布置等具体细节。

第三部分　涉案企业合规第三方监管人 40 问

1. 什么是涉案企业第三方监督评估机制？

答：涉案企业合规第三方监督评估机制是指检察机关在办理涉企犯罪案件时，对符合合规监管模式适用条件的，交由第三方监督评估机制管理委员会根据案件具体情况和所涉具体犯罪，选取专业人员组成第三方监督评估组织，对涉案企业开展合规监管，对涉案企业的合规承诺进行调查、评估、监督和考察，考察结果作为检察院依法处理案件的重要参考。第三方组织具有专业、独立的特点。

2. 什么是涉案企业合规第三方监管人？

答：所谓第三方监管人，是指根据《九部委指导意见》的规定，由第三方机制管委会选任组成的负责对涉案企业的合规承诺及其完成情况进行调查、评估、监督和考察的临时性组织。

根据九部委《指导意见实施细则》和各地的具体规定，第三方监管人（第三方组织）是指第三方监管委员会（第三方机制管委会）根据企业合规建设需要，从第三方监管人名录库中选任，供办理案件的人民检察院和涉案企业选择确定的，对涉案企业合规整改情况进行调查、评估、监督和考察的专业人员。

3. 哪些人可以成为第三方机制专业人员？

答：第三方机制专业人员，是指由涉案企业合规第三方监督评估机制管理委员会（以下简称第三方机制管委会）选任确定，作为第三方监督评估组织（以下简称第三方组织）组成人员参与涉案企业合规第三方监督评估工作的相关领域专业人员，主要包括律师、注册会计师、税务师（注册税务师）、企业合规师、相关领域专家学者以及有关行业协会、商会、机构、社会团体（以下简称有关组织）的专业人员。

生态环境、税务、市场监督管理等政府工作部门中具有专业知识的人员可以被选任确定为第三方机制专业人员，或者可以受第三方机制管委会邀请或者受所在单位委派参加第三方组织及其相关工作，其选任管理具体事宜由第三方机制管委会与其所在单位协商确定。有关政府工作部门所属企事业单位中的专业人员可以被选任确定为第三方机制专业人员，参加第三方组织及其相关工作。

在有关单位中具有专门知识的退休人员参加第三方组织及其相关工作的，应当同时符合有关退休人员的管理规定。

4. 涉案企业合规第三方监管人是如何产生的？

答：第三方监管人的产生是由办案检察院通过第三方监管委员会办公室选派出来作为第三方监管人到涉案企业开展企业合规调查、评估、监督和考察，第三方监管人针对涉案企业及工作人员涉嫌的罪名，对其认罪认罚并承诺合规整改的情况在监管期内出具合规监管报告。

5. 涉案企业合规第三方监管人的职责是什么？

答：根据九部委《涉案企业合规建设、评估和审查办法（试行）》的规定，涉案企业合规第三方监管人的职责就是对涉案企业合规进行专业性的评估。具体来讲，就是对涉案企业及工作人员涉嫌刑事犯罪，在其认罪认罚并承诺进行合规整改拿出整改计划后，对其整改方案和相关合规管理体系的有效性进行了解、评价、监督和考察的活动。监管期结束后，根据合规整改的情况出具合规监管报告，并将报告作为涉案企业刑事合规整改结果依据递交办案检察机关，作为检察机关依法处理案件的重要参考。

6. 涉案企业合规第三方监管人的启动条件是什么？

答：并非所有进入合规考察程序的涉案企业均需启用第三方监管人，只有那些符合条件的企业经过筛选，才能最终进行实际的合规建设，方可采用第三方监管模式。具体来讲，要根据企业涉嫌的犯罪性质、情节和危害后果，考虑企业的规模和经营状况、税收贡献或创新能力、容纳就业情况、发展前景、合规意愿等，将符合这些条件的案件有限纳入合规整改范围。一些小型轻微案件则可以直接适用检察建议的形式。

7. 涉案企业合规第三方监管人工作的基本原则是什么？

答：（1）独立原则：第三方监管人在履行监管职责期间应当保持工作的独立性，以维护保证监管考察过程和结果的客观性、公正性和可接受性。

（2）合法原则：第三方监管人履行监管职责应当依法进行，不得违反法律法规的禁止性规定，不得损害国家利益、社会公共利益和当事人及其他利害关系人的合法权益。

（3）诚实信用原则：第三方监管人履行监管职责应当遵循诚实信用原则，根据批准的合规计划和评估方案开展合规监管考察，如实向第三方监管委员会、检察机关反馈企业合规监管工作情况，向涉案企业告知调查、评估、监督和考察的意见和建议。

（4）勤勉履职原则：第三方监管人在履行监管职责期间，应当恪尽职守、勤勉尽责，注重监管工作效率，除因涉案企业原因及其他特殊情况需延长合规考察期限的情形外，一般在合规考察期限内完成合规监管考察。

（5）保密原则：除涉案企业同意或检察机关批准，或者法律法规另有规定外，第三方监管人在履行监管职责期间所获得的涉案企业相关资料、信息一律不公开，不得泄露涉案企业的商业秘密或犯罪嫌疑人的个人隐私。

（6）效率和专业原则：第三方监管人运用专业知识履行监管职责，应当根据涉案企业的实际情况，灵活确定工作方式、方法和程序，建立便捷高效的工作机制，最大限度地减少对涉案企业正常经营的干扰和妨碍。

8. 应如何定位涉案企业合规第三方监管人？

答：第三方监管人的角色和职能强调的是监督，而非服务。该定位明确了律师参与第三方监管人应当明确其职责与服务涉案企业的合规律师工作内容有着明显的区分和不同。

9. 律师担任涉案企业合规第三方监管人与企业合规顾问有什么不同？

答：合规监管人在为企业提供合规监管服务的同时，还要接受检察机关的监督，协助检察机关履行合规考察和合规监管的职能。在一定程度上，合规监管人承担着一种"准司法职能"，"要遵守法律法规，服从检察机关的合规考察指令，如实、全面披露与企业合规有关的信息，认真、有效执行检察机关批准的合规计划，定期如实报告企业合规建设的进展情况，及时披露和制止企业或内部员工可能存在的违法犯罪行为，督促企业按照检察机关的整改要求进行合规体系建设。对于怠于履行职责或者违反职业行为守则的合规监管人，检察机关有权进行更换"。

10. 第三方监管人是否应当向检察机关汇报工作？

答：第三方监管人应当定期与检察机关召开涉案企业合规监管工作会议，至少每月不低于一次向检察机关汇报阶段性工作进程。

11. 第三方监管人的监管费用如何支付、标准如何？

答：监管费用是影响第三方监管人客观性、公正性、积极性的重要因素。第三方监管人报酬支付途径有三种：（1）实践中，大多数地方规定由涉案企业单独承担。比如湖北省黄石市。但如何有效防止和避免合规监管人与被监管企业出现利益输送的可能，是否会出现"合规腐败"等问题，需要制定措施来防范。（2）有的采取财政预算模式。由地方财政年度经费预算承担合规监管费用。比如江苏省张家港市，合规监管的全部费用均由地方财政设立专项资金列入年度财政预算。这种方式可以避免涉案企业与合规监管人之间发生利益关联，确保合规监管的独立性、公正性，但也遭受质疑：部分民众和官员认为不能将涉案企业违法犯罪的代价转嫁至由全体纳税人员来承担。对此，有学者认为："第三方监管人的启用是执法机关出于对涉案企业的不信任而对企业进行持续监督的一种方式，也是检察机关执法的延续。在此意义上，监管费用应当是执法成本的一部分，由公共财政负担具有一定的合理性。"（3）"涉案企业承担+财政保障"模式，即合规监管费用原则上由涉案企业承担，若企业确因经营不善无力支付的由财政进行支付。比如浙江省温州市。对此模式，深圳宝安区的做法更为细致，将合规监管费用区分为第三方监督评估工作考察费用和合规整改咨询费用。第三方监督评估工作组的考察费用由区财政承担（官方性质）；涉案企业自己聘请的企业合规专业机构协助进行合规整改的合规整改咨询费用由涉案企业承担。

第三方监管人报酬支付标准：有些地方不分类型采取"一刀切"标准；如果涉案企业业务单一，监管难度小倒还可以；如果涉案企业规模大、治理结构复杂，"一刀切"的报酬标准可能无法起到足够的激励作用。有学者认为，应当提倡渐进式的监管费用承担模式，以企业涉案所适用程序为区分标准，对现阶段试点范围内因涉轻罪（自然人可能判处3年以下）监管的费用由公共财政承担；对因涉重罪（自然人可能被判处3年至10年）监管的费用由涉案企业自行承担。

12. 第三方监管人采用什么方式开展监管工作？

答：结合涉案企业涉嫌罪名以及企业的状况，采用如下方式对涉案企业进行监督、评估：

（1）对该企业业务发生频率高、重要性高、合规风险高的业务管理事项制度、审批文件进行抽样检查，如涉嫌串通招投标，则就招投标业务方面进行检查。

（2）对该企业相关业务的原始文件、业务处理踪迹、操作管理流程等文件，若涉案企业存在关联企业，尤其应当对涉案企业与集团总部、与母公司之间的关联关系进行穿透式检查。

（3）对该企业的相关业务系统中交易数据、业务凭证、工作记录以及权限、参数设置等情况,尤其是进入合规考察期后涉案企业涉嫌罪名的合规情况进行比对检查和抽查案例。

(4) 对企业的基本情况,包括名称、地址、法定代表人性质、股东、认缴资本金、经营范围、涉案单位组织代码、占地面积、土地及厂房性质、员工人数(签订劳动合同情况)、纳税数额、营业额等证明文件进行文本审阅、观察,结合合规计划书涉及的内容进行核实。

(5) 对企业的组织结构、章程修改、部门职责、部门负责人基本情况等进行文本审阅、观察、访谈,并查看之前设置部门和新增部门的运行与监督情况。

(6) 对企业的主要经营内容、方式、模式、利润点有关情况,通过查看风险防控及整改痕迹等进行文本审阅、观察、访谈。

(7) 对涉案单位合规文化建设情况,通过观察、访谈、查看公司宣传牌、网站以及审阅相关文件等方法,查看涉案企业如何强化企业管理层和员工的合规意识;合规文化氛围营造以及合规制度实施和落地情况。

13. 第三方监管人应当从什么角度审核合规整改计划?对涉案企业提交的合规整改计划有什么具体要求?

答:第三方监管人应当对涉案企业合规计划的可行性、有效性与全面性进行审查,提出修改完善的意见建议。

涉案企业提交的合规计划,应当以全面合规为目标、专项合规为重点,主要针对与企业涉嫌犯罪有密切联系的企业内部治理结构、规章制度、人员管理等方面存在的问题,制定可行的合规管理规范,构建有效的合规组织体系,完善相关业务管理流程,健全合规风险防范报告机制,弥补企业制度建设和监督管理漏洞,防止再次发生相同或者类似的违法犯罪。

14. 第三方监管人的职责是什么?

答:第三方监管人的职责主要是对涉案企业合规建设进行日常监督和全面考察。采取审查涉案企业书面报告、调研、评估、检查等形式,定期或不定期对涉案企业合规建设情况进行日常监督。在合规考察期限届满前十五日内,对涉案企业的合规计划完成情况进行全面检查、调查、评估和考核,并制作合规考察书面报告,报送第三方监管委员会和负责办理案件的人民检察院。

15. 第三方监管人的义务有哪些?

答:第三方监管人应当恪尽职守,履行诚实、信用、客观、公正的义务,遵守下列规定:

（1）遵守法律法规，党纪党规，服从第三方监管委员会的监督、管理；

（2）依法、独立、客观、公正地开展企业合规监管；

（3）定期向第三方监管委员会、检察机关反馈企业合规监管工作情况；

（4）发现犯罪嫌疑企业、犯罪嫌疑人曾隐匿的或者新出现的不合规行为，或者存在不适宜继续进行企业合规建设情形的，应及时通过第三方监管组织向第三方监管委员会或承办案件人民检察院报告；

（5）对履职过程中知悉的国家秘密、商业秘密、案件信息及个人隐私等信息严格予以保密。

企业第三方监管人在开展企业合规监管工作中，不得实施下列行为：

（1）妨碍案件公正处理；

（2）泄露案件涉及的国家秘密、商业秘密、个人隐私等信息；

（3）披露其他依照法律规定和有关纪律规定不应当公开的案件信息；

（4）以监督考察为名，随意干扰企业正常生产经营活动或者实施收受财物等可能影响公正履行职责的行为；

（5）损害涉案企业合法权益的其他行为。

第三方监管人不履行上述义务或者实施不当行为的，由监管委员会调查核实，视情节给予劝诫、免除第三方监管人资格，涉嫌违纪违法的，移送相关部门依法处理。

第三方监管人组成人员系律师、审计师、注册会计师、注册税务师等中介组织人员的，在第三方监管制度运行期间不得违反规定接受有利益冲突的业务或者案件。在第三方监管评估职责结束后两年以内，不得接受涉案企业、个人及其他有利益关系的单位、人员的业务或者案件。

16. 第三方监管人如何开展监管工作？

答：第三方监管人可分阶段分步骤进行监管工作，内容一般应当包括：

（1）检察机关、第三方机制委员会（监管委员会办公室）与第三方监管人签订"合规监管考察三方协议书"。

（2）向检察机关出具"涉案企业合规第三方监管人保证书"。

（3）了解涉案企业基本情况。

（4）了解涉案情况及涉案罪名相关联的刑事、行政、民事法律规范、司法解释、司法政策等。

（5）查找和学习典型案例；制订第三方监管人合规监管方案。

（6）制订第三方监管人监管工作计划日程表。

（7）完善第三方监管人工作流程。

（8）召开第三方监管人第一次工作会议。

（9）制定涉案企业准备的材料及第三方监管人监督、评估办法。

（10）审核涉案企业提交的合规计划书。

（11）建立第三方监管人与涉案企业微信工作联系群，对涉案原因进行分析、对涉案风险点关联因素进行分析。

（12）再次召开监管人工作会议，就合规计划书提出整改意见和建议。

（13）召开检察院与第三方监管人涉案企业合规监管工作会议。

（14）前往涉案企业进行现场考察；实地走访企业，抽查企业员工对于合规培训、合规测试、合规考核等环节的了解及参与情况，以及企业合规文化的建立和宣贯情况，据此得出合规计划是否落地执行的结论。

（15）第三方监管人对涉案企业相关负责人及相关人员访谈等。

总之，第三方监管人团队应当在涉案企业合规整改期间，根据需要组织开展多次监管人会议，在多次进行视频督导以及微信群监管指导之外，还应当及时到涉案企业进行现场核查监管。

重点检查涉案企业履行合规承诺、落实合规计划情况等，企业应当根据所识别出的相关法律风险及漏洞，制订详细可落地的整改计划，从而综合衡量企业合规计划的可行性、有效性、全面性。

17. 第三方监管人如何认定涉案企业是否及时停止违法行为并采取了相关补救措施？

答：针对涉案的具体罪名涉及的违法行为，公司高层是否召开各项会议，明确各部门及相关责任人员的主体责任并带头签署《合规承诺书》，是否积极举办并参加公司内部合规培训，是否依据相关人事管理制度对涉案的责任人员进行处理，及时停止违法行为并采取补救措施等。

18. 第三方监管人如何判定涉案企业在防止企业及员工再犯涉案之罪方面的工作？

答：涉案企业是否制定了专门针对涉嫌罪名的具体管理制度和实施细则，比如涉嫌串通投标罪，就要制定《反串通投标管理实施细则》，专门规范公司内部投标行为，再如对未严格依照规定执行的行为，设立举报机制等。从而有针对性地防止企业员工重蹈覆辙，对员工起到很好的震慑作用，有防止案件再犯的作用。也可以抽查进入监管期后，涉案企业再次开展涉案同类业务是否存在违规等。

19. 第三方监管人如何认定涉案企业是否认真剖析并完善其内部存在的法律风险漏洞？

答：涉案企业是否进一步修订了《合规计划书》《合规实施方案》《企业合规管理制度》《企业风险自查报告》等重要的合规管理文件，使涉案企业本次合规整改工作有了更加明确的指引，特别是深入分析企业内部各部门现存的法律风险漏洞，并提出了详细的改进措施。

20. 第三方监管人如何评估涉案企业合规整改的决心和态度？

答：是否将"合规经营"写入公司章程，是判断涉案企业合规整改的决心体现。公司章程是指公司依法制定的，规定公司名称、住所、经营范围、经营管理制度等重大事项的基本文件，也是公司必备的规定公司组织及活动基本规则的书面文件。公司章程是股东共同一致的意思表示，载明了公司组织和活动的基本准则，是公司的宪章。因此，通过合规整改，将"合规经营"等内容增加到公司章程之中，使合规工作有更充分的依据，也能够凸显公司本次实施合规整改工作的决心和态度。

21. 第三方监管人如何评估涉案企业的合规文化建设？

答：判断涉案企业是否进一步提升了内部合规文化的建设水平，可以考虑涉案企业是否将合规延伸至母公司和关联企业集团总部等，是否统筹规划、共同推进企业合规文化建设，是否在公司内部提升合规文化的宣传水平，将普通员工纳入合规文化建设主体的范畴之中，充分调动广大员工的积极性。

22. 第三方监管人如何认定涉案企业是否从专项合规扩展到全面合规？

答：可以从涉案企业是否梳理出企业内部各部门具体法律风险的自查清单，是否体系化地认知涉案行为发生的原因及公司各部门、各主要负责人自身存在的法律风险，是否完成了详细的风险梳理清单，并拟定了改进的具体措施，并将各自可能存在的风险预警提升到更高级别。

23. 第三方监管人如何评估涉案企业合规整改结果是否达标？

答：（1）结合涉案企业案情及合规计划，第三方监管人可以设计"分阶段分步骤"的《涉案企业合规第三方组织考察量化评分表》，主要从各阶段、各个方面、各个观测点设计考察量化评分表，对涉案企业合规整改的各个方面进行量化评分；（2）第三方监管人根据涉案企业合规整改工作是否与合规整改计划相符，对合规结果定性分析。在量化的基础上，定性分析得出评估结论。

24. 第三方监管人在对涉案企业整改结果的定性分析上，主要审查哪些内容？

答：根据《指导意见实施细则》的规定，第三方组织应当对涉案企业合规计划的可行性、有效性与全面性进行审查，审查内容主要包括：涉案企业完成合规计划的可能性以及合规计划本身的可操作性；合规计划对涉案企业预防治理涉嫌的犯罪行为或者类似违法犯罪行为的实效性；合规计划是否覆盖涉案企业在合规领域的薄弱环节和明显漏洞；以及其他根据涉案企业实际情况需要重点审查的内容。

25. 在评估结果的定性上，如何认定企业是否已基本建立一套权威、独立和高效的合规组织体系？

答：企业合规组织是企业实施合规管理以及建设企业合规管理体系的组织载体。建立独立、高效、协调合作的企业合规组织，是企业合规管理体系的重要组成部分，是企业有效进行合规管理、依法治企的组织保障。

如果涉案企业在原有基础上已全面优化组织结构，修改公司章程，设立企业合规委员会、设立刑事合规领导小组，并任命企业法定代表人担任合规委员会主任，或者企业高层任命刑事合规领导小组组长（中小微企业设立合规专员），将合规工作作为企业重中之重，那么就可以认为组织架构体系已建立。同时参考以下几个方面进行考核：

其一，涉案企业合规部门的成员是否均为企业的高层，如果都在企业中具有较高的级别，这就使合规部门在企业的管理体系中具有较高的行政权威，保证了合规部门的权威性；其二，合规管理部门要属于独立的设置，不与生产经营、财务管理等部门发生管理职能上的交叉或混淆，保证合规部门的独立性；其三，合规部各部门成员为企业其他重要职能部门的负责人，有利于将合规管理嵌入企业经营管理的所有环节，能够确保合规管理成为企业所有管理事务的前置性程序，保证合规部门的高效性。

26. 如何认定涉案企业是否已完成合规制度的建立及完善？

答：企业合规管理制度是企业与员工在经营活动中需要共同遵守的行为指引、规范和规定，是企业合规管理的核心内容。

涉案企业是否对现有管理制度进行了全面整理及完善，从而确保企业员工经营活动中的管理制度做到全方位的规范。同时，涉案企业要制定《合规管理制度》、涉嫌罪名方面的专项《管理实施细则》、《反商业贿赂反腐败实施条例》、《供应商管理制度》（如存在关联企业）、《财务制度》、《员工借款及报销制度》、《印章管理制度》等对合规管理机构、各部门工作职责、合规一般准则等进行全方位的明确，提出具体且具有可操作性的规定，进一步在企业进行"内部立法"。

27. 如何认定涉案企业是否积极营造合规管理文化？

答：合规文化是企业在合规管理中形成的合规理念、合规目的、合规方针、合规价值观、合规管理体系、合规管理运行等的总和。如果对组织的文化缺乏敏感性，那么在有效性方面无论如何都达不到标准。

涉案企业在合规经营文化理念方面，首先要确定合规从高层做起、全面合规、全员合规、合规创造价值的合规文化理念。通过合规管理体系的建设，使合规管理适应公司发展战略需求，并持续有效符合外部监管要求；形成公司内部约束长效机制，在全公司范围内牢固树立"信守合规文化坚持诚信经营"的经营理念；建立"人人合规""事事合规""时时合规"的合规文化。

企业的高层管理要以身作则，确保公司经营的合规性，并对企业合规的有效性承担最终的责任，积极向公司各部门及全体员工传递合规的理念，并且将合规体现在多个方面，贯穿于公司的决策、员工的执行、监督与反馈等各个环节，并能够确定企业合规经营理念，进而创造更好的业务机会，吸引更多的客户，从而不断提升公司的品牌价值，为公司带来良好的声誉。

28. 如何认定涉案企业是否定期开展各项合规培训活动？

答：合规培训是有效刑事专项合规的基本要素，更是企业全面合规的根本。合规培训的目的是使公司全员树立合规意识、掌握合规知识、降低企业经营管理风险。

涉案企业合规负责人应当确保所有员工都了解公司合规政策的存在以及获取的渠道，要在公司网站、微信公众号上公布并更新公司合规政策的电子版本。公司及其分公司的所有管理人员、董事会和监事会所有成员以及财务部和市场部的所有员工必须接受由合规负责人每年度安排的培训，该培训旨在让上述人员了解公司合规政策。

合规负责人应当对其认为的在高风险职位的员工进行额外的特别培训。所有新入职的员工都应自入职之日起6个月内接受合规负责人安排的培训。其他员工都应熟悉公司合规政策的内容，并接受合规负责人认为需要的培训。

第三方监管人应当对涉案企业明确要求合规培训需遵循持续性原则、适当性原则、有效性原则、可追溯性原则和重要性原则，涉案企业要积极建立合规的学习宣传教育活动制度，编制合规学习宣传教育活动计划，用影像资料记录计划的落实情况，形成常态化学习培训机制。

29. 如何认定涉案企业是否已具有合规风险识别、合规风险评估、合规风险处置能力？

答：合规风险识别是发现、收集、确认、描述、分类、整理合规风险，对其产生原因、影响范围、潜在后果等进行分析归纳，最终生成企业合规风险清单，为下一步合规风险的分析和评价明确对象和范围的活动；合规风险评估是指企业在有效识别合规风险的基础上，运用一定的评估方法对合规风险可能产生的危害、损失及造成的影响程度等进行测算，并基于此采取相应的控制措施；合规风险处置是指在完成风险评估之后，选择并执行一种或多种改变风险的措施，包括改变风险事件发生的可能性或后果，以及针对合规风险采取相应措施，消除合规风险或者将合规风险控制在企业可承受的范围内。

涉案企业尤其应当对企业的财务部、研发部、销售与运营部、人事部、总裁办、行政部及采购部等进行风险点排查，识别出合规风险进一步明确风险特性，制定相应的风险防控措施。

建议涉案企业合规负责人每六个月审查一次公司各部门合规政策的执行情况，并且每年对经授权的分公司（或子公司）合规负责人所作出的决定和批准进行监督审查。合规委员会定期（至少应当每年一次）对公司的合规风险进行评估，对公司的每个部门和分公司（或子公司）进行"高""中""低"三类风险级别分类。在评估合规风险时考虑总公司或分公司（或子公司）、每个部门的规模、业务领域、经营地点及其他特殊因素以及对公司合规政策的执行情况。

建议涉案企业的审计部门可以每年联合合规负责人对重点岗位和风险高发部门的合规政策遵守情况进行审计：（1）对于被确定为高风险的部门或分公司，必须至少每六个月进行一次合规审计；（2）对于被查实有违反合规政策情况的部门或分公司，在此后的一年内必须每三个月对该部门或分公司进行审计；（3）基于合规负责人或合规委员会的建议，对于建议的对象进行审计。

完成以上指标，方可以判断涉案企业已基本具有合规风险识别、合规风险评估、合规风险处置能力。

30. 如何认定涉案企业是否具备长期合规调查的基本条件？

答：内部调查是有效合规计划的重要组成部分，一次彻底、有效和可信的内部调查对于企业是很重要的，不仅能够使企业充分了解自己所面对的责任和错误，而且能够让公司了解到存在的潜在问题和风险。

在监管中我们发现，只要涉案企业有长期外聘的独立法律顾问，外聘律师在企业日常经营管理过程中，能够对企业内部潜在的法律风险进行调查、管控，起到一定的风险预防、风险控制、风险应对的作用，能够使企业了解到自己所面临的法律风险与责任。同时，企业法律顾问亦隶属企业合规部门，具有明确的岗位职责，能够为企业在法律风险及有效合规方面起到积极长效的作用。

31. 如何认定涉案企业是否制定合规举报制度并确保举报机制的实施？

答：合规举报是指企业员工以匿名的方式，对企业经营活动中存在的合规风险隐患或已发生的违规问题，根据一定的途径和步骤向合规部门报告的活动。合规举报机制的执行并不是为员工施加进行举报的义务，而是赋予全体员工对所有不合规行为进行举报的权利，员工享有举报的权利这一点本身就可以对全体员工产生震慑效应，进而形成对全体员工行为的无形约束。

（1）设立报告和举报热线；

（2）举报处理；

（3）对举报人的保护。

32. 如何认定涉案企业是否具备完整的问责和惩戒制度？

答：有责必究是组织内部建立和保持道德文化的关键要素。合规的问责与惩戒是指企业对于违反企业合规计划的行为人进行的纪律处分。例如，教育、训诫、警告、罚款、降级、解雇、向执法部门报告违法情况、对违规者提起民事诉讼等。

33. 涉案企业及人员在第三方监管人监管期间有何权利和义务？

答：涉案企业及其人员在第三方监管制度运行期间，如果认为第三方监管人或其组成人员存在行为不当或者涉嫌违法犯罪的，有权向负责选任第三方监管人的第三方监管委员会反映或提出异议，或者向负责办理案件的人民检察院提出申诉、控告。

涉案企业及企业人员应当按照时限要求认真履行合规计划，不得实施拒不履行或者变相不履行合规计划、拒不配合第三方监管人合规考察或者其他严重违反合规计划的行为。

34. 第三方监管人对涉案企业合规建设是否有建议权？可对涉案企业合规建设给予什么样的建议？

答：根据《九部委指导意见》和《指导意见实施细则》的规定，第三方组织应当对涉案企业合规计划的可行性、有效性与全面性进行审查，提出修改完善的意见建议。涉案企业提交的合规计划，应当以全面合规为目标、专项合规为重点，主要针对与企业涉嫌犯罪有密切联系的企业内部治理结构、规章制度、人员管理等方面存在的问题，制定可行的合规管理规范，构建有效的合规组织体系，完善相关业务管理流程，健全合规风险防范报告机制，弥补企业制度建设和监督管理漏洞，防止再次发生相同或者类似的违法犯罪。

在第三方监管人对涉案企业合规工作组织考察量化结果的基础上，结合第三方监管人对涉案企业合规结果的定性分析,为推进涉案企业合规建设形成长效机制,第三方监管人建议把合规工作作为企业发展的主线之一:

(1) 完善组织架构,确保合规建设顺利开展。涉案企业应重新梳理组织架构,建立合规小组长效机制,将合规办公室长效运营,不断发现、解决企业在运营工作中暴露出的问题,同时通过合规举报邮箱、电话等方式,持续整改不合规的事件。同时优化内控流程,全面提高公司合规经营管理水平,完善风险管控机制,保障公司持续健康发展。

(2) 规章制度先行,为经营管理保驾护航。根据合规建设的需求,不断优化公司现有的管理制度,并切实根据经营管理需要修订、新增规章制度,建立适合公司实际的合规管理制度体系,并将其应用于公司的日常管理中。

(3) 加强人员管理,深植依法合规理念。定期开展合规学习宣传培训教育活动,提供专业化的法律培训,不断提高员工合规意识和底线思维。持续进行文化宣传活动,通过张贴海报、布置宣传标语等方式,坚持合规文化输出,增强公司人员对合规工作的守法意识;坚持以培训赋能,通过聘请内外部有丰富合规工作经验的人员,对企业员工进行合法合规培训,坚决杜绝违法违规的行为发生,提高人员的执业水平及职业素养。

(4) 工作机制完善,全面提升风控合规能力。建立有效的监督机制。在商机储备阶段,确保通过初步评审后,将项目入库统一管理;如果是招投标项目,建议在投标前加入商务、技术、合规评审,全方位对项目进行分析,在保证项目合规性的前提下,再进行投标;在投标过程中全程监督,在投标结束后,建立反馈、总结机制,将问题入库,防止类似问题再次发生。

(5) 如存在关联企业,可将合规工作延伸到集团公司、母公司、分公司以及各关联企业合作伙伴等。

35. 第三方监管人如何对涉案企业合规工作进行评估并给出结论?

答:根据《九部委指导意见》的规定,第三方监管人遵循独立原则、合法原则、诚实信用原则、勤勉履职原则以及保密原则,在完成上述监管工作任务后,应当对涉案企业的合规工作进行最终的定性和定量的考评,并最终做出对涉案企业合规工作评估结论,评估结论可采取优秀、合格、不合格的分类;也可以采取前述量化的指标进行打分,一般以百分制为准。80 分以上视为企业的合规计划已全部履行完毕,合规整改切实有效。

36. 涉案企业合规第三方监管人对延长合规考察期限是否具有建议权?

答:根据《九部委指导意见》的规定,第三方组织根据案件具体情况和涉案企业承诺履行的期限，并向负责办理案件的人民检察院征求意见后，合理确定合规考察期限。可见，对于考察期限到底多长合理？并无明确规定。有些地方规定，考察期限一般不超过六个月；情况复杂难以在规定期限内完成的，经上级检察院批准，最长可延长六个月。还有些地方规定得更加细致，明确考察期限一般为两个月以上一年以下，自检察机关做出适用合规第三方监管制度决定之日起计算。合规考察期满，第三方监管人经考察，或者合规考察验收小组经检查，发现涉案企业合规计划执行不到位的，经与办理案件的人民检察院协商后，可以延长考察期限。合规监管考察期限最多可以延长一次，最长不超过一年。

我们认为，合理的监管考察期限才可以促使涉案企业真正整改落实到位，过短的考察期限根本没有来得及做到实质性的整改，很多都停留在制度层面，没有真整改、真合规。两个月太短，一年太长；建议以六个月期限更为合理。

37. 涉案企业合规监管考察报告应当在什么时间提交？

答：根据《九部委指导意见》和《指导意见实施细则》的规定，第三方组织在合规考察期届满后，应当对涉案企业的合规计划完成情况进行全面了解、监督、评估和考核，并制作合规考察书面报告。

一般来讲，第三方监管人应当在考察期限届满前十五日内，对涉案企业的合规计划完成情况进行全面检查、调查、评估和考核，并书面制作合规监管考察报告，报送办理案件的检察机关。

38. 第三方监管人合规监管考察报告应当包含哪些内容？

答：根据《九部委指导意见》和《指导意见实施细则》的规定，合规考察书面报告一般应当包括以下内容：涉案企业履行合规承诺、落实合规计划情况；第三方组织开展了解、监督、评估和考核情况；第三方组织监督评估的程序、方法和依据；监督评估结论及意见建议；其他需要说明的问题。

有的地方的规定非常详细，合规考察报告应包括以下几个方面：

（1）涉案单位的基本情况；
（2）涉案情况简介；
（3）涉案关联法律及政策渊源、典型案例；
（4）企业合规的方案；
（5）企业合规的过程；
（6）企业合规的结果；
（7）办理案件的检察机关特别要求的其他内容。

合规考察报告的主要内容，应覆盖以下几个方面：

（1）涉案单位的基本情况，包括名称、地址、法定代表人性质、股东、认缴资本金、经营范围、涉案单位组织代码、占地面积、土地及厂房性质、员工人数、纳税数额、营业额等；

（2）涉案单位的组织结构、部门职责、部门负责人基本情况；

（3）涉案单位的主要经营内容、方式、模式、利润点；

（4）涉案主要内容、情节、后果及前科；

（5）涉案罪名相关联的刑事、行政、民事法律规范、司法解释、司法政策及典型案例；

（6）涉案原因分析、涉案风险点关联因素分析；

（7）涉案风险点企业合规整改方案；

（8）涉案风险点企业合规阶段性成果；

（9）涉案风险点关联因素企业合规结果；

（10）合规考察/合规建设长效机制；

（11）涉案单位是否有效合规整改的确定性专业意见；

（12）第三方监管人也可以根据检察机关的需要，在考察报告中一并出具类案社会治理模式分析内容。

39. 合规监管考察报告在检察机关对涉案企业作出最终处理决定中的作用如何？

答：根据九部委《涉案企业合规建设、评估和审查办法（试行）》的规定，涉案企业合规第三方监管人的职责就是对涉案企业合规进行专业性的评估。具体来讲，就是对涉案企业及工作人员涉嫌刑事犯罪，在其认罪认罚并承诺进行合规整改拿出整改计划后，对其整改方案和相关合规管理体系的有效性进行了解、评价、监督和考察的活动。监管期结束后，根据合规整改的情况出具合规监管报告，并将报告作为涉案企业刑事合规整改结果依据递交办案检察机关，作为检察机关依法处理案件的重要参考。

40. 如何切实促进第三方监督评估的实质化、专业化？

答：通过改革试点工作督促涉案企业"真整改""真合规"，重要前提是第三方组织、人员要做到"真监管""真评估"，谨防企业合规整改成为走过场的"纸面合规"、可改可不改的"软约束"，决不能让合规改革成为涉案企业无条件"免罚金牌"。实践中，第三方组织针对涉案企业申请合规监管动机不纯、认罪不实、整改不主动不到位等情况，可以综合给出合规考察结果为"不合格"，检察机关此依法提起公诉，坚决防止整改效果不好的企业通过合规逃避刑事制裁。实践中参加第三方监督评估的每一名专业人员，都应当根据《九部委指导意见》及其配套文件的规定，一要全面履职，认真审查合规计划，对合规计划执行及完成情况扎实检查、评估和考核。二要实质履职，第三方组织没有采取简单的"少数服从多数"议事规则，就是要求每一名专业人员都必须实质性参与监督评估工作，坚决防止"挂名""跟团"监督评估。第三方组织人员对合规考察书面报告有不同意见的，应当在报告中说明不同意见及理由。三要专业履职，每一名专业人员都要充分发挥自身专业优势，从不同角度参与监督评估工作，推动第三方组织分工不分家，真正形成合力。

第六编　企业合规典型案例与法规

　　积极稳妥探索可能判处较重刑罚案件适用合规改革的全流程办案机制，充分发挥检察职能优势，探索检察机关全流程主导的合规路径；因案施治，依托专项合规推动民营企业完善法人治理结构；依托涉案企业合规改革试点，强化资本市场非上市公司内幕信息保密合规管理，涵养资本市场法治生态。

第一部分　最高人民检察院涉案企业合规典型案例

第一批（2021年6月3日发布）
案例一：张家港市L公司、张某甲等人污染环境案
案例二：上海市A公司、B公司、关某某虚开增值税专用发票案
案例三：王某某、林某某、刘某乙对非国家工作人员行贿案
案例四：新泰市J公司等建筑企业串通投标系列案

第二批（2021年12月15日发布）
案例五：上海市J公司、朱某某假冒注册商标案
案例六：张家港市S公司、眭某某销售假冒注册商标的商品案
案例七：山东省沂南县Y公司、姚某明等人串通投标案
案例八：随州市Z公司康某某等人重大责任事故案
案例九：深圳市X公司、张某某等人走私普通货物案
案例十：海南省文昌市S公司、翁某某掩饰、隐瞒犯罪所得案

第三批（2022年8月10日发布）
案例十一：上海市Z公司、陈某某等人非法获取计算机信息系统数据案
案例十二：王某某泄露内幕信息、金某某内幕交易案
案例十三：江苏省F公司、严某某、王某某提供虚假证明文件案
案例十四：广西壮族自治区陆川县23家矿山企业非法采矿案
案例十五：福建省三明市x公司、杨某某、王某某串通投标案

第四批（2023年1月16日发布）
案例十六：北京市李某某等9人保险诈骗案
案例十七：山东潍坊X公司、张某某污染环境案
案例十八：山西新绛南某某等人诈骗案
案例十九：安徽省C公司、蔡某某等人滥伐林木、非法占用农用地案
案例二十：浙江杭州T公司、陈某某等人帮助信息网络犯罪活动案

案例一：张家港市 L 公司、张某甲等人污染环境案

（一）基本案情

江苏省张家港市 L 化机有限公司（以下简称 L 公司）系从事不锈钢产品研发和生产的省级高科技民营企业，张某甲、张某乙、陆某某分别系该公司的总经理、副总经理、行政主管。

2018 年下半年，L 公司在未取得生态环境部门环境影响评价文件的情况下建设酸洗池，并于 2019 年 2 月私设暗管，将含有镍、铬等重金属的酸洗废水排放至生活污水管，造成严重环境污染。苏州市张家港生态环境局现场检测，L 公司排放井内积存水样中总镍浓度为 29.4mg/l、总铬浓度为 29.2mg/l，分别超过《污水综合排放标准》29.4 倍和 19.5 倍。2020 年 6 月，张某甲、张某乙、陆某某主动向张家港市公安局投案，如实供述犯罪事实，自愿认罪认罚。

2020 年 8 月，张家港市公安局以 L 公司及张某甲等人涉嫌污染环境罪向张家港市检察院移送审查起诉。张家港市检察院进行办案影响评估并听取 L 公司合规意愿后，指导该公司开展合规建设。

（二）企业合规整改情况及处理结果

检察机关经审查认为，L 公司及张某甲等人虽涉嫌污染环境罪，但排放污水量较小，尚未造成实质性危害后果，可以进行合规考察监督并参考考察情况依法决定是否适用不起诉。同时经调查，L 公司系省级高科技民营企业，年均纳税 400 余万元、企业员工 90 余名、拥有专利 20 余件，部分产品突破国外垄断。如果公司及其主要经营管理人员被判刑，对国内相关技术领域将造成较大影响。有鉴于此，2020 年 10 月，检察机关向 L 公司送达《企业刑事合规告知书》，该公司在第一时间提交了书面合规承诺以及行业地位、科研力量、纳税贡献、承担社会责任等证明材料。

检察机关在认真审查调查报告、听取行政机关意见以及综合审查企业书面承诺的基础上，对 L 公司作出合规考察决定。随后，L 公司聘请律师对合规建设进行初评，全面排查企业合规风险，制订详细合规计划，检察机关委托税务、生态环境、应急管理等部门对合规计划进行专业评估。L 公司每月向检察机关书面汇报合规计划实施情况。2020 年 12 月，组建以生态环境部门专业人员为组长的评估小组，对 L 公司整改情况及合规建设情况进行评估，经评估合格，通过合规考察。同月，检察机关邀请人民监督员、相关行政主管部门、工商联等各界代表，召开公开听证会，参会人员一致建议对 L 公司作不起诉处理。检察机关经审查认为，符合刑事诉讼法相关规定，当场公开宣告不起诉决定，并依法向生态环境部门提出对该公司给予行政处罚的检察意见。2021 年 3 月，苏州市生态环境局根据《水污染防治法》有关规定，对 L 公司作出行政处罚决定。

通过开展合规建设，L公司实现了快速转型发展，逐步建立起完备的生产经营、财务管理、合规内控的管理体系，改变了粗放的发展运营模式，企业家和员工的责任感明显提高，企业抵御和防控经济风险的能力得到进一步增强。2021年L公司一季度销售收入同比增长275%，缴纳税收同比增长333%，成为所在地区增幅最大的企业。

（三）典型意义

一是检察机关积极主动发挥合规主导责任。本案中，检察机关在办理涉企犯罪案件时，主动审查是否符合企业合规试点适用条件，并及时征询涉案企业、个人的意见，做好合规前期准备。在企业合规建设过程中，检察机关会同有关部门，对涉案企业合规计划及实施情况进行检查、评估、考察，引导涉案企业实质化合规整改，取得明显成效。

二是检察机关推动企业合规与检察听证、行刑衔接相结合。本案中，检察机关召开公开听证会，听取各方面意见后对涉案企业依法作出不起诉决定，以公开促公正，提升司法公信力。同时，检察机关结合企业合规情况，主动做好行刑衔接工作，提出检察意见移送有关主管机关处理，防止不起诉后一放了之。

案例二：上海市A公司、B公司、关某某虚开增值税专用发票案

（一）基本案情

被告单位上海A医疗科技股份有限公司（以下简称A公司）、上海B科技有限公司（以下简称B公司），被告人关某某系A、B两家公司实际控制人。

2016年至2018年，关某某在经营A公司、B公司业务期间，在无真实货物交易的情况下，通过他人介绍，采用支付开票费的方式，让他人为两家公司虚开增值税专用发票共219份，价税合计2887余万元，其中税款419余万元已申报抵扣。2019年10月，关某某到案后如实供述上述犯罪事实并补缴涉案税款。

2020年6月，公安机关以A公司、B公司、关某某涉嫌虚开增值税专用发票罪移送检察机关审查起诉。上海市宝山区检察院受理案件后，走访涉案企业及有关方面了解情况，督促企业作出合规承诺并开展合规建设。

（二）企业合规整改情况及处理结果

检察机关走访涉案企业了解经营情况，并向当地政府了解其纳税及容纳就业情况。经调查，涉案企业系我国某技术领域的领军企业、上海市高新技术企业，科技实力雄厚，对地方经济发展和增进就业有很大贡献。公司管理人员及员工学历普遍较高，对合规管理的接受度高、执行力强，企业合规具有可行性，检察机关遂督促企业作出合规承诺并开展合规建设。同时，检察机关先后赴多地税务机关对企业提供的纳税材料及涉案税额补缴情况进行核实，并针对关某某在审查起诉阶段提出的立功线索自行补充侦查，认为其具有立功情节。

2020年11月，检察机关以A公司、B公司、关某某涉嫌虚开增值税专用发票罪对其提起公诉并适用认罪认罚从宽制度。同年12月，上海市宝山区人民法院采纳检察机关全部量刑建议，以虚开增值税专用发票罪分别判处被告单位A公司罚金15万元，B公司罚金6万元，被告人关某某有期徒刑三年，缓刑五年。

法院判决后，检察机关联合税务机关上门回访，发现涉案企业的合规建设仍需进一步完善，遂向其制发检察建议并公开宣告，建议进一步强化合法合规经营意识，严格把关业务监督流程，提升税收筹划和控制成本能力。检察机关在收到涉案企业对检察建议的回复后，又及时组织合规建设回头看。经了解，涉案企业已经逐步建立合规审计、内部调查、合规举报等有效合规制度，聘请专业人士进行税收筹划，大幅节约了生产经营成本，提高了市场占有份额。

（三）典型意义

一是检察机关推动企业合规与适用认罪认罚从宽制度相结合。本案中，检察机关在督促企业作出合规承诺并开展合规建设的同时，通过适用认罪认罚从宽制度，坚持和落实能不判实刑的提出适用判缓刑的量刑建议等司法政策，努力让企业"活下来""留得住""经营得好"，取得更好的司法办案效果。

二是检察机关推动企业合规与检察建议相结合。本案中，检察机关会同税务机关在回访过程中，发现涉案企业在预防违法犯罪方面制度不健全、不落实，管理不完善，存在违法犯罪隐患，需要及时消除的，结合合规整改情况，向涉案企业制发检察建议，推动其深化实化合规建设，避免合规整改走过场、流于形式。

案例三：王某某、林某某、刘某乙对非国家工作人员行贿案

（一）基本案情

深圳Y科技股份有限公司（以下简称Y公司）系深圳H智能技术有限公司（以下简称H公司）的音响设备供货商。Y公司业务员王某某，为了在H公司音响设备选型中获得照顾，向H公司采购员刘某甲陆续支付"好处费"25万元，并在刘某甲的暗示下向H公司技术总监陈某行贿24万余元。由王某某通过公司采购流程与深圳市A数码科技有限公司（以下简称A公司）签订采购合同，将资金转入A公司账户，A公司将相关费用扣除后，将剩余的资金转入陈某指定的账户中。Y公司副总裁刘某乙、财务总监林某某，对相关款项进行审核后，王某某从公司领取行贿款项实施行贿。

2019年10月，H公司向深圳市公安局南山分局报案，王某某、林某某、刘某乙及刘某甲、陈某相继到案。2020年3月，深圳市公安局南山分局以王某某、林某某、刘某乙涉嫌对非国家工作人员行贿罪，刘某甲、陈某涉嫌非国家工作人员受贿罪向深圳市南山区检察院移送审查起诉。

2020年4月，检察机关对王某某依据刑事诉讼法第一百七十七条第二款作出不起

诉决定，对林某某、刘某乙依据刑事诉讼法第一百七十七条第一款作出不起诉决定，以陈某、刘某甲涉嫌非国家工作人员受贿罪向深圳市南山区法院提起公诉。同月，深圳市南山区法院以非国家工作人员受贿罪判处被告人刘某甲有期徒刑6个月，判处被告人陈某拘役5个月。法院判决后，检察机关于2020年7月与Y公司签署合规监管协议，协助企业开展合规建设。

（二）企业合规整改情况及处理结果

检察机关在司法办案过程中了解到，Y公司属于深圳市南山区拟上市的重点企业，该公司在专业音响领域处于国内领先地位，已经在开展上市前辅导，但本案暴露出Y公司在制度建设和日常管理中存在较大漏洞。检察机关与Y公司签署合规监管协议后，围绕与商业贿赂犯罪有密切联系的企业内部治理结构、规章制度、人员管理等方面存在的问题，制定可行的合规管理规范，构建有效的合规组织体系，健全合规风险防范报告机制，弥补企业制度建设和监督管理漏洞，防止再次发生相同或者类似的违法犯罪。Y公司对内部架构和人员进行了重整，着手制定企业内部反舞弊和防止商业贿赂指引等一系列规章制度，增加企业合规的专门人员。检察机关通过回访Y公司合规建设情况，针对企业可能涉及的知识产权等合规问题进一步提出指导意见，推动企业查漏补缺并重启了上市申报程序。

（三）典型意义

本案中，检察机关积极推动企业合规与依法适用不起诉相结合。依法对涉案企业负责人作出不起诉决定，不是简单一放了之，而是通过对企业提出整改意见，推动企业合规建设，进行合规考察等后续工作，让涉案企业既为违法犯罪付出代价，又吸取教训建立健全防范再犯的合规制度，维护正常经济秩序。

案例四：新泰市J公司等建筑企业串通投标系列案

（一）基本案情

2013年以来，山东省新泰市J工程有限公司（以下简称J公司）等6家建筑企业，迫于张某涉黑组织的影响力，被要挟参与该涉黑组织骨干成员李某某（新城建筑工程公司经理，犯串通投标罪被判处有期徒刑一年零六个月）组织的串通投标。李某某暗箱操作统一制作标书、统一控制报价，导致新泰市涉及管道节能改造、道路维修、楼房建设等全市13个建设工程项目被新城建筑工程公司中标。由张某涉黑组织案带出的5起串通投标案件，涉及该市1家民营企业、2家国有企业、3家集体企业，均为当地建筑业龙头企业，牵扯面大，社会关注度高。

2020年3月、4月，公安机关将上述5起串通投标案件移送新泰市检察院审查起诉。检察机关受理案件后，通过自行补充侦查进一步查清案件事实，同时深入企业开展调查，于2020年5月召开公开听证会，对J公司等6家企业作出不起诉决定。

（二）企业合规整改情况及处理结果

检察机关通过自行补充侦查，查清J公司等6家企业被胁迫陪标的案件事实。6家企业案发时均受到涉黑组织骨干成员李某某的要挟，处于张某黑社会性质组织控制范围内，被迫出借建筑资质参与陪标，且没有获得任何非法利益。同时，检察机关实地到6家企业走访调查，掌握企业防控常态化下复工复产情况及存在的困难问题；多次到住建部门座谈，了解到6家企业常年承接全市重点工程项目，年创税均达1000万元以上，其中1家企业年创税1亿余元，在繁荣地方经济、城乡建设、劳动力就业等方面作出了突出贡献。如作出起诉决定，6家企业三年内将无法参加任何招投标工程，并被列入银行贷款黑名单，将对企业发展、劳动力就业和全市经济社会稳定造成一定的影响。

2020年5月，泰安市两级检察机关邀请人民监督员等各界代表召开公开听证会，参会人员一致同意对J公司等6家企业及其负责人作不起诉处理。检察机关当场公开宣告不起诉决定，并依法向住建部门提出对6家企业给予行政处罚的检察意见，同时建议对近年来建筑行业的招投标情况进行全面细致摸排自查，净化建筑业招投标环境。听证会结束后，检察机关组织当地10家建筑企业、连同6家涉案企业负责人召开专题座谈会，宣讲企业合规知识，用身边案例警醒企业依法规范经营，从而实现了"办理一案、教育一片、治理社会面"的目的。

检察机关还向6家涉案企业发出检察建议，要求企业围绕所涉罪名及相关领域开展合规建设，并对合规建设情况进行跟踪监督，最后举办检察建议落实情况公开回复会，对合规建设情况进行验收，从源头上避免再发生类似违法犯罪问题。在合规建设过程中，6家涉案企业缴纳171万余元行政罚款，并对公司监事会作出人事调整，完善公司重大法务风险防控机制。此后6家被不起诉企业积极扩大就业规模，安置就业人数2000余人，先后中标20余项重大民生工程，中标工程总造价20亿余元。

（三）典型意义

本案中，检察机关充分履行自行补充侦查职权，全面查清案件事实，开展社会调查，为适用企业合规提供充分依据。同时，检察机关推动企业合规与不起诉决定、检察听证、检察意见、检察建议等相关工作紧密结合，既推动对企业违法犯罪行为依法处罚、教育、矫治，使企业能够改过自新、合规守法经营，又能减少和预防企业再犯罪，使企业更主动地承担社会责任，同时推动当地建筑行业深层次问题的解决，为企业合规建设提供了生动的检察实践。

案例五：上海市 J 公司、朱某某假冒注册商标案

依托长三角一体化协作平台对涉案企业异地适用第三方监督评估机制

【关键词】企业合规　异地监督考察　长三角协作　检察一体化

【要旨】针对涉案企业注册地、生产经营地和犯罪地分离的情况，依托长三角区域检察协作平台，联合探索建立涉案企业合规异地协作工作机制，合力破解异地社会调查、监督考察、行刑衔接等难题，以检察机关企业合规工作协同化推动长三角营商环境一体化建设，为企业合规异地检察协作提供参考和借鉴。

（一）基本案情

上海市 J 智能电器有限公司（以下简称 J 公司）注册成立于 2016 年 1 月，住所地位于浙江省嘉兴市秀洲区，公司以生产智能家居电器为主，拥有专利数百件，有效注册商标 3 件，近年来先后被评定为浙江省科技型中小企业、国家高新技术企业。公司有员工 2000 余人，年纳税总额 1 亿余元，被不起诉人朱某某系该公司股东及实际控制人。

2018 年 8 月，上海 T 智能科技有限公司（以下简称 T 公司）与 J 公司洽谈委托代加工事宜，约定由 J 公司为 T 公司代为加工智能垃圾桶，后因试产样品未达质量标准，且无法按时交货等原因，双方于 2018 年 12 月终止合作。为了挽回前期投资损失，2018 年 12 月至 2019 年 11 月，朱某某在未获得商标权利人 T 公司许可的情况下，组织公司员工生产假冒 T 公司注册商标的智能垃圾桶、垃圾盒，并对外销售获利，涉案金额达 560 万余元。2020 年 9 月 11 日，朱某某主动投案后被取保候审。案发后，J 公司认罪认罚，赔偿权利人 700 万元并取得谅解。2020 年 12 月 14 日，上海市公安局浦东分局以犯罪嫌疑单位 J 公司、犯罪嫌疑人朱某某涉嫌假冒注册商标罪移送浦东新区检察院审查起诉。

（二）企业合规整改情况及效果

一是认真审查，对符合适用条件的企业开展合规试点。浦东新区检察院经审查认为，J 公司是一家高新技术企业，但公司管理层及员工法律意识淡薄，尤其对涉及商业秘密、专利权、商标权等民事侵权及刑事犯罪认识淡薄，在合同审核、财务审批、采购销售等环节均存在管理不善问题。鉴于 J 公司具有良好发展前景，犯罪嫌疑人朱某某有自首情节，并认罪认罚赔偿了 T 公司的损失，且该公司有合规建设意愿，具备启动第三方机制的基本条件，考虑其注册地、生产经营地和犯罪地分离的情况，有必要启动跨区域合规考察。

二是三级联动，开启跨区域合规第三方机制"绿色通道"。2021 年 4 月，浦东新区检察院根据沪浙苏皖四地检察院联合制定的《长三角区域检察协作工作办法》，向上海市检察院申请启动长三角跨区域协作机制，委托企业所在地的浙江省嘉兴市检察

院、秀洲区检察院协助开展企业合规社会调查及第三方监督考察。两地检察机关签订《第三方监督评估委托函》，明确委托事项及各方职责，确立了"委托方发起""受托方协助""第三方执行"的合规考察异地协作模式，由秀洲区检察院根据最高人民检察院等九部门联合下发的《关于建立涉案企业合规第三方监督评估机制的指导意见（试行）》成立第三方监督评估组织。随后，秀洲区检察院成立了由律师、区市场监督管理局、区科技局熟悉知识产权工作的专业人员组成的第三方监督评估组织，并邀请人大代表、政协委员对涉案企业同步开展监督考察。

三是有的放矢，确保合规计划"治标更治本"。浦东新区检察院结合办案中发现的经营管理不善情况，向J公司制发《合规风险告知书》，从合规风险排查、合规制度建设、合规运行体系及合规文化养成等方面提出整改建议，引导J公司作出合规承诺。第三方组织结合风险告知内容指导企业制订合规计划，明确合规计划的政策性和程序性规定，从责任分配、培训方案到奖惩制度，确保合规计划的针对性和实效性。同时，督促企业对合规计划涉及的组织体系、政策体系、程序体系和风险防控体系等主题进行分解，保证计划的可行性和有效性。J公司制定了包括制定合规章程、健全基层党组织、建立合规组织体系、制定知识产权专项合规政策体系、打造合规程序体系、提升企业合规意识等方面的递进式合规计划，并严格按照时间表扎实推进。

四是找准定位，动态衔接实现异地监管"客观有效"。监督考察期间，第三方组织通过问询谈话、走访调查，深入了解案件背景，帮助企业梳理合规、风控方面的管理漏洞，督促制定专项整改措施。根据第三方组织建议，J公司成立合规工作领导小组，修改公司章程，强化管理职责，先后制定知识产权管理、合同审批、保密管理、员工培训、风险控制等多项合规专项制度，设立合规专岗，实行管理、销售分离，建立合规举报途径，连续开展刑事合规、民事合规及知识产权保护专项培训，外聘合规专业团队定期对企业进行法律风险全面体检，并且每半个月提交一次阶段性书面报告。第三方组织通过书面审查、实地走访、听取汇报等形式，对合规阶段性成效进行监督检查。同时，浦东新区检察院为确保异地合规监管的有效性，制作了《企业合规监督考察反馈意见表》，实时动态跟进监督评估进度，对第三方组织成员组成、合规计划执行、企业定期书面报告、申诉控告处理等提出意见建议。

五是充分评估，确保监督考察及处理结果"公平公正"。考察期限届满，第三方组织评估认为，经过合规管理，J公司提升合规意识，完善组织架构，设立合规专岗，开展专项检查，建立制度指引，强化流程管理，健全风控机制，加强学习培训，完成了从合规组织体系建立到合规政策制定，从合规程序完善到合规文化建设等一系列整改，评定J公司合规整改合格。浦东新区检察院联合嘉兴市检察院、秀洲区检察院通过听取汇报、现场验收、公开评议等方式对监督考察结果的客观性充分论证。2021年9月10日，浦东新区检察院邀请人民监督员、侦查机关、异地检察机关代表等进行公开听证。经评议，参与听证各方一致同意对涉案企业及个人作出不起诉决定。

（三）典型意义

1. 积极探索，为企业合规异地适用第三方机制开拓实践思路。针对涉案企业注册地、生产经营地和犯罪地分离的情况，上海、浙江检察机关依托长三角区域检察协作平台，通过个案办理探索建立企业合规异地协作工作机制，确立了"委托方发起""受托方协助""第三方执行"的合规考察异地协作模式，合力破解异地社会调查、监督考察、行刑衔接等难题，降低司法办案成本，提升办案质效，为推动区域行业现代化治理提供了实践样本。

2. 有序推进，切实防止社会调查"一托了之"。本案中，检察机关采取层层递进的工作方式，确保社会调查重点明确、调查结果全面客观。一是事前细化调查提纲。重点围绕涉案企业社会贡献度、企业发展前景、社会综合评价等开展协助调查，一并考察企业家的一贯表现，确保社会调查结果全面客观。二是事中加强沟通协调。浦东新区检察院多次赴浙江会商，就调查方式、调查内容及相关要求达成共识，形成办案合力。秀洲区检察院协调区市场监管、人社、税务、科技、工商联及行业协会，对涉案公司及个人开展全面调查。三是事后进行专项研讨。检察机关深入审查全部协查材料，研究认为涉案企业符合企业合规改革试点适用条件，并层报上级机关审核备案。

3. 完善机制，提升监督评估实际效果。本案中，秀洲区检察院联合当地13个部门出台规范性文件，探索构建企业合规"双组六机制"工作模式。"双组"，即检察机关牵头成立"合规监管考察组"和"合规指导组"两个工作组；"六机制"，即联席会议、合规培育、提前介入、会商通报、指导帮扶、审查监管六个协作机制。合规考察中，由合规监管考察组和合规指导组共同研究形成专业意见，并邀请人大代表、政协委员全程参与，提高监管考察的透明度和公信力。

4. 标本兼治，有效防治企业违法犯罪。从司法实践看，涉企经济犯罪成因复杂，许多涉及经济社会系统性、深层次矛盾问题，单靠刑事法律的"孤军作战"，难以取得良好的社会治理效果。本案中，检察机关开展企业合规改革以推动源头治理为着力点，针对办案发现的企业经营管理中的突出问题，通过第三方监督评估机制对涉案企业开展扎实有效的合规整改，促进企业依法合规经营发展，对于完善制度机制、形成治理合力具有积极意义。

案例六：张家港市S公司、睢某某销售假冒注册商标的商品案

介入侦查认定"挂案"性质积极引导涉案小微企业开展合规建设

【关键词】假冒注册商标 "挂案"清理 小微企业合规建设 第三方监督评估

【要旨】检察机关推进涉企"挂案"清理过程中，对尚未进入检察环节的案件，可采取介入侦查的形式开展个案会商，认定"挂案"性质，能动清理。对符合企业刑

事合规条件的案件，积极引导涉案企业开展合规建设，引入第三方组织进行监督评估，规范推进合规监督考察和"挂案"清理工作。检察机关与公安机关等有关部门积极配合，多措并举合力护航民营经济健康发展。

（一）基本案情

张家港市 S 五交化贸易有限公司（以下简称 S 公司）2015 年 6 月注册成立，注册资本 200 万元，在职员工 3 人，睢某某系该公司法定代表人、实际控制人。

2018 年 11 月 22 日，张家港市市场监督管理局在对 S 公司进行检查时，发现该公司疑似销售假冒"SKF"商标的轴承，并在其门店及仓库内查获标注"SKF"商标的各种型号轴承 27829 个，金额共计 68 万余元。2018 年 12 月 17 日，张家港市市场监督管理局将该案移送至张家港市公安局。2019 年 2 月 14 日，斯凯孚（中国）有限公司出具书面的鉴别报告，认为所查获的标有"SKF"商标的轴承产品均为侵犯该公司注册商标专用权的产品。2019 年 2 月 15 日，张家港市公安局对本案立案侦查。

（二）企业合规整改情况及效果

一是应公安机关邀请介入侦查。2021 年 5 月初，张家港市检察院应张家港市公安局邀请，派员介入听取案件情况。梳理在案证据，本案侦查工作的主要情况如下：第一，睢某某辩称涉案的轴承部分是从山东威海一旧货调剂市场打包购买，部分是从广州 H 公司、上海 J 公司购买，认为自己购进的都应该是正品。第二，公安机关经与广州 H 公司、上海 J 公司核实，上海 J 公司系授权的一级代理商，主要经营 SKF 等品牌轴承。广州 H 公司从上海 J 公司购进 SKF 轴承后进行销售，曾 3 次通过上海 J 公司直接发货给 S 公司，共计 54 万元。同时，公安机关对山东威海的旧货调剂市场进行了现场调查，发现该市场确实是二手交易市场，无法追溯货品源头。第三，斯凯孚（中国）有限公司出具书面鉴别报告时，未对查获的轴承及包装的真伪进行现场勘查，仅根据清点明细材料出具了鉴别说明和比对示例，且不愿再重新鉴定。此外，该案立案距今超过两年，已属"挂案"状态。

二是及时启动社会调查。检察机关向 S 公司、睢某某告知企业合规相关政策后，该公司分别向检察机关、公安机关递交了《提请开展刑事合规监督考察的申请书》。随后承办检察官走访企业和市场监督管理局、税务局等行政部门，实地查看公司经营现状、指导填写合规承诺、撰写调查报告。走访调查了解到，该公司系已实际经营六年的小微民营企业，因涉嫌犯罪被立案，在一定程度上影响经营，资金周转困难，公司面临危机。该公司规章制度不健全，内部管理不完善，尤其是企业采购程序不规范，对供货商资质和货品来源审查不严，单据留存不全，还曾因接受虚开的增值税发票被税务机关行政处罚。检察机关经综合考虑，鉴于 S 公司有整改行为和较强的合规愿望，认为可以开展企业合规监督考察。

三是深入会商达成共识。检察机关认为，该案证明 S 公司及睢某某犯罪故意的证据不确实、不充分，公安机关也难以再查明轴承及包装的来源是否合法，案件久拖不决已处于"挂案"状态，亟待清理。检察机关与公安机关共同分析了相关情况，并就该案下一步处理进行会商，双方就企业合规、"挂案"清理工作达成共识。公安机关明确表示，如该公司通过企业合规监督考察时还没有新的证据进展，将作出撤案处理。

四是扎实推进合规考察。经向上级检察机关请示并向张家港市企业合规监管委员会报告后，张家港市检察院联合公安机关对S公司启动合规监督考察程序，确定6个月的整改考察期。同时，张家港市企业合规监管委员会根据第三方监督评估机制，从第三方监管人员库中随机抽取组建监督评估小组，跟踪S公司整改、评估合规计划落实情况。按照合规计划，S公司梳理企业风险点，制定《财务管理合规建设制度》《发票制发流程》《货物销售采购流程》等内部制度，并形成规范的公司合同模板。在税务方面，公司从以往直接与代账会计单线联系，转变为与会计所在单位签订合同，对财务人员应尽责任、单位管理职责进行书面约定。在知识产权方面，公司明确渠道商应提供品牌授权证明并备案，每笔发货都注明产品明细，做到采购来路明晰、底数清晰。合规整改期间，检察机关会同第三方监督评估小组，每月通过座谈会议、电话联系、查阅资料、实地检查等方式，特别是通过"不打招呼"的随机方式，检查企业合规建设情况。同时，检察机关还向公安机关通报企业合规建设进展情况，邀请参与合规检查，并认真吸收公安机关对合规制度完善提出的意见。2021年8月5日，鉴于该公司员工人数少、业务单一、合规建设相对简易的情况，第三方监督评估小组提出缩短合规监督考察期限的建议。检察机关听取市场监督管理部门、税务部门意见后，决定将合规监督考察期限缩短至3个月。2021年8月16日至18日，第三方监督评估小组对该公司合规有效性进行评估，出具了合规建设合格有效的评估报告。

五是参考考察结果作出处理。2021年8月20日，张家港市检察院组织公开听证，综合考虑企业合规整改效果，就是否建议公安机关撤销案件听取意见，听证与会人员一致同意检察机关制发相关检察建议。当日，检察机关向公安机关发出检察建议，公安机关根据检察建议及时作出撤案处理，并移送市场监督管理部门作行政处罚。两个月后检察机关回访发现，S公司各项经营已步入正轨，因为合规建设，两家大型企业看中S公司合规资质与其建立了长期合作关系，业务预期翻番，发展势头强劲。

(三) 典型意义

1. 对尚未进入检察环节的涉企"挂案"进行排查，采取与企业合规改革试点相结合等方式能动清理。检察机关推进涉企"挂案"清理过程中，除依托统一业务应用系统排除出相关数据外，还可以通过控告申诉、日常走访、服务企业平台等了解"挂案"线索。对尚未进入检察环节的案件，可采取介入侦查的形式，积极与公安机关开展个案会商。通过听取案件情况、审查在案证据、实地走访调查等工作，与公安机关共同分析是否属于"挂案""挂案"原因、"挂案"影响以及侦查取证方向、可行性等因素，分类施策、妥善处理。对符合合规监督考察条件的案件，积极引导涉案企业开展合规整改，促进涉企"挂案"清理，最大限度地降低"挂案"对企业生产经营的影响。

2. 严格把握企业合规监督考察条件、标准和工作程序，规范清理涉企"挂案"。通过企业合规促进"挂案"清理，在具体操作中应该重点把握三点：一是要通过走访调查，深入了解犯罪嫌疑人认罪悔罪态度、企业经营状况、社会贡献、合规意愿以及违法犯罪既往历史等情况，评估涉案企业是否符合开展合规监督考察的条件。二是要加强对外沟通，向公安机关讲清企业合规政策和涉企"挂案"清理意义，争取理解和支持。三是要依托第三方监督评估机制，客观公正地跟踪指导企业合规建设、评估合规有效性，以第三方监督评估结论为主要依据，听取行政机关以及公开听证等多方意见，做到"阳光"清理、规范清理。本案中，检察机关按照申请、调查、会商、考察等程序，规范推进企业合规，同时引入第三方组织对企业合规建设进行全程监督，值得肯定。

3. 与公安机关等有关部门积极配合，多措并举合力护航民营经济健康发展。为加强民营经济平等保护，2020年10月以来，最高人民检察院与公安部联合部署开展涉民营企业刑事诉讼"挂案"专项清理工作。全国检察机关、公安机关强化协作、多措并举，一大批"挂案"得到有效清理，该撤案的及时撤案，该继续侦办的尽快突破，以实际行动服务"六稳""六保"大局，受到社会各界的广泛好评。同时，检察机关正在深入开展涉案企业合规改革试点，落实少捕慎诉慎押刑事司法政策，依法保护涉案企业和相关人员人身和财产合法权益，向涉案企业提出整改意见，督促涉案企业作出合规承诺并积极整改。在日常"挂案"清理工作中，检察机关要针对涉案企业暴露出的经营管理、法律风险方面的突出问题，自觉开展企业合规工作，积极适用第三方监督评估机制，会同公安机关等有关部门综合运用经济、行政、刑事等手段，既促进涉案企业合规守法经营，也警示潜在缺乏规制约束的企业遵纪守法发展，逐步建立长效机制，实现精准监督。

案例七：山东省沂南县Y公司、姚某明等人串通投标案

异地协作开展第三方监督评估，对第三方组织开展"飞行监管"，促进当地招投标领域行业治理

【关键词】 串通投标　异地协作　飞行监管　关联企业共同整改　行业治理

【要旨】在办理企业合规案件过程中，依托第三方监督评估机制，充分发挥异地协作、公开听证、检察建议等作用，促进涉案企业及关联企业共同整改，形成工作合力。组建巡回检查小组，对第三方组织履职情况开展"飞行监管"，确保对涉案企业的监督评估客观公正有效。延伸检察职能，推动行业治理，实现"办理一案、治理一片"效果。

(一)基本案情

山东省沂南县 Y 有限公司(以下简称 Y 公司)系专门从事家电销售及售后服务的有限责任公司,法定代表人姚某明。除 Y 公司外,姚某明还实际控制由其表哥姚某柱担任法定代表人的沂水县 H 电器有限公司(以下简称 H 公司)。

2016 年 9 月、2018 年 3 月、2020 年 6 月,犯罪嫌疑人姚某明为让 Y 公司中标沂水县农村义务教育学校取暖空调设备采购及沂水县 A、B 中学教室空调等招标项目,安排犯罪嫌疑人徐某(Y 公司员工)借用 H 公司等三家公司资质,通过暗箱操作统一制作标书、统一控制报价、协调专家评委等方式串通投标,后分别中标,中标金额共计 1134 万余元。2021 年 1 月,沂水县公安局以 Y 公司、姚某明等人涉嫌串通投标罪移送沂水县检察院审查起诉。

(二)企业合规整改情况及效果

一是综合审查,确定案件纳入企业合规考察范围。沂水县检察院经审查认为,虽然该案中标金额较大,但 Y 公司姚某明等人有自首情节,主动认罪认罚,Y 公司正处于快速发展阶段,在沂南县、沂水县空调销售市场占据较大份额,疫情期间带头捐款捐物,综合考虑企业社会贡献度、发展前景、社会综合评价、企业负责人一贯表现等情况,以及该企业在法律意识、商业伦理、人员管理、财务管理等方面存在的问题,决定对该案适用企业合规试点工作。2021 年 6 月,沂水县检察院经征询涉案企业、个人同意,层报山东省检察院审核批准,对该案正式启动企业合规考察。

二是探索异地协作,对涉案企业开展第三方监督评估。结合涉案企业 Y 公司所在地为沂南县、犯罪地为沂水县的实际,沂水县检察院多次与两地第三方机制管委会及沂南县检察院沟通交流,共同签订《企业合规异地协作协议》,并由沂南、沂水两地第三方机制管委会从专业人员名录库中抽取律师、市场监管、工商联人员 5 人组建第三方组织,对 Y 公司合规建设开展监督评估。第三方组织多次深入企业实地走访、考察,主动约谈企业负责人,全面了解企业情况,诊断出 Y 公司在风险防控、日常管理方面存在缺乏招投标管理制度,内部审批不严,账簿登记不实,守法意识不强,工资发放不规范等诸多问题,指导企业制定覆盖生产经营全过程、各环节和管理层级的合规计划,确定 3 个月的考察期。整改过程中,第三方组织每月将合规计划执行情况通报双方检察机关及第三方机制管委会,四方会商后对合规计划及执行情况提出修改完善意见建议,定期跟踪调度,并于考察期满后出具对涉案企业的合规考察报告。同时,沂水县检察院积极建议县工商联、县市场监管局指派专人,参照 Y 公司合规计划,一并督促做好关联企业 H 公司的合规整改。

三是组建巡回检查小组,对第三方组织履职情况开展"飞行监管"。沂水县第三方机制管委会制定《沂水县企业合规改革试点巡回检查小组工作方案》,结合本案案情,选取 6 名熟悉企业经营和法律知识的人大代表、政协委员、人民监督员组成巡回检查小组。巡回检查小组和办案检察官通过不预先告知的方式，深入两个企业进行实地座谈，现场抽查 Y 公司近期中标的招标项目，对第三方组织履职情况以及企业合规整改情况进行"飞行监管"。通过现场核查，认为涉案企业整改到位，未发现第三方组织不客观公正履职情况。

四是延伸检察职能，扩大办案效果。承办检察官在全面审查合规考察报告和案件情况的基础上，提出拟不起诉意见。为确保公开公正，检察机关邀请政协委员、人民监督员和第三方机制管委会成员等 5 人组成听证团，对该案进行合规验收听证，听证人员一致同意检察机关意见。2021 年 10 月，沂水县检察院经综合评估案情、企业合规整改、公开听证等情况，认为 Y 公司、姚某明等人主动投案、认罪认罚，主观恶性较小，串通投标次数较少，且案发后有效进行企业合规整改，建立健全相关制度机制堵塞管理漏洞，依法合规经营不断创造利税，社会危害性较小，对 Y 公司、姚某明等人依法作出相对不起诉决定。同时，针对办案过程中发现的问题，沂水县检察院建议行政主管部门对 Y 公司及其他公司出借资质的行为依法处理；向财政、教育、市场监管三部门发出完善招投标管理、堵塞制度漏洞等检察建议，建议进一步严格落实行贿犯罪查询、政府采购活动中违法违规行为查询等制度规定，加强对招标代理公司管理。

当地市场监管等部门积极采纳检察建议，开展招投标领域专项整治，对 2021 年以来 60 余个招投标项目全面清查，发现标前审查不严格、招标代理机构管理不规范等问题 21 个，并针对问题逐项整改；举办行业管理人员、招标代理机构专题培训，建立健全投标单位标前承诺制度、违法违规行为强制查询制度，对专项整治以来中标项目进行动态跟踪，畅通违法行为举报途径、加大惩罚力度，强化行政监管，有效遏制了串标、围标等违法行为发生。

(三) 典型意义

1. 积极探索，对第三方组织开展"飞行监管"。该案中，为确保企业合规建设和第三方组织监督工作依法、规范、有序进行，第三方机制管委会组建巡回检查小组，探索建立"飞行监管"机制，对第三方组织及其组成人员的履职情况开展不预先告知的现场抽查和跟踪监督。实践中，第三方机制管委会可以牵头组建巡回检查小组，邀请人大代表、政协委员、人民监督员、退休法官、检察官以及会计、审计、法律、合规等相关领域的专家学者担任巡回检查小组成员开展巡回检查，并将检查情况及时报告第三方机制管委会及其联席会议，提出改进工作的意见建议。

2. 强化协作配合，促进关联企业共同整改。该案探索建立第三方监督评估异地协作模式，对涉案企业开展合规建设。同时由行政主管部门加强对关联企业合规整改的监督指导。经过共同监管，涉案企业及关联企业专门聘请法律顾问进行合规建设，同时建立每月述职谈合规、合规学习、员工管理、财务管理、举报制度等相关机制。整改期间，Y 公司参与了六个项目的招投标，依法合规承揽工程 2000 余万元，稳定持续提供就业岗位 200 余个。同时，各职能部门在各自管理环节落实"谁执法谁普法"，加强正面引导和反面警示，让招投标领域相关从业人员正确判断自己的行为性质，遵规守法，加强行业自律。

3. 注重行业治理，实现"办理一案、治理一片"效果。近年来，不法分子为经济利益所驱动，在工程建设、设备采购等多个领域大肆"串标""围标"，不仅严重扰乱市场经济秩序，侵害其他招投标当事人合法利益，还给工程质量、安全管理带来隐患，各方务必高度重视，采取有力措施加以解决。该案中，检察机关积极延伸办案职能，主动作为，注重加强与相关行政主管部门的沟通协作，用好公开听证、检察意见、检察建议组合拳，促进从个案合规提升到行业合规，助力在招投标领域形成合规建设的法治氛围，努力实现"办理一起案件、扶助一批企业、规范一个行业"的良好示范效应。

案例八：随州市 Z 公司康某某等人重大责任事故案

在涉企危害生产安全犯罪案件中适用企业合规推动当地企业强化安全生产意识

【关键词】 重大责任事故　专项合规整改　第三方监督评估　安全生产

【要旨】针对涉案企业安全生产管理中的漏洞，检察机关深入开展社会调查，积极引导企业开展合规建设。检察机关委托应急管理局、市场监督管理局、工商联等第三方监督评估机制管委会成员单位以及安全生产协会，共同组成第三方监督评估组织，指导涉案企业及其相关人员结合履行合规计划，认真落实安全生产职责。检察机关对合规考察结果认真审查，组织召开公开听证会，确保合规整改效果，推动当地企业强化安全生产意识。

（一）基本案情

湖北省随州市 Z 有限公司（以下简称 Z 公司）系当地重点引进的外资在华食品加工企业，康某某、周某某、朱某某分别系该公司行政总监、安环部责任人、行政部负责人。

2020 年 4 月 15 日，Z 公司与随州市高新区某保洁经营部法定代表人曹某某签订污水沟清理协议，将食品厂洗衣房至污水站下水道、污水沟内垃圾、污泥的清理工作交由曹某某承包。2020 年 4 月 23 日，曹某某与其同事刘某某违规进入未将盖板挖开的污水沟内作业时，有硫化氢等有毒气体溢出，导致二人与前来救助的吴某某先后中毒身亡。随州市政府事故调查组经调查后认定该事故为一起生产安全责任事故。曹某某作为清污工程的承包方，不具备有限空间作业的安全生产条件，在未为作业人员配备应急救援装备及物资，未对作业人员进行安全培训的情况下，违规从事污水沟清淤作业，导致事故发生，对事故负有直接责任。康某某、周某某、朱某某作为 Z 公司分管和负责安全生产的责任人，在与曹某某签订合同以及曹某某实施清污工程期间把关不严，未认真履行相关工作职责，未及时发现事故隐患，导致发生较大生产安全事故。案发后，康某某、周某某、朱某某先后被公安机关采取取保候审措施，Z公司分别对曹某某等三人的家属进行赔偿，取得了谅解。2021年1月22日，随州市公安局曾都区分局以康某某、周某某、朱某某涉嫌重大责任事故罪移送随州市曾都区检察院审查起诉。

（二）企业合规整改情况及效果

一是审查启动企业合规考察。曾都区检察院经审查认为，康某某等人涉嫌重大责任事故罪，属于企业人员在生产经营履职过程中的过失犯罪，同时反映出涉案企业存在安全生产管理制度不健全、操作规程执行不到位等问题。事故报告认定被害人曹某某对事故负有直接责任，结合三名犯罪嫌疑人的相应管理职责，应当属于次要责任。三人认罪认罚，有自首情节，依法可以从宽、减轻处罚。Z公司系外资在华企业，是当地引进的重点企业，每年依法纳税，并解决2500余人的就业问题，对当地经济助力很大。且Z公司所属集团正在积极准备上市，如果公司管理人员被判刑，对公司发展将造成较大影响。2021年5月，检察机关征询Z公司意见后，Z公司提交了开展企业合规的申请书、书面合规承诺以及企业经营状况、纳税就业、社会贡献度等证明材料，检察机关经审查对Z公司作出合规考察决定。

二是精心组织第三方监督评估。检察机关委托当地应急管理局、市场监督管理局、工商联等第三方监督评估机制管委会成员单位以及安全生产协会，共同组成了第三方监督评估组织。第三方组织指导涉案企业结合事故调查报告和整改要求，按照合规管理体系的标准格式制订、完善合规计划；建立以法定代表人为负责人、企业部门全覆盖的合规组织架构；健全企业经营管理需接受合规审查和评估的审查监督、风险预警机制；完善安全生产管理制度和定期检查排查机制，从制度上预防安全事故再发生，初步形成安全生产领域"合规模板"。Z公司在合规监管过程中积极整改并向第三方组织书面汇报合规计划实施情况。2021年8月，第三方组织对Z公司合规整改及合规建设情况进行评估，并报第三方监督评估机制管委会审核，Z公司通过企业合规考察。

三是公开听证依法作出不起诉决定。检察机关在收到评估报告和审核意见后组织召开公开听证会，邀请省人大代表、省政协委员、人民监督员、公安机关和行政监管部门代表、工商联代表以及第三方组织代表参加听证，参会人员一致同意检察机关对康某某等三人作不起诉处理。2021年8月24日，检察机关依法对康某某、周某某、朱某某作出不起诉决定。

Z公司通过开展合规建设，逐步建立起完备的生产经营、安全防范、合规内控的管理体系，企业管理人员和员工的安全生产意识和责任感明显增强，生产效益得到进一步提升。

（三）典型意义

1. 检察机关积极稳妥在涉企危害生产安全犯罪案件中适用企业合规，推动当地企业强化安全生产意识。检察机关为遏制本地生产安全事故多发频发势头,保护人民群众生命财产安全,教育警示相关企业建立健全安全生产管理制度,积极稳妥选择在安全生产领域开展企业合规改革试点。涉企危害生产安全犯罪具有不同于涉企经济犯罪、职务犯罪的特点,检察机关需要更加深入细致开展社会调查,对涉企危害生产安全犯罪的社会危害性以及合规整改的必要性、可行性进行全面评估,确保涉案企业"真整改""真合规",切实防止"边整改""边违规"。

2. 检察机关在企业合规试点中注意"因罪施救""因案明规"。在合规整改期间,检察机关针对危害生产安全犯罪的特点,建议第三方组织对企业合规整改情况定期或不定期进行检查,确保企业合规整改措施落实落细。同时,第三方组织还根据检察机关建议,要求企业定期组织安全生产全面排查和专项检查,组织作业人员学习生产安全操作规程,加强施工承包方安全资质审查,配备生产作业防护设备,聘请专家对企业人员进行专项安全教育培训并考试考核。涉案企业通过合规整改,提高了安全生产隐患排查和事故防范能力,有效防止再次发生危害生产安全违法行为。

3. 检察机关积极适用第三方机制,确保监督评估的专业性。本案中,检察机关紧密结合涉企危害生产安全犯罪特点,有针对性加强与第三方机制管委会沟通协调,由安全生产领域相关行政执法机关、行业协会人员组成第三方组织,应急管理部门相关人员担任牵头人,提升监督评估专业性。第三方组织围绕本案中造成生产安全责任事故的重要因素,如未认真核验承包方作业人员劳动防护用品、应急救援物资配备等情况,未及时发现承包方劳动防护用品配备不到位等问题,指导涉案企业及其相关人员结合履行合规计划,认真落实安全生产职责,细致排查消除安全生产隐患,确保合规整改取得实效。

案例九:深圳市 X 公司、张某某等人走私普通货物案

持续开展合规引导,做好刑事司法与行政管理行业治理的衔接贯通

【关键词】 合规激励　第三方监督评估　行刑衔接　合规传导

【要旨】积极探索检察履职与企业合规的结合方式,发挥少捕、慎诉等刑事司法政策的优势,激励企业加强合规管理。在涉案企业进行合规整改的过程中,检察机关应发挥程序性主导作用及保持中立性,推动企业真正依法合规经营。通过检察履职传导合规理念,加强与行政机关的沟通协作,促进"合规互认",提升合规效果,增强参与力量,形成保护民营经济健康发展合力。

(一) 基本案情

X 股份有限公司(以下简称 X 公司)系国内水果行业的龙头企业。从 2018 年开始,X 公司从其收购的 T 公司进口榴莲销售给国内客户。张某某为 T 公司总经理,负责在泰国采购榴莲并包装、报关运输至香港地区;曲某某为 X 公司副总裁,分管公司

进口业务；李某、程某分别为 X 公司业务经理，负责具体对接榴莲进口报关、财务记账、货款支付等。

X 公司进口榴莲海运主要委托深圳、珠海两地的 S 公司（另案处理）代理报关。在报关过程中，由 S 公司每月发布虚假"指导价"，X 公司根据指导价制作虚假采购合同及发票用于报关，报关价格低于实际成本价格。2018 年至 2019 年，X 公司多次要求以实际成本价报关，均被 S 公司以统一报价容易快速通关等行业惯例为由拒绝。2019 年 4 月后，经双方商议最终决定以实际成本价报关。

2019 年 12 月 12 日，张某某、曲某某、李某、程某被抓获归案。经深圳海关计核，2018 年 3 月至 2019 年 4 月，X 公司通过 S 公司低报价格进口榴莲 415 柜，偷逃税款合计 397 万余元。案发后，X 公司规范了报关行为，主动补缴了税款。2020 年 1 月 17 日，深圳市检察院以走私普通货物罪对张某某、曲某某批准逮捕，以无新的社会危险性为由对程某、李某作出不批准逮捕决定。2020 年 3 月 3 日，为支持疫情期间企业复工复产，根据深圳市检察院建议，张某某、曲某某变更强制措施为取保候审。2020 年 6 月 17 日，深圳海关缉私局以 X 公司、张某某、曲某某、李某、程某涉嫌走私普通货物罪移送深圳市检察院审查起诉。

（二）企业合规整改情况及效果

一是精准问诊，指导涉案企业扎实开展合规建设。2020 年 3 月，在深圳市检察院的建议下，X 公司开始启动为期一年的进口业务合规整改工作。X 公司制订的合规计划主要针对与走私犯罪有密切联系的企业内部治理结构、规章制度、人员管理等方面存在的问题，制定可行的合规管理规范，构建有效的合规组织体系，完善相关业务管理流程，健全合规风险防范报告机制，弥补企业制度建设和监督管理漏洞，防止再次发生类似违法犯罪。经过前期合规整改，X 公司在集团层面设立了合规管理委员会，合规部、内控部与审计部形成合规风险管理的三道防线。加强代理报关公司合规管理，明确在合同履行时的责任划分。聘请进口合规领域的律师事务所、会计师事务所对重点法律风险及其防范措施提供专业意见，完善业务流程和内控制度。建立合规风险识别、合规培训、合规举报调查、合规绩效考核等合规体系运行机制，积极开展合规文化建设。X 公司还制定专项预算，为企业合规体系建设和维护提供持续的人力和资金保障。合规建设期间，X 公司被宝安区促进企业合规建设委员会（以下简称宝安区合规委）列为首批合规建设示范企业。鉴于该公司积极开展企业合规整改，建立了较为完善的合规管理体系，实现合规管理对所有业务及流程的全覆盖，取得阶段性良好效果，为进一步支持民营企业复工复产，深圳市检察院于 2020 年 9 月 9 日对 X 公司及涉案人员作出相对不起诉处理，X 公司被不起诉后继续进行合规整改。

二是认真开展第三方监督评估，确保企业合规整改效果。为检验合规整改效果，避免"纸面合规""形式合规"，深圳市宝安区检察院受深圳市检察院委托，于 2021

年6月向宝安区合规委提出申请，宝安区合规委组织成立了企业合规第三方监督评估工作组，对X公司合规整改情况进行评估验收和回访考察。第三方工作组通过查阅资料、现场检查、听取汇报、针对性提问、调查问卷等方式进行考察评估并形成考察意见。工作组经考察认为，X集团的合规整改取得了明显效果，制定了可行的合规管理规范，在合规组织体系、制度体系、运行机制、合规文化建设等方面搭建起了基本有效的合规管理体系，弥补了企业违法违规行为的管理漏洞，从而能够有效防范企业再次发生相同或者类似的违法犯罪。通过合规互认的方式，相关考察意见将作为深圳海关对X公司作出行政处理决定的重要参考。为了确保合规整改的持续性，考察结束后，第三方工作组继续对X集团进行为期一年的回访考察。

三是强化合规引导，做好刑事司法与行政管理、行业治理的衔接贯通。深圳市检察院在该案办理过程中，在合规整改结果互认、合规从宽处理等方面加强与深圳海关的沟通协作，形成治理合力，共同指导X公司做好合规整改，发挥龙头企业在行业治理的示范作用。整改期间，X公司积极推动行业生态良性发展，不仅主动配合海关总署关税司工作，不定期提供公司进口水果的采购价格，作为海关总署出具验估价格参数的参照标准，还参与行业协会调研、探讨开展定期价格审查评估与监督机制。针对案件办理过程中发现的行政监管漏洞、价格低报等行业普遍性问题，深圳市检察院依法向深圳海关发出《检察建议书》并得到采纳。深圳海关已就完善进口水果价格管理机制向海关总署提出合理化建议，并对报关行业开展规范化管理以及加强普法宣讲，引导企业守法自律。

开展合规整改以来，X集团在合法合规的基础上，实现了年营业收入25%、年进口额60%的逆势同比增长。2021年8月10日X集团被评为深圳市宝安区"3A"信用企业（3A：海关认证、纳税信用、公共信用），同年9月9日被评为诚信合规示范企业。

（三）典型意义

1. 落实少捕慎诉慎押刑事司法政策，降低办案对企业正常生产经营的影响。该案中，鉴于X公司长期以正规报关为主，不是低报走私犯意的提起者，系共同犯罪的从犯，案发后积极与海关、银行合作，探索水果进口合规经营模式，深圳市检察院经过社会危险性量化评估，对重要业务人员李某、程某作出不捕决定。在跟踪侦查进展，深入了解涉案企业复工复产状况的基础上，深圳市检察院对两名高管张某某、曲某某启动捕后羁押必要性审查。经审查，深圳市检察院认为该案事实已经查清，主要证据已收集完毕，建议侦查机关对两名高管变更强制措施使其回归企业。后侦查机关根据建议及时对张某某、曲某某变更强制措施为取保候审，有效避免企业生产停顿带来的严重影响。

2. 坚守法定办案期限，探索合规考察不局限于办案期限的模式。企业合规改革试点要依法有序推进，不能随意突破法律。改革试点中，如何处理合规考察期限和办案期限的关系是亟须厘清的重要问题。根据案件采取强制措施方式的不同,至多存在六个半月或一年的不同办案期限。本案中,涉案企业作为大型民营企业,其涉案合规风险点及合规管理体系建设较为复杂,合规整改时间无法在案件办理期限内完成。作为企业合规改革第一批试点地区,深圳检察机关根据涉案企业阶段性的合规整改情况作出不起诉决定后,持续督促其进行合规整改,合规考察期限届满后通过第三方工作组开展合规监督评估,确保合规整改充分开展、取得实效。

3. 积极促成"合规互认",彰显企业合规程序价值。检察机关对涉案企业作出不起诉决定后,行政执法机关仍需对涉案企业行政处罚的,检察机关可以提出检察意见。在企业合规整改期限较长的情况下,合规程序往往横跨多个法律程序,前一法律程序中已经开展的企业合规能否得到下一法律程序的认可,是改革试点实践中普遍存在的问题。本案中,深圳市检察机关对涉案企业开展第三方监督评估后,积极促成"合规互认",将企业合规计划、定期书面报告、合规考察报告等移送深圳海关,作为海关作出处理决定的重要参考,彰显了企业合规的程序价值。

4. 设置考察回访程序,确保合规监管延续性。企业合规监督评估后,涉案企业合规体系是否能实现持续有效地运转,直接关系到合规整改的实效。本案中,第三方工作组针对涉案企业合规管理体系建设尚待完善之处,再进行为期一年的企业合规跟踪回访,助力企业通过持续、全面合规打造核心竞争力。

案例十:海南省文昌市 S 公司、翁某某掩饰、隐瞒犯罪所得案

非试点地区在法律框架内积极开展企业合规改革相关工作因地制宜推动第三方监督评估机制规范运行

【关键词】 掩饰、隐瞒犯罪所得　第三方监督评估　公开听证　轻缓量刑建议

【要旨】 非试点地区严格按照法律规定和企业合规改革的精神,在本地选择符合条件的涉案高新技术民营企业开展企业合规考察。结合案发原因指导企业制定切实可行的合规计划,根据地方实际,推动第三方监督评估机制规范运行。企业合规整改结束后,检察机关组织公开听证,综合考虑案情及合规考察效果,对涉案企业及责任人依法提起公诉,并提出轻缓量刑建议。

(一)基本案情

海南省文昌市 S 科技开发有限公司(以下简称 S 公司)系当地高新技术民营企业,翁某某系该公司厂长。

2015 年至 2016 年,张某某(另案处理)在海南省文昌市翁田镇某处实施非法采矿,经张某某雇请的王某某(另案处理)联系,将采挖的石英砂出售给 S 公司。S 公司厂长翁某某为解决生产原料来源问题,在明知石英砂为非法采挖的情况下,仍予以收购,共计 3.69 万吨。随后,翁某某安排公司财务部门通过公司员工陈某某及翁某某

个人账户，将购砂款转账支付给王某某，王某某再将钱取出交给张某某。经审计，S公司支付石英砂款共计125万余元。

2020年2月，文昌市公安局在侦查张某某涉恶犯罪团伙案件时，发现翁某某涉嫌掩饰、隐瞒犯罪所得。2021年1月，翁某某经公安机关传唤到案后，如实供述犯罪事实，自愿认罪认罚。2021年2月，文昌市公安局以翁某某涉嫌掩饰、隐瞒犯罪所得罪移送文昌市检察院审查起诉。检察机关经审查，以涉嫌掩饰、隐瞒犯罪所得罪追加S公司为被告单位。

（二）企业合规整改情况及效果

一是认真审查启动企业合规。检察机关经审查了解，S公司、翁某某涉嫌掩饰、隐瞒犯罪所得罪，反映出该公司及其管理人员过度关注生产效益，片面追求经济利益，法律意识较为淡薄。S公司系高新技术民营企业，生产的产品广泛应用于航天、新能源、芯片等领域，曾荣获全国优秀民营科技企业创新奖，现有员工80余人，年产值2000万余元。2021年3月，经S公司申请，检察机关启动合规整改程序，要求该公司对自身存在的管理漏洞进行全面自查并开展合规整改。2021年4月，S公司提交了合规整改承诺书，由公司董事会审核通过，并经检察机关审查同意，企业按照要求进行合规整改。

二是扎实开展第三方监督评估。2021年7月，由文昌市自然资源和规划局、市场监督管理局、税务局、综合行政执法局、工商联等单位的相关人员以及人大代表、政协委员、律师代表等组成的第三方监督评估组织，对S公司合规整改情况进行评估验收。2021年8月，第三方监督评估组织出具评估验收报告，认为S公司已经按照要求进行合规整改，建立了较为完善的内控制度和管理机制，可以对类似的刑事合规风险进行识别并有效预防违法犯罪。检察机关就S公司是否符合从宽处理条件及案发后合规整改评估情况举行公开听证会，充分听取人大代表、政协委员、律师代表和相关行政部门负责人的意见，还邀请人民监督员参加，全程接受监督。在听证会上，听证员、人民监督员一致同意检察机关对S公司和翁某某的从宽处理意见，同时认可该企业的整改结果。

三是综合考虑提出轻缓量刑建议。2021年9月，文昌市检察院根据案情，结合企业合规整改情况，以S公司、翁某某涉嫌掩饰、隐瞒犯罪所得罪依法提起公诉，并提出轻缓量刑建议。2021年11月，文昌市法院采纳检察机关全部量刑建议，以掩饰、隐瞒犯罪所得罪分别判处被告单位S公司罚金3万元；被告人翁某某有期徒刑一年，缓刑一年六个月，并处罚金人民币1万元；退缴的赃款125万余元予以没收，上缴国库。判决已生效。

（三）典型意义

1. 非试点地区在法律框架内积极开展企业合规改革相关工作。文昌市检察院充分认识开展涉案企业合规改革工作的重大意义，作为非试点地区积极主动作为，全面梳理排查 2020 年以来受理的涉企刑事案件，建立涉企案件台账，通过严把企业合规案件的条件和范围，精心选定开展企业合规改革工作的重点案件。

2. 结合案发原因，指导企业制订切实可行的合规计划。检察机关经审查认为，S 公司在合规经营方面主要存在两个方面的明显漏洞，首先是合同签订履行存在违法风险，其次是财务管理存在违规漏洞。鉴于此，有针对性地指导企业重点围绕建立健全内部监督管理制度进行整改，督促企业在业务审批流程中增加合规性审查环节，建立起业务流程审批—法律事务审核（合规性审查）—资金收支规范—集团公司审计四个方面全流程监管体系，有效防控无书面合同交易、坐支现金等突出问题。

3. 根据本地实际，推动第三方监督评估机制规范运行。作为非试点地区，检察机关商请当地自然资源和规划局、市场监督管理局、税务局、综合行政执法局、工商联等单位的业务骨干以及人大代表、律师代表组成第三方组织对 S 公司合规整改情况进行评估验收，评估方式包括召开座谈会、查阅公司资料和台账、对经营场所检查走访等。各方面专业人员在此基础上结合各自职责范围出具评估验收报告，督促涉案企业履行合规承诺，促进企业合规经营。

4. 充分履行检察职能，确保合规工作取得实效。本案中，检察机关结合办案发现、研判企业管理制度上的漏洞，向涉案企业制发检察建议，有针对性地指出问题，提出整改建议要求，督促涉案企业履行合规承诺。同时，还派员不定期走访 S 公司及相关单位，持续对合规整改进行跟踪检查并提出意见建议。整改完成后，及时公开听证，做到"能听证、尽听证"。目前，S 公司在合规整改完成后，已妥善解决生产原料来源问题，经营状况良好。

案例十一：上海市 Z 公司、陈某某等人非法获取计算机信息系统数据案

【关键词】 数据合规　监督评估有效性　云听证　行业治理

【要旨】检察机关针对互联网科创企业的数据合规漏洞，深入开展社会调查，积极引导涉案企业开展数据合规。综合考虑涉案企业行业属性、技术行为合规规则，组建独立、专业的第三方组织，提升涉案企业数据合规监督评估有效性。能动创新优化合规考察模式，在疫情期间灵活运用智慧检务开展"云听证"，兼顾办案的公开与效率，助力复工复产。多措并举推动行业治理，促进互联网行业建立健全数据合规经营体系，助力构建健康清朗的网络生态环境。

（一）基本案情

上海市 Z 网络科技有限公司（以下简称 Z 公司）成立于 2016 年 1 月，系一家为本地商户提供数字化转型服务的互联网大数据公司。Z 公司现有员工 1000 余人，年纳税总额 1000 余万元，已帮助 2 万余家商户完成数字化转型，拥有计算机软件著作权 10

余件，2020年被评定为高新技术企业。被不起诉人陈某某、汤某某、王某某等人分别系该公司首席技术官、核心技术人员。

2019年至2020年，在未经上海市E信息科技有限公司（以下简称E公司，系国内特大型美食外卖平台企业）授权许可的情况下，Z公司为了以提供超范围数据服务吸引更多的客户，由公司首席技术官陈某某指使汤某某等多名公司技术人员，通过"外爬""内爬"等爬虫程序（按照一定的规则，在网上自动抓取数据的程序），非法获取E公司运营的外卖平台（以下简称E平台）数据。其中，汤某某技术团队实施"外爬"，以非法技术手段，或利用E平台网页漏洞，突破、绕开E公司设置的IP限制、验证码验证等网络安全措施，通过爬虫程序大量获取E公司存储的店铺信息等数据。王某某技术团队实施"内爬"，利用掌握的登录E平台商户端的账号、密码及自行设计的浏览器插件，违反E平台商户端协议，通过爬虫程序大量获取E公司存储的订单信息等数据。上述行为造成E公司存储的具有巨大商业价值的海量商户信息被非法获取，同时造成E公司流量成本增加，直接经济损失人民币4万余元。

案发后，Z公司、陈某某等人均认罪认罚，Z公司积极赔偿被害单位经济损失并取得谅解。2020年8月14日，上海市公安局普陀分局以陈某某等人涉嫌非法获取计算机信息系统数据罪提请上海市普陀区检察院审查逮捕。8月21日，普陀区检察院经审查认为，陈某某等人不具有法律规定的社会危险性，依法决定不批准逮捕。2021年6月25日，上海市公安局普陀分局以陈某某等人涉嫌非法获取计算机信息系统数据罪移送普陀区检察院审查起诉。2022年5月，普陀区检察院依法对犯罪嫌疑单位Z公司、犯罪嫌疑人陈某某等14人作出不起诉决定。

（二）企业合规整改情况及效果

一是介入侦查，把准案件定性。因本案罪名涉及专业领域、作案手法复杂，侦查之初，普陀区检察院即应公安机关邀请介入侦查，引导取证，明确鉴定方向。一方面，引导公安机关固定Z公司爬虫程序、云服务器电子数据，以查清爬虫的运行模式、被爬取的数据属性等关键事实并加以鉴定。同时，走访被害企业，深入核实被害企业数据防护措施、直接经济损失等，为认定案件事实补充完善证据链条。另一方面，引导公安机关在讯问时关注作案动机、Z公司现状及发展前景等与企业合规相关的问题，督促Z公司积极赔偿被害企业损失，消除影响，同时会同执法司法机关、监管部门、专家学者，围绕爬虫的技术原理、合法性边界、法律适用及数据合规重点、难点，深入开展研讨交流，为案件定性、开展企业合规整改奠定工作基础。

二是认真审查，启动合规考察。案件移送审查起诉后，普陀区检察院经实地走访Z公司查看经营现状以及会同监管部门商研公司运营情况发现，Z公司管理层及员工存在重技术开发、轻数据合规等问题，此次爬取数据出于自身拓展业务的动机，未进行二次售卖。考虑到Z公司系成长型科创企业，陈某某等14名涉案人员均认罪认罚，积极赔偿E公司经济损失并取得谅解，Z公司合规整改意愿强烈，提交了《适用刑事合规不起诉申请书》及企业经营情况、社会贡献度等书面证明材料，检察机关经审查对Z公司作出合规考察决定。

三是因案制宜，围绕数据合规专项计划精准"开方"，对涉案企业开展专业第三方监督评估。经走访座谈、办案调研，普陀区检察院发现，Z公司存在管理盲区、制度空白、技术滥用等合规风险，遂向Z公司制发《合规检察建议书》，从数据合规管理、数据风险识别、评估与处理、数据合规运行与保障等方面提出整改建议。Z公司积极整改，并聘请法律顾问制订数据合规专项整改计划。同时，鉴于开展数据合规的专业性要求较高，本案第三方组织吸纳网信办、知名互联网安全企业、产业促进社会组织等的专家成员，通过询问谈话、走访调查、审查资料、召开培训会等形式，全程监督Z公司数据合规整改工作。第一，数据来源合规。Z公司与E公司达成合规数据交互约定，彻底销毁相关爬虫程序及源代码，对非法获取的涉案数据进行无害化处理，并与E平台API数据接口直连，实现数据来源合法化。第二，数据安全合规。Z公司设立数据安全官，专项负责数据安全及个人信息安全保护工作；构建数据安全管理体系，制定、落实《数据分类分级管理制度》《员工安全管理等级》；加入区级态势感知平台，提升安全威胁的识别、响应处置能力，分拆服务，提高云访问权限，数据及时脱敏、加密，增强网络攻击防护能力。第三，数据管理制度合规。Z公司建立数据合规委员会，制定常态化合规管理制度，开展合规年度报告。

四是"云听证"，确保监督评估考察公正透明。三个月考察期限届满，第三方组织评估认为，涉案企业与个人积极进行合规整改，建立合规组织、完善制度规范、提升技术能级，已完成数据合规建设的整改措施。2022年2月，评定Z公司合规整改合格。普陀区检察院通过听取汇报、现场验收、公开评议等方式对监督考察结果予以充分审查。为保障涉案企业及时复工复产，同年4月28日，普陀区检察院因疫情开展"云听证"，邀请全国人大代表、人民监督员、侦查机关、第三方组织、被害单位等线上参加或旁听。经评议，参与听证各方一致同意对涉案人员作出不起诉决定。同年5月10日，检察机关经审查后认为，因本案犯罪情节轻微，Z公司及犯罪嫌疑人具有坦白、认罪认罚等法定从宽处罚情节，积极退赔被害企业损失并取得谅解，系初犯，主观恶性小，社会危害性不大，且Z公司合规整改经第三方考察评估合格，依法对Z公司、陈某某等人分别作出不起诉决定。

五是企业合规整改见实效、显长效。为确保企业将数据合规内化为长效机制，根据检察机关不定期回访工作了解，Z公司认真落实合规整改，与E平台达成数据交互合作，通过API数据接口直连，合法合规获取平台数据。同时，Z公司将其与E平台的合作模式进行复制、移植，与3家大型互联网企业达成数据合作。Z公司通过扎实开展企业合规，建立健全数据合规长效机制，公司实现稳步发展，分支机构在全国覆盖面进一步扩大,员工人数比 2020 年年底增加 400 余人,2021 年度全年营收 2 亿余元,纳税总额 1700 余万元。

(三) 典型意义

1. 合规准备工作前移,积极推动侦查过程中合规准备工作,为审查起诉阶段的合规监督考察奠定基础。本案中检察机关积极利用提前介入侦查,引导公安机关收集合规信息与材料,为后续合规工作的高效开展奠定坚实基础。对于挽救企业而言,早合规优于晚合规,检察机关应当与侦查机关密切配合、相向而行,综合运用好介入侦查引导取证、审查逮捕、强制性措施适用等法定职权,把促进合规的工作做在前面,推动合规改革释放出最优效果。

2. 组建专业化第三方组织,提升涉案企业数据合规监督评估的有效性。检察机关立足区域内互联网产业集聚特点,推动设立涉互联网第三方专业人员名录库。针对涉及"网络爬虫"等数据合规专业领域情况,检察机关经社会调查认定涉案企业符合企业合规第三方机制适用条件,商请第三方机制管委会从专类名录库中抽取了由互联网行业管理部门、行业龙头企业和专业协会人员组成的第三方组织,为第三方机制运转提供专业性、公正性、协同性支撑。检察机关依托第三方组织的专业优势,以召开评估工作现场会的形式对涉案企业合规计划的可信性、有效性与全面性进行充分审查,围绕案件反映的数据获取问题开展"因罪施救""因案明规",督促涉案企业构建有效的数据合规整改体系,做到"真合身""真管用"。

3. 能动履职强化审查把关,多措并举保障企业有效推进合规整改。本案中,检察机关在依法适用第三方机制的基础上,一是强化主导责任,因案制宜加强合规考察的审查把关,主动听取第三方组织对企业合规整改的考察情况,协调有关行政机关将涉案企业纳入监测平台,统筹数据专项合规与全面合规,确保企业合规整改措施全方位落实落细,避免出现"纸面合规""形式合规"。二是延伸合规激励,秉持惩治与挽救并重,加强检企沟通对接,充分听取被害企业意见,积极推动双方企业实现和解,促成涉案企业与数据来源方达成合规数据交互协议,确保数据来源的合法化,最大限度地维护涉案企业正常生产经营。三是深化科技赋能,立足疫情防控常态化下的办案要求,通过"云听证"审查方式兼顾办案公开与效率,召开由全国人大代表、第三方组织、涉案企业参加的线上座谈,听取各方意见,延伸办案效果,实现线上线下对接、场内场外联动,以公开促公正赢公信。

4. 由点及面推动行业治理,助力构建健康清朗的网络生态环境。推动网络空间法治化治理,促进互联网企业守法经营,是检察机关依法能动履职、促进诉源治理肩负的重要责任。数字化转型背景下衍生出的数据侵权、网络犯罪问题,亟须规范引导以保障数字经济高质量发展。本案中,涉案企业与被害企业均为大型互联网科创企业,普陀区检察院深化社会综合治理,依法打击网络灰黑产业链的同时,推动促进互联网行业建立数据合规经营体系。一方面,通过案件办理、检察建议、法治宣传等方式,深入涉案企业所在园区引导广大互联网企业树立数据合规意识,从源头防止再次发生类似违法犯罪。另一方面,以"我管"促"都管"助力营造企业合规文化,推动区政府相关部门、司法机关及30余家区内互联网企业深入落实《普陀区互联网企业合规共识框架》,发布《互联网企业常见刑事法律风险防控提示》,为企业风险防范、合规经营提供法律支持,努力实现"办理一个案件、形成一个合规标准、规范一个行业"的良好效果。

案例十二:王某某泄露内幕信息、金某某内幕交易案

【关键词】信息保密合规　证券犯罪　检察建议　第三方监督评估　量化式评估

【要旨】办理民营企业高管涉证券犯罪案件,要兼顾惩罚个人犯罪和保障民营企业合法权益、激励民营企业合规建设的双重目标。积极适用第三方监督评估机制开展企业合规工作,突出检察机关在合规工作中的全流程主导作用,探索实践"检察建议宏观把控+检察主导第三方考察+检察听证事后监督"的企业合规路径。发挥第三方监督评估组织在引导监督涉案企业落实落细合规计划中的专业化作用,以量化式评估验收标准助推企业合规工作取得实效。

(一) 基本案情

广东K电子科技股份有限公司(以下简称K公司)长期从事汽车电子产品研发制造,连续多年获国家火炬计划重点高新技术企业称号,创设国家级驰名商标,取得700余项专利及软件著作权,2018年开始打造占地30万平方米、可容纳300余家企业的产业园,已被认定为国家级科技企业孵化器。被告人王某某系K公司副总经理、董事会秘书。

2016年12月,K公司拟向深圳市C科技股份有限公司(以下简称C公司)出售全资子公司。2017年1月15日,K公司实际控制人卢某某与C公司时任总经理张某某达成合作意向。同年2月9日,双方正式签署《收购意向协议》,同日下午C公司向深交所进行报备,于次日开始停牌。同年4月7日,C公司发布复牌公告,宣布与K公司终止资产重组。经中国证券监督管理委员会认定,上述收购事项在公开前属于内幕信息,内幕信息敏感期为2017年1月15日至4月7日。被告人王某某作为K公司董事会秘书,自动议开始知悉重组计划,参与重组事项,系内幕信息的知情人员。

2016年12月和2017年2月9日,被告人王某某两次向其好友被告人金某某泄露重组计划和时间进程。被告人金某某获取内幕信息后,为非法获利,于2017年2月9日紧急筹集资金,使用本人证券账户买入C公司股票8.37万股,成交金额人民币411万余元,复牌后陆续卖出,金某某亏损合计人民币50万余元。

2021年8月10日,北京市公安局以王某某、金某某涉嫌内幕交易罪向北京市检察

院第二分院（以下简称市检二分院）移送审查起诉。审查起诉期间，市检二分院对K公司开展企业合规工作，合规考察结束后结合犯罪事实和企业合规整改情况对被告人提出有期徒刑二年至二年半，适用缓刑，并处罚金的量刑建议，与二被告人签署认罪认罚具结书。2021年12月30日，市检二分院以泄露内幕信息罪、内幕交易罪分别对王某某、金某某提起公诉。2022年1月28日，北京市第二中级人民法院作出一审判决，认可检察机关指控事实和罪名，认为检察机关开展的合规工作有利于促进企业合法守规经营，优化营商环境，可在量刑时酌情考虑，采纳市检二分院提出的量刑建议，以泄露内幕信息罪判处王某某有期徒刑二年，缓刑二年，并处罚金人民币10万元，以内幕交易罪判处金某某有期徒刑二年，缓刑二年，并处罚金人民币20万元。

（二）企业合规整改情况及效果

一是强化事先审查，确保个人犯罪中企业合规开展必要性。案件办理期间，K公司提出王某某被羁押造成公司业务陷入停滞，主动作出合规经营承诺。市检二分院向K公司负责人、投资人及合作伙伴多方核实，调取企业项目资质、决策会议记录等证明材料，了解到K公司正处于从生产制造模式向产融运营模式转型的关键阶段，王某某长期负责战略规划、投融资等工作，因其羁押已造成多个投融资和招商项目搁浅，导致涉10亿元投资的产业园项目停滞，王某某对企业当下正常经营和持续发展确有重要作用。市检二分院综合考虑犯罪情节、案件查证情况及王某某认罪认罚意愿，及时回应企业需求，变更王某某强制措施为取保候审。同时，鉴于K公司具有良好发展前景，且有合规建设意愿，检察机关经审查评估犯罪行为危害、个人态度、履职影响及整改必要性等因素，于2021年9月8日启动企业合规工作。

二是找准合规风险点，精准提出检察建议。市检二分院结合案件审查情况，在K公司保密制度缺失、人员保密意识淡薄等表象问题外，挖掘出治理结构风险、经营决策风险、制度运行漏洞以及外部关联公司风险等多项深层次合规风险，为制发精准有效的合规整改检察建议奠定基础。2021年10月11日，针对投资参股型企业经营特点，检察机关向K公司制发检察建议书，建议K公司及其必要的关联公司、子公司共同整改，同步建立资本运作信息保密专项制度，并通过调整治理结构、配备责任主体、规范工作程序、加强员工培训等管控措施保障制度落实。

三是及时启动第三方监督评估机制，监督引导企业进行专项整改。为进一步实现检察建议具体化、可行化和专业化落地，确保企业合规整改取得实效，市检二分院决定适用第三方监督评估机制，监督、引导涉案企业进行合规整改。第三方组织对照检察建议，在尽职调查基础上，根据股权控制关系、业务关联程度、管理层交叉任职情况等因素筛选出三家重要子公司同步参加整改，以合规风险自查清单形式引导企业逐员、逐部门排查合规风险点并作出具体整改承诺，以监管清单形式对企业合规计划提出专业性意见。在第三方组织监督、引导下，K公司制定了涵盖组织体系、保密对象、制度重建、运行保障、意识文化以及主体延伸等多个层面的信息保密专项合规计划，并聘请专业合规团队辅导公司逐项完成，规范配置经营决策权，建立体系化信息保密管理和考核制度，新设合规管理责任部门，实现合规管理流程全覆盖，组织开展了辐射内部员工、关联公司以及产业园区企业的专项培训。

四是注重多措并施，确保合规审查结果科学公正。2021年12月20日，经过两个月合规考察，第三方组织参照检察建议和相关合规指引对K公司整改情况进行评价。针对此次专项合规整改特点，量身定制了包括检察建议完成情况、合规方案、合规文化培育等12个模块65项评价要素的评价体系，将企业合规整改工作逐项拆解评分，再累加汇总，最终第三方组织认为K公司整改效果达到良好等级，并出具了合规考察报告。2021年12月23日，市检二分院邀请多位合规领域专家学者作为听证员举行听证会进行公开验收，听证员认真听取合规工作各参与主体介绍涉案企业整改情况，追问评估考察方式、合规责任主体、合规经费投入等细节问题，并在经过闭门评议后发表听证意见，一致同意通过K公司合规整改验收。

2022年5月，K公司完成整改以来，产业园项目已顺利竣工等待验收，王某某主导的约2000万元投资和基金项目均已按照新规章制度稳步推进。

（三）典型意义

1. 积极稳妥探索可能判处较重刑罚案件适用合规改革的全流程办案机制。本案中犯罪嫌疑人可能判处三年以上有期徒刑，但在涉案企业的经营活动中具有难以替代的作用，简单化起诉、判刑不利于涉案企业正常经营发展，且企业具有强烈的合规意愿。检察机关在侦查、起诉与审判三个主要程序环节上均充分利用了合规工作的有效措施，通过在侦查程序中慎重采取强制措施、在审查起诉环节督促开展专项合规整改、起诉后基于合规整改情况提出宽缓的量刑建议，融通了三个主要程序环节中的合规工作，对可能判处较重刑罚案件如何适用合规改革作出有益探索。

2. 充分发挥检察职能优势，探索检察机关全流程主导的合规路径。检察机关多措并举进行合理安排、科学衔接、有效配置，积极实践"检察建议宏观把控+检察主导第三方考察+检察听证事后监督"的企业合规路径。一方面借助案件审查和检察建议调查程序，深入挖掘犯罪成因，避免"头痛医头，脚痛医脚"式合规；另一方面积极推动检察建议与第三方监督评估相互融通，并通过第三方组织《工作周报》《定期书面报告》等联系机制动态掌握整改进程，及时解决整改问题；此外，在整改结束后向第三方组织和专家学者借智借力，以第三方组织量化式评估验收确保评价体系公开透明，以公开听证展示合规依法公正。

3. 因案施治，依托专项合规推动民营企业完善法人治理结构。本案虽是针对泄露内幕信息和内幕交易犯罪案件开展的专项合规，但检察机关发现并通过第三方组织调查了解到，K公司存在家族式治理、关键人控制、实际决策人与职权分离等民营企业常见的内控失调现象，如脱离个案的特殊情况片面开展专项合规势必不能取得良好效果。为此，检察机关决定以内幕信息保密合规为契机，推动涉案企业向现代企业法人治理结构积极转变，为企业的健康发展打牢法治根基。

4. 依托涉案企业合规改革试点，强化资本市场非上市公司内幕信息保密合规管理，涵养资本市场法治生态。资本市场是信息市场加信心市场，健全内幕信息保密合规管理，是提振投资信心的重要体现。但内幕交易案件暴露出，企业内幕信息保密管理缺失会引起内幕信息泄密风险，诱发内幕交易，在扰乱证券市场秩序的同时，侵害了广大投资者的合法权益。尤其是作为上市公司交易对方的非上市公司，在行政监管相对薄弱的情况下，更应该加强自身合规管理。该案作为全国首例开展涉案企业合规工作的证券犯罪案件，检察机关坚持惩治犯罪与助力维护资本市场秩序并重，依托涉案企业合规改革积极推动资本市场非上市公司更新合规理念，对标上市公司健全自身合规管理体系，培养全链条合规意识，将外部监管类规定内化为自律合规要求，提高资本运作规范化水平，助力营造资本市场良好法治环境。

案例十三：江苏省F公司、严某某、王某某提供虚假证明文件案

【关键词】 小微企业　简式合规　中介机构　提供虚假证明文件　检察主导

【要旨】 针对涉案的小微企业开展合规整改，可以根据《涉案企业合规建设、评估和审查办法（试行）》简化合规审查、评估、监管等程序，由检察机关主导合规监管和验收评估，并直接对涉案企业提交的合规计划和整改报告进行审查。针对涉案企业和责任人，应坚持认罪认罚从宽制度和宽严相济刑事政策，准确区分单位及责任人的责任。

（一）基本案情

被告人严某某、王某某分别是江苏省F土地房地产评估咨询有限公司（以下简称F公司）的估价师和总经理。

2019年1月，F公司接受委托为G工贸实业有限公司（以下简称G公司）协议搬迁项目进行征收估价，先是采取整体收益法形成了总价为2.23亿余元的评估报告初稿。为满足G公司要求，王某某要求严某某将涉案地块评估单价提高。严某某在无事实依据的情况下，通过随意调整评估报告中营业收益率，将单价自2.16万元提高至2.38万元，后又经王某某许可，通过加入丈量面积与证载面积差等方式，再次将单价提高到2.4万余元，最终形成的《房屋征收分户估价报告》将房屋评估总价定为2.49亿余元。后相关部门按此评估报告进行拆迁补偿，造成国家经济损失2576万余元。

2021年5月6日，江苏省南京市公安局江宁分局以F公司、严某某、王某某涉嫌提供虚假证明文件罪向南京市江宁区检察院移送审查起诉。2021年6月6日，江宁区检察院依法对严某某、王某某以提供虚假证明文件罪提起公诉。2021年9月17日，南京市江宁区法院以提供虚假证明文件罪判处严某某有期徒刑二年，罚金10万元；判处

王某某有期徒刑一年六个月，缓刑二年，罚金8万元。2022年1月30日，江宁区检察院依法对F公司作出不起诉决定。

（二）企业合规整改情况及效果

一是开展办案影响评估，充分论证合规必要性、可行性。受理案件后，江宁区检察院对涉案企业开展办案影响评估，调取涉案企业工商信息、纳税、就业等材料；到涉案企业了解行业资质、业务流程、监督管理制度设置；到城乡建设委员会、房屋征收指导中心、住房保障和房产局等行政主管机关，了解土地、房地产征迁谈判、评估、补偿相关规定。F公司从业人员39人，曾获评市优秀估价机构、诚信单位，涉案导致公司参与的多项招投标业务停滞，经营面临困难。江宁区检察院评估后认为，涉案企业以往经营和纳税均正常，案发后企业和个人认罪认罚，且主动提交合规申请，承诺建立企业合规制度。有鉴于此，江宁区检察院决定启动企业合规，确定为期6个月的合规考察期。

二是立足小微企业实际，发挥检察主导作用，探索开展简式合规。涉案企业属于小微企业，江宁区检察院决定对企业涉案的房地产估价业务开展简式合规。包括指导涉案企业开展风险自查，形成自查报告；结合案件办理中暴露出的问题，指导企业修订合规计划；围绕13个风险点，制发检察建议，督促企业查漏补缺。涉案企业依据指导设立合规部门、修订员工手册、制定《评估业务合规管理制度》、委托研发线上审批的OA系统、组织开展业务技术规范培训和合规管理制度培训。为降低合规成本、减轻企业经济负担，由江宁区检察院直接开展合规监管、评估，设置合规整改时间表，要求涉案企业明确整改节点、按时序推进。同时为确保合规监管评估的专业性和公平性，邀请三名专业人员协助检察机关开展合规监管、评估。经过6个月的合规整改，江宁区检察院组织公开听证，对合规整改进行评估验收。

三是区别对待，分别处理涉案民营企业和责任人。鉴于两名责任人严重违反职业道德、违法出具证明文件，造成国家经济损失巨大，江宁区检察院于2021年6月6日依法对严某某、王某某以提供虚假证明文件罪提起公诉。同时，对涉案企业开展合规工作和监管验收，经综合审查认定F公司通过评估验收。2022年1月30日，江宁区检察院依法对F公司作出不起诉决定。

（三）典型意义

1. 量身定制，对符合条件的小微企业积极探索简式合规监管。检察机关开展企业合规要准确把握企业合规案件适用条件与企业适用范围，因案制宜，根据企业类型的不同开展具有针对性的企业合规工作。小微企业在治理模式、业务规模、员工数量、资金能力、风险防范等方面与大中型企业存在显著差异。检察机关应当结合小微企业的自身特点，积极探索适合小微企业的合规模式，在保证合规计划制订、实施、验收评估等基本环节的同时，通过简化程序、降低合规成本、制定与大中型企业不同的监管标准等简式合规管理，激发小微企业做实合规的积极性。

2. 有的放矢，检察机关在简式合规计划的审查、监管、评估过程中应发挥主导作用。针对小微企业的合规整改，未启动第三方机制的，可以根据《涉案企业合规建设、评估和审查办法（试行）》的规定，由检察机关对其提交的合规计划和整改报告进行审查，主导合规监管和验收评估。一是根据案件具体情况主动听取公安机关等部门的意见，建立合规监管互通机制；二是设置合规时间表，要求涉案企业明确整改节点、按时序推进；三是依据时间表，采取"定向+随机"的方式考察合规进展；四是选择专家学者、行政主管机关、侦查机关代表组成评估小组，同时组织公开听证对合规整改进行评估验收。

3. 区分责任，落细落实民营经济司法保护政策。检察机关在办理涉民营企业案件时，应当贯彻宽严相济刑事政策。一方面，对于确有重大过错的涉案企业责任人依法予以惩处；另一方面，对于涉案企业积极适用企业合规，针对与企业涉嫌犯罪有密切联系的企业内部治理结构、规章制度等问题开展合规整改，帮助企业弥补制度建设和监督管理方面的漏洞，从源头防止再次发生相同或类似违法犯罪。通过对合规考察合格的涉案企业依法作出不起诉决定，积极落实"六稳""六保"。

案例十四：广西壮族自治区陆川县 23 家矿山企业非法采矿案

【关键词】 行业合规　非法采矿　办案模式　第三方监督评估　行业治理

【要旨】 针对非法采矿系列案涉案企业多、案发原因复杂、办案风险大的特点，依托检察机关纵向和地方各部门横向"系统化"、矿山治理"行业化"、检察队伍"专业化"、办案过程"透明化"办案模式，创新利用检察大数据赋能企业合规，推动行业整治，构建良好的企业合规文化，促进矿山企业转型升级，实现"办理一类案件、形成一个合规标准、规范一个行业"的效果。同时，在办理破坏环境资源保护的刑事案件中，依法开展公益诉讼检察工作，提升检察工作质效。

（一）基本案情

广西壮族自治区陆川县 Y 公司等 23 家涉案矿山企业系开采销售建筑用花岗岩、高岭土等持证矿山企业（全县当时有持证矿山企业 36 家）。23 家涉案矿山企业共有员工 2000 余人，年度纳税总额 6000 多万元。

2019 年至 2020 年，Y 公司等 23 家涉案矿山企业在各自矿区内超深度或超范围越界开采建筑用花岗岩、高岭土等原矿，涉案价值人民币 21.69 万元至 1447.68 万元不等。2021 年 5 月，陆川县公安局对该 23 家矿山企业以涉嫌非法采矿罪立案侦查，陆川县检察院派员提前介入引导侦查。2021 年 8 月开始，陆川县公安局陆续将该系列案件移送陆川县检察院审查起诉。案发后，涉案矿山企业陆续主动退缴违法所得、缴纳罚金，相关责任人也主动投案、认罪认罚、主动提出合规意愿。2021 年 10 月，陆川县检察院对 Y 公司等第一批 6 家涉案矿山企业启动合规工作，经第三方组织对 6 家涉案矿山企业合规整改情况进行评估合格后，依法对 Y 公司等 2 家矿山企业及其责任人、L 石场等 4 家矿山企业责任人作出不起诉决定。

2022 年 1 月，陆川县检察院对 D 公司等 17 家涉案矿山企业陆续启动合规工作，截至 2022 年 5 月底已有 3 家涉案企业通过第三方组织考察评估合格，拟对相关企业和责任人作不起诉处理。尚有 14 家涉案企业因配合全县"半边山"整治进度正在进行整改中，由于有的涉案企业涉案金额较大，且因客观原因不能及时完成全部回填、复绿等环境修复义务，待合规考察结束后，将依据考察结果和案件具体情节依法作出处理决定。截至 2021 年 12 月，陆川县检察院依法对 2 家涉案企业和 6 名犯罪嫌疑人作出不起诉决定，其余案件正在参照已结案件的模式有序办理中。

（二）企业合规整改情况及效果

一是综合审查，积极稳妥在非法采矿案件中适用企业合规。陆川县检察院经调查发现，全县持证矿山企业大部分于十多年前批准设立，由于当时生产技术条件、工艺和管理要求等历史原因，矿区设置普遍不科学、不合理，如矿区范围小，划界不合理，矿区大多设置在半山腰、半边山等，且涉案企业多为小型企业，普遍内部管理制度不完善，员工法律意识淡薄。如果就案办案对众多的涉案企业及相关人员予以追诉，将对全县矿产行业、地方经济造成严重影响，也直接影响 2000 余人就业。2021 年 10 月，陆川县检察院经综合研判，并层报上级检察院同意后，决定探索对非法采矿系列案适用企业合规。

二是依托"四化"模式，深入推进涉案企业合规改革。陆川县检察院主动向当地党委、政府汇报案件办理过程中遇到的问题和困难，积极争取支持，并促成县政府牵头成立了县矿山企业合规工作领导小组，协调各相关单位协同开展工作，实现企业合规工作推进"系统化"。通过矿山行业风险大排查，梳理矿山企业存在的高发易发风险点，解决矿山行业普遍性问题，推动矿山治理"行业化"。由检察长牵头、抽调刑事检察、公益诉讼检察和行政检察部门业务骨干组成工作专班，集中办理涉企业合规案件，确保办案团队"专业化"。利用检察大数据赋能企业合规，检察大数据同步接入全县矿山视频监控系统及部分行政机关执法数据系统，及时掌握矿山企业整改情况，并对合规计划确定、整改情况评估、拟作处理决定等关键环节举行公开听证，力求办案过程"透明化"。

三是建立以第三方组织为主，其他部门配合的监督考察机制。以第三方监督评估机制管理委员会选任的地质、安监、测绘等专业人员组成的第三方组织为主，相关行政机关参与，共同对全县矿山企业进行风险大排查。根据排查出的非法占用林地、环保污染、超载、爆破、安全用电、高陡边坡、职业病防治等 8 大类 38 项风险点，为矿山企业量身制定了《矿山行业企业合规管理计划编制提纲》。第三方组织实地考察企业合规整改情况时，办案检察官、行政机关代表共同参与。第三方组织形成考察评估报告后，检察机关向相关行政机关书面征求意见，并邀请派员参加听证会。

四是企业合规与公益诉讼、检察建议同步开展，促进行业全面合规。案发后，陆川县检察院提前介入引导侦查，了解案件情况，针对办案中发现的突出问题，通过公益诉讼诉前磋商督促林业部门对 7 家非法占用林地的矿山企业进行查处；通过发送检察建议督促卫生健康部门对 1 家企业不按要求申报职业病预防情况落实监管职责，确保企业合规整改的刚性。2021 年 12 月，第一批 6 家涉案矿山企业合规考察期限届满，经第三方组织评估，认为 6 家涉案矿山企业均已逐步建立完备的生产经营、安全防范、合规内控的管理体系，完成了回填、复绿等环境修复义务。陆川县检察院举行公开听证会，参与听证各方一致同意检察机关对相关企业和人员作不起诉的意见。2021 年 12 月 31 日，陆川县检察院依法对 Y 公司等 2 家涉案矿山企业及其责任人、L 石场等 4 家涉案矿山企业责任人作出不起诉决定。通过企业合规整改、公益诉讼和检察建议的方式，督促相关行政部门履行监管职责和涉案企业进行合规整改，有力推动了全县矿山行业全面合规、守法经营。

五是构建良好合规文化，推动采矿行业转型升级。陆川县检察院联合县自然资源局等部门，组织全县 30 多家持证矿山企业召开警示教育会，以案说法，激发了当地矿山行业开展合规建设的积极性。针对矿山企业矿区范围设置不科学、不合理，容易造成安全隐患等问题，以矿山企业合规整改为契机，督促县自然资源局等部门对原有不科学、不合理并具备整治条件的矿山予以注销，通过科学规划、踏勘，重新划定矿区范围，整治"半边山"采石场，优化矿山开发布局，推动采矿行业转型升级。涉案企业通过扎实开展合规整改，提升了相关软硬件设施，其中 5 家企业完成绿色矿山验收，2 家企业年经营收入达到 2000 万元以上。

（三）典型意义

1. 依法能动履职，服务保障地方采矿行业高质量发展。检察机关办理非法采矿犯罪案件，应当充分考量犯罪事实和情节、案发原因背景、对当地经济社会的影响等因素，准确把握法律政策界限和开展企业合规范围条件，既要有力打击犯罪挽回国家损失，也要充分考虑司法办案对就业、税收、行业发展的影响，努力实现办案政治效果、社会效果与法律效果的有机统一。

2. 创新工作方式，强化对第三方组织的履职监督。该系列案中，各涉案企业的情况不一，合规建设内容专业性强，矿山企业在生产经营中动态变化多。为实现检察机关对第三方组织的履职有效性监督，陆川县检察院通过对涉案矿山企业合规整改前后的情况以无人机拍摄进行 3D 建模，立体展现整改成效，作为评估第三方组织履职情况及涉案企业合规整改情况的客观依据。通过县矿山企业合规工作领导小组协调，检察机关对接全县矿山视频监控系统以及部分行政机关行政执法数据库，实时掌握涉案矿山企业动态，积极应用大数据法律监督工具，强化对第三方组织履职监督，确保合规考察成效。

3. 刑事检察与公益诉讼检察业务实质性融合，提升检察工作质效。一方面，检察机关要牢牢把握职责定位，推动"四大检察"协同发力，建立健全检察机关各内设机构办案协作机制。另一方面，在办理破坏环境资源保护类犯罪案件中，检察机关在提前介入阶段即可开展公益诉讼诉前磋商，针对案件反映的突出问题制发行政检察建议，以公益诉讼检察监督企业合规整改落实情况，加大公共利益司法保护力度。

4. 启动行业合规，推动检察机关落实诉源治理责任。陆川县检察院结合当地矿山行业经济发展特点，会同主管部门研究针对行业顽瘴痼疾的整治措施，以系列案推动行业治理，助力矿山行业领域形成合规建设的法治氛围。通过矿山"行业合规"建设，当地政府加快推进"半边山"矿山整治工作。企业合规在优化当地矿山企业布局、督促矿山转型升级、促进经济有序发展等方面起到积极促进作用，实现"办理一类案件、规范一个行业"的良好效果。

案例十五：福建省三明市×公司、杨某某、王某某串通投标案

【关键词】 高科技民营企业合规　串通投标　第三方监督评估　跟踪回访

【要旨】 对于涉案高新技术型民营企业，围绕企业特点全面做好合规前调查，提出整改建议，使涉案企业明确合规整改方向。结合相关领域的合规标准，指导企业细化合规计划，严格督促企业逐条对照落实。综合运用多类型评估、考察机制，确保合规验收环节的质量效果。持续做好不起诉后跟踪回访，助力企业合规守法经营。

（一）基本案情

福建省三明市×公司系当地拥有高资质高技术的通信技术规模级设计、施工、集成企业。杨某某系×公司法定代表人、总经理；王某某系×公司副总经理，负责对外招投标、施工及结算等业务。

×公司在投标三明市公安局交警支队3个智能交通系统维保项目过程中，与其他公司串通，由×公司制作标书、垫付保证金，并派遣×公司员工冒充参与串标公司的投标代理人进行竞标，最终上述3个项目均由×公司中标施工建设，中标金额共计603万余元。上述项目现已施工完毕，并通过工程验收决算。案发后杨某某、王某某主动投案。2021年4月，三明市公安局三元分局以×公司、杨某某、王某某涉嫌串通投标罪向三明市三元区检察院移送审查起诉。2022年1月，检察机关依法对×公司、杨某某、王某某作出不起诉决定。

（二）企业合规整改情况及效果

一是深入社会调查启动企业合规。检察机关经审查了解，×公司系具有涉密信息系统集成资质乙级等多项资质、多项专利的高资质、发展型民营企业，企业综合实力

在福建省同行业排前20名，是三明市该行业的龙头企业，累计纳税近7000万元、企业员工100余名、拥有专利20余件。案发后，公司面临巨大危机，大量人员有失业风险，对当地经济和行业发展产生一定负面影响。审查起诉阶段，检察机关向×公司送达《企业刑事合规告知书》，该公司在第一时间提交了书面合规承诺以及行业地位、科研力量、纳税贡献、承担社会责任等证明材料。×公司及杨某某、王某某均自愿认罪认罚，涉案项目已施工完毕，并通过竣工验收决算，无实质性危害后果。检察机关经过实地走访调研，×公司的合规承诺具有真实性、自愿性，符合企业合规相关规定。检察机关在认真审查调查案件事实、听取行政机关意见以及审查企业书面承诺和证明材料基础上，综合考虑企业发展前景、社会贡献、一贯表现及企业当前暴露出的经营管理机制疏漏，2021年9月启动合规考察程序，确定了3个月的合规考察期。

二是扎实开展第三方监督评估。三明市第三方监督评估机制管委会指定3名专业人员组成第三方组织，对×公司启动企业合规监督考察程序。整改期间，检察机关多次与第三方组织、企业专业律师团队会商，针对×公司在投标经营活动方面存在的风险漏洞，指导企业修订、完善《企业合规整改方案》和《企业合规工作计划》，有针对性地督促企业健全内控机制及合规管理体系。×公司积极对照实施，及时汇报进展情况。检察机关会同第三方组织对合规计划执行情况不定期开展灵活多样的跟踪检查评估。

三是公开听证后作出不起诉决定。2022年1月，第三方组织对×公司企业合规整改进行验收，经评估通过合规考察。检察机关组织召开听证会，听取人大代表、政协委员、人民监督员、侦查机关及社会群众代表对×公司合规整改的意见，听证员一致认可企业整改成效。同月，检察机关经综合审查认为，×公司、杨某某、王某某等人主动投案、认罪认罚、主观恶性较小，相关项目业已施工完毕并通过验收，未给社会造成不良影响。且×公司案发后积极开展有效合规整改，建立健全相关制度机制，堵塞管理漏洞，确保依法经营，不断创造利税，依法对×公司、杨某某、王某某作出不起诉决定。

四是持续做好不起诉后跟踪回访。检察机关经综合考察听取各方意见后，依法作出不起诉决定，让企业"活下去"，有机会"经营好"，×公司对参与投标的13个项目均进行合规审核，最终中标2个项目，金额100多万元。检察机关开展"回头看"，要求×公司对已整改到位部分加强常态监管，较为薄弱环节持续整改。而后检察机关邀请第三方监管人员围绕企业已整改问题及关联持续建设领域进行跟踪回访，继续为企业依法合规经营提供普法服务，确保合规整改效果能够"长效长治"。

（三）典型意义

1. 严格把握企业合规适用标准、条件，围绕企业特点全面做好合规前调查。对于涉案高技术型民营企业，检察机关会同有关部门，对涉案公司开展社会调查，通过市场监管、人社、税务、工商联等平台，调查其社会贡献度、发展前景、社会评价、处罚记录等。同时研判发案原因，查找其经营风险和管理缺漏，以"合规告知书+检察建议书"形式，提出整改建议，使涉案企业"合规入脑"，督促其作出合规承诺。检察机关在社会调查时，主动审查涉案公司是否符合适用条件，及时征询涉案企业、个人的意见，与本地区第三方机制管委会提前沟通，做好合规前期准备。

2. 多方协作优化合规计划，严格督促企业逐条对照落实。依托第三方监督评估机制向相关行业领域的专家"借智借力"，立足×公司自身问题，结合相关领域的合规标准，指导企业优化合规计划，对合规体系运行涉及的组织架构、事项流程、内控机制、风险整改、文化培塑等进行分解细化，从提升合规意识、规范投标业务操作到健全配套内部资金流向监管审计等层面，严格按照时间表监督落实，做到点面衔接，实现"合规入心"。检察机关还会同第三方组织通过多次实地走访×公司，与律师团队等会商研讨，指导×公司对合规计划进行修订完善，为后续推进第三方监督评估创造重要前提条件。

3. 综合运用多类型评估、考察机制，确保涉案企业合规整改实质化。评估程序上，坚持问题导向，逐条对照合规计划检视企业整改效果，防止走过场的"纸面合规"。在考察方式上，采取灵活、有效方式，不拘泥于特定形式，在不影响正常生产经营的前提下，融合开展实地考察、听取汇报、查阅资料、组织座谈、同业参照等组合方式，推动合规建设，强化员工守法意识。企业通过评估后，检察机关接续用好公开听证、人民监督员监督及人大代表、政协委员监督等方式，以公开促公正，确保合规验收环节的质量效果，实现合规"成效入档"，避免合规建设流于形式。

案例十六：北京市李某某等9人保险诈骗案

【关键词】保险诈骗　专业监督考察　公开听证　诉源治理

【要旨】针对汽车销售服务企业员工利用工作之便实施的保险诈骗行为，检察机关通过深入调查，积极引导侦查准确认定犯罪主体。启动合规时，考虑汽车销售服务企业与保险公司深度合作的行业特点，组织开展第三方监督评估。邀请保险和汽车销售服务行业各自监管部门共同参与公开审查，确保企业合规整改的针对性和有效性，既注重保障保险公司合法权益，又注重激励汽车销售服务企业推进合规建设。企业合规整改落实后，检察机关能动履职，推动行业合规诉源治理。

（一）基本案情

北京A汽车销售服务有限公司、B汽车销售服务有限公司（以下简称A公司、B公司）均系C集团下属企业，两家公司法定代表人系同一人，组织架构、管理模式相同，经营场所相邻。

李某甲、李某乙、曹某、孙某甲、崔某某、张某甲分别系A公司保险理赔经理、服务总监、保险理赔顾问、车间主任、维修技师,张某乙为B公司保险理赔顾问,李某丙、孙某乙系被保险车辆的车主。

A公司、B公司与多家保险公司有合作关系,保险公司派驻在两家公司的人员负责销售保险、事故车辆定损以及保险理赔等工作,A公司、B公司的保险理赔顾问负责售后协助顾客对接保险公司。李某甲等人为了维系客户、提高业绩,自2019年开始,与到店维修车辆的多名顾客共谋,通过伪造事故现场、故意制造碰撞事故等方式编造出险事由,或者以其他车辆事故定损照片冒充实际发生事故车辆照片夸大损失,骗取保险理赔款。2019年至2021年,李某甲等人共实施14起保险诈骗行为,骗保金额共计41万余元。案发后,A公司、B公司代涉案员工向相关保险公司赔偿了经济损失,保险公司对相关涉案人员予以谅解。

2022年4月,北京市公安局顺义分局以李某甲等9人涉嫌保险诈骗罪向顺义区检察院移送审查起诉。2022年5月,检察机关综合考虑该案的社会危害性、认罪认罚情况,依法对李某甲提起公诉,对李某乙、曹某、孙某甲、李某丙、孙某乙等5人作出不起诉决定。同年6月,检察机关对A公司、B公司启动为期3个月的涉案企业合规整改考察。同年9月,根据企业合规进展情况,法院采纳了检察机关对李某甲从宽处罚的量刑建议,判处李某甲有期徒刑二年六个月,并处罚金3万元。同年10月,合规考察结束后,检察机关综合犯罪事实、企业合规整改情况和认罪认罚从宽制度适用情况,对张某甲、张某乙、崔某某等3人作出不起诉决定。

(二)企业合规整改情况及效果

一是明确犯罪主体,为后续开展企业合规找准切入点。本案是发生在汽车维修服务领域的保险诈骗案件,主要涉案人员为汽车维修服务企业员工,诈骗所得基本由保险公司转入企业账户,因此本案是自然人犯罪还是单位犯罪需要进一步核实。检察机关从两方面着手开展工作,一方面引导公安机关调取企业法定代表人、其他非涉案员工的证言以及车辆维修审核单据等,查明本案行为是否出于单位意志;另一方面积极自行补充侦查,前往A公司、B公司开展调查工作。经调查,A公司、B公司的负责人及C集团的区域总监均表示公司对员工的骗保行为并不知情,这与公安机关调取到的其他非涉案员工的言词证据以及大多数犯罪嫌疑人的供述能够相互印证。在公安机关侦查和检察机关自行补充侦查相结合的基础上,明确本案非单位犯罪,为后续开展企业合规找准切入点。

二是充分开展调查,积极稳妥启动企业合规工作。检察机关在调查中了解到,C集团是一家多元化、跨区域经营的投资控股集团,其旗下的A公司、B公司均获得汽车流通协会认可的百强经销商称号,A公司、B公司近三年年均纳税额分别达到1300余万元和400余万元,共有200余名员工,具有较大的发展前景和社会贡献。但是公司在制度建设方面存在疏漏,主要体现在没有制定严密的保险理赔管理制度,公司人员法律意识不强，导致部分员工为了维系客户、提高个人业绩，通过骗保的方式为客户修车，触犯了法律。检察官在实地调研中发现，两家企业涉案员工众多，案发初期A公司的车辆维修服务部门一度陷入瘫痪状态，两家公司的经营管理、企业形象面临巨大危机。两家公司主动提出愿意承担企业责任，希望进行企业合规整改。同时，保险公司对涉案企业开展企业合规没有异议。检察机关在综合考虑案件事实、企业发展前景、社会贡献、合规意愿的基础上，决定启动合规考察程序。

三是紧扣案件特点，开展专业监督评估。本案中，保险理赔由店内员工与保险公司驻店的查勘定损人员相互配合完成定损、维修、理赔、结算整个流程，具有汽修与保险互涉的行业特点。检察机关与第三方监督评估机制管委会商定，抽取了由物流行业协会、国企法务部门、市场监管部门的专家组成的第三方组织，突出监督评估的专业适配性。检察机关向第三方组织介绍了基本案情，并协助其对企业进行实地调查。经调查，发现企业存在保险理赔业务流程不规范，保险理赔顾问与财务人员、查勘定损人员职责不清，以及保险理赔与维修施工的衔接环节缺乏有效监管等问题。第三方组织针对汽车销售服务行业保险理赔业务的特点，在两家公司原有整改方案的基础上突出问题导向，细化落实措施，要求涉案公司根据流程要素细分为接车定损、维修施工、交车结算、交案回款、保险手续台账登记等项目进行整改。第三方组织根据企业的前期准备情况以及案件的办理进度，确定了3个月的合规考察期。

四是积极能动履职，全面深入组织专业公开听证。2022年10月，第三方监督组织对A公司、B公司的整改落实情况出具了合规考察书面报告，认为企业已经落实了合规整改计划。检察机关在审查企业合规情况、综合全案事实的基础上，拟对张某甲、张某乙、崔某某作相对不起诉处理。本案涉及多方主体，为保证监督考察和案件办理公正透明，实现政治效果、法律效果和社会效果的统一，检察机关组织公开听证。一是邀请汽车维修服务行业的行政监管部门及律师担任听证员，从行业监管角度和法律适用角度评议案件，确保听证意见的全面性；二是邀请A公司、B公司的代表及第三方组织成员参会，分别介绍企业合规整改落实情况和考察评估情况，确保听证员全面了解案件；三是邀请北京市银保监局工作人员以专家身份线上出席听证会，提供保险监管领域专业意见，确保评议结果的专业性。

五是注重权益维护，确保企业合规整改落实见效。案件办理中，检察机关注重对保险公司合法权益的保护，将企业承担经济责任的情况作为审查合规整改落实的要素，同时在办案中通过对犯罪嫌疑人开展释法说理、适用认罪认罚从宽制度、开展羁押必要性审查等工作积极促进追赃挽损，被骗保险公司的损失全部被挽回。同时，检察机关强化对涉案企业规范经营的引导，促使企业步入良性发展轨道。经过合规整改，A公司、B公司实现了对保险理赔业务运营风险点的有效管控，理赔服务部门的工作质效大幅提升，与保险公司的合作更为规范顺畅。2022年，两家公司保险理赔数据趋向正常，在保险公司内部的合作车商等级均由 B 级提升至 A 级。

六是强化行刑衔接，以点及面推进诉源治理。顺义区检察院在办理该案的同时，也对辖区内近年的车险类诈骗案进行系统梳理。经分析发现，有半数以上的案件均有汽车维修服务企业或个体汽车修理厂参与的情况。这些单位或个人熟悉定损和理赔的流程，了解车辆配件价格并掌握维修技巧，也有招揽车主进店维修进而提高收益的需求，往往主动向车主提出可以不付费修车，或者满足车主提出的免费修车要求，而修车款的来源普遍为通过保险诈骗行为获得的保险理赔款。对此情况，顺义区检察院会同区交通局深入研究在汽车维修服务行业开展行刑衔接的具体措施，探索建立联合普法、线索移送等合作机制，通过与汽车维修行业协会建立合作关系，针对辖区内 400 余家企业开展行业治理，促成合规经营的法治氛围。

（三）典型意义

1. 依法全面审查，确保企业合规的必要性和可行性。将案件准确定性作为启动企业合规工作的先决条件，积极引导公安机关补充完善证据，并充分发挥检察机关自行补充侦查的职能作用。充分听取犯罪嫌疑人及辩护人的意见，结合证据进行释法说理，解决控辩双方在案件定性方面的争议。积极稳妥开展企业合规必要性审查，通过组织座谈、查阅企业年报、调取完税证明等材料、听取保险公司意见等方式，多角度审查涉案企业的制度漏洞、发展前景、社会贡献、合规意愿，确保后续开展的企业合规具有必要性、可行性。

2. 兼顾企业经营模式和案件特点适用第三方机制，确保企业合规的专业性和科学性。保险公司在车险营销中往往与汽车销售服务企业建立合作关系，企业暴露出的问题兼具汽车维修和保险服务的双重特点。该案在启动第三方机制时充分考虑专业性和针对性，由汽修行业的行政监管部门、相关行业协会组织、法律专业人士组成第三方监督评估组织。合规考察结束后组织公开听证，邀请北京市银保监局工作人员从保险监管的角度提出专业意见，确保合规考察结果运用的科学性。

3. 多措并举支持第三方机制运行，发挥企业合规中检察机关的主导作用。启动第三方机制时，检察机关在保证办案安全的前提下向第三方组织提供涉案企业资料及相关案情，协助第三方组织实地调查，综合研判企业在合规领域存在的突出问题。合规监督考察过程中，检察机关在充分保证第三方组织独立履职的基础上，与第三方组织和企业分别建立定期沟通会商机制，双向跟进企业合规整改进程、合规计划落实情况。第三方组织出具企业合规考察书面报告后，检察机关及时回访涉案企业、保险公司，将审查工作做细、做实。

4. 推进诉源治理，深化企业合规整改实效。在启动、推进、评估涉案企业合规过程中，兼顾保护民营企业健康发展和维护保险公司合法权益双重目标。保障保险公司的知情权和发表意见的权利，通过深入开展涉案企业合规促进保险合作更加规范、顺畅。立足司法办案,延伸检察职能,充分运用类案调研成果,携手行政监管部门、行业协会开展保险诈骗犯罪诉源治理专项工作,以个案合规推动行业合规。

案例十七：山东潍坊 X 公司、张某某污染环境案

【关键词】 污染环境　中外合资企业　集团公司普遍推行合规　公开听证

【要旨】 根据污染环境案件特点有针对性选任第三方组织,精准开展合规监督评估。结合中外合资企业的特点,外资集团公司要求在华十余家企业同步开展合规建设,探索合规国际标准本土化路径。积极引导外资企业树立生态环境理念,以生态环境合规建设为契机全面推动外资企业合规建设,积极构建法治化营商环境及生态保护大格局。

（一）基本案情

山东潍坊 X 公司系中外合资企业,是中国溴系阻燃剂产能最大的企业之一。犯罪嫌疑人张某某系该公司副总经理、生产经理。

2020 年 5 月,张某某雇用人员在厂区土地挖掘沟渠后填埋 X 公司生产过程中产生的溴系阻燃剂落地料 4.8 吨。经山东省环境保护领域专业司法鉴定中心认定,上述倾倒特征物为危险废物。X 公司违反国家规定,非法填埋危险废物 4.8 吨,涉嫌污染环境犯罪,张某某系 X 公司直接负责的主管人员,应予追究刑事责任。案发后,张某某被依法传唤到案,如实供述了犯罪事实。2021 年 8 月 5 日,公安机关以 X 公司、张某某涉嫌污染环境罪移送潍坊市滨海经济技术开发区检察院（以下简称滨海经开区检察院）审查起诉。

2021 年 10 月,当地生态环境部门委托专业机构进行了生态环境损害鉴定评估工作。经评估,X 公司在厂区土地挖掘沟渠非法填埋危险废物的行为,导致沟渠内的土壤被污染,案发后该部分被污染土壤已经全部挖掘用于计算溴系阻燃剂落地料的数量。经检测,除被污染土壤外,周围土壤环境质量未受到本次事件的损害,无须生态环境损害修复,遂要求 X 公司支付土壤环境监测、现场调查、环境损害评估等费用 8 万元。

（二）企业合规整改情况及效果

一是深入合资企业实地调查,审查启动企业合规考察。滨海经开区检察院经审查发现 X 公司、张某某非法处置危险废物 4.8 吨,构成污染环境罪,其中张某某作为负责生产经营的副总经理,决定实施倾倒废物的行为,代表了单位意志且单位从倾倒废物行为中获益,X 公司成立单位犯罪。X 公司与张某某均认罪认罚,犯罪嫌疑人张某某犯罪情节相对轻微,刑期为一年以下有期徒刑,并处罚金,可适用缓刑。审查起诉期间,检察办案人员先后多次前往 X 公司实地调查,了解到 X 公司是中国溴系阻燃剂产能最大的企业之一,X 公司的外资投资方 H 集团在其国内外同时上市,入选富时社会责任指数系列（FTSE4Good Index Series）,旨在识别根据全球公认标准,在环境、社

会和治理方面表现良好的公司，并对其成绩进行表彰）。如果对X公司进行刑事处罚，将在全球范围对H集团造成重大负面影响，严重影响H集团富时社会责任指数成员的地位以及EcoVaidis（全球公认的企业社会责任权威评价机构）金牌评级。考虑到X公司的产品以出口为主，失去众多国际订单，将严重影响企业的融资及生产运营的能力，进而可能导致企业大规模裁员。另发现X公司虽然设立了各种制度，但仍然存在生态环保制度不健全、生态环境观念欠缺、操作规程执行不到位等问题。在确认X公司已与当地政府达成赔偿协议，支付相关费用且将非法填埋物妥善处置，非法倾倒危险废物的行为对生态环境质量未造成重大影响的情况下，滨海经开区检察院经初步审查认定该公司符合企业合规适用条件，遂层报山东省检察院审批。2022年4月12日，山东省检察院同意对X公司启动涉案企业合规考察。

二是上下级检察机关联动，积极适用第三方机制。滨海经开区检察院根据案件罪名、案件性质、合规重点方向等方面，着重考虑第三方组织成员人数和行业身份，争取潍坊市检察院支持，由潍坊市检察院从全市专业人员名录库中分类随机抽取5名人员（市生态环境局、市应急管理局、市税务局各1人，律师2人）组建了第三方组织。在合规考察期间，两级检察院积极会同第三方组织成员多次到X公司实地考察，查看危险废物非法填埋现场及处置方式，认真研判X公司合规领域的薄弱环节和突出问题，督促X公司制订整改方案。

X公司成立专项合规建设领导小组，主动聘用外部专家及外部合规顾问（包括国家级、省级及世界银行专家库的环境专家）协助合规整改，重点对安全生产环节、危险废物处置环节进行了检查整改，建立了环境安全合规管理体系，同时新设两处危废物仓库，新购置上框压滤系统用以减少落地物产生。考察期间，X公司补充制定了共计3200多页的修订制度目录、证据清单等专项合规整改材料，同时报送检察机关与第三方组织，并根据双方提出的意见对合规整改方案进行了补充完善。X公司还建立合规风险发现、举报、监控及处理机制，建立合规绩效评价机制，推进考核与追责，并先后对企业人员开展12次全员合规培训、30多次专项合规培训，投资建立国际先进的"Go Arc"技术管理系统，企业合规文化得以重塑和深化普及。

三是通过听取汇报、现场验收、公开听证等方式，对监督考察结果的客观性进行充分评估论证。滨海经开区检察院经过对X公司制订的合规计划、整改方案，第三方组织制订的评估方案、评估指标体系、阶段性考察报告、合规整改考察评估报告等进行全面审查，对整改情况进行实地调查核实，认可企业合规整改合格。2022年7月28日，滨海经开区检察院组织人民监督员、第三方组织成员、公安机关侦查人员、生态环境部门工作人员进行公开听证，一致认为，X公司已经全面、有效完成了合规整改，并形成了长效合规管理机制，企业经营状况大为改观，同意检察机关作不起诉处理。2022年8月5日，滨海经开区检察院对X公司、张某某作出不起诉决定并公开宣告。

同时，滨海经开区检察院提出检察意见，对于办案中发现的涉行政处罚的事由，建议区生态环境局结合 X 公司已经进行企业合规整改的具体情况从宽处罚。

（三）典型意义

1. 依法能动履职，全面准确把握涉案企业合规改革的主要目的。滨海经开区检察院以涉案企业合规改革精神为指导，先行到 X 公司调研和查看案发现场，积极推动 X 公司进行企业合规整改。合规建设使企业自身取得了持续发展的能力，保持了企业的国际竞争力，同时对本地其他化工企业起到了警示作用。截至 2022 年 8 月，X 公司稳定原有就业人员近百人，并新增就业人员多名。此外，潍坊市滨海经开区管委会出具了对 X 公司扩产技术改造项目的联审意见，同意 X 公司每年增产 4000 吨溴系阻燃剂，预计 X 公司当年新增投资 1500 万元，新增税收 500 万元，显著提高了企业持续发展的能力。

2. 坚持检察上下一体，联动办案。经山东省检察院同意潍坊市滨海经开区检察院对该案启动涉案企业合规后，滨海经开区检察院结合当时该区尚未成立第三方机制委员会的实际情况，依托潍坊市检察院与市第三方监督评估机制管理委员会会商，选定了包括市检察院特聘专家在内的人员组建第三方组织，同时对第三方组织成员的选任工作和履职情况进行监督。在办案过程中，上下两级检察院办案人员多次会同第三方组织成员到 X 公司进行考察、座谈、评估，在危险废物的识别流程、固体废物的收集和处理环节、员工培训等方面，向 X 公司提出意见。企业合规整改完成后，上下两级检察院精准开展合规监督评估，督促 X 公司认真落实环保责任，弥补了 X 公司的监督管理漏洞，有效防止再次发生相同或类似违法犯罪，助推 X 公司完善现代企业管理制度。

3. 结合中外合资企业特点，外资集团旗下在华十余家同类企业主动、全面开展合规建设，将 ESG 国际标准本土化，探索建立符合我国国情的专项合规体系。在企业合规整改过程中，检察机关发现 X 公司所属集团公司曾获得 EcoVadis 评级金牌，在中国本土化进程中却遇到了挑战。究其原因，X 公司虽然意识到应当将国际 ESG 合规标准应用于中国本地企业，但该标准内容多为体系与原则性规定，在中国落地必然需要依据中国法规与中国实践经验进行细化。X 公司虽然要求 ESG 合规标准融入管理全流程，制定了指导性规定，但具体到每位员工应当承担的责任时出现了偏差，且在固体废物的收集和处理等环节存在漏洞，导致涉案企业危险废物处置由生产经理个人决策，未按照标准汇报公司后处理，从而发生污染环境的犯罪。

针对这一问题，检察机关与第三方组织协助 X 公司结合我国法律分析本地常见违规情况，识别可能导致企业刑事责任的风险点，建议在类似重大决策层面，应将个人责任与集体决策相结合，帮助企业完成制度落地。X 公司深入研究了案件发生的原因，参考 H 集团的 ESG 合规标准与当地最佳合规进行实践操作，使用新型合规方案，使新的决策机制在中国实践获得成功，并形成了双重预防机制智能化，从而将国际ESG合规标准本土化。H集团为落实该项机制，以点带面，主动将集团公司在国内的其他十余家企业均进行了内部合规整改，设立了风险监控与处理机制，真正实现了集团企业全面合规，保证了集团企业的可持续发展。

案例十八：山西新绛南某某等人诈骗案

【关键词】 诈骗　合规准备工作前移　专项合规组合　推动区域合规

【要旨】 检察机关在启动涉案企业合规工作中，主动服务保障乡村振兴战略，积极稳妥在涉案劳动密集型企业中开展合规工作。因企施策，找准方向，标本兼治，为企业量身定制"安全生产+财税管理"专项合规组合推进路径。积极稳妥探索合规准备工作前移，在"重罪"案件中开展合规改革，坚持量化评估、科学验收，确保企业"真合规""真整改"。

（一）基本案情

L公司系从事塑料包装袋生产、加工的劳动密集型企业，拥有实用性专利6项，部分业务涉及进出口贸易，现有员工300人，属国家级高新技术企业，年营业收入2000余万元。L公司拓展家庭加工，为周边留守、老龄无稳定收入人群提供稳定收入来源，助力乡村振兴。南某某系L公司总经理，张某甲、张某乙分别系公司会计、工人。

2019年9月7日，张某乙在生产车间作业时遭机器轧伤右手。因公司未给工人张某乙缴纳工伤保险，为逃避企业承担高额赔偿金，南某某安排张某甲为张某乙于9月9日补缴工伤保险，采取办理出院再二次入院的手段，虚构张某乙受伤时间，骗取工伤保险赔偿款26万余元。案发后，南某某等3人主动投案，如实供述犯罪事实，自愿认罪认罚，L公司将26万余元返还社保中心。

公安机关在侦查过程中邀请检察机关介入，涉案企业主动申请适用合规考察，检察机关作出不批准逮捕的决定并同步开展合规准备工作。2022年1月22日，根据L公司的申请，检察机关决定对L公司启动合规考察程序。2022年1月，新绛县公安局以南某某、张某甲、张某乙三人涉嫌诈骗罪向新绛县检察院移送审查起诉。检察机关受理案件后，经三个月合规考察，2022年5月18日，新绛县检察院依法对南某某等3人作出不起诉决定。

（二）企业合规整改情况及效果

一是深入调查、依法审查，积极稳妥在企业骗保案件中适用合规机制。新绛县检察院在介入侦查环节组成办案组，依法审查企业经营情况，并多次深入L公司调查，走访生产关联村民家庭。经了解，L公司生产模式以车间加工为主、家庭手工为辅，解决了480个就业岗位，留守老人占比达37.5%，对助力当地乡村振兴具有积极作用。

L公司经营状况稳定，产品销往域外多个国家和地区，发展前景良好，且在2021年10月新绛县遭受洪灾时，主动提供厂房安置灾民300余人，具有较强的社会责任感。检察机关综合考虑调查、审查情况，结合南某某等人自首、认罪认罚、退赔等法定、酌定从轻、减轻情节，2022年2月11日，根据L公司的申请，决定对其正式启动合规考察程序，合规整改期3个月。同时，检察机关根据该案特点，及时让第三方机制管委会组成了由安全评价专家、会计师、律师等组成的第三方监督评估小组。

二是精准把脉、标本兼治，监督评估有的放矢。检察机关在社会调查中发现，L公司在缴纳工伤保险方面存在问题，是案发直接原因，同时在员工管理、规章制度、安全生产执行等方面也存在问题，是引发骗保的深层次原因。新绛县检察院坚持标本兼治的合规整改原则，会同第三方组织为企业精准把脉，引导企业制定"安全生产+财税管理"专项合规组合计划，督促企业设立法务部门，健全企业员工管理及财务管理等制度，补充完善员工分级管理制度和岗位责任制度，构建安全生产管理体系、现场作业规范执行奖惩体系，确保合规整改见实效。

三是量化评估、全面验收，合规考察效果显著。检察机关与第三方组织紧密合作，科学制定评估方案，列出安全管理、生产作业、财税管理、企业制度建设4方面内容。明确了修订安全管理制度、安全操作规程、生产安全应急预案，制订应急预案演练计划和年度安全教育培训计划，组织应急演练，完善各类台账，清理生产作业现场，作业岗位悬挂明显的安全警示提醒，完善财税管理制度，加强经济管理和财务管理，工伤保险的缴纳责任到人，按月缴纳并予以公示，确定总经理全面负责的责任落实制度等24项内容翔实细致的量化验收标准。L公司各项指标全部完成，被第三方组织认定为合规整改合格。经公开听证，检察机关对南某某等3人作出相对不起诉决定。经整改，L公司制度建设和生产经营成效显著，2022年5月，L公司与国外3家公司顺利履行500万元编织袋购销合同。

四是检察建议推动专项治理，"以案促改"推动行政机关规范监管。检察机关在履职中，针对发现的县社保中心和县工业园区管委会存在的保险理赔审查把关不严、工作混乱、监管不力等问题，分别向两家单位制发检察建议。要求社保中心增强科学管理意识，要求工业园区管委会加强对辖区内企业安全生产管理，检察建议被全部采纳。2022年4月，社保中心开展了"工伤保险专项整治"活动，对近3年工伤理赔案件进行"回头看"，督促辖区企业补齐工伤保险资料50余份，总结经验教训，加强和规范审核、把关工作。同月，工业园区管委会开展了"安全生产大检查"，组织辖区内企业负责人进行安全生产专题培训，对20家企业进行安全生产抽查，消除重大安全隐患3处。

（三）**典型意义**

1.准确把握涉案企业合规的适用条件，积极稳妥探索对重罪案件适用合规考察程序。本案中 3 名犯罪嫌疑人涉嫌诈骗罪，办案机关根据《关于建立涉案企业合规第三方监督评估机制的指导意见（试行）》第三条的规定，认为 3 名犯罪嫌疑人实施的骗取工伤保险基金的行为属于公司企业的经营管理人员实施的与生产经营活动密切相关的犯罪，可以适用合规考察程序。本案中的诈骗罪行为方式与普通诈骗罪存在许多不同，骗取的对象为政府部门管理的社会保险基金，骗取行为与企业生产经营活动直接相关，虽然刑法对诈骗罪未规定单位犯罪，但根据上述指导意见的规定，符合合规案件适用范围。刑法分则当中存在若干类似的罪名，由于未规定单位犯罪，但只要符合涉案企业合规改革试点文件规定的"与生产经营活动密切相关"的条件，就可以纳入合规改革试点的案件范围，从这个意义上讲，涉案企业合规改革并不限于单位犯罪案件。本案中南某某、张某甲的行为按照诈骗罪量刑，基准刑为 66 个月，属于重罪案件，但检察机关综合考虑其具有自首、退赔退赃、初犯偶犯、认罪认罚等法定酌定量刑情节，同时对涉案企业是否具备合规整改的条件进行了认真分析，对本案启动合规考察程序，完全符合当前涉案企业合规改革探索中的相关指导性文件规定。

2. 合规准备工作前移，坚持全流程、系统性推进合规改革试点工作。本案中，检察机关在介入侦查环节即着手开展合规准备工作，通过深入细致的专项调查，准确全面地掌握了犯罪的原因、是否符合合规条件等基本信息，并与侦查机关、政府有关部门、工商联等协作机构紧密沟通、达成共识。注重用足用好合规程序的工具箱，对犯罪嫌疑人不批准逮捕，对企业慎重采取查封、扣押、冻结等强制性侦查措施，有助于全面实现合规整改目的。同时，检察机关尽早开展合规准备工作，有助于案件进入审查起诉环节后高质量开展合规考察，更能发挥合规"保企业""保就业"等社会功能。

3. 针对性制订专项合规组合计划，标本兼治推动真合规、真整改。检察机关借助第三方组织，紧扣财税制度混乱导致的漏保风险，以及安全生产执行不到位引发安全事故风险等问题，为企业量身定制"安全生产+财税管理"专项合规组合推进路径，向企业指明合规风险点，提出专业整改意见。同时，检察机关通过总结提炼《合规整改可行性评估报告》内容，建议第三方组织制定《合规整改情况验收表》，对企业合规整改完成情况进行量化评估，促进第三方组织准确履职，确保合规整改监督评估专业有据，考察验收结果更具说服力，合规整改成效更实。

案例十九：安徽省 C 公司、蔡某某等人滥伐林木、非法占用农用地案

【关键词】 外资企业　一体化办案　府检联动　生态修复

【要旨】 检察机关依托"府检联动"工作机制，依法能动履职，加强与行政机关的沟通协作，综合运用行政、经济、司法手段，积极探索生态环境保护领域涉案企业合规适用，对多罪名涉案外资企业开展合规考察，通过个案合规推动行业合规，切实营造安商惠企的法治化营商环境，有力护航民营经济高质量发展。

(一) 基本案情

安徽省 C 矿业有限公司（以下简称 C 公司）系外商独资企业，注册成立于 2010 年 4 月，隶属于外资企业 J 控股集团。蔡某某系 C 公司法定代表人、总经理，熊某、刘某某系副总经理，方某某系生产技术部主管。

C 公司因拓宽采矿区的生产经营需要，向有关部门申请林木采伐和道路扩建。2020 年 8 月 14 日，经安徽省林业局审核，同意 C 公司扩建工程项目使用村集体林地 16 公顷。2021 年 2 月 2 日，芜湖市繁昌区自然资源和规划局根据 C 公司申报，批准该公司在其申请的四至范围内采伐。但 C 公司在采伐和修路过程中，均未在上述规定的范围内进行。

2021 年 2 月，在申领到林木采伐许可证后，经蔡某某同意，由熊某具体负责，安排员工对已征收的山林地实施林木砍伐。砍伐过程中，发生超审批许可砍伐林木情况。经鉴定，C 公司超审批采伐林木蓄积量 49.2236 立方米。2021 年 4 月，C 公司因扩建项目修建道路，刘某某分管此项工作，方某某具体负责。但在修路过程中，超出了申请的范围。2021 年 7 月 13 日，芜湖市自然资源和规划局繁昌分局鉴于 C 公司存在未经批准擅自改变林地用途和滥伐林木行为，向其下发立即停止违法行为的通知。2021 年 8 月，刘某某擅自向方某某下达复工指令，至同年 11 月工期结束。经鉴定，C 公司未经审批占用林地面积 91.056 亩，均为用材林。

2021 年 11 月 20 日，芜湖市公安局繁昌分局对 C 公司以滥伐林木、非法占用农用地罪，对蔡某某、熊某以滥伐林木罪，对刘某某、方某某以非法占用农用地罪立案侦查，并对四人采取了取保候审的强制措施，繁昌区检察院应繁昌公安分局邀请派员介入侦查引导取证。

案发后，C 公司表示愿意就违法行为造成的环境损害进行磋商和修复并以缴纳保证金的方式保障治理费用，充分弥补损失；涉案人员到案后，如实供述犯罪事实、自愿认罪认罚，主动提出合规整改意愿。2022 年 3 月 11 日，繁昌公安分局将该案移送繁昌区检察院审查起诉，繁昌区检察院经层报省检察院同意后于 2022 年 5 月启动合规考察程序，经过两个月的考察，2022 年 7 月，第三方组织评估 C 公司合规整改合格后，繁昌区检察院依法对 C 公司及涉案人员作出不起诉决定。

(二) 企业合规整改情况及效果

一是坚持一体化办案，审慎启动涉案企业合规程序。案发后，繁昌区检察院介入侦查引导取证，了解案件情况，并及时与公益诉讼部门对接，组成工作专班，做到刑事案件办理与公益诉讼办理同步。在移送审查起诉后，工作专班第一时间赴涉案企业和案发矿区现场调查取证，并及时向市检察院和区委汇报案情。经市检察院批准，市、区两级检察机关抽调办案骨干成立联合办案组，推动涉案企业合规整改。经查，C 公司成立以来，为当地提供 300 余个就业岗位和创业机会，近两年的年纳税额超 6 千万元，关联下游企业年纳税额 3 亿余元。同时，该企业主动承担当地 350 户村民自来水费用，积极参与抗洪抢险、疫情防控等公益活动。案发后，涉案企业主动委托第三方机构制订植被恢复治理实施方案，投入专项经费 460 万余元用于生态恢复治理，以弥补犯罪行为造成的环境损害，企业还明确表示愿意缴纳保证金来保障后续治理费用。检察机关综合考虑涉案企业的案发原因、合规整改意愿、社会贡献度、发展前景以及案发点受损林地恢复治理情况，在层报安徽省检察院同意后，决定启动涉案企业合规考察。

二是依托"府检联动"，有效凝聚合规整改合力。为争取支持、凝聚共识、形成合力，芜湖市检察院依托"府检联动"工作机制，在该案办理基础上，推动出台《芜湖市涉案企业合规第三方监督评估机制的实施意见》。繁昌区检察院与区行业主管部门就该案所涉违法行为、生态恢复治理要求等具体事项反复磋商沟通，召开府检专题座谈会 3 次。同时检察机关邀请来自繁昌区生态环境分局、区自然资源和规划分局的 2 名特邀检察官助理加入办案组，不仅提出有针对性的意见建议，还协助开展勘验、鉴定、调取证据材料等工作，为该案办理提供专业化支持。

三是专注缺陷补救，切实增强涉案企业全员法律意识。C 公司虽持有采伐许可证和规划许可证，但超量采伐，且未经批准擅自改变林地用途，造成环境资源损害，暴露出 C 公司在环保绿色生产、安全生产承诺及合规管理方面法律意识淡薄。为此，C 公司的上级集团公司任命专人担任合规建设领导小组组长到 C 公司担任合规办公室主任，在对 C 公司生产经营活动及制度执行履行决策权和监督权的同时，推动企业合规和"边开采边治理"理念向整个集团辐射，积极打造和申报"省级绿色矿山"。C 公司在合规建设阶段，邀请了自然资源和规划部门、律师等专业人员就森林法及其实施细则等开展了法律培训，编制了员工行为手册，并通过考试的方式巩固员工学习成果；同时，在用林用地、动土动工等重大事项上建立了分级管理制度，树立全体员工的合规意识、红线意识。

四是聚焦生态修复，推动合规整改走深走实。根据该案特点，检察机关邀请环保、林业、土地方面的专家学者，建立专业化的第三方组织。第三方组织先后 4 次现场查验，研判问题不足、提出针对性解决意见，并推动 C 公司在原定实施方案基础上，增加铺种草皮 42000 平方米，以"挂网喷播"技术恢复植被 30000 平方米，恢复治理费用由计划投入 192 万元增至实际支出 460 余万元，生态恢复治理力度得到大幅提升。在合规整改评估验收通过后，检察机关召开公开听证会，就合规考察工作充分听取意见建议。会议邀请行业代表、律师、人民监督员等 5 名听证员，同时邀请人大代表、政协委员及侦查机关、主管部门代表等 10 余人旁听。经评议，参与听证各方对 C 公司合规建设成效给予肯定，并一致同意检察机关对涉案企业和涉案人员拟不起诉的意见。

（三）典型意义

1. 注重理念指引，积极探索对多罪名涉案企业开展合规考察。本案涉案企业涉嫌2个罪名、涉案自然人较多，芜湖市、区两级检察机关强化上下联动，结合涉案企业合规案件适用条件，对该案探索开展环保合规，并推动相关机制的建立。办案机关考虑到涉案企业虽涉嫌两个罪名，但两罪之间具有密切关联，鉴于犯罪成因、企业生产经营状况、法益修复情况等因素，可以对涉案企业开展合规考察。检察机关在办案过程中，还将涉案企业合规与少捕慎诉慎押刑事司法政策、认罪认罚从宽制度有机结合，在确保合规整改实效性的前提下确定合适的考察期限。同时办案机关积极依托"府检联动"机制，有效形成企业合规整改合力，督促涉案企业履行合规承诺的同时，帮助企业尽快恢复正常生产经营秩序。

2. 发挥主导责任，扎实推进合规进程。该案移送检察机关审查起诉之初，涉案企业虽有强烈的合规整改意愿，但因生态治理难度大、投入高，案发地的恢复治理工作迟迟未能跟进。检察机关严格把握企业合规适用条件，在督促涉案企业对损害后果采取必要的补救挽损措施后，才正式启动合规程序，并在合规建设期间，多次邀请第三方组织现场核查合规计划的执行落实情况。同时切实做好企业合规"后半篇文章"，通过上级集团公司直接派遣合规团队介入，督促涉案企业建立用林用地风险防控体系及处理机制，推动出台《合规管理制度》等规章制度，帮助涉案企业和员工树立合规意识，筑牢绿色可持续发展理念。

3. 延伸监督职能，实现行业合规治理。企业合规的最终目的是让企业"活下来""留得住""经营得好"。繁昌区检察院在依法对C公司和蔡某某等涉案人员作出不起诉决定后，充分总结该案暴露的行业治理问题，向行业主管部门制发检察建议，推动"个案合规"向"行业合规"延伸。行业主管部门根据检察机关的建议，在深入辖区内企业开展专项检查的基础上，召开全区矿山开采行业专题会议，通报C公司案件情况，要求各相关企业完善配套机制，强化制度执行，并对发现的问题限期整改。检察机关通过C公司环保合规案件的办理，推动行业治理，较好地实现了政治效果、法律效果和社会效果的有机统一。

案例二十：浙江杭州T公司、陈某某等人帮助信息网络犯罪活动案

【关键词】帮助信息网络犯罪活动　网络科技公司　互动式广告　制度建构与技术升级　数据合规指引

【要旨】互联网广告的高频性、易变性和非接触性，导致经营互联网广告业务的企业在实际经营过程中，难以判断广告主的违法性，极易成为网络违法犯罪的"帮凶"。检察机关针对互联网广告行业属性、技术行为合规规则，发挥"行政主管+业务专家"联动监督的叠加优势，以"制度规范+技术合规"综合施策，提升涉案企业合

规监督评估的精准性和有效性。同时,注重强化诉源治理,制定并出台企业数据合规指引,积极探索建立对科创企业的适度容错机制,从"治已病"到"治未病",有效激发市场主体活力,助力数字经济健康发展。

(一)基本案情

杭州 T 网络科技有限公司(以下简称 T 公司)成立于 2017 年,系香港上市公司 D 公司的全资子公司,主营第三方互动式广告平台业务。D 公司旗下"线上用户运营 SaaS""银行营销 SaaS""第三方互动式广告平台"三个业务板块均在国内行业领先。T 公司系国家高新技术企业,公司业务发展迅速,现有员工 300 余人,累计纳税超亿元,拥有多项国家专利,先后荣获诸多政府和行业荣誉奖项。陈某某等 12 人分别为 T 公司的实际控制人、主管人员、业务员。

2017 年,T 公司发现其互动广告业务中部分代理商可能存在发布彩票广告和疑似涉赌信息的情形,但为提升公司经营业绩,兼任 T 公司、D 公司董事长的犯罪嫌疑人陈某某与时任公司总裁黎某某等人商定,仍由 T 公司销售部人员对接相关代理商,商谈投放费用;运营部人员落实广告投放平台、投放时间、投放区域,采用直推或加粉方式向网络平台推送广告及后续维护;商务部人员在网络平台购买广告位进行发布,处理投诉和相关舆情;风控部人员对已上线广告明显为赌博页面的及时予以下架,规避查处。案发后,T 公司第一时间下架所有该类型广告,并主动退还 1350 万元非法获利。

2021 年 5 月 13 日,西湖区检察院依法受理了犯罪嫌疑单位 T 公司、犯罪嫌疑人陈某某等 12 人帮助信息网络犯罪活动罪一案。针对该案是否涉嫌开设赌场罪的共同犯罪问题,检察机关审查认为,T 公司、陈某某等人与上游犯罪分子没有共谋或默认的共同故意,也未实施共同的犯罪行为,没有直接从上游犯罪行为中获取高额利益,在侦查机关未能对上游赌博平台进行查证的情况下,不宜认定 T 公司、陈某某等人与上游被帮助人存在积极的意思联络,案件以帮助信息网络犯罪活动罪定性较为适宜。经开展社会调查,检察机关综合考虑各种因素,于 2022 年 2 月决定对 T 公司启动涉案企业合规考察。在 T 公司完成有效合规整改后,2022 年 9 月,西湖区检察院依法对犯罪嫌疑单位 T 公司、犯罪嫌疑人陈某某等 12 人作出不起诉决定。

(二)企业合规整改情况及效果

一是精心审查,充分论证确保合规考察的必要性。案件移送审查起诉后,西湖区检察院多次实地走访企业,调查企业规模以及实际经营状况,听取企业在案发至移送审查起诉期间的整改情况汇报。经深入了解,T 公司作为一家成长型科技企业,规模发展迅速,管理层及员工普遍存在重业绩增长轻法律风险等问题,且公司在停止违法行为后,其业绩稳中向好,具备合规整改的基础和意义。西湖区检察院与监管部门、上级检察院开展共同研判,考虑到公司发展前景较好,涉案业务比重小,主要业务运营合法，结合管理层主动停止违法行为着手合规整改的情况，在对其提交的合规申请、整改计划等材料认真审查后，决定对该公司开展合规考察。

二是精准施策，多管齐下确保合规方案的科学性。决定对涉案企业开展合规考察后，西湖区检察院根据企业特点，科学选任第三方组织，邀请省、市两级检察院参与并实际指导企业的合规整改工作，充分研究并提出整改方向和建议。一方面，指导企业深入剖析涉案原因：公司高速发展的业绩压力使管理层忽视了合规治理的重要性，导致内部风险管理水平与业务体量不匹配；广告审核制度不完善、线上风控技术能力较弱，内部核心岗位人员权责不明，制度建设未落实，人力及预算投入不够造成审核力度不足等。另一方面，指导企业制订合规整改方案：成立合规委员会，制定《T公司合规委员会章程》，避免管理者个人意志左右公司合规决策；创制《合规事项异议处理办法》《员工奖惩制度细则》《合规监察举报办法》，建立四级合规异议制度，初步形成体系性的日常合规事项管理制度；强化广告业务审核，对内全面更新广告业务内容审核，对外创设广告主身份认证规范，充分落实监管责任，避免第三方代理商及广告主违规发布不符合法律规定的广告；落实技术合规目标，加大技术研发投入，创设一系列广告落地页监控手段，针对违法广告开发了一系列技术专利；加强内部人员合规意识，通过合规培训、警示教育、合规专项月等形式，强化"人人合规、事事合规"意识。

三是精细考察，多方评定确保审查结果的公正性。合规考察期间，公司"一周一汇报、一月一总结"，及时解决整改中的问题。2022年5月考察期满后，第三方组织认为T公司按要求完成合规整改计划，评定合规整改合格。西湖区检察院经过事后走访、现场验收等方式对该结果予以充分审查。为保障涉案企业及时复工复产，同年9月，西湖区检察院组织公开听证会，邀请省人大代表、人民监督员、工商联代表、第三方组织成员等参加或旁听。经评议，与会人员对T公司合规整改成效充分肯定，一致同意检察机关对T公司及涉案人员依法作出不起诉决定。

四是精良治理，系统防范新业态伴随的法律风险，确保企业发展的持续性。西湖区检察院通过办案发现，浙江数字经济发达，部分新业态常常游走在法律边缘，相关案件类型新、争议大，如果在企业违法犯罪之后再行治理，多是"亡羊补牢"，也不可避免地对企业发展产生不利影响。为此，西湖区检察院根据本地数字经济产业聚集的实际，推动相关部门共同探索企业事前合规，主动联合该区九个部门研究出台《西湖区预防性企业合规监督评估机制的意见（试行）》，横向联动形成合力，以"我管"促"都管"，对有刑事风险的企业进行事先预警和评估。同时，注重强化行业系统治理，以《中华人民共和国个人信息保护法》和《中华人民共和国数据安全法》颁布实施为契机，牵头相关职能部门深入调研论证，制定出台了《西湖区企业数据合规指引》，创建企业数据刑事合规通道，助力企业依法合规经营。

(三) 典型意义

1. 强化能动履职，深入推进企业整改。检察机关从个案出发，考虑涉案企业系辖区重点培育企业、公司规模较大、员工达千余人，所涉犯罪涉及公司部分业务，罪名反映问题较新等诸多因素，从维护社会稳定、促进企业经营发展、保障劳动力就业等公共利益角度综合考虑决定对涉案企业开展合规整改。检察机关将企业合规与认罪认罚从宽制度、不起诉制度融合推进，督促企业重新审视经营流程和机制漏洞，引导企业从源头上完善内部管理体系。

2. 选好第三方组织，确保监督评估效果。第三方组织承担对涉案企业的调查、监督、评估、考核等职责，其专业人员库能否用好，直接关系第三方监督评估的实际效果。该涉案企业存在互联网企业营运模式的专业化特征，且本案又涉互联网广告运营这一特殊领域，检察机关基于涉案合规业务的特性，组建由浙江大学网络安全学术专家、行政主管机关领导、广告业内专家、法律实务专家等组成的第三方监督评估组织。在行政主管的政策引导和业务专家的技术支撑下，合规指导精准有力。

3. 针对犯罪成因的专项合规计划辅之以技术监管，形成行业合规示范效应。该案中，针对广告主身份认证这一关键问题，检察机关和第三方监督评估组织要求涉案企业克服困难坚决整改到位，在管好自己的同时也要管理好合作伙伴。通过"制度构建+技术升级"，涉案企业初步建立了刑事合规管理体系，一方面，通过对合作伙伴的管理，在一定程度上净化了行业风气；另一方面，也通过技术提升，在违法广告的巡查、筛选方面提出了六项专利权申请，将作弊监测系统、防篡改系统、自动审核系统、异常排查系统等技术手段应用于涉互联网广告行业相关企业，以点带面，有效推动行业良性发展。

4. 强化诉源治理，助力数字经济发展。办案检察机关通过联合相关部门搭建平台、整合数据、对有刑事风险的科创企业进行事先预警评估，督促开展合规整改，探索建立适度容错机制，有效激发了市场主体活力。同时，通过制发数据合规指引，引导企业自主构建数据合规管理、运行、保障和处置体系，强化企业数据安全保障意识和犯罪预防意识，实现"惩""防""治"工作的一体化开展，较好地推动了末端处理与前端治理的有机融合，有力促进了区域数字经济健康发展，彰显了检察担当。

第二部分　企业合规必备法律法规、规范性文件等一览

一、涉案企业合规规章、规范性文件

1. 《关于建立涉案企业合规第三方监督评估机制的指导意见（试行）》（2021年6月3日）

2. 《〈关于建立涉案企业合规第三方监督评估机制的指导意见（试行）〉实施细则》（2021年6月3日）

3. 《涉案企业合规第三方监督评估机制专业人员选任管理办法（试行）》（2022年1月11日）

4. 《中央企业合规管理办法》（2022年10月1日）

5. 《涉案企业合规建设、评估和审查办法（试行）》（2022年4月19日）

6. 《中小企业合规管理体系有效性评价》T/CASMES 19—2022（2022年5月23日）

7. 《中共中央、国务院关于营造更好发展环境支持民营企业改革发展的意见》（2019年12月4日）

二、各地律协关于律师从事合规法律服务指引

1. 江苏省律师协会《律师从事合规法律服务业务指引》（2021年11月17日）

2. 广州市律师协会《律师开展企业合规法律服务业务指引》（2022年6月1日）

3. 安徽省律师协会《安徽省律师从事涉案企业合规建设评估业务操作指引》（2022年9月23日）

4. 北京市律师协会《企业合规管理与律师实务操作指引》（2022年9月23日）

5. 大连市律师协会《律师办理涉案企业合规建设业务操作指引》（2022年10月20日）

附：部分涉案企业合规相关文件

一、涉案企业合规规章、规范性文件

1.《关于建立涉案企业合规第三方监督评估机制的指导意见（试行）》（2021年6月3日）

2.《〈关于建立涉案企业合规第三方监督评估机制的指导意见（试行）〉实施细则》（2021年6月3日）

3.《涉案企业合规第三方监督评估机制专业人员选任管理办法（试行）》（2022年1月11日）

4.《中央企业合规管理办法》（2022年10月1日）

5.《涉案企业合规建设、评估和审查办法（试行）》（2022年4月19日）

6.《中小企业合规管理体系有效性评价》（T/CASMES 19—2022）（2022年5月23日）

7. 中共中央、国务院《关于营造更好发展环境支持民营企业改革发展的意见》（2019年12月4日）

1.《关于建立涉案企业合规第三方监督评估机制的指导意见（试行）》

（2021年6月3日）

为贯彻落实习近平总书记重要讲话精神和党中央重大决策部署，在依法推进企业合规改革试点工作中建立健全涉案企业合规第三方监督评估机制，有效惩治预防企业违法犯罪，服务保障经济社会高质量发展，助力推进国家治理体系和治理能力现代化，根据刑法、刑事诉讼法等法律法规及相关政策精神，制定本指导意见。

第一章 总 则

第一条 涉案企业合规第三方监督评估机制（以下简称第三方机制），是指人民检察院在办理涉企犯罪案件时，对符合企业合规改革试点适用条件的，交由第三方监督评估机制管理委员会（以下简称第三方机制管委会）选任组成的第三方监督评估组织（以下简称第三方组织），对涉案企业的合规承诺进行调查、评估、监督和考察。考察结果作为人民检察院依法处理案件的重要参考。

第二条 第三方机制的建立和运行，应当遵循依法有序、公开公正、平等保护、标本兼治的原则。

第三条 第三方机制适用于公司、企业等市场主体在生产经营活动中涉及的经济犯罪、职务犯罪等案件，既包括公司、企业等实施的单位犯罪案件，也包括公司、企业实际控制人、经营管理人员、关键技术人员等实施的与生产经营活动密切相关的犯罪案件。

第四条 对于同时符合下列条件的涉企犯罪案件，试点地区人民检察院可以根据案件情况适用本指导意见：

（一）涉案企业、个人认罪认罚；

（二）涉案企业能够正常生产经营，承诺建立或者完善企业合规制度，具备启动第三方机制的基本条件；

（三）涉案企业自愿适用第三方机制。

第五条 对于具有下列情形之一的涉企犯罪案件，不适用企业合规试点以及第三方机制：

（一）个人为进行违法犯罪活动而设立公司、企业的；

（二）公司、企业设立后以实施犯罪为主要活动的；

（三）公司、企业人员盗用单位名义实施犯罪的；

（四）涉嫌危害国家安全犯罪、恐怖活动犯罪的；

（五）其他不宜适用的情形。

第二章 第三方机制管委会的组成和职责

第六条 最高人民检察院、国务院国有资产监督管理委员会、财政部、全国工商联会同司法部、生态环境部、国家税务总局、国家市场监督管理总局、中国国际贸易促进委员会等部门组建第三方机制管委会，全国工商联负责承担管委会的日常工作，国务院国有资产监督管理委员会、财政部负责承担管委会中涉及国有企业的日常工作。

第三方机制管委会履行下列职责：

（一）研究制定涉及第三方机制的规范性文件；

（二）研究论证第三方机制涉及的重大法律政策问题；

（三）研究制定第三方机制专业人员名录库的入库条件和管理办法；

（四）研究制定第三方组织及其人员的工作保障和激励制度；

（五）对试点地方第三方机制管委会和第三方组织开展日常监督和巡回检查；

（六）协调相关成员单位对所属或者主管的中华全国律师协会、中国注册会计师协会、中国企业联合会、中国注册税务师协会、中国贸促会全国企业合规委员会（中国贸促会商事法律服务中心）以及其他行业协会、商会、机构等在企业合规领域的业务指导，研究制定涉企犯罪的合规考察标准；

（七）统筹协调全国范围内第三方机制的其他工作。

第七条 第三方机制管委会各成员单位建立联席会议机制，由最高人民检察院、国务院国有资产监督管理委员会、财政部、全国工商联负责同志担任召集人，根据工作需要定期或者不定期召开会议，研究有关重大事项和规范性文件，确定阶段性工作重点和措施。

各成员单位应当按照职责分工，认真落实联席会议确定的工作任务和议定事项，建立健全日常联系、联合调研、信息共享、宣传培训等机制，推动企业合规改革试点和第三方机制相关工作的顺利进行。

第八条 试点地方的人民检察院和国资委、财政部门、工商联应当结合本地实际，参照本指导意见第六条、第七条规定组建本地区的第三方机制管委会并建立联席会议机制。

试点地方第三方机制管委会履行下列职责：

（一）建立本地区第三方机制专业人员名录库，并根据各方意见建议和工作实际进行动态管理；

（二）负责本地区第三方组织及其成员的日常选任、培训、考核工作，确保其依法依规履行职责；

（三）对选任组成的第三方组织及其成员开展日常监督和巡回检查；

（四）对第三方组织的成员违反本指导意见的规定，或者实施其他违反社会公德、职业伦理的行为，严重损害第三方组织形象或公信力的，及时向有关主管机关、协会等提出惩戒建议，涉嫌违法犯罪的，及时向公安司法机关报案或者举报，并将其列入第三方机制专业人员名录库黑名单；

（五）统筹协调本地区第三方机制的其他工作。

第九条 第三方机制管委会应当组建巡回检查小组，按照本指导意见第六条第五项、第八条第三项的规定，对相关组织和人员在第三方机制相关工作中的履职情况开展不预先告知的现场抽查和跟踪监督。

巡回检查小组成员可以由人大代表、政协委员、人民监督员、退休法官、检察官以及会计审计等相关领域的专家学者担任。

第三章 第三方机制的启动和运行

第十条 人民检察院在办理涉企犯罪案件时，应当注意审查是否符合企业合规试点以及第三方机制的适用条件，并及时征询涉案企业、个人的意见。涉案企业、个人及其辩护人、诉讼代理人或者其他相关单位、人员提出适用企业合规试点以及第三方机制申请的，人民检察院应当依法受理并进行审查。

人民检察院经审查认为涉企犯罪案件符合第三方机制适用条件的，可以商请本地区第三方机制管委会启动第三方机制。第三方机制管委会应当根据案件具体情况以及涉案企业类型，从专业人员名录库中分类随机抽取人员组成第三方组织，并向社会公示。

第三方组织组成人员名单应当报送负责办理案件的人民检察院备案。人民检察院或者涉案企业、个人、其他相关单位、人员对选任的第三方组织组成人员提出异议的，第三方机制管委会应当调查核实并视情况做出调整。

第十一条 第三方组织应当要求涉案企业提交专项或者多项合规计划，并明确合规计划的承诺完成时限。

涉案企业提交的合规计划，主要围绕与企业涉嫌犯罪有密切联系的企业内部治理结构、规章制度、人员管理等方面存在的问题，制定可行的合规管理规范，构建有效的合规组织体系，健全合规风险防范报告机制，弥补企业制度建设和监督管理漏洞，防止再次发生相同或者类似的违法犯罪。

第十二条 第三方组织应当对涉案企业合规计划的可行性、有效性与全面性进行审查，提出修改完善的意见建议，并根据案件具体情况和涉案企业承诺履行的期限，确定合规考察期限。

在合规考察期内，第三方组织可以定期或者不定期对涉案企业合规计划履行情况进行检查和评估，可以要求涉案企业定期书面报告合规计划的执行情况，同时抄送负责办理案件的人民检察院。第三方组织发现涉案企业或其人员尚未被办案机关掌握的犯罪事实或者新实施的犯罪行为，应当中止第三方监督评估程序，并向负责办理案件的人民检察院报告。

第十三条 第三方组织在合规考察期届满后,应当对涉案企业的合规计划完成情况进行全面检查、评估和考核,并制作合规考察书面报告,报送负责选任第三方组织的第三方机制管委会和负责办理案件的人民检察院。

第十四条 人民检察院在办理涉企犯罪案件过程中,应当将第三方组织合规考察书面报告、涉案企业合规计划、定期书面报告等合规材料,作为依法作出批准或者不批准逮捕、起诉或者不起诉以及是否变更强制措施等决定,提出量刑建议或者检察建议、检察意见的重要参考。

人民检察院发现涉案企业在预防违法犯罪方面制度不健全、不落实,管理不完善,存在违法犯罪隐患,需要及时消除的,可以结合合规材料,向涉案企业提出检察建议。

人民检察院对涉案企业作出不起诉决定,认为需要给予行政处罚、处分或者没收其违法所得的,应当结合合规材料,依法向有关主管机关提出检察意见。

人民检察院通过第三方机制,发现涉案企业或其人员存在其他违法违规情形的,应当依法将案件线索移送有关主管机关、公安机关或者纪检监察机关处理。

第十五条 人民检察院对于拟作不批准逮捕、不起诉、变更强制措施等决定的涉企犯罪案件,可以根据《人民检察院审查案件听证工作规定》召开听证会,并邀请第三方组织组成人员到会发表意见。

第十六条 负责办理案件的人民检察院应当履行下列职责:

(一)对第三方组织组成人员名单进行备案审查,发现组成人员存在明显不适当情形的,及时向第三方机制管委会提出意见建议;

(二)对涉案企业合规计划、定期书面报告进行审查,向第三方组织提出意见建议;

(三)对第三方组织合规考察书面报告进行审查,向第三方机制管委会提出意见建议,必要时开展调查核实工作;

(四)依法办理涉案企业、个人及其辩护人、诉讼代理人或者其他相关单位、人员在第三方机制运行期间提出的申诉、控告或者有关申请、要求;

(五)刑事诉讼法、人民检察院刑事诉讼规则等法律、司法解释规定的其他法定职责。

第十七条 第三方组织及其组成人员在合规考察期内,可以针对涉案企业合规计划、定期书面报告开展必要的检查、评估,涉案企业应当予以配合。

第三方组织及其组成人员应当履行下列义务:

(一)遵纪守法,勤勉尽责,客观中立;

(二)不得泄露履职过程中知悉的国家秘密、商业秘密和个人隐私;

(三)不得利用履职便利,索取、收受贿赂或者非法侵占涉案企业、个人的财物;

(四)不得利用履职便利,干扰涉案企业正常生产经营活动。

第三方组织组成人员系律师、注册会计师、税务师(注册税务师)等中介组织人员的,在履行第三方监督评估职责期间不得违反规定接受可能有利益关系的业务;在履行第三方监督评估职责结束后一年以内,上述人员及其所在中介组织不得接受涉案企业、个人或者其他有利益关系的单位、人员的业务。

第十八条 涉案企业或其人员在第三方机制运行期间,认为第三方组织或其组成人员存在行为不当或者涉嫌违法犯罪的,可以向负责选任第三方组织的第三方机制管委会反映或者提出异议,或者向负责办理案件的人民检察院提出申诉、控告。

涉案企业及其人员应当按照时限要求认真履行合规计划,不得拒绝履行或者变相不履行合规计划、拒不配合第三方组织合规考察或者实施其他严重违反合规计划的行为。

第四章 附 则

第十九条 纪检监察机关认为涉嫌行贿的企业符合企业合规试点以及第三方机制适用条件，向人民检察院提出建议的，人民检察院可以参照适用本指导意见。

第二十条 试点地方人民检察院、国资委、财政部门、工商联可以结合本地实际，参照本指导意见会同有关部门制定具体实施办法，并按照试点工作要求报送备案。

本指导意见由最高人民检察院、国务院国有资产监督管理委员会、财政部、全国工商联会同司法部、生态环境部、国家税务总局、国家市场监督管理总局、中国国际贸易促进委员会负责解释，自印发之日起施行。

2.《〈关于建立涉案企业合规第三方监督评估机制的指导意见（试行）〉实施细则》

（2021年6月3日）

为深入学习贯彻习近平新时代中国特色社会主义思想，全面贯彻习近平法治思想，完整、准确、全面贯彻新发展理念，认真落实最高人民检察院、司法部、财政部、生态环境部、国务院国资委、税务总局、市场监管总局、全国工商联、中国贸促会《关于建立涉案企业合规第三方监督评估机制的指导意见（试行）》（以下简称《指导意见》），依法推进企业合规改革试点工作，规范涉案企业合规第三方监督评估机制管理委员会（以下简称第三方机制管委会）以及第三方监督评估机制（以下简称第三方机制）相关工作有序开展，结合工作实际，制定本实施细则。

第一章 第三方机制管委会的组成和职责

第一条 第三方机制管委会是承担对第三方机制的宏观指导、具体管理、日常监督、统筹协调等职责，确保第三方机制依法、有序、规范运行，以及第三方监督评估组织（以下简称第三方组织）及其组成人员依法依规履行职责的议事协调机构。

第二条 第三方机制管委会成员单位包括最高人民检察院、司法部、财政部、生态环境部、国务院国资委、税务总局、市场监管总局、全国工商联、中国贸促会等部门，并可以根据工作需要增加成员单位。

第三条 第三方机制管委会履行下列职责：

（一）研究制定涉及第三方机制的规范性文件；

（二）研究论证第三方机制涉及的重大法律政策问题；

（三）研究制定第三方机制专业人员名录库的入库条件和管理办法；

（四）研究制定第三方组织及其组成人员的工作保障和激励制度；

（五）对试点地方第三方机制管委会和第三方组织开展日常监督和巡回检查；

（六）协调相关成员单位对所属或者主管的

中华全国律师协会、中国注册会计师协会、中国企业联合会、中国注册税务师协会、中国贸促会全国企业合规委员会（中国贸促会商事法律服务中心）以及其他行业协会、商会、机构等在企业合规领域的业务指导，研究制定涉企犯罪的合规考察标准；

（七）统筹协调第三方机制的其他工作。

第二章　第三方机制管委会联席会议的职责

第四条　第三方机制管委会建立联席会议机制，以联席会议形式研究制定重大规范性文件，研究论证重大法律政策问题，研究确定阶段性工作重点和措施，协调议定重大事项，推动管委会有效履职尽责。

第五条　联席会议由最高人民检察院、国务院国资委、财政部、全国工商联有关负责同志担任召集人，管委会其他成员单位有关负责同志担任联席会议成员。联席会议成员因工作变动需要调整的，由所在单位提出，联席会议确定。

第六条　联席会议原则上每半年召开一次，也可以根据工作需要临时召开。涉及企业合规改革试点工作及重大法律政策议题的由最高人民检察院召集，涉及第三方机制管委会日常工作及民营企业议题的由全国工商联召集，涉及国有企业议题的由国务院国资委、财政部召集。召集人可以根据议题邀请其他相关部门、单位以及专家学者参加会议。

第七条　联席会议以纪要形式明确会议议定事项，印发第三方机制管委会各成员单位及有关方面贯彻落实，重大事项按程序报批，落实情况定期报告联席会议。

第八条　联席会议设联络员，由第三方机制管委会各成员单位有关司局负责同志担任。在联席会议召开之前，应当召开联络员会议，研究讨论联席会议议题和需提交联席会议议定的事项及其他有关工作。

联络员应当根据所在单位职能，履行下列职责：

（一）协调本单位与其他成员单位的工作联系；

（二）组织研究起草有关规范性文件，研究论证有关法律政策问题，对有关事项或者议题提出意见建议；

（三）组织研究提出本单位需提交联席会议讨论的议题；

（四）在联席会议成员因故不能参加会议时，受委托参加会议并发表意见；

（五）组织落实联席会议确定的工作任务和议定事项。

第九条　联席会议设联系人，由第三方机制管委会各成员单位有关处级负责同志担任，负责日常联系沟通工作，承办联席会议成员及联络员的交办事项。

第三章　第三方机制管委会办公室的职责

第十条　第三方机制管委会下设办公室作为常设机构，负责承担第三方机制管委会的日常工作。办公室设在全国工商联，由全国工商联有关部门负责同志担任办公室主任，最高人民检察院、国务院国资委、财政部有关部门负责同志担任办公室副主任。

第十一条　第三方机制管委会办公室履行下列职责：

（一）协调督促各成员单位落实联席会议确定的工作任务和议定事项；

（二）收集整理各成员单位提交联席会议研究讨论的议题，负责联席会议和联络员会议的组织筹备工作；

（三）协调指导联席会议联系人开展日常联系沟通工作；

（四）负责国家层面第三方机制专业人员名录库的建立选任、日常管理、动态调整，并建立禁入名单等惩戒机制；

（五）组织开展对试点地方第三方机制管委会和第三方组织日常监督和巡回检查；

（六）承担第三方机制管委会及其联席会议交办的其他工作。

第十二条　第三方机制管委会办公室应当采取有效措施，建立健全第三方机制管委会联合调研、信息共享、案例指导、宣传培训等机制，并加强与中华全国律师协会、中国注册会计师协会、中国企业联合会、中国注册税务师协会、中国贸促会全国企业合规委员会（中国贸促会商事法律服务中心）以及其他行业协会、商会、机构的工作联系。

第十三条　第三方机制管委会办公室牵头组建巡回检查小组，邀请人大代表、政协委员、人民监督员、退休法官、退休检察官以及会计、审计、法律、合规等相关领域的专家学者担任巡回检查小组成员，对试点地方第三方机制管委会和相关第三方组织及其组成人员的履职情况开展不预先告知的现场抽查和跟踪监督。

第三方机制管委会办公室应当将巡回检查情况及时报告第三方机制管委会及其联席会议，并提出改进工作的意见建议。

第十四条　第三方机制管委会办公室可以推动各成员单位、各工作联系单位根据工作需要互派干部挂职交流，探索相关单位工作人员兼任检察官助理制度，并协调各成员单位视情派员参与第三方机制管委会办公室工作，提升企业合规工作专业化规范化水平。

第十五条　试点地方的人民检察院和国资委、财政、工商联等有关单位应当结合本地实际，组建本地区的第三方机制管委会并建立联

席会议机制，设立第三方机制管委会办公室负责日常工作。

第四章　第三方组织的性质

第十六条　第三方组织是试点地方第三方机制管委会选任组成的负责对涉案企业的合规承诺及其完成情况进行调查、评估、监督和考察的临时性组织。

第十七条　第三方组织的运行应当遵循依法依规、公开公正、客观中立、专业高效的原则。

第十八条　试点地方第三方机制管委会负责对其选任组成的第三方组织及其组成人员履职期间的监督、检查、考核等工作，确保其依法依规履行职责。

第五章　第三方机制的启动

第十九条　人民检察院在办理涉企犯罪案件时，应当注意审查是否符合企业合规试点以及第三方机制的适用条件，并及时听取涉案企业、人员的意见。经审查认为符合适用条件的，应当商请本地区第三方机制管委会启动第三方机制。

公安机关、纪检监察机关等办案机关提出适用建议的，人民检察院参照前款规定处理。

第二十条　涉案企业、人员及其辩护人、诉讼代理人以及其他相关单位、人员提出适用企业合规试点以及第三方机制申请的，人民检察院应当依法受理并进行审查。经审查认为符合适用条件的，应当商请本地区第三方机制管委会启动第三方机制。

第二十一条　第三方机制管委会收到人民检察院商请后，应当综合考虑案件涉嫌罪名、复杂程度以及涉案企业类型、规模、经营范围、

主营业务等因素，从专业人员名录库中分类随机抽取人员组成第三方组织。

专业人员名录库中没有相关领域专业人员的，第三方机制管委会可以采取协商邀请的方式，商请有关专业人员参加第三方组织。

同一个第三方组织一般负责监督评估一个涉案企业。同一案件涉及多个涉案企业，或者涉案企业之间存在明显关联关系的，可以由同一个第三方组织负责监督评估。

第二十二条 涉案企业、人员的居住地与案件办理地不一致的，案件办理地第三方机制管委会可以委托涉案企业、人员居住地第三方机制管委会选任组成第三方组织并开展监督评估，或者可以通过第三方机制管委会成员单位及其所属或者主管的行业协会、商会、机构的异地协作机制，协助开展监督评估。

第二十三条 第三方组织一般由3至7名专业人员组成，针对小微企业的第三方组织也可以由2名专业人员组成。

同一名专业人员在不存在利益关系、保障工作质量的条件下，可以同时担任一个以上第三方组织的组成人员。

第三方机制管委会应当根据工作需要，指定第三方组织牵头负责人，也可由第三方组织组成人员民主推举负责人，并报第三方机制管委会审定。

第二十四条 第三方机制管委会应当将第三方组织组成人员名单及提出意见的方式向社会公示，接受社会监督。

公示期限由第三方机制管委会根据情况决定，但不得少于五个工作日。公示可以通过在涉案单位所在地或者有关新闻媒体、网站发布公示通知等形式进行。

第二十五条 涉案企业、人员或者其他相关单位、人员对选任的第三方组织组成人员提出异议，或者第三方组织组成人员申请回避的，第三方机制管委会应当及时调查核实并视情况作出调整。

公示期满后无异议或者经审查异议不成立的，第三方机制管委会应当将第三方组织组成人员名单报送负责办理案件的人民检察院备案。人民检察院发现组成人员存在明显不适当情形的，应当及时向第三方机制管委会提出意见建议，第三方机制管委会依照本条第一款的规定处理。

第二十六条 人民检察院对第三方机制管委会报送的第三方组织组成人员名单，经审查未提出不同意见的，应当通报第三方机制管委会，并由第三方机制管委会宣告第三方组织成立。

第三方组织存续期间，其组成人员一般不得变更。确需变更的，第三方机制管委会应当依照本实施细则相关规定处理。

第六章 第三方机制的运行

第二十七条 第三方组织成立后，应当在负责办理案件的人民检察院的支持协助下，深入了解企业涉案情况，认真研判涉案企业在合规领域存在的薄弱环节和突出问题，合理确定涉案企业适用的合规计划类型，做好相关前期准备工作。

第三方机制管委会可以根据工作需要，指派专门人员负责与选任组成的第三方组织及负责办理案件的人民检察院、涉案企业联络沟通，协调处理第三方机制启动和运行有关事宜。

第二十八条 第三方组织根据涉案企业情况和工作需要，应当要求涉案企业提交单项或者多项合规计划，对于小微企业可以视情简化。

涉案企业提交的合规计划，应当以全面合规为目标、专项合规为重点，主要针对与企业涉嫌犯罪有密切联系的企业内部治理结构、规章制度、人员管理等方面存在的问题，制定可行的合规管理规范，构建有效的合规组织体系，完善相关业务管理流程，健全合规风险防范报告机制，弥补企业制度建设和监督管理漏洞，防止再次发生相同或者类似的违法犯罪。

第二十九条　第三方组织应当对涉案企业合规计划的可行性、有效性与全面性进行审查，重点审查以下内容：

（一）涉案企业完成合规计划的可能性以及合规计划本身的可操作性；

（二）合规计划对涉案企业预防治理涉嫌的犯罪行为或者类似违法犯罪行为的实效性；

（三）合规计划是否覆盖涉案企业在合规领域的薄弱环节和明显漏洞；

（四）其他根据涉案企业实际情况需要重点审查的内容。

第三方组织应当就合规计划向负责办理案件的人民检察院征求意见，综合审查情况一并向涉案企业提出修改完善的意见。

第三十条　第三方组织根据案件具体情况和涉案企业承诺履行的期限，并向负责办理案件的人民检察院征求意见后，合理确定合规考察期限。

第三十一条　在合规考察期内，第三方组织可以定期或者不定期对涉案企业合规计划履行情况进行监督和评估，可以要求涉案企业定期书面报告合规计划的执行情况，同时抄送负责办理案件的人民检察院。

第三方组织发现涉案企业执行合规计划存在明显偏差或错误的，应当及时进行指导、提出纠正意见，并报告负责办理案件的人民检察院。

第三十二条　第三方组织发现涉案企业或其人员尚未被办案机关掌握的犯罪事实或者新实施的犯罪行为，应当中止第三方监督评估程序，并及时向负责办理案件的人民检察院报告。

负责办理案件的人民检察院接到报告后，依照刑事诉讼法及相关司法解释的规定依法处理。

第三十三条　第三方组织在合规考察期届满后，应当对涉案企业的合规计划完成情况进行全面了解、监督、评估和考核，并制作合规考察书面报告。

合规考察书面报告一般应当包括以下内容：

（一）涉案企业履行合规承诺、落实合规计划情况；

（二）第三方组织开展了解、监督、评估和考核情况；

（三）第三方组织监督评估的程序、方法和依据；

（四）监督评估结论及意见建议；

（五）其他需要说明的问题。

第三十四条　合规考察书面报告应当由第三方组织全体组成人员签名或者盖章后，报送负责选任第三方组织的第三方机制管委会、负责办理案件的人民检察院等单位。

第三方组织组成人员对合规考察书面报告有不同意见的，应当在报告中说明其不同意见及理由。

第三十五条　本实施细则第三十一条、第三十三条规定的监督、评估方法应当紧密联系企业涉嫌犯罪有关情况，包括但不限于以下方法：

（一）观察、访谈、文本审阅、问卷调查、知识测试；

（二）对涉案企业的相关业务与管理事项，结合业务发生频率、重要性及合规风险高低进行抽样检查；

（三）对涉案企业的相关业务处理流程，结合相关原始文件、业务处理踪迹、操作管理流程等进行穿透式检查；

（四）对涉案企业的相关系统及数据，结合交易数据、业务凭证、工作记录以及权限、参数设置等进行比对检查。

第三十六条　涉案企业及其人员对第三方

组织开展的检查、评估应当予以配合并提供便利，如实填写、提交相关文件、材料，不得弄虚作假。

涉案企业或其人员认为第三方组织或其组成人员的检查、评估行为不当或者涉嫌违法犯罪的，可以向负责选任第三方组织的第三方机制管委会反映或者提出异议，或者向负责办理案件的人民检察院提出申诉、控告。

第三十七条　负责选任第三方组织的第三方机制管委会和负责办理案件的人民检察院收到第三方组织报送的合规考察书面报告后，应当及时进行审查，双方认为第三方组织已经完成监督评估工作的，由第三方机制管委会宣告第三方组织解散。

第三十八条　第三方组织组成人员系律师、注册会计师、税务师（注册税务师）等中介组织人员的，在履行第三方监督评估职责期间不得违反规定接受可能有利益关系的业务；在履行第三方监督评估职责结束后二年以内，上述人员及其所在中介组织不得接受涉案企业、人员或者其他有利益关系的单位、人员的业务。

第三十九条　第三方机制管委会或者负责办理案件的人民检察院发现第三方组织或其组成人员故意提供虚假报告或者提供的报告严重失实的，应当依照《指导意见》的规定及时向有关主管机关、协会等提出惩戒建议，涉嫌违法犯罪的，及时向有关机关报案或者举报，并将其列入第三方机制专业人员名录库禁入名单。

第四十条　负责办理案件的人民检察院应当要求知悉案情的第三方组织组成人员，参照执行防止干预司法"三个规定"，严格做好有关事项填报工作。

第七章　附　则

第四十一条　试点地方第三方机制管委会可以结合本地实际，参照《指导意见》及本实施细则制定具体实施办法，并按照试点工作要求报送备案。

第四十二条　本实施细则由最高人民检察院、国务院国资委、财政部、全国工商联会同司法部、生态环境部、税务总局、市场监管总局、中国贸促会等部门组建的第三方机制管委会负责解释，自印发之日起施行。

3.《涉案企业合规第三方监督评估机制专业人员选任管理办法（试行）》

（2022年1月11日）

为深入学习贯彻习近平新时代中国特色社会主义思想，全面贯彻习近平法治思想，完整、准确、全面贯彻新发展理念，认真落实最高人民检察院、司法部、财政部、生态环境部、国务院国资委、税务总局、市场监管总局、全国工商联、中国贸促会《关于建立涉案企业合规第三方监督评估机制的指导意见（试行）》（以下简称《指导意见》），规范涉案企业合规第三方监督评估机制专业人员（以下简称第三方机制专业人员）选任管理工作，保障涉案企业合规第三方监督评估机制（以下简称第三方机制）有效运行，结合工作实际，制定本办法。

第一章 总　则

第一条【人员范围】 第三方机制专业人员，是指由涉案企业合规第三方监督评估机制管理委员会（以下简称第三方机制管委会）选任确定，作为第三方监督评估组织（以下简称第三方组织）组成人员参与涉案企业合规第三方监督评估工作的相关领域专业人员，主要包括律师、注册会计师、税务师（注册税务师）、企业合规师、相关领域专家学者以及有关行业协会、商会、机构、社会团体（以下简称有关组织）的专业人员。

生态环境、税务、市场监督管理等政府工作部门中具有专业知识的人员可以被选任确定为第三方机制专业人员，或者可以受第三方机制管委会邀请或者受所在单位委派参加第三方组织及其相关工作，其选任管理具体事宜由第三方机制管委会与其所在单位协商确定。有关政府工作部门所属企事业单位中的专业人员可以被选任确定为第三方机制专业人员，参加第三方组织及其相关工作。

有关单位中具有专门知识的退休人员参加第三方组织及其相关工作的，应当同时符合有关退休人员的管理规定。

第二条【基本原则】 第三方机制专业人员选任管理应当遵循依法依规、公开公正、分级负责、接受监督的原则。

第三条【职责分工】 各级第三方机制管委会统筹协调本级第三方机制专业人员的选任、培训、考核、奖惩、监督等工作。

国家层面第三方机制管委会负责研究制定涉及第三方机制专业人员的规范性文件及保障激励制度，统筹协调全国范围内涉及第三方机制专业人员的相关工作。

上级第三方机制管委会应当加强对下级第三方机制管委会涉及第三方机制专业人员相关工作的具体指导。

第二章　第三方机制专业人员的选任

第四条【名录库组建要求一】 国家层面、省级和地市级第三方机制管委会应当组建本级第三方机制专业人员名录库（以下简称名录库）。经省级第三方机制管委会审核同意，有条件的县级第三方机制管委会可以组建名录库。

第五条【名录库组建要求二】 名录库以个人作为入库主体，不得以单位、团体作为入库主体。

名录库应当分类组建，总人数不少于五十人。人员数量、组成结构和各专业领域名额分配可以由负责组建名录库的第三方机制管委会根据工作需要自行确定，并可以结合实际进行调整。

省级以下名录库的入库人员限定为本省（自治区、直辖市）区域内的专业人员。因专业人员数量不足未达到组建条件的，可以由省级第三方机制管委会统筹协调相邻地市联合组建名录库。

第六条【入选条件】 第三方机制专业人员应当拥有较好的政治素质和道德品质，具备履行第三方监督评估工作的专业知识、业务能力和时间精力，其所在单位或者所属有关组织同意其参与第三方监督评估工作。

第三方机制专业人员一般应当具备下列条件：

（一）拥护中国共产党领导，拥护我国社会主义法治；

（二）具有良好道德品行和职业操守；

（三）持有本行业执业资格证书，从事本行业工作满三年；

（四）工作业绩突出，近三年考核等次为称职以上；

（五）熟悉企业运行管理或者具备相应专业知识；

（六）近三年未受过与执业行为有关的行政处罚或者行业惩戒；

（七）无受过刑事处罚、被开除公职或者开除党籍等情形；

（八）无其他不适宜履职的情形。

第七条【选任程序】 第三方机制管委会一般应当按照制定计划、发布公告、本人申请、单位推荐、材料审核、考察了解、初定人选、公示监督、确定人选、颁发证书等程序组织实施第三方机制专业人员选任工作。

第八条【选任公告】 第三方机制管委会组织实施第三方机制专业人员选任，应当在成员单位或其所属或者主管的律师协会、注册会计师协会、注册税务师协会等有关组织的官方网站上发布公告。

公告应当载明选任名额、标准条件、报名方式、报名材料和选任工作程序等相关事项，公告期一般不少于二十个工作日。

第九条【审核考察】 第三方机制管委会可以通过审查材料、走访了解、面谈测试等方式对报名人员进行审核考察，并在此基础上提出拟入库人选。

第三方机制管委会可以通过成员单位所属或者主管的有关组织了解核实拟入库人选的相关情况。

第十条【拟任公示】 第三方机制管委会应当将拟入库人选名单及监督联系方式向社会公示，接受社会监督。公示可以通过在拟入库人选所在单位或者有关新闻媒体、网站发布公示通知等形式进行，公示期一般不少于七个工作日。

第三方机制管委会对于收到的举报材料、情况反映应当及时进行调查核实，视情提出处理意见。调查核实过程中可以根据情况与举报人、反映人沟通联系。

第十一条【执行标准】 第三方机制管委会在确定拟入库人选时应当综合考虑报名人员的政治素质、执业（工作）时间、工作业绩、研究成果、表彰奖励，以及所在单位的资质条件、人员规模、所获奖励、行业影响力等情况。同等条件下，可以优先考虑担任党代表、人大代表、政协委员、人民团体职务的人选。

第十二条【确定人选】 公示期满后无异议或者经审查异议不成立的，第三方机制管委会应当向入库人员颁发证书，并通知其所在单位或者所属有关组织。名录库人员名单应当在第三方机制管委会成员单位的官方网站上公布，供社会查询。

第三方机制管委会应当明确入库人员的任职期限，一般为二至三年。经第三方机制管委会审核，期满后可以续任。

第三章 第三方机制专业人员的日常管理

第十三条【人员权利】 第三方机制专业人员根据履职需要，可以查阅相关文件资料，参加有关会议和考察活动，接受业务培训。

第十四条【人员义务】 第三方机制专业人员应当认真履职、勤勉尽责，严格履行相关法律法规及《指导意见》等有关保密、回避、廉洁等义务。

第十五条【业务培训】 第三方机制管委会应当结合涉案企业合规第三方监督评估工作情况，定期组织第三方机制专业人员进行业务培训、开展调研考察和座谈交流，总结推广经验做法。

第三方机制管委会有关成员单位应当指导所属或者主管的有关组织，加强本行业、本部门涉及第三方机制相关工作的理论实务研究，积极开展业务培训和工作指导。

第十六条 【考核评价】 第三方机制管委会可以通过定期考核、一案一评、随机抽查、巡回检查等方式，对第三方机制专业人员进行考核评价。考核结果作为对第三方机制专业人员奖励激励、续任或者调整出库的重要依据。

第十七条 【奖励激励】 第三方机制管委会应当建立健全第三方机制专业人员奖励激励制度，对表现突出的第三方机制专业人员给予奖励激励，或向其所在单位或者所属有关组织提出奖励激励的建议。

第十八条 【结果运用】 第三方机制管委会应当及时将考核结果、奖励激励情况书面通知本人及所在单位或者所属有关组织，可以通过有关媒体向社会公布。

第十九条 【建立履职台账】 第三方机制管委会应当建立健全第三方机制专业人员履职台账，全面客观记录第三方机制专业人员业务培训、参加活动和履行职责情况，作为确定考核结果的重要参考。

第二十条 【征求意见】 第三方机制管委会在对第三方机制专业人员的履职情况开展考核评价时，应当主动征求办理案件的检察机关、巡回检查小组以及涉案企业等意见建议。

第二十一条 【不合格情形】 第三方机制专业人员有下列情形之一的，考核评价结果应当确定为不合格，并视情作出相应后续处理：

（一）不参加第三方组织工作或者不接受第三方机制管委会分配工作任务，且无正当理由的；

（二）在履行第三方监督评估职责中出现重大失误，造成不良影响的；

（三）在履行第三方监督评估职责中存在行为不当，涉案企业向第三方机制管委会反映或者提出异议，造成不良影响的；

（四）其他造成不良影响或者损害第三方组织形象、公信力的情形。

第二十二条 【调整出库】 第三方机制管委会对违反有关义务的第三方机制专业人员，可以谈话提醒、批评教育，或视情通报其所在单位或者所属有关组织，情节严重或者造成严重后果的可以将其调整出库。

第三方机制专业人员有下列情形之一的，第三方机制管委会应当及时将其调整出库：

（一）在选任或者履职中弄虚作假，提供虚假材料或者情况的；

（二）受到刑事处罚、被开除公职或者开除党籍的；

（三）受到行政处罚或者行业惩戒，情节严重的；

（四）违反《指导意见》第十七条第二款第二项至第四项规定的；

（五）利用第三方机制专业人员身份发表与履职无关的言论或者从事与履职无关的活动，造成严重不良影响的；

（六）考核评价结果两次确定为不合格的；

（七）实施严重违反社会公德、职业道德或者其他严重有损第三方机制专业人员形象、公信力行为的；

（八）其他不适宜继续履行第三方监督评估职责的情形。

第三方机制管委会发现第三方机制专业人员的行为涉嫌违规的，应当及时向有关主管机关，或其所在单位或者所属有关组织反映情况、提出惩戒或者处理建议；涉嫌违法犯罪的，应当及时向有关机关报案或者举报。

第二十三条 【禁入名单制度】 第三方机制管委会应当建立健全第三方机制专业人员名录库禁入名单制度。对于依照本办法第二十二条规定被调整出库的第三方机制专业人员，应当列入名录库禁入名单。

第三方机制管委会对列入名录库禁入名单的人员应当逐级汇总上报，实现信息共享。

第二十四条 【主动辞职】 第三方机制专业人员因客观原因不能履职、本人不愿继续履职或者发生影响履职重大事项的，应当及时向第三方机制管委会报告并说明情况，主动辞任第三方机制专业人员。第三方机制管委会应当及时进行审查并将其调整出库。

第二十五条【人员更新】 第三方机制管委会应当根据工作需要，结合履职台账、考核情况以及本人意愿、所在单位或者所属有关组织意见等，定期或者不定期对名录库人员进行动态调整。名录库人员名单调整更新后，应当依照本办法第十二条规定，及时向社会公布。

第四章 工作保障

第二十六条【履职保障】 第三方机制管委会各成员单位、第三方机制专业人员所在单位或者所属有关组织以及涉案企业，应当为第三方机制专业人员履行职责提供必要支持和便利条件。

第二十七条【经费保障】 第三方机制专业人员选任管理工作所需业务经费和第三方机制专业人员履职所需费用，试点地方可以结合本地实际，探索多种经费保障模式。

第五章 附则

第二十八条【制定细则】 地方各级第三方机制管委会可以结合本地实际，参照本办法制定具体实施细则，并按照试点工作要求报送备案。

有关部门、组织可以结合本行业、本部门实际，制定名录库人员的具体入选标准。

本办法出台前，已组建的各地各级名录库不符合本办法规定的，可以继续试点。

第二十九条【解释及施行时间】 本办法由最高人民检察院、国务院国资委、财政部、全国工商联会同司法部、生态环境部、税务总局、市场监管总局、中国贸促会等部门组建的第三方机制管委会负责解释，自印发之日起施行。

4.《中央企业合规管理办法》

（2022年10月1日）

第一章 总则

第一条 为深入贯彻习近平法治思想，落实全面依法治国战略部署，深化法治央企建设，推动中央企业加强合规管理，切实防控风险，有力保障深化改革与高质量发展，根据《中华人民共和国公司法》《中华人民共和国企业国有资产法》等有关法律法规，制定本办法。

第二条 本办法适用于国务院国有资产监督管理委员会（以下简称国资委）根据国务院授权履行出资人职责的中央企业。

第三条 本办法所称合规，是指企业经营管理行为和员工履职行为符合国家法律法规、监管规定、行业准则和国际条约、规则，以及公司章程、相关规章制度等要求。

本办法所称合规风险，是指企业及其员工在经营管理过程中因违规行为引发法律责任、造成经济或者声誉损失以及其他负面影响的可能性。

本办法所称合规管理，是指企业以有效防控合规风险为目的，以提升依法合规经营管理水平为导向，以企业经营管理行为和员工履职行为为对象，开展的包括建立合规制度、完善运行机制、培育合规文化、强化监督问责等有组织、有计划的管理活动。

第四条 国资委负责指导、监督中央企业合规管理工作，对合规管理体系建设情况及其有效性进行考核评价，依据相关规定对违规行为开展责任追究。

第五条 中央企业合规管理工作应当遵循以下原则：

（一）坚持党的领导。充分发挥企业党委（党组）领导作用，落实全面依法治国战略部署有关要求，把党的领导贯穿合规管理全过程。

（二）坚持全面覆盖。将合规要求嵌入经营管理各领域各环节，贯穿决策、执行、监督全过程，落实到各部门、各单位和全体员工，实现多方联动、上下贯通。

（三）坚持权责清晰。按照"管业务必须管合规"要求，明确业务及职能部门、合规管理部门和监督部门职责，严格落实员工合规责任，对违规行为严肃问责。

（四）坚持务实高效。建立健全符合企业实际的合规管理体系，突出对重点领域、关键环节和重要人员的管理，充分利用大数据等信息化手段，切实提高管理效能。

第六条 中央企业应当在机构、人员、经费、技术等方面为合规管理工作提供必要条件，保障相关工作有序开展。

第二章 组织和职责

第七条 中央企业党委（党组）发挥把方向、管大局、促落实的领导作用，推动合规要求在本企业得到严格遵循和落实，不断提升依法合规经营管理水平。

中央企业应当严格遵守党内法规制度，企业党建工作机构在党委（党组）领导下，按照有关规定履行相应职责，推动相关党内法规制度有效贯彻落实。

第八条 中央企业董事会发挥定战略、作决策、防风险作用，主要履行以下职责：

（一）审议批准合规管理基本制度、体系建设方案和年度报告等。

（二）研究决定合规管理重大事项。

（三）推动完善合规管理体系并对其有效性进行评价。

（四）决定合规管理部门设置及职责。

第九条 中央企业经理层发挥谋经营、抓落实、强管理作用，主要履行以下职责：

（一）拟订合规管理体系建设方案，经董事会批准后组织实施。

（二）拟订合规管理基本制度，批准年度计划等，组织制定合规管理具体制度。

（三）组织应对重大合规风险事件。

（四）指导监督各部门和所属单位合规管理工作。

第十条 中央企业主要负责人作为推进法治建设第一责任人，应当切实履行依法合规经营管理重要组织者、推动者和实践者的职责，积极推进合规管理各项工作。

第十一条 中央企业设立合规委员会，可以与法治建设领导机构等合署办公，统筹协调合规管理工作，定期召开会议，研究解决重点难点问题。

第十二条 中央企业应当结合实际设立首席合规官，不新增领导岗位和职数，由总法律顾问兼任，对企业主要负责人负责，领导合规管理部门组织开展相关工作，指导所属单位加强合规管理。

第十三条 中央企业业务及职能部门承担合规管理主体责任，主要履行以下职责：

（一）建立健全本部门业务合规管理制度和流程，开展合规风险识别评估，编制风险清单和应对预案。

（二）定期梳理重点岗位合规风险，将合规要求纳入岗位职责。

（三）负责本部门经营管理行为的合规审查。

（四）及时报告合规风险，组织或者配合开展应对处置。

（五）组织或者配合开展违规问题调查和整改。

中央企业应当在业务及职能部门设置合规管理员，由业务骨干担任，接受合规管理部门业务指导和培训。

第十四条　中央企业合规管理部门牵头负责本企业合规管理工作，主要履行以下职责：

（一）组织起草合规管理基本制度、具体制度、年度计划和工作报告等。

（二）负责规章制度、经济合同、重大决策合规审查。

（三）组织开展合规风险识别、预警和应对处置，根据董事会授权开展合规管理体系有效性评价。

（四）受理职责范围内的违规举报，提出分类处置意见，组织或者参与对违规行为的调查。

（五）组织或者协助业务及职能部门开展合规培训，受理合规咨询，推进合规管理信息化建设。

中央企业应当配备与经营规模、业务范围、风险水平相适应的专职合规管理人员，加强业务培训，提升专业化水平。

第十五条　中央企业纪检监察机构和审计、巡视巡察、监督追责等部门依据有关规定，在职权范围内对合规要求落实情况进行监督，对违规行为进行调查，按照规定开展责任追究。

第三章　制度建设

第十六条　中央企业应当建立健全合规管理制度，根据适用范围、效力层级等，构建分级分类的合规管理制度体系。

第十七条　中央企业应当制定合规管理基本制度，明确总体目标、机构职责、运行机制、考核评价、监督问责等内容。

第十八条　中央企业应当针对反垄断、反商业贿赂、生态环保、安全生产、劳动用工、税务管理、数据保护等重点领域，以及合规风险较高的业务，制定合规管理具体制度或者专项指南。

中央企业应当针对涉外业务重要领域，根据所在国家（地区）法律法规等，结合实际制定专项合规管理制度。

第十九条　中央企业应当根据法律法规、监管政策等变化情况，及时对规章制度进行修订完善，对执行落实情况进行检查。

第四章　运行机制

第二十条　中央企业应当建立合规风险识别评估预警机制，全面梳理经营管理活动中的合规风险，建立并定期更新合规风险数据库，对风险发生的可能性、影响程度、潜在后果等进行分析，对典型性、普遍性或者可能产生严重后果的风险及时预警。

第二十一条　中央企业应当将合规审查作为必经程序嵌入经营管理流程，重大决策事项的合规审查意见应当由首席合规官签字，对决策事项的合规性提出明确意见。业务及职能部门、合规管理部门依据职责权限完善审查标准、流程、重点等，定期对审查情况开展后评估。

第二十二条　中央企业发生合规风险，相关业务及职能部门应当及时采取应对措施，并按照规定向合规管理部门报告。

中央企业因违规行为引发重大法律纠纷案件、重大行政处罚、刑事案件，或者被国际组织制裁等重大合规风险事件，造成或者可能造成企业重大资产损失或者严重不良影响的，应当由首席合规官牵头，合规管理部门统筹协调，相关部门协同配合，及时采取措施妥善应对。

中央企业发生重大合规风险事件，应当按照相关规定及时向国资委报告。

第二十三条 中央企业应当建立违规问题整改机制，通过健全规章制度、优化业务流程等，堵塞管理漏洞，提升依法合规经营管理水平。

第二十四条 中央企业应当设立违规举报平台，公布举报电话、邮箱或者信箱，相关部门按照职责权限受理违规举报，并就举报问题进行调查和处理，对造成资产损失或者严重不良后果的，移交责任追究部门；对涉嫌违纪违法的，按照规定移交纪检监察等相关部门或者机构。

中央企业应当对举报人的身份和举报事项严格保密，对举报属实的举报人可以给予适当奖励。任何单位和个人不得以任何形式对举报人进行打击报复。

第二十五条 中央企业应当完善违规行为追责问责机制，明确责任范围、细化问责标准，针对问题和线索及时开展调查，按照有关规定严肃追究违规人员责任。

中央企业应当建立所属单位经营管理和员工履职违规行为记录制度，将违规行为性质、发生次数、危害程度等作为考核评价、职级评定等工作的重要依据。

第二十六条 中央企业应当结合实际建立健全合规管理与法务管理、内部控制、风险管理等协同运作机制，加强统筹协调，避免交叉重复，提高管理效能。

第二十七条 中央企业应当定期开展合规管理体系有效性评价，针对重点业务合规管理情况适时开展专项评价，强化评价结果运用。

第二十八条 中央企业应当将合规管理作为法治建设重要内容，纳入对所属单位的考核评价。

第五章　合规文化

第二十九条 中央企业应当将合规管理纳入党委（党组）法治专题学习，推动企业领导人员强化合规意识，带头依法依规开展经营管理活动。

第三十条 中央企业应当建立常态化合规培训机制，制定年度培训计划，将合规管理作为管理人员、重点岗位人员和新入职人员培训必修内容。

第三十一条 中央企业应当加强合规宣传教育，及时发布合规手册，组织签订合规承诺，强化全员守法诚信、合规经营意识。

第三十二条 中央企业应当引导全体员工自觉践行合规理念，遵守合规要求，接受合规培训，对自身行为合规性负责，培育具有企业特色的合规文化。

第六章　信息化建设

第三十三条 中央企业应当加强合规管理信息化建设，结合实际将合规制度、典型案例、合规培训、违规行为记录等纳入信息系统。

第三十四条 中央企业应当定期梳理业务流程，查找合规风险点，运用信息化手段将合规要求和防控措施嵌入流程，针对关键节点加强合规审查，强化过程管控。

第三十五条 中央企业应当加强合规管理信息系统与财务、投资、采购等其他信息系统的互联互通，实现数据共用共享。

第三十六条 中央企业应当利用大数据等技术，加强对重点领域、关键节点的实时动态监测，实现合规风险即时预警、快速处置。

第七章 监督问责

第三十七条 中央企业违反本办法规定，因合规管理不到位引发违规行为的，国资委可以约谈相关企业并责成整改；造成损失或者不良影响的，国资委根据相关规定开展责任追究。

第三十八条 中央企业应当对在履职过程中因故意或者重大过失应当发现而未发现违规问题，或者发现违规问题存在失职渎职行为，给企业造成损失或者不良影响的单位和人员开展责任追究。

第八章 附 则

第三十九条 中央企业应当根据本办法，结合实际制定完善合规管理制度，推动所属单位建立健全合规管理体系。

第四十条 地方国有资产监督管理机构参照本办法，指导所出资企业加强合规管理工作。

第四十一条 本办法由国资委负责解释。

第四十二条 本办法自2022年10月1日起施行。

5.《涉案企业合规建设、评估和审查办法（试行）》

（2022年4月19日）

为深入学习贯彻习近平新时代中国特色社会主义思想，全面贯彻习近平法治思想，完整、准确、全面贯彻新发展理念，认真落实最高人民检察院、司法部、财政部、生态环境部、国务院国资委、税务总局、市场监管总局、全国工商联、中国贸促会《关于建立涉案企业合规第三方监督评估机制的指导意见（试行）》（以下简称《指导意见》）及其实施细则，依法推进企业合规改革试点工作，规范第三方监督评估机制（以下简称第三方机制）相关工作有序开展，结合工作实际，制定本办法。

第一章 总 则

第一条 涉案企业合规建设，是指涉案企业针对与涉嫌犯罪有密切联系的合规风险，制定专项合规整改计划，完善企业治理结构，健全内部规章制度，形成有效合规管理体系的活动。

涉案企业合规评估，是指第三方监督评估组织（以下简称第三方组织）对涉案企业专项合规整改计划和相关合规管理体系有效性进行了解、评价、监督和考察的活动。

涉案企业合规审查，是指负责办理案件的人民检察院对第三方组织的评估过程和结论进行审核。

针对未启动第三方机制的小微企业合规，可以由人民检察院对其提交的合规计划和整改报告进行审查。

第二条 对于涉案企业合规建设经评估符合有效性标准的，人民检察院可以参考评估结论依法作出不批准逮捕、变更强制措施、不起诉的决定，提出从宽处罚的量刑建议，或者向有关主管机关提出从宽处罚、处分的检察意见。

对于涉案企业合规建设经评估未达到有效性标准或者采用弄虚作假手段骗取评估结论的，人民检察院可以依法作出批准逮捕、起诉的决定，提出从严处罚的量刑建议，或者向有关主管机关提出从严处罚、处分的检察意见。

第二章 涉案企业合规建设

第三条 涉案企业应当全面停止涉罪违规违法行为，退缴违规违法所得，补缴税款和滞纳金并缴纳相关罚款，全力配合有关主管机关、公安机关、检察机关及第三方组织的相关工作。

第四条 涉案企业一般应当成立合规建设领导小组，由其实际控制人、主要负责人和直接负责的主管人员等组成，必要时可以聘请外部专业机构或者专业人员参与或者协助。合规建设领导小组应当在全面分析研判企业合规风险的基础上，结合本行业合规建设指引，研究制定专项合规计划和内部规章制度。

第五条 涉案企业制定的专项合规计划，应当能够有效防止再次发生相同或者类似的违法犯罪行为。

第六条 涉案企业实际控制人、主要负责人应当在专项合规计划中作出合规承诺并明确宣示，合规是企业的优先价值，对违规违法行为采取零容忍的态度，确保合规融入企业的发展目标、发展战略和管理体系。

第七条 涉案企业应当设置与企业类型、规模、业务范围、行业特点等相适应的合规管理机构或者管理人员。

合规管理机构或者管理人员可以专设或者兼理，合规管理的职责必须明确、具体、可考核。

第八条 涉案企业应当针对合规风险防控和合规管理机构履职的需要，通过制定合规管理规范、弥补监督管理漏洞等方式，建立健全合规管理的制度机制。

涉案企业的合规管理机构和各层级管理经营组织均应当根据其职能特点设立合规目标、细化合规措施。

合规管理制度机制应当确保合规管理机构或者管理人员独立履行职责，对于涉及重大合规风险的决策具有充分发表意见并参与决策的权利。

第九条 涉案企业应当为合规管理制度机制的有效运行提供必要的人员、培训、宣传、场所、设备和经费等人力物力保障。

第十条 涉案企业应当建立监测、举报、调查、处理机制，保证及时发现和监控合规风险，纠正和处理违规行为。

第十一条 涉案企业应当建立合规绩效评价机制，引入合规指标对企业主要负责人、经营管理人员、关键技术人员等进行考核。

第十二条 涉案企业应当建立持续整改、定期报告等机制，保证合规管理制度机制根据企业经营发展实际不断调整和完善。

第三章 涉案企业合规评估

第十三条 第三方组织可以根据涉案企业情况和工作需要，制定具体细化、可操作的合规评估工作方案。

第十四条 第三方组织对涉案企业专项合规整改计划和相关合规管理体系有效性的评估，重点包括以下内容：

（一）对涉案合规风险的有效识别、控制；

（二）对违规违法行为的及时处置；

（三）合规管理机构或者管理人员的合理配置；

（四）合规管理制度机制建立以及人力物力的充分保障；

（五）监测、举报、调查、处理机制及合规绩效评价机制的正常运行；

（六）持续整改机制和合规文化已经基本形成。

第十五条 第三方组织应当以涉案合规风险整改防控为重点，结合特定行业合规评估指标，制定符合涉案企业实际的评估指标体系。

评估指标的权重可以根据涉案企业类型、规模、业务范围、行业特点以及涉罪行为等因素设置，并适当提高合规管理的重点领域、薄弱环节和重要岗位等方面指标的权重。

第四章 涉案企业合规审查

第十六条 第三方机制管委会和人民检察院收到第三方组织报送的合规考察书面报告后，应当及时进行审查，重点审查以下内容：

（一）第三方组织制定和执行的评估方案是否适当；

（二）评估材料是否全面、客观、专业，足以支持考察报告的结论；

（三）第三方组织或其组成人员是否存在可能影响公正履职的不当行为或者涉嫌违法犯罪行为。

经第三方机制管委会和人民检察院审查，认为第三方组织已经完成监督评估工作的，由第三方机制管委会宣告第三方组织解散。对于审查中发现的疑点和重点问题，人民检察院可以要求第三方组织或其组成人员说明情况，也可以直接进行调查核实。

第十七条 人民检察院对小微企业提交合规计划和整改报告的审查，重点包括合规承诺的履行、合规计划的执行、合规整改的实效等内容。

第十八条 第三方机制管委会收到关于第三方组织或其组成人员存在行为不当或者涉嫌违法犯罪的反映、异议，或者人民检察院收到上述内容的申诉、控告的，双方应当及时互相通报情况并会商提出处理建议。

第十九条 第三方机制管委会或者人民检察院经审查合规考察书面报告等材料发现，或者经对收到的反映、异议或者申诉、控告调查核实确认，第三方组织或其组成人员存在违反《指导意见》及其实施细则规定的禁止性行为，足以影响评估结论真实性、有效性的，第三方机制管委会应当重新组建第三方组织进行评估。

第五章 附 则

第二十条 本办法所称涉案企业，是指涉嫌单位犯罪的企业，或者实际控制人、经营管理人员、关键技术人员等涉嫌实施与生产经营活动密切相关犯罪的企业。

对与涉案企业存在关联合规风险或者由类案暴露出合规风险的企业，负责办理案件的人民检察院可以对其提出合规整改的检察建议。

第二十一条 涉案企业应当以全面合规为目标、专项合规为重点，并根据规模、业务范围、行业特点等因素变化，逐步增设必要的专项合规计划，推动实现全面合规。

第二十二条 大中小微企业的划分，根据国家相关标准执行。

第二十三条 本办法由国家层面第三方机制管委会负责解释。自印发之日起施行。

6.《中小企业合规管理体系有效性评价》
(T/CASMES 19—2022)

（2022-05-23 发布　2022-07-01 实施）

目　次

前言
引言
1　范围
2　规范性引用文件
3　术语和定义
4　总体原则
5　评价方法、内容和流程
　　5.1　评价方法
　　5.2　评价内容
　　5.3　评价流程
6　机构设置和职责配置
7　合规风险识别
8　合规风险应对和持续改进
　　8.1　合规风险应对
　　8.2　日常监测
　　8.3　举报机制
　　8.4　报告机制
　　8.5　持续改进
9　合规文化建设
附录A（规范性）　合规管理机构设置和职责配置评价指标
附录B（规范性）　合规风险识别、应对和持续改进评价指标
附录C（规范性）　合规文化建设评价指标
表A.1　合规管理机构设置和职责配置评价指标
表B.1　合规风险识别、应对和持续改进的评价指标
表C.1　合规文化建设的评价指标

前　言

本文件按照GB或T1.1—2020《标准化工作导则　第1部分：标准化文件的结构和起草规则》的规定起草。

请注意本文件的某些内容可能涉及专利。本文件的发布机构不承担识别专利的责任。

本文件由中国中小企业协会提出并归口。

本文件起草单位：中国中小企业协会企业合规专业委员会、中国标准化研究院、上海之合网络科技有限公司、江苏淮海科技城管理委员会、国信优易数据股份有限公司、海德智库（北京）咨询有限公司、天九共享控股集团有限公司、中联资产评估集团有限公司、九源（北京）国际建筑顾问有限公司、南京冠佳科技有限公司、网智天元科技集团股份有限公司、北京联合信任技术服务有限公司、普瑞纯证医疗科技（广州）有限公司、上海信公科技集团股份有限公司、北京之合网络科技有限公司、上海律行教育科技有限公司、上海律觉网络科技有限公司、北京善要合规管理咨询有限公司、北京羽鲲教育科技有限公司、中瑞诚会计师事务所（特殊普通合伙）、北京东卫律师事务所、北京和昶律师事务所、北京恒都律师事务所、北京市海勤律师事务所、北京浩天律师事务所、北京市康达律师事务所、北京市中伦文德（深圳）律师事务所、北京天达共和律师事务所、

北京盈科（杭州）律师事务所、北京中银律师事务所、国浩律师（深圳）事务所、湖北得伟君尚律师事务所、吉林功承律师事务所、江苏品川律师事务所、山西中吕律师事务所、陕西丰瑞律师事务所、陕西永嘉信律师事务所、上海邦信阳中建中汇律师事务所、上海博和汉商律师事务所、上海靖予霖律师事务所、上海市百汇律师事务所、上海问道有诚律师事务所、上海小城律师事务所、上海瀛泰律师事务所、四川恒和信律师事务所、天津大有律师事务所、云南八谦律师事务所、云南天外天律师事务所、浙江金道律师事务所。

本文件主要起草人：谢鹏程、王益谊、陈瑞华、李近宇、刘红霞、杜晓燕、丁继华、徐永前、程晓璐、李勇、苏云鹏、潘燕、谭洁、洪绍泉、戈峻、程文、洪祖运、洪钧、刘启铭、林楠楠、翟艺、毛姗姗、林戈、吴剑霞、赵琪彦、金辰、聂佳彤、朱彩云、彭亚娟、王珍璐、金姗、李玲、王玉、洪祖良、丁少华、丁西歧、丁华、丁学明、丁建春、丁亮、丁彬、于小强、于天成、于佃伦、于晓昆、于娟娟、于智亮、于策、于谨源、万力、万倩、卫霞、习战鹏、马子伟、马友泉、马东晓、马西蒙、马军、马征、马清泉、马翔翔、马静、马赛、王一川、王小军、王小荣、王小峰、王小涛、王云、王艺、王文、王以成、王允健、王书瀚、王玉顺、王东、王东、王东盛、王立、王成鹏、王刚、王伟、王伟、王华、王庆生、王兴春、王兴桃、王宇、王军、王红雷、王志农、王志坚、王志勇、王志强、王芳、王良、王玥美、王坤、王枫、王杰、王国强、王咏静、王岩飞、王佳、王欣、王欣、王波涛、王诗诣、王函、王春平、王春红、王星、王思远、王钢、王钢、王秋芳、王秋杨、王衍康、王剑锋、王恒俊、王冠、王娜、王盈、王勇、王晋艳、王晓一、王晓莺、王竞、王海刚、王海波、王海荣、王骋远、王铮、王偕林、王淑焕、王超强、王超毅、王辉、王锋、王媛媛、王楠、王雷、王盟超、王鹏飞、王福云、王蔓、王霁雯、王瑾、王德昌、王燕燕、王薇婷、王耀华、王巍、王露、韦维、太玉兰、尤武军、尤健、尤磊、牛清宗、毛丽英、仇少明、卞灵霞、文颖、文黎照、方芳、方忠宏、方亮、方娴、方富贵、方懿、尹庆、尹谷良、孔峰辉、孔敏、巴琦、邓云龙、邓华、邓向龙、邓志福、邓晨、邓喆舒、邓雷、邓燕、邓鹰、艾阳阳、艾建华、艾宪松、左皓、石凯思、石钛戈、石艳田、龙卫星、龙成、占荔荔、卢丁、卢心忠、卢雨洋、卢晓天、卢璟、卢霞、叶帅帅、叶立明、叶秉光、叶建荣、叶唯扬、叶涵、申姗义、田永志、田利平、田荣、田荣江、田银行、田维桢、田震、史军、史炜、史俊明、史燕羚、冉静、付世德、付成、付鹏、付毅、白洋铭、白琳、丛恒、丛钰、卯敏、包清越、冯国亮、冯欣、冯忞、冯晓鹏、冯爱武、冯海花、冯琳、闪涛、兰珊、宁向东、边瑞鹏、邢茹、邢越、邢鑫、巩志芳、巩燕楠、权国霖、成武利、毕似恩、毕芸、毕宝胜、师广波、曲成武、曲雯、吕芊璇、吕昌模、吕洲、吕斯达、年珂、朱中辉、朱以林、朱永红、朱永胜、朱宇倩、朱红兰、朱昌祥、朱玲、朱政、朱彦辉、朱晓芳、朱峰、朱靓、朱媛媛、朱赫、朱璟、乔若瑶、乔佳平、乔峤、乔培斌、仲涛、任忠孙、任艳、任爱军、任家骅、任智健、任鑫、华小榕、伊向明、伊兵、向飞、向旭家、庄汉都、庄永宏、庄新月、庄燕君、刘小鸥、刘子平、刘子昂、刘习良、刘天翔、刘以沫、刘东、刘立文、刘华英、刘旭东、刘兴、刘丽莎、刘秀峰、刘兵、刘国军、刘畅、刘明银、刘定阳、刘建强、刘孟孟、刘政伟、刘树梅、刘威、刘钢、刘钢、刘洪国、刘勇、刘艳洁、刘艳艳、刘哲、刘桂华、刘晓明、刘笑宇、刘海涛、刘葳、刘惠民、刘锋、刘智、刘祺、刘媛媛、刘婷、刘靖晟、刘碧华、刘耀秀、闫飞、闫军、闫丽萍、闫宏伟、闫颢、关国芳、关春艳、关程徽、江亮、江海亮、江曼、江锋涛、汤敏志、安然、安筱琼、许凤亚、许英仕、许明、许建斌、许雅玲、许智明、阮成霖、孙大光、孙开宏、孙汉训、孙宇、孙昕、孙秉南、孙彦臣、孙洁、孙艳春、孙艳辉、孙振兴、孙钻、孙晨荻、孙瑜、孙箐燐、寿文溢、寿东淼、苍月、严艺、严乐、严丽丽、严锦、严瑾丽、苏小军、苏扬、苏其、苏泽、苏诗逸、苏航宇、杜明哲、杜娟、杜鹏、杜遵廷、杜橙、李一帆、李大伟、李小琴、李广俊、李义、李飞、李丰刚、李方正、李尹、李玉玲、李世涛、李冬霞、李兰兰、李亚杰、李有贵、李伟、李伊苓、李冰心、李冰浩、李安庆、李军勤、李玛林、李志远、李志嘉、李辰光、李秀莲、李坤、李坤、李若黎、李杰、李述、李国强、李明星、李波、李宗泰、李建国、李玲、李茜茹、李柱文、李贵军、李科、李俊杰、李彦军、李洪灯、李洪斌、李艳红、李莉、李晓光、李晓琤、李健伟、李涛、李梦楠、李雪辉、李晨红、李跃军、李笛鸣、李章虎、李章渊、李清、李鸿博、李犍、李超凡、李紫微、李嵘辉、李婷、李颐平、李想、李磊、李颛泽、李德均、李毅、杨天、杨礼仲、杨伟良、杨传圣、杨阳、杨旸、杨宝东、杨定洁、杨保飞、杨保全、杨俊、杨晓丽、杨晓倩、杨倩、杨海峰、杨海强、杨骏祺、杨菲菲、杨鸿飞、杨雅涵、杨皓明、杨婷婷、杨锡锋、杨锦文、杨瑾煜舟、杨霞、杨馥溢、连艳、肖远江、肖建国、肖剑、肖硕彬、吴卫明、吴少博、吴冰晖、吴宇欣、吴芙蓉、吴坚平、吴秀尧、吴宏敏、吴林俊、吴杰江、吴科、吴爽、吴银书、吴琦、吴超、吴惠金、吴鹏飞、吴巍、里晓天、岑斌、邱祖靖、邱梦赟、何天宏、何亚玲、何宇、何阳、何肖龙、何其昌、何郁宁、何念寒、何春园、何莹、何雪峰、何晨夫、何源泉、何蕊、余凡、余羽、余波、余勇刚、余哲、余静芳、谷丽娟、邹志卿、邹甫文、邹佳铭、邹海涛、邹梦涵、冷家豪、辛文鹏、汪小青、汪卫东、汪泳艳、汪蕴青、沙海涛、沈翰婷、宋帅、宋仲春、宋冰心、宋欢、宋汶骏、宋国华、宋婉凝、宋雷昌、迟秀明、张一洎、张小丰、张小伟、张卫东、张卫峡、张元恺、张云燕、张云霞、张少君、张长春、张文华、张文灿、张文青、张玉英、张玉明、张本良、张平、张冉、张仕明、张冬梅、张达音、张吕、张伟、张伟、张传文、张自强、张合、张庆华、张红、张志华、张杜超、张丽、张丽蓉、张旸、张昆、张昌利、张金才、张建国、张昳、张绍飞、张南宁、张栋栋、张树升、张奎、张思星、张彦立、张洪波、张洪源、张恒瑞、张宪忠、张勇、张艳、张振祖、张莉、张莉萍、张晟、张晓军、张晓玲、张晓烽、张玺、张烜、张浩、张海水、张海斌、张雪敏、张崇源、张婧、张淼、张皓、张普、张强、张瑞宏、张蓉、张楠、张鹏、张鹏万、张颖、张静、张慧、张慧、张毅、张霞、张镭、陆兆文、陆利平、陆洋、陈三营、陈万莉、陈天伟、陈云开、陈水湖、陈丹、陈文伟、陈玉忠、陈冬梅、陈立、陈立彤、陈永兴、陈加、陈华平、陈会、陈宇、陈芳云、陈秀玲、陈沈峰、陈陆敏、陈其维、陈若剑、陈杰丽、陈明皓、陈岭、陈宗坪、陈建兵、陈春燕、陈茹凌、陈栋、陈皆喜、陈映川、陈昱、陈适平、陈胜利、陈亮、陈洁、陈洁、陈洁涛、陈娜、陈铁、陈凌、陈高勇、陈益亭、陈海彪、陈娟、陈娟、陈涵杰、陈朝、陈雄飞、陈锐、陈翔、陈福中、陈静、陈静、陈蔚倩、陈德宁、陈燕红、陈曦、邵开俊、邵男、邵迎歌、邵琛、武冬秀、武学谦、武海艳、武婷、范月霞、范相玉、范莉莉、范海文、范培红、茅红星、林东姝、林红福、林杨、林晓露、林倩、林清赟、林键、欧阳锐、尚淑莉、易怀炯、易依妮、罗云、罗传钰、罗欢、罗育、罗泽文、罗建军、罗淇予、罗联军、罗穗芳、季厌庸、季猛、岳丹丹、岳雪玲、岳韶华、金文、金芙蓉、金作鹏、金迎春、金鑫、周文娟、周付生、周旭锋、周克非、周连勇、周奋强、周和敏、周依若、周金艳、周俊龙、周美华、周娜、周艳、周桥山、周晓莉、周玺、周菡、周游、周群策、周瑶婷、周蔚、周毅、周鑫、鱼剑锋、庞春云、庞傑玮、郑小林、郑世杰、郑东东、郑华友、郑严凯、郑建丰、郑钦文、郑海波、郑盛平、郑筱卉、郑德运、单志超、宗耀、官振鸣、房华、居嘉旻、孟戈弋、孟竹、孟军、孟宪领、孟祥龙、孟睿良、项振华、赵卫峰、赵光、赵旭、赵冲、赵宇峰、赵红蕊、赵志梅、赵昕煜、赵轶凡、赵祖磊、赵原、赵晔、赵钰涛、赵箔、赵鸿祥、赵德铭、赵耀、郝仕湖、郝运清、郝浩、胡长华、胡仁兵、胡龙、胡礼新、胡安明、胡丽、胡旻华、胡轶、胡贵明、胡晓玲、胡啸、胡媛、胡静、胡曙雁、南龙龙、南芳、柯婷婷、钟扬民、钟凯萍、钟浩荣、钟雷、段洁云、段超男、段聪越、禹龙国、俞延彬、俞起、俞敏、施争荣、施睿隆、姜才林、姜华丽、姜卓飞、姜赫、洪艳、宦焕、姚飞、姚岑、姚宝欣、姚宗锋、姚栋月、姚树晓、姚晶鑫、骆文龙、骆恩新、秦开洪、秦必顺、秦英、秦承敏、袁苏芹、袁浩霖、袁野、袁璐、袁灝、耿丽、聂磊、贾丽丽、贾昆、贾承斌、贾艳、贾辉、贾颖、贾磊、夏存民、夏青、夏树伟、顾伟、顾陈斌、顾蕾、钱志伟、钱松、徐小军、徐飞、徐飞、徐长乐、徐巧月、徐成军、徐仲锋、徐红梅、徐学智、徐宗新、徐荐土、徐钦层、徐振宇、徐晓明、徐润、徐敏、徐婕、徐瑞聪、徐新宇、徐煜、徐慧、徐磊、徐蕾、徐赟、殷之辂、殷慧娟、奚庆、奚维、凌凌、凌赛、栾丽、高亚高利、高明月、高迪、高佳、高金、高俊、高峰、高强、高登立、高瑞霞、高慧、高增涛、高鑫、郭长星、郭丹丹、郭永生、郭亚湾、郭庆彬、郭青红、郭其桓、郭杰、郭国中、郭昕、郭明明、郭宝年、郭建华、郭炳慧、郭素颐、郭璐璐、唐米兰、唐克勤、唐妙云、唐尚婉、唐宗队、唐建明、唐勇、唐海、唐新波、诸国忠、诸韬韬、陶礼宁、陶峰英、陶然、姬少光、桑志杰、菁晶、黄天云、黄少云、黄巧婷、黄世刚、黄英龙、黄建明、黄茜、黄晓行、黄晓燕、黄润生、黄悦峰、黄梁林、黄婧、黄绮媚、黄超焕、黄鹏、黄鹏达、黄露清、梅贵琴、曹一川、曹小寅、曹英、曹鸣、戚仁兵、龚顺荣、龚琳、盛芝然、盛海亮、常青、常青、常亮、常益华、常银焕、崔晓文、崔晓燕、崔鹏程、崔磊、符敬贞、康鹏、康源弘、鹿斌、章文巍、章海、章琼妮、章超凡、章煦春、盖晓萍、添先进、梁延昊、梁灯、梁佳丽、梁波、梁圆圆、梁爽、梁晨、梁崇铭、梁雅丽、隋蔚、彭夫、彭汉英、彭阳俊、彭芳芳、彭杰、彭逸豪、葛似兰、葛宏、葛晓威、葛蔓、葛霞青、董再强、董志武、董留生、董益钢、董海龙、董雪梅、蒋立新、蒋莉、蒋海军、蒋敏、蒋琪、韩丹英、韩永安、韩江、韩旸、韩晏元、韩家芳、韩瑞、韩蔚薇、韩馨漪、覃华炜、景炜、喻胜云、嵇伟、嵇颖、程久余、程宇豪、程阳、程珂昵、程晓凤、程海群、程喆、程晶磊、程渝、程瑾、傅长煜、傅苗青、傅直德、傅建伟、焦祎薇、曾小华、曾旻辉、曾峥、温国彪、游江南、谢向英、谢红、谢红、谢尚誓、谢国辉、谢晨、靳晓辉、蓝丽丝、赖宇博、赖姿羽、赖洁纯、甄书琦、甄灵宇、路祯、詹定东、詹锐、鲍炜炜、窦荣刚、窦醒亚、蔡方友、蔡江天、蔡学恩、蔡敏、蔡毓、裴素艳、裴臻清、廖衍玲、廖冠、廖翀、廖敏、阚惠、谭坤、谯梁、熊平、熊绍山、熊晓军、颜勇、潘月华、潘乐、潘永建、潘良、潘跃海、潘瑞翔、潘静涛、薛伟、薛捷、薛慧芳、霍正欣、穆东、穆颖、戴风友、戴勤、魏东、魏冬冬、魏永振、魏来、魏宏岩、魏旻。

引　言

为规范中小企业合规管理体系有效性评价

活动，引导和促进其合规管理体系建设，提升合规管理能力识别和防范合规风险，建设合规文化，根据《中小企业促进法》等相关法律和《关于促进中小企业健康发展的指导意见》《"十四五"促进中小企业发展规划》等政策，参照 ISO 37301：2021《合规管理体系 要求及使用指南》等规定，结合我国实际，制定本标准。

1 范围

本标准确立了中小微企业合规管理体系有效性评价的总体原则和方法，规定了评价机制和评价指标。

本标准适用于中小微企业自身开展合规管理体系有效性评价，也适用于国家机关、行业协会、认证机构等相关方面对中小微企业合规管理体系有效性的评价。

2 规范性引用文件

下列文件中的内容通过文中的规范性引用而构成本文件必不可少的条款。其中，注日期的引用文件，仅该日期对应的版本适用于本文件；不注日期的引用文件，其最新版本（包括所有的修改单）适用于本文件。

ISO 37301 合规管理体系 要求及使用指南

3 术语和定义

ISO 37301 界定的以及下列术语和定义适用于本文件。

3.1 合规管理体系有效性 effectiveness of compliance management system

识别、监控和处置合规风险（3.2），形成合规文化（3.6）的实效及其程度，包括合规计划制定、合规计划执行和合规计划实施结果的有效性。

3.2 合规风险 compliance risk

因未遵守组织合规义务（3.3）而发生不合规（3.5）的可能性及其后果。

3.3 合规义务 compliance obligations

组织强制性地必须遵守的要求，以及组织自愿选择遵守的要求。

3.4 合规 compliance

履行组织的全部合规义务（3.3）。

3.5 不合规 noncompliance

未履行合规义务（3.3）。

3.6 合规文化 compliance culture

贯穿整个组织的价值观、道德规范、信仰和行为，并与组织结构和控制系统相互作用，产生有利于合规（3.4）的行为规范。

4 总体原则

合规管理体系有效性评价应遵循以下原则：

a）全面性原则。评价内容和结果能够反映企业合规管理体系建设、运行的整体情况，包括建立、实施、运行、维护、持续改进等过程，这些过程依托或者包含于一套具有持续改进和自我强化能力的合规管理体系中，且与企业内的其他管理体系协同。

b）差异性原则。针对不同行业中小企业的特点，设定不同的评价内容、指标以及指标权重。权重的设置根据中小企业的合规风险、经营规模、业务范围、行业特点等因素决定。

c）明确性原则。对于每项评价内容和指标确立明确的评价准则，给出一致的评价方法，以确保评价结果的相对稳定，且具有可比性。

d）可证实性原则。所设置的评价机制和评价指标，便于理解和采集，能够通过客观的追溯方法或溯源材料得到证实，且评价的过程和结论也能够得到客观证实。

e）引导性原则。坚持缺陷查找与合规价值观引领相结合，评价结果既能反映中小企业合规管理取得的成效和存在的不足，又能引导中小企业树立良好的合规价值观，持续改进合规管理体系。

5 评价方法、内容和流程

5.1 评价方法

合规管理体系有效性评价可以根据评价内容和指标的具体情况，采用文件审阅、问卷调查、访谈调研、飞行检查、穿行测试、感知测试、模拟运行等评价方法。

5.2 评价内容

合规管理体系有效性评价包括对合规管理机构设置和职责配置（见第6章）、合规风险识别（见第7章）、合规风险应对和持续改进（见第8章）、合规文化建设（见第9章）等方面的评价。具体评价指标见附录A附录B和附录C。

5.3 评价流程

5.3.1 合规管理体系有效性评价一般包括评价准备、评价实施和评价报告三个阶段。

5.3.2 在评价准备阶段，组建评价小组，制定评价方案，明确评价目的、范围、评价方法、需要收集的信息和数据、分工、进程等要求。

评价小组应由具备被评价企业所属行业的专业知识、经验和技能的人员与具备实施评价活动所需要的合规知识、经验、技能的人员组成。评价机构及其评价人员应具有相应资质。

5.3.3 在评价实施阶段，评价小组按照评价机制和评价指标实施评价。

对于评价实施过程中发现的重大问题及重要评价结论，评价小组应当与被评价的企业主要负责人进行沟通，就相关问题进行核实。

5.3.4 在评价报告阶段，评价小组根据评价实施情况，撰写评价报告。评价报告至少包括以下内容：

a）评价活动的组织者、评价小组相关信息；

b）被评价企业的基本信息；

c）评价目的、范围和依据；

d）评价的程序和方法；

e）评价所依据的信息及其来源；

f）评价结论；

g）合规管理问题和改进建议。

6 机构设置和职责配置

6.1 合规管理机构设置和职责配置的有效性评价应当以合规管理机构的适当性、独立性和权威性作为基本标准。

6.2 企业应根据业务、规模和行业特点设置适当的合规管理机构，包括以下方面：

a）设置合规领导机构。有董事会的企业设合规管理委员会，没有董事会的企业设合规领导小组。

b）确定合规管理第一责任人。法定代表人或实际控制人是企业合规的第一责任人，并作为合规管理委员会或合规领导小组的成员。各业务部门的负责人在其领域内也负有相应的合规管理责任。

c）设置合规管理机构。中型企业一般应设合规管理部门，小微企业应配备至少一名合规专员，合规专员应由具备合规管理资质或相关专业能力的人员担任，可以聘请兼职的企业合规师或者律师等。

6.3 合规领导机构确定企业合规目标，配置合理资源支持合规管理工作，监督和协调合规管理体系运行。

合规管理部门或合规专员应及时有效识别企业合规义务，制订合规政策与管理流程，管控合规风险，保障合规目标的实现。

企业各业务部门应设合规联络员，协助合规管理部门或者合规专员工作。

6.4 合规领导机构履行企业合规领导职能，包括以下方面：

a）设定合规绩效指标，评价合规目标达到程度；

b）监督企业合规管理体系运行情况；

c）定期听取合规管理部门或者合规专员的专题汇报；

d）对违规行为及时作出适当的处理决定并予以公示；

e）确保合规管理部门、合规专员、合规联络员在企业内部开展合规工作不受阻碍；

f）确保合规管理部门、合规专员、合规联

络员能够获取开展合规工作需要的员工信息、文件信息和所需要的数据。

6.5 合规管理部门或合规专员独立履行合规管理职能，表现在以下方面：

a）合规管理部门或合规专员应获得合规领导机构的正式授权，获得必要的人员配备和经费保障；

b）合规管理部门或合规专员有权直接向合规领导机构汇报合规工作，必要时可直接向法定代表人或实际控制人汇报合规工作；

c）合规管理部门或合规专员保持合规工作的独立性。

6.6 合规管理部门或合规专员应在企业内部具有一定权威，表现在以下方面：

a）在信息知情、参与决策、关键岗位控制、重点经营活动、重要经营管理文件审查等方面发挥作用；

b）企业经营的重要决策工作应经过合规评审程序，并经合规领导机构签署意见；

c）合规管理部门认为企业的重要决策存在重大风险的，有权向合规领导机构报告；

d）经营范围单一的小微企业，合规专员应当对上述事项进行审查并出具合规审查意见。

6.7 合规管理部门或合规专员职责主要有以下方面：

a）合规工作的计划、执行、检查、监督、整改和报告；

b）合规义务的收集、识别、汇编、转化为内部规章制度；

c）合规风险的评估、监控、处置；

d）开展合规培训，弘扬合规文化。

6.8 各业务部门的合规联络员具有明确的合规管理职责，表现在以下方面：

a）对本部门合规工作的执行情况实施监控；

b）及时向部门负责人、合规管理部门或合规专员报告疑虑或不合规行为；

c）及时向部门传递企业的合规政策及其变更。

7 合规风险识别

7.1 合规义务的梳理和辨别是合规风险识别的基础。

7.2 合规义务识别机制，包括能够识别与企业业务活动、产品和服务相关的自愿性义务和强制性义务的机构、方法、制度和流程。

7.3 合规义务识别机制的实施，包括配备人员，规定方法，落实制度，实施流程，形成识别合规义务的文件化信息。

7.4 合规义务识别机制的实施保障，包括领导支持、人力资源、预算、必备物项工具，开展培训与交流等。

7.5 合规义务识别机制的实施效果，包括识别出重要合规义务、合规风险，并将这些合规义务与业务活动、产品和服务相关联，确保识别合规义务的机制与管理措施更新相结合。

7.6 合规风险的评估和分级机制，包括根据风险发生概率和影响程度，对合规风险进行评估和分级的机构、方法、制度和流程。

7.7 合规风险评估和分级机制的实施，包括配备人员，规定方法，落实制度，实施流程，形成合规风险评估、分级的文件化信息。

7.8 合规风险评估和分级机制的实施保障，包括领导支持、人力资源、预算、必备物项工具，开展合规培训与交流，关注并培育合规文化等方面。

7.9 合规风险评估和分级机制的实施效果，包括确定合规风险等级和优先管理顺序，并将这些排序、分级的合规风险与业务活动、产品和服务相关联，确保合规风险评估和分级与管理措施更新相结合。

8 合规风险应对和持续改进

8.1 合规风险应对

8.1.1 合规风险应对机制，包括企业根据合规评估和分级结果，设置合规风险应对责任人、应对措施、应对流程、记录与沟通机制、监督与检查机制，以及针对突发合规事件的应对预案。

8.1.2 企业合规风险应对机制的实施，包括配备人员，落实应对措施，实施应对流程或应对预案，开展第三方、雇员等相关方的合规尽职调查，形成合规风险应对的文件化信息，以及对合规风险应对机制有效性进行定期或不定期评审。

8.1.3 合规风险应对机制的实施保障，包括领导支持、人力资源、预算、必备物项工具，开展合规培训与交流，关注并培育合规文化等方面。

8.1.4 合规风险应对机制的实施效果，包括合规风险应对机制与业务活动、产品和服务结合，嵌入业务流程，并与企业其他机制协同，有效预防或处置了中高等级的合规风险。

8.2 日常监测

8.2.1 合规风险日常监测机制，包括日常监测合规风险的机构、方法、措施、频率、信息来源、结果运用、操作流程等，以及明确监控重点人员、重点岗位及重点环节。

8.2.2 日常监测措施包括监控计划、预警指标、合规审计、管理层合规评审、合规调查等。

8.2.3 合规风险日常监测机制的实施，包括配备人员，针对新制度和流程、新业务、新产品、新市场启动管理层合规评审，实施合规审计，对违规行为启动调查，形成日常监测的文件化信息，以及对日常监测机制的有效性进行定期或不定期评审。

8.2.4 合规风险日常监测机制的实施保障，包括领导支持、人力资源、预算、必备物项工具，开展合规培训与交流，关注并培育合规文化等方面。

8.2.5 合规风险日常监测机制的实施效果，包括日常监测程度与业务活动、产品和服务匹配，监控范围覆盖重点人员、重点岗位和重点

环节，监控主体及时发现违规预警信号并启动合规调查，监控结果作为合规管理持续改进的依据。

8.3 举报机制

8.3.1 违规行为举报机制，包括受理举报的机构、举报渠道、举报信息保密制度、举报人保护制度、举报处置流程以及合规疑虑与咨询程序等。

8.3.2 举报机制的实施，包括配备人员，受理并处置举报，形成举报的文件化信息，以及对举报及其处理结果进行分析，包括在未接到举报的情形下对举报机制的有效性进行分析。

8.3.3 举报机制的实施保障，包括领导支持、人力资源、预算、必备物项工具，开展合规培训与交流，关注并培育合规文化等方面。

8.3.4 举报机制的实施效果，包括员工信任并愿意使用举报渠道，接收到举报，通过举报发现违规行为和合规管理漏洞，并采取持续改进措施。

8.4 报告机制

8.4.1 合规报告机制，包括有关合规报告的对象、内容、形式、周期、流程等制度以及有关合规报告真实性、客观性和全面性的要求。

8.4.2 合规报告机制的实施，包括配备人员，该人员依照制度和流程向最高管理层提交了合规报告，合规报告受到充分保护、未被篡改。

8.4.3 合规报告机制的实施保障，包括领导支持、人力资源、预算、必备物项工具，开展合规培训与交流，关注并培育合规文化等方面。

8.4.4 合规报告机制的实施效果，包括最高管理层收到合规报告，合规报告信息真实、客观、全面，基于合规报告信息优化合规管理。

8.5 持续改进

8.5.1 持续改进机制，包括制定合规整改措施和违规问责制度，指定人员跟踪和评估合规风险的变化，持续调整或更新管控措施，具备

相关机制以对管控措施与合规管理目标的偏离进行原因分析，采取相应措施确保合规管理与企业的实际情况相适应。

8.5.2 持续改进机制的实施，包括对具体不合规行为进行整改和问责，具有实施持续改进机制的文件化信息，定期或不定期对持续改进机制有效性进行评审。

8.5.3 持续改进机制的实施保障，包括领导支持、人力资源、预算、必备物项工具，开展合规培训与交流，关注并培育合规文化等方面。

8.5.4 持续改进机制的实施效果，包括具体不合规行为得到整改，违规事件责任人被问责，相同或类似的不合规事件得到有效防范、尽早发现或避免，系统性漏洞或责任缺失得到补救，公司员工及利益相关方认可企业在合规管理改善方面的尝试和努力。

9 合规文化建设

9.1 合规文化建设的有效性评价应以各个层级、各领域员工所具备的合规知识、合规意识、合规信念和合规行为为基本标准。

9.2 主要负责人和管理层的合规承诺和表率作用对合规文化的形成和提升具有重要作用。

9.3 各层级员工都作出合规承诺，并对其合规职责进行绩效考核。

9.4 合规信息的沟通与传达，包括合规知识和观念的宣传、培训、沟通等。

9.5 合规文化的形成，包括对不合规行为的反应、行为习惯的改变、顾客或者客户对其合规形象的印象。

7.《中共中央、国务院关于营造更好发展环境支持民营企业改革发展的意见》

(2019年12月4日)

改革开放40多年来，民营企业在推动发展、促进创新、增加就业、改善民生和扩大开放等方面发挥了不可替代的作用。民营经济已经成为我国公有制为主体多种所有制经济共同发展的重要组成部分。为进一步激发民营企业活力和创造力，充分发挥民营经济在推进供给侧结构性改革、推动高质量发展、建设现代化经济体系中的重要作用，现就营造更好发展环境支持民营企业改革发展提出如下意见。

一、总体要求

（一）指导思想。以习近平新时代中国特色社会主义思想为指导，全面贯彻党的十九大和十九届二中、三中、四中全会精神，深入落实习近平总书记在民营企业座谈会上的重要讲话精神，坚持和完善社会主义基本经济制度，坚持"两个毫不动摇"，坚持新发展理念，坚持以供给侧结构性改革为主线，营造市场化、法治化、国际化营商环境，保障民营企业依法平等使用资源要素、公开公平公正参与竞争、同等受到法律保护，推动民营企业改革创新、转型升级、健康发展，让民营经济创新源泉充分涌流，让民营企业创造活力充分迸发，为实现"两个一百年"奋斗目标和中华民族伟大复兴的中国梦作出更大贡献。

（二）基本原则。坚持公平竞争，对各类市场主体一视同仁，营造公平竞争的市场环境、政策环境、法治环境，确保权利平等、机会平等、规则平等；遵循市场规律，处理好政府与市场的关系，强化竞争政策的基础性地位，注重采用市场化手段，通过市场竞争实现企业优胜劣汰和资源优化配置，促进市场秩序规范；支持改革创新，鼓励和引导民营企业加快转型升级，深化供给侧结构性改革，不断提升技术创新能力和核心竞争力；加强法治保障，依法保护民营企业和企业家的合法权益，推动民营企业筑牢守法合规经营底线。

二、优化公平竞争的市场环境

（三）进一步放开民营企业市场准入。深化"放管服"改革，进一步精简市场准入行政审批事项，不得额外对民营企业设置准入条件。全面落实放宽民营企业市场准入的政策措施，持续跟踪、定期评估市场准入有关政策落实情况，全面排查、系统清理各类显性和隐性壁垒。在电力、电信、铁路、石油、天然气等重点行业和领域，放开竞争性业务，进一步引入市场竞争机制。支持民营企业以参股形式开展基础电信运营业务，以控股或参股形式开展发电配电售电业务。支持民营企业进入油气勘探开发、炼化和销售领域，建设原油、天然气、成品油储运和管道输送等基础设施。支持符合条件的企业参与原油进口、成品油出口。在基础设施、社会事业、金融服务业等领域大幅放宽市场准入。上述行业、领域相关职能部门要研究制定民营企业分行业、分领域、分业务市场准入具体路径和办法，明确路线图和时间表。

（四）实施公平统一的市场监管制度。进一步规范失信联合惩戒对象纳入标准和程序，建立完善信用修复机制和异议制度，规范信用核查和联合惩戒。加强优化营商环境涉及的法规规章备案审查。深入推进部门联合"双随机、一公开"监管，推行信用监管和"互联网+监管"改革。细化明确行政执法程序，规范执法自由裁量权，严格规范公正文明执法。完善垄断性中介管理制度，清理强制性重复鉴定评估。深化要素市场化配置体制机制改革，健全市场化要素价格形成和传导机制，保障民营企业平等获得资源要素。

（五）强化公平竞争审查制度刚性约束。坚持存量清理和增量审查并重，持续清理和废除妨碍统一市场和公平竞争的各种规定和做法，加快清理与企业性质挂钩的行业准入、资质标准、产业补贴等规定和做法。推进产业政策由差异化、选择性向普惠化、功能性转变。严格审查新出台的政策措施，建立规范流程，引入第三方开展评估审查。建立面向各类市场主体的有违公平竞争问题的投诉举报和处理回应机制并及时向社会公布处理情况。

（六）破除招投标隐性壁垒。对具备相应资质条件的企业，不得设置与业务能力无关的企业规模门槛和明显超过招标项目要求的业绩门槛等。完善招投标程序监督与信息公示制度，对依法依规完成的招标，不得以中标企业性质为由对招标责任人进行追责。

三、完善精准有效的政策环境

（七）进一步减轻企业税费负担。切实落实更大规模减税降费，实施好降低增值税税率、扩大享受税收优惠小微企业范围、加大研发费用加计扣除力度、降低社保费率等政策，实质性降低企业负担。建立完善监督检查清单制度，落实涉企收费清单制度，清理违规涉企收费、摊派事项和各类评比达标活动，加大力度清理整治第三方截留减税降费红利等行为，进一步畅通减税降费政策传导机制，切实降低民营企业成本费用。既要以最严格的标准防范逃避税，又要避免因为不当征税影响企业正常运行。

（八）健全银行业金融机构服务民营企业体系。进一步提高金融结构与经济结构匹配度，支持发展以中小微民营企业为主要服务对象的中小金融机构。深化联合授信试点，鼓励银行与民营企业构建中长期银企关系。健全授信尽职免责机制，在内部绩效考核制度中落实对小微企业贷款不良容忍的监管政策。强化考核激励，合理增加信用贷款，鼓励银行提前主动对接企业续贷需求，进一步降低民营和小微企业综合融资成本。

（九）完善民营企业直接融资支持制度。完善股票发行和再融资制度，提高民营企业首发上市和再融资审核效率。积极鼓励符合条件的民营企业在科创板上市。深化创业板、新三板改革，服务民营企业持续发展。支持服务民营企业的区域性股权市场建设。支持民营企业发行债券，降低可转债发行门槛。在依法合规的前提下，支持资管产品和保险资金通过投资私募股权基金等方式积极参与民营企业纾困。鼓励通过债务重组等方式合力化解股票质押风险。积极吸引社会力量参与民营企业债转股。

（十）健全民营企业融资增信支持体系。推进依托供应链的票据、订单等动产质押融资，鼓励第三方建立供应链综合服务平台。民营企业、中小企业以应收账款申请担保融资，国家机关、事业单位和大型企业等应付款方应当及时确认债权债务关系。推动抵质押登记流程简便化、标准化、规范化，建立统一的动产和权利担保登记公示系统。积极探索建立为优质民营企业增信的新机制，鼓励有条件的地方设立中小民营企业风险补偿基金，研究推出民营企业增信示范项目。发展民营企业债券融资支持工具，以市场化方式增信支持民营企业融资。

（十一）建立清理和防止拖欠账款长效机制。各级政府、大型国有企业要依法履行与民营企业、中小企业签订的协议和合同，不得违背民营企业、中小企业真实意愿或在约定的付款方式之外以承兑汇票等形式延长付款期限。加快及时支付款项有关立法，建立拖欠账款问题约束惩戒机制，通过审计监察和信用体系建设，提高政府部门和国有企业的拖欠失信成本，对拖欠民营企业、中小企业款项的责任人严肃问责。

四、健全平等保护的法治环境

（十二）健全执法司法对民营企业的平等保护机制。加大对民营企业的刑事保护力度，依法惩治侵犯民营企业投资者、管理者和从业人员合法权益的违法犯罪行为。提高司法审判和执行效率，防止因诉讼拖延影响企业生产经营。保障民营企业家在协助纪检监察机关审查调查时的人身和财产合法权益。健全知识产权侵权惩罚性赔偿制度，完善诉讼证据规则、证据披露以及证据妨碍排除规则。

（十三）保护民营企业和企业家合法财产。严格按照法定程序采取查封、扣押、冻结等措施，依法严格区分违法所得、其他涉案财产与合法财产，严格区分企业法人财产与股东个人财产，严格区分涉案人员个人财产与家庭成员财产。持续甄别纠正侵犯民营企业和企业家人身财产权的冤错案件。建立涉政府产权纠纷治理长效机制。

五、鼓励引导民营企业改革创新

（十四）引导民营企业深化改革。鼓励有条件的民营企业加快建立治理结构合理、股东行为规范、内部约束有效、运行高效灵活的现代企业制度，重视发挥公司律师和法律顾问作用。鼓励民营企业制定规范的公司章程，完善公司股东会、董事会、监事会等制度，明确各自职权及议事规则。鼓励民营企业完善内部激励约束机制，规范优化业务流程和组织结构，建立科学规范的劳动用工、收入分配制度，推动质量、品牌、财务、营销等精细化管理。

（十五）支持民营企业加强创新。鼓励民营企业独立或与有关方面联合承担国家各类科研项目，参与国家重大科学技术项目攻关，通过实施技术改造转化创新成果。各级政府组织实施科技创新、技术转化等项目时，要平等对待不同所有制企业。加快向民营企业开放国家重大科研基础设施和大型科研仪器。在标准制定、复审过程中保障民营企业平等参与。系统清理与企业性质挂钩的职称评定、奖项申报、福利保障等规定，畅通科技创新人才向民营企业流动渠道。在人才引进支持政策方面对民营企业一视同仁，支持民营企业引进海外高层次人才。

（十六）鼓励民营企业转型升级优化重组。

鼓励民营企业因地制宜聚焦主业加快转型升级。优化企业兼并重组市场环境，支持民营企业做优做强，培育更多具有全球竞争力的世界一流企业。支持民营企业参与国有企业改革。引导中小民营企业走"专精特新"发展之路。畅通市场化退出渠道，完善企业破产清算和重整等法律制度，提高注销登记便利度，进一步做好"僵尸企业"处置工作。

（十七）完善民营企业参与国家重大战略实施机制。鼓励民营企业积极参与共建"一带一路"、京津冀协同发展、长江经济带发展、长江三角洲区域一体化发展、粤港澳大湾区建设、黄河流域生态保护和高质量发展、推进海南全面深化改革开放等重大国家战略，积极参与乡村振兴战略。在重大规划、重大项目、重大工程、重大活动中积极吸引民营企业参与。

六、促进民营企业规范健康发展

（十八）引导民营企业聚精会神办实业。营造实干兴邦、实业报国的良好社会氛围，鼓励支持民营企业心无旁骛做实业。引导民营企业提高战略规划和执行能力，弘扬工匠精神，通过聚焦实业、做精主业不断提升企业发展质量。大力弘扬爱国敬业、遵纪守法、艰苦奋斗、创新发展、专注品质、追求卓越、诚信守约、履行责任、勇于担当、服务社会的优秀企业家精神，认真总结梳理宣传一批典型案例，发挥示范带动作用。

（十九）推动民营企业守法合规经营。民营企业要筑牢守法合规经营底线，依法经营、依法治企、依法维权，认真履行环境保护、安全生产、职工权益保障等责任。民营企业走出去要遵法守法、合规经营，塑造良好形象。

（二十）推动民营企业积极履行社会责任。引导民营企业重信誉、守信用、讲信义，自觉强化信用管理，及时进行信息披露。支持民营企业赴革命老区、民族地区、边疆地区、贫困地区和中西部、东北地区投资兴业，引导民营企业参与对口支援和帮扶工作。鼓励民营企业积极参与社会公益、慈善事业。

（二十一）引导民营企业家健康成长。民营企业家要加强自我学习、自我教育、自我提升，珍视自身社会形象，热爱祖国、热爱人民、热爱中国共产党，把守法诚信作为安身立命之本，积极践行社会主义核心价值观。要加强对民营企业家特别是年轻一代民营企业家的理想信念教育，实施年轻一代民营企业家健康成长促进计划，支持帮助民营企业家实现事业新老交接和有序传承。

七、构建亲清政商关系

（二十二）建立规范化机制化政企沟通渠道。地方各级党政主要负责同志要采取多种方式经常听取民营企业意见和诉求，畅通企业家提出意见诉求通道。鼓励行业协会商会、人民团体在畅通民营企业与政府沟通等方面发挥建设性作用，支持优秀民营企业家在群团组织中兼职。

（二十三）完善涉企政策制定和执行机制。制定实施涉企政策时，要充分听取相关企业意见建议。保持政策连续性稳定性，健全涉企政策全流程评估制度，完善涉企政策调整程序，根据实际设置合理过渡期，给企业留出必要的适应调整时间。政策执行要坚持实事求是，不搞"一刀切"。

（二十四）创新民营企业服务模式。进一步提升政府服务意识和能力，鼓励各级政府编制政务服务事项清单并向社会公布。维护市场公平竞争秩序，完善陷入困境优质企业的救助机制。建立政务服务"好差评"制度。完善对民营企业全生命周期的服务模式和服务链条。

（二十五）建立政府诚信履约机制。各级政府要认真履行在招商引资、政府与社会资本合作等活动中与民营企业依法签订的各类合同。建立政府失信责任追溯和承担机制，对民营企业因国家利益、公共利益或其他法定事由需要改变政府承诺和合同约定而受到的损失，要依法予以补偿。

八、组织保障

（二十六）建立健全民营企业党建工作机制。坚持党对支持民营企业改革发展工作的领导，增强"四个意识"，坚定"四个自信"，做到"两个维护"，教育引导民营企业和企业家拥护党的领导，支持企业党建工作。指导民营企业设立党组织，积极探索创新党建工作方式，围绕宣传贯彻党的路线方针政策、团结凝聚职工群众、维护各方合法权益、建设先进企业文化、促进企业健康发展等开展工作，充分发挥党组织的战斗堡垒作用和党员的先锋模范作用，努力提升民营企业党的组织和工作覆盖质量。

（二十七）完善支持民营企业改革发展工作机制。建立支持民营企业改革发展的领导协调机制。将支持民营企业发展相关指标纳入高质量发展绩效评价体系。加强民营经济统计监测和分析工作。开展面向民营企业家的政策培训。

（二十八）健全舆论引导和示范引领工作机制。加强舆论引导，主动讲好民营企业和企业家故事，坚决抵制、及时批驳澄清质疑社会主义基本经济制度、否定民营经济的错误言论。在各类评选表彰活动中，平等对待优秀民营企业和企业家。研究支持改革发展标杆民营企业和民营经济示范城市，充分发挥示范带动作用。

各地区各部门要充分认识营造更好发展环境支持民营企业改革发展的重要性，切实把思想和行动统一到党中央、国务院的决策部署上来，加强组织领导，完善工作机制，制定具体措施，认真抓好本意见的贯彻落实。国家发展改革委要会同有关部门适时对支持民营企业改革发展的政策落实情况进行评估，重大情况及时向党中央、国务院报告。

二、各地律协关于律师从事合规法律服务指引

1. 江苏省律师协会《律师从事合规法律服务业务指引》（2021年11月17日）
2. 广州市律师协会《律师开展企业合规法律服务业务指引》（2022年6月1日）
3. 安徽省律师协会《安徽省律师从事涉案企业合规建设评估业务操作指引》（2022年9月22日）
4. 北京市律师协会《企业合规管理与律师实务操作指引》（2022年9月23日）
5. 大连市律师协会《律师办理涉案企业合规建设业务操作指引》（2022年10月20日）

1. 江苏省律师协会《律师从事合规法律服务业务指引》

（2021年11月17日）

目　录

第一章　总则
第二章　合规法律服务的类型和方式
第三章　合规管理体系建设业务办理流程
第四章　合规调查服务业务办理流程
第五章　合规监管应对业务办理流程
第六章　合规评价业务办理流程
第七章　合规培训业务办理流程
第八章　商业合作伙伴合规管理业务办理流程
第九章　合规顾问业务办理流程
第十章　律师合规业务中的职责和义务

第十一章　律师合规业务中的风险防范
第十二章　附则

第一章　总　则

第一条　制定目的

为了指导和规范律师开展合规法律服务，促进企业依法合规经营，切实防范化解企业合规风险，促进国民经济持续健康发展，根据国家法律法规，国资委、发改委等部门制定的相关文件，以及相关国际规则，结合律师工作特点，制定本指引。

第二条　合规法律服务

合规法律服务是指，律师通过研判企业的商业行为，在掌握国内外有关法律法规、国际组织规则、监管规定、企业所在行业和业务领域的合规要求、商业惯例和道德规范，企业依法制定的章程及规章制度等的基础上，出于帮助企业预防、识别、评估、报告和应对合规风险的目的，提供的咨询、代理等专项法律服务和顾问服务。

第三条　词语释义

1. 合规：指企业及员工的经营管理和从业行为符合有关法律法规、国际组织规则、监管规定、行业准则、商业惯例和道德规范，以及企业依法制定的章程及规章制度等要求。

《中华人民共和国公司法》第五条规定："公司从事经营活动，必须遵守法律、行政法规，遵守社会公德、商业道德，诚实守信，接受政府和社会公众的监督，承担社会责任。"体现了国内法对公司合规的要求。

在全球化语境下，法律和行政法规不仅指中国的法律和行政法规，还包括国际组织规则、公司经营行为涉及国家的法律和行政类法规等。社会公德和商业道德，是指在全球范围内普遍通行的社会公德和商业道德；这一类道德标准，集中体现为国际组织对于公司道德标准的指引性文件。例如经济和合作发展组织（OECD）颁布的《内部控制、道德和合规的良好做法指引》。

合规，要求公司在践行上述规定时，体现主动性。也因此，要求公司将合规做到全面覆盖、强化责任、协同联动、客观独立。

合规，是公司承担社会责任的核心内容之一，具体体现为公司对于利益相关者，包括中小股东、员工、债权人、消费者和社会公众利益的关注。公司的社会公益活动，仅仅是公司承担社会责任的一部分，是公司关注社会公众利益的具体表现。

2. 合规风险：是指企业及其员工因不合规行为，引发法律责任、受到相关处罚、造成经济或声誉损失以及其他负面影响的可能性。

3. 合规管理：指以有效防控合规风险为目的，以企业和员工经营管理行为为对象，开展包括制度制定、风险识别、合规审查、风险应对、责任追究、考核评价、合规培训等有组织、有计划的管理活动。

4. 合规管理体系：指根据结合公司实际情况建立的一套以有效防控合规风险为目的，以企业和员工经营管理行为为对象，开展包括制度制定、风险识别、合规审查、风险应对、责任追究、考核评价、合规培训等有组织、有计划的管理体系。

由国际标准化组织制定的《合规管理体系　要求及使用指南》【Compliance management systems — Requirements with guidance for use（ISO/FDIS 37301）】是律师为企业建设合规管理体系的重要参考文件。

5. 合规监管应对：指公司或者公司人员出现违规行为，已经或者可能受到境内外行政机关、司法部门、国际组织的监管时，公司委托律师开展的应对法律服务，以达到平稳处理，控制风险的目的。

6. 合规调查：指公司内部人员出现违规行为时，公司委托外部律师提供调查、处理的法律服务，以达到惩戒相关人员，纠正违规行为的目的。

7. 合规评价：指律师对企业的合规状况进行合规性评价的服务。

8. 合规培训：指律师对企业及其相关人员进行合规知识和技能的培训。

9. 商业合作伙伴管理：指根据客户的合规政策，为规范、促使客户的商业合作伙伴合规经营，而开展的法律服务。商业合作伙伴，包括但不限于供应商（含产品和服务提供商）、销售商、代理商和律师事务所、会计师事务所、招投标咨询公司等各类中介机构。

在全球合规语境下，商业合作伙伴作为公司经营活动的延伸，其违规行为往往会波及到公司自身。公司故意利用商业合作伙伴实施违规行为，将为违规行为的后果承担连带责任；公司疏于对商业合作伙伴的合规管理，往往需承担管理责任和商业信誉损失。因此，规模较大的公司或者在产业链中具有影响力的公司，往往会将自身的合规政策延伸到商业合作伙伴管理中。

10. 合规顾问：指律师参照法律顾问模式，为客户提供与合规相关的专项或者常年顾问服务。

11. OECD：经济合作与发展组织，是由36个市场经济国家组成的政府间国际经济组织，旨在共同应对全球化带来的经济、社会和政府治理等方面的挑战，并把握全球化带来的机遇。OECD发布的诸多规则已经成为国际层面公司合规治理的通用规则，如《内部控制、道德和合规的良好做法指引》、《OECD公司治理原则》、《OECD反腐败道德与合规手册》等。

12. 合规要素：指企业在合规管理中需要重点关注的领域；反映监管机构对企业的监管重点和社会公众对企业合规经营的期待。

13. 反舞弊：舞弊行为是指公司的管理层、经营层、雇员或第三方中的单人或者多人，故意通过欺骗获取不公正或者非法利益的行为，体现为侵占资产行为、欺诈行为、利益冲突行为、腐败行为、其他舞弊行为。反舞弊法律服务是指律师协助客户建立和完善公司反舞弊制度，对内部工作人员进行培训与指导，对职工进行反舞弊培训与宣教，对舞弊行为进行法律调查和处理，开展诉前责任追究和追偿，诉讼的民事、刑事、行政责任的追究和追偿。

14. 反腐败：指针对行贿受贿行为进行的处理和控制，包括通过礼品与邀请、赞助和捐赠方式实施的腐败行为。反腐败是国际上普遍关注的重点合规要素之一，美国《反海外腐败法》是典型的针对反腐败问题制定的法规。

15. 反洗钱：指针对洗钱行为进行的处理和控制。反洗钱是国际上普遍关注的重点合规要素之一，尤其是金融行业。

16. 数据保护：指对数据信息的保护。数据保护是国际上普遍关注的重点合规要素之一，如欧盟制定了《通用数据保护条例》（GDPR）、美国制定了《加利福尼亚州消费者隐私法案》，目前中国已经颁布了《网络安全法》、《儿童个人信息网络保护规定》、《最高人民法院、最高人民检察院关于办理侵犯公民个人信息刑事案件适用法律若干问题的解释》，并就《个人信息保护法》《个人信息出境安全评估办法》、《数据安全管理办法》等征询意见。

第四条　合规服务与传统法律顾问服务内容的区别和联系

法律顾问服务是在一定期限或者一定范围内，为客户提供常态化的法律咨询，出具法律意见的服务。传统的法律顾问服务，作为一种咨询服务，本身是一种被动性的服务。即，只有在客户有问题需要咨询时，律师才会去被动地提供解答和解决方案。根据服务周期的不同，法律顾问服务分为常年法律顾问服务和项目法律顾问服务（又称专项法律顾问服务）。根据客户对象的不同，法律顾问服务可以分为为个人提供的法律顾问服务、为政府机关提供的法律顾问服务、为商事主体或者非盈利性机构提供的法律顾问服务等。

传统的法律顾问内容着重于控制、降低企业的法律风险，仅仅注重对客户单方权益的保护。在意识到合规风险时，受客户需求影响，律师往往通过交易安排规避合规义务，把合规和客户的商业利益对立起来。

合规法律服务本身具有主动性的特点，这一点区别于传统的日常法律服务的被动咨询的特点。合规事务会涉及到企业运营中的方方面面并贯穿于企业/项目运营的始终。合规事务通常需要主动的介入企业或者项目的运营，这包括规则的制定和落实、规则运行的常态监控和对于违规行为的调查和处理；这些通常都是需要合规业务人员介入的。合规服务的主要工作目标，则不是单方面控制法律风险，而是控制公司整体的合规风险，同时注重对企业、以及其利益相关方的保护，提高公司、企业等商事主体的合规管理水平。此外，合规业务也不再以传统的法律风险控制作为其目的，并拓展了为企业运营建立秩序、强化组织功能、提高效率、降低成本和损失等维度。合规法律服务，要求把公司合规义务的认知、研判、评价、践行等事项独立出来，形成独立的合规维度，避免公司因商业利益诉求而忽视甚至规避合规义务。

因此，从公司治理的角度而言，合规业务的把控层级比法律顾问的着眼点更高，合规业务对于企业的重要性也远超过传统的法律事务。在一些大型的跨国企业中，不论是合规和法律统一为一个部门还是分立为两个不同的部门的，合规业务对于企业的支持力度和介入的深度都在超越单纯的法律支持部门。合规业务的相关人员对于企业的业务和企业运行状况的了解也超过了一般（指不做合规业务）的法务人员。合规法律服务要求律师具备国际化视野，律师需要关注的法域从国内法扩展至国际法、业务所在地法律法规、商业道德等；律师需要关注的主体从企业自身扩展至企业的利益相关方，包括当地监管机构、企业周边的社区、企业的员工、工会、合同相对方、消费者等等；更为重要的是，律师在为企业提供合规服务的过程中，尤其是合规管理体系服务，要注重对企业全体成员合规意识的培育以及企业合规文化的培育，这是一个需要长期交流和投入的过程。

虽然合规法律服务与传统的法律顾问服务在内容上存在较大区别，但是合规法律服务可以采用类似法律顾问的服务形式提供。因此，良好做法是：第一，在签订法律顾问合同的情况下，把常年法律顾问服务的内容和合规法律服务的内容并列，并专门就合规法律服务内容与客户达成共识；第二，分别签订法律顾问合同和合规法律服务合同，并由律师分别履行该两份合同。此外，相比与法律顾问服务，合规法律服务往往更适合签署专项的服务合同，比如专门就某一块业务的制度建设进行服务或者就某一专门的合规问题提供从问题调查、制定解决方案、监控方案/规则运行等一整套的合规专项服务。

第五条　合规服务的客户群体

合规服务面向的客户多为大中型国有企业、上市公司、跨国公司、外资企业、大型民营企业、科技创新企业。总体来说，对合规服务有需求的客户需要已经达到一定的体量、具备一定的规模和组织架构，并且已经意识到企业的稳定运营和长远发展的重要性。

第六条　合规与公司治理

合规与公司治理密切相关，只有实现完善的公司治理，才能真正做到公司合规。律师从事合规业务时，应当向客户厘清公司治理和公司合规之间的关系，传授现代公司治理理念，掌握并灵活运用公司治理的相关规则。

1. 公司作为拟制的法人,并没有独立于自然人的思维。公司对外的行为是否依法合规,关键在于公司治理中的自然人的行为是否依法合规。

2. 公司治理不仅仅体现为公司治理结构的设置和协调运作,更不应狭隘地理解为公司内部事务。全球化语境中的公司治理,体现为公司治理层如何在保障公司股东利益的同时,尊重、关注和保护利益相关者的利益。因此,在公司治理中,应当注重对利益相关者的关注,并畅通与利益相关者的沟通途径。

3. 完善的公司合规治理,必须落实公司管理层的责任,特别是公司董事会、高级管理人员的履职责任和公司监事会的监督责任。

4. 在公司治理中,公司的制度建设(这里的制度建设应该是包括了构成公司制度的一系列的规则、政策、流程、指引)以及制度、规则意识的培养和形成,是合规的必然要求和前提条件。

第七条 合规与国际组织规则

一些国际组织对公司的合规管理达成了一些共识,出台了一系列的国际组织规则和指引文件,如世界银行的诚信合规体系、OECD 的内部控制指引。

第八条 境内与境外合规业务的重点合规要素

合规要素是开展各种合规业务的基本视角,根据企业自身的行业特点、商业模式、业务涉及的监管强度而有所侧重。律师为客户提供合规服务时,要特别关注该企业可能涉及的合规要素相关规则和前沿监管趋势。

针对国内外的不同国情,重点关注的合规要素有所区别:

中国范围内公司合规主要关注的合规要素包括但不限于环境保护、安全生产、食品安全、医疗产品安全、广告合规、增值电信业务、个人数据保护等。此外,针对不同行业的公司主体,相关的行业法规、标准性文件也是公司合规的当然要素。

全球范围内,公司合规主要关注的合规要素包括公平就业与禁止强迫劳动、反舞弊和反商业腐败(包括礼品与邀请、赞助和捐赠)、反垄断和反不正当竞争规范、财务税收合规、反洗钱、消费者权益保护、个人数据信息保护、知识产权保护、商业合作伙伴的合规管理等。

第九条 本指引制定的依据/律师从事合规业务常用规则

国内法律法规:《中华人民共和国公司法》、《中央企业合规管理指引(试行)》、《企业境外经营合规管理指引》、上市公司治理准则等。

国际规则:OECD《内部控制、道德和合规的良好做法指引》等规则、《合规管理体系指南》(GB/T35770-2017/ISO19600:2014)、欧盟《通用数据保护条例》(GDPR)、美国《反海外腐败法》等。

第二章 合规法律服务的类型和方式

第十条 合规的法律服务类型

合规法律服务的类型包括但不限于合规管理体系建设、合规调查、合规监管应对、合规评价、商业合作伙伴合规管理、合规培训、合规顾问等。

第十一条 合规的法律服务方式

合规的法律服务方式包括:常年合规法律服务和专项合规法律服务。

第三章 合规管理体系建设业务办理流程

第十二条 合规管理体系建设业务的办理流程

1. 确立委托关系:与客户签订专项法律服

务合同，明确服务内容和服务范围。合规管理体系建设的服务期限较长，建议法律服务合同签订期限至少为6个月。

2. 开展尽职调查工作：与客户的法务部门（或者合规业务部门）对接，必要时与主要业务部门进行访谈；了解以下内容：公司的沿革、公司的治理结构、管理架构、公司的业务、公司业务的主要利益相关者、公司的合规管理现状、公司各部门的合规意识等。与企业特点有关的重点领域合规分析（市场交易、商业贿赂、安全环保、产品质量、劳动用工等）。尽职调查的目的在于了解公司的基本情况、风险管理情况、合规意识情况，对于建设合规管理体系的有利和不利之处。

3. 梳理合规规则：根据客户的特点和类型，总结客户涉及的合规要素，梳理与客户行业、业务、所涉国家的相关的公司合规规则、基础法律规定。

4. 拟定《合规风险报告》：根据尽职调查的发现，对标现行《合规管理体系指南》及《中央企业合规管理指引（试行）》等政策法规标准，帮助企业了解目前的合规管理水平，全面掌握企业的合规管理工作现状，发现与标准准则的差距，总结合规风险，拟定《合规风险报告》。

5. 拟定《合规管理体系建设方案》：根据企业合规管理需求，制定符合《合规管理体系指南》、法律规定、企业治理结构实际要求的合规管理体系建设方案，并在获得公司认可后协助公司实施。建议方案应当包括完善公司治理结构的建议、董事会的合规职责、合规管理架构的搭建、合规管理部门的职责、合规岗位的设置、合规岗位的合规职责、合规管理制度建设、具体合规规范建设、合规运行机制的设计、合规培训内容的建议等。

6. 建立合规管理体系构架、内部运行流程：协助企业依照《合规管理体系指南》搭建合规管理体系及制定合规管理方针，体系应覆盖企业各业务领域、部门，贯穿全业务流程。通过业务过程梳理和组织结构的优化，明确合规管理责任制并梳理各业务流程环节的合规管理要求、合规绩效和职责。同时补充完善合规管理流程框架，包括合规风险评估和防范流程、违规行为调查流程、监督流程、投诉与举报流程等。

7. 合规义务收集与风险评估：协助企业梳理各环节适用法律法规、标准及其他合规要求，并编制《重要合规义务清单》及合规性检查清单。建立合规义务识别机制，全面系统地梳理经营管理活动中存在的合规风险，指导各部门进行识别评估，并制定风险管控措施。包括反舞弊、反商业腐败、反垄断、反不正当竞争、财务税收合规、知识产权、环境管理、安全制度、职业健康等方面。识别企业全生命周期的合规风险，并指导建立《典型合规风险分析与控制措施策划》。

8. 体系文件策划与编制辅导：策划合规管理体系文件架构，辅导企业梳理各环节合规管理的相关要素及其过程文件，并将其转化编制成公司管理文件，包括合规管理方针、合规管理制度、合规管理规范等。

9. 合规培训：组织公司进行公司成员的合规初始培训，导入合规理念。

10. 合规管理体系的运行和测试：按照公司合规管理体系建设方案，协助公司合规管理部门成立和运作、合规管理文件颁布和实施，并形成运行《测试报告》。组织并检查公司总体层面、各部门、各业务流程内部控制的体系运行工作；协助企业定期对合规管理体系的有效性进行分析，对重大或反复出现的合规风险和违规问题，深入查找根源，完善相关制度，堵塞管理漏洞，强化过程管控。

11. 档案管理：根据《合规管理体系指南》的要求，从应对监管部门调查的角度，协助企业完善归档流程、应存档文件清单、重要存档文件模板。

12. 成果验收：提请公司对合规管理体系建设的情况进行验收。

第四章 合规调查服务业务办理流程

第十三条 合规调查业务的办理流程

1. 确立委托关系：与客户签订专项法律服务合同，明确服务内容和服务范围。

2. 开展尽职调查工作：调查的内容包括违规行为是否存在、违规行为所涉及的具体事实经过、违规行为人的任职情况和个人其他情况、公司的管理规定、与违规行为有关的业务流程等。

3. 梳理合规规则：梳理与违规行为有关的合规规则、法律规定。

4. 出具《合规调查报告》：内容包括详细的违规行为事实发生经过、有关合规规则和法律规定、对违规行为性质的分析、违规行为的处理建议。

5. 区分违规行为的不同情况，以及公司对违规行为处理的相关意见，协助公司对违规行为予以劳动纪律处理、民事诉讼追究或者刑事报案。

需要注意的是，与合规管理体系建设法律服务不同，律师开展合规调查法律服务时，应当承担严格的保密责任，同时注意避免利益冲突。

第五章 合规监管应对业务办理流程

第十四条 合规监管应对业务的办理流程

律师在从事合规监管应对法律服务时，除可以参照合规调查法律服务的工作流程之外，还应当遵循以下流程：

1. 协助客户对外发布与合规监管有关的信息。包括违规/不违规事实、受到合规监管的情况、公司的态度、违规事实的处理情况等。

2. 协助客户配合监管部门的调查工作，指导客户根据监管部门的要求进行整改。

第六章 合规评价业务办理流程

第十五条 合规评价业务的办理流程

律师在从事合规评价法律服务时，可以参照合规管理体系建设的1-4个阶段。

最终出具的法律文件是《合规评价报告》，内容包括：参照对应的合规标准（如针对合规管理体系，评价标准是《合规管理体系指南》；针对特定的专项合规项目，评价标准是具体的合规规则、法律法规）对企业合规管理的现状描述，列出合规风险，可能导致的后果，评价，建议采取的整改措施。

第七章 合规培训业务办理流程

第十六条 合规培训业务的办理流程

1. 确立委托关系：与客户签订专项法律服务合同，明确服务内容和服务范围。与客户进行沟通，了解或启发客户对合规培训的需求。

2. 律师可以提供合规培训的一般课程供企业选择，也可根据企业合规管理的需要，设置定制化培训课程。合规培训的一般课程包括：合规理念导入培训，合规法律法规串讲，合规管理体系建设和运行，合规管理文件解读，合规要素的讲解等。定制化培训课程，则可以通过了解企业目前合规管理体系的建设情况及其需求进行设置，或者针对社会上发生的，或企业自身遭遇的某些重大合规事项进行设置。

3. 根据合规培训的对象的不同，培训内容也有区别。针对企业管理层，侧重于合规于公司治理的关系、合规于董事责任的关系；针对合规岗位人员、法务人员、内审员，则侧重于合规管理体系的建设、合规管理的流程等；针对全体员工，侧重于普及基础的合规理念，公司现有的合规制度，与业务紧密相关的合规要素等。

4. 提前制作合规培训课件和讲稿，并发送给客户。

5. 进行现场合规培训；记录并回答听众的提问。

6. 培训结束后，可以发放问卷调查，了解培训效果；也可以根据企业要求，设置考卷。

第八章 商业合作伙伴合规管理业务办理流程

第十七条 商业合作伙伴合规管理法律服务的办理流程

1. 确立委托关系：与客户签订专项法律服务合同，明确服务内容和服务范围。与客户进行沟通，了解或启发其对商业合作伙伴的合规期望，明晰目前存在的问题。拥有供应商、销售商、代理商较多的客户有更多商业合作伙伴管理方面的需求，特别是客户的商业合作伙伴与客户处在不同的地域、法域时。

2. 针对已建立合规管理体系的企业，熟悉和掌握客户的合规政策，并对适用于商业合作伙伴管理的相关合规政策进行分解；针对尚未建立合规管理体系的企业，了解其目前的合作伙伴管理制度。

3. 了解客户商业合作伙伴管理的模式，审核目前的管理制度，如是否有针对商业合作伙伴的分级管理，不同类型商业合作伙伴的管理部门、管理方式和手段是否合适，商业合作伙伴的进入、考核、退出机制是否顺畅，标准是否合理等，并提出优化建议。

4. 对客户与商业合作伙伴的交易文件进行梳理，并嵌入合规要求。可以要求商业合作伙伴签署《商业合作伙伴合规承诺》，也可以在合同模板中加入合规条款，并赋予其适用违约条款的效力。

《商业合作伙伴合规承诺》的内容包括重点合规要素：诚信守法、反贿赂、反腐败、公平竞争、信息保护、知识产权、劳工标准、环境保护、财务与纳税，其他商业伙伴的管理，监督、投诉与举报，奖惩条款。

合同中合规条款的内容可以参照《商业合作伙伴合规承诺》进行简写。

5. 协助客户对商业合作伙伴开展合规培训，宣传客户的合规理念。

6. 畅通投诉渠道，接收有关对商业合作伙伴的投诉，并进行处理。

第九章 合规顾问业务办理流程

第十八条 合规顾问业务的办理流程

1. 合规顾问法律服务，分为合规常年顾问法律服务和合规专项顾问法律服务。以上所有合规法律服务，更适合用专项法律顾问的方式提供，但也不排除使用常年法律顾问的方式。

2. 合规常年顾问法律服务的内容是：在服务期限内，为客户提供合规咨询、合规培训，出具合规法律意见书等。

3. 合规专项顾问法律服务的内容是：针对客户的商业模式、特定业务、特定项目，提供合规咨询、培训服务，出具合规法律意见书等。商业模式，如社交电商；特定业务，如对美国的出口业务，涉及到出口管制的合规审查；特定项目，如某个对外投资项目，涉及到被投资地的合规要求。

第十章 律师合规业务中的职责和义务

第十九条 律师合规业务中的职责和义务

1. 合规法律服务律师要严格依据《中华人民共和国律师法》、《律师职业道德和执业纪律规范》规定，恪守行业规范、职业操守和职业道德。

2. 从事合规监管应对法律服务过程中，应当实事求是，杜绝伪造证据，协助客户逃避监管等不当行为。

3. 合规法律服务律师要遵守保密义务，除按照与客户合同履行相关义务外，同时必须对其提供法律服务过程中接触、了解到的国家秘密、商业秘密、不宜公开的情况及个人隐私负有保密的义务。

4. 合规法律服务律师要防止利益冲突义务，担任合规法律服务律师以及律师事务所，如果同时担任合同双方或当事人双方的服务律师或者与其均有利益关系的，应依照相关律师执业避免利益冲突的规则，来避免因此有可能产生利益冲突，并积极向客户等进行解释或说明，以防止争议及纠纷的产生。

5. 合规法律服务律师要防止不正当的同行竞争，担任合规法律服务的律师以及律师事务所，应当严格按照《中华人民共和国律师法》、《律师职业道德和执业纪律规范》以及《律师执业行为规范》来进行同行业的竞争，防止行业内部出现不正当的竞争行为以及诋毁同行的行为。

第十一章 律师合规业务中的风险防范

第二十条 律师合规业务中的主要风险

对合规规则、法律法规掌握不牢，导致提供给客户的法律建议发生错误。

第二十一条 免责条款

律师在办理合规业务时，应当在订立的法律服务合同中，增加免责条款的规定。例如"律师事务所为委托人提供合规法律服务，不应视为律师对委托人行为合规的保证；律师对某一商业行为，某一体系、制度、流程是否合规的判断，仅为律师的职业判断，律师已做到勤勉尽责的，不对其分析和结论的正确性做出保证；除律师违反职业道德和执业纪律要求之外，律师事务所不对律师的执业后果承担赔偿责任。"

第二十二条 风险的主要防范措施

1. 引入专业律师团队：引入专业律师团队作为合规项目的总负责人，配合客户，做好每一步、每一环节、每一程序、每一阶段的法律服务工作，包括尽职调查、合规管理体系的设计、管理架构的组建、合规制度的编制以及后期合规运行等一系列法律问题的法律风险提示或者风险防范。

2. 提高专业律师团队素质、技能：引入的专业律师团队必须加强自身的素质建设及执业技能提升，减少因服务不到位、法律适用不当、工作方法不当导致客户经济损失，导致其承担不应承担的法律责任，同时从事合规法律服务的专业服务律师应兼具或不断学习国际规则、域外法律法规、行业规则、监管规则、商业道德等知识。此外，鉴于合规业务通常需要对应企业所在的行业和企业的业务有较深的认识和了解；这就要求律师应对相关行业有较深的知识储备，以及谨慎介入自己不熟悉的行业。

3. 专业律师团队具备的条件：合规法律服务律师应是专业团队，需要包括法律专业人士、涉外专业人才、相关行业专家等，以减少从事合规项目法律服务的各项风险。此外，在很多情况下，律师还应具备一定的财务/税务知识，或者团队中应引入这方面的专家提供支持。

4. 专业律师团队工作作风：专业律师团队树立良好的工作作风及高度的工作责任心，为客户建立完善的合规制度、程序，使责任明确到位，从而减轻及防范法律风险。

5. 专业律师团队的底线：对于客户的违法要求，专业律师团队应立即拒绝，并向客户阐明拒绝理由的法律依据。

第十二章 附 则

第二十三条 附则

本指引根据法律、法规及司法解释，以及国际通行的合规理念，并结合律师实务经验进行编写。

本指引仅供律师办理合规业务时作为参考，不具有强制性。

本指引由江苏省律师协会合规委员会解释。

2. 广州市律师协会《律师开展企业合规法律服务业务指引》

（2022年6月1日）

序 言

习近平总书记指出："要讲正气、走正道，做到聚精会神办企业、遵纪守法搞经营，在合法合规中提高企业竞争能力。要规范企业投资经营行为，合法合规经营，注意保护环境，履行社会责任，成为共建'一带一路'的形象大使"。2018年11月，国务院国资委等部委正式发布《中央企业合规管理指引（试行）》，同年12月，发布《企业境外经营合规管理指引》；2020年3月，广东省国资委发布《广东省省属企业合规管理指引（试行）》，同年12月，广州市国资委发布《广州市市属企业合规管理指引（试行）》；2021年3月，《中华人民共和国国民经济和社会发展第十四个五年规划和2035年远景目标纲要》明确将"合规"写入其中，体现了未来十余年，国家战略层面对企业合规工作的重视。企业进行系统的合规管理建设不仅仅是顺势而为，更加是谋求更好发展的必经之路。

因此，律师开展企业合规法律服务应运而生。为了指导和规范律师开展企业合规法律服务，促进企业合规经营，广州市律师协会合规与内控业务专业委员会在张吕主任的牵头组织下，由张吕主任、汪翱副主任、何铭华副主任、姚震副主任、张蓉副主任、胡淳副秘书长、黄小文律师、吴午东律师及谢振声律师等组成编委会成员，根据国家相关法律法规与政策文件，结合律师工作特点，编纂了《广州市律师协会律师开展企业合规法律服务业务指引》，共计十二章、六十六条，以为广州市广大律师同行们提供借鉴与参考。

目 录

第一章 总则
第二章 企业合规法律服务的类型和方式
第三章 国有企业"四位一体"合规管理体系建设法律服务
第四章 涉外企业合规法律服务
第五章 民营企业合规法律服务
第六章 涉案企业合规整改法律服务
第七章 企业合规评估法律服务

第八章　企业合规培训法律服务
第九章　企业合规保障体系建设法律服务
第十章　企业合规重点领域法律服务
第十一章　律师从事合规法律服务的职责和义务
第十二章　律师从事合规法律服务的风险防范

第一章　总　则

第一条　为促进、引导我市律师积极开展企业合规法律服务，推动企业全面加强合规管理，加快提升企业依法合规经营管理水平，保障企业持续健康发展，根据国家相关法律法规、最高人民检察院及国务院各部委制定的相关规范性文件、规则，制定本指引。

第二条　企业合规是指企业及其员工的经营管理行为符合法律法规、监管规定、行业准则和企业章程、规章制度以及国际条约、规则等要求。

第三条　企业合规风险是指企业及其员工因不合规行为，引发法律责任、受到相关处罚、造成经济或声誉损失以及其他负面影响的可能性。

第四条　企业合规管理是以有效防控合规风险为目的，以企业和员工经营管理行为为对象，开展包括制度制定、风险识别、合规审查、风险应对、责任追究、考核评价、合规培训等有组织、有计划的管理活动。企业实施的合规管理与业务管理、财务管理一起，构成企业管理的三大支柱。

第五条　企业合规不单纯是一种公司经营管理完善的方式，还是属于可以获得激励的企业自我改进方式。所谓合规激励机制，是指企业在违法违规行为发生后，可通过建立或者完善合规计划来换取宽大处理，分为行政监管激励和刑法激励两大类。

第六条　在行政监管激励方面，《行政处罚法》规定企业主动消除或者减轻违法行为危害后果，可以对企业从轻或者减轻行政处罚。在刑法激励方面，目前实行的涉案企业合规整改制度，人民检察院在案件审查起诉阶段，对符合刑事合规监管要求的涉案企业，可以依法做出不批准逮捕、不起诉决定或者根据认罪认罚从宽制度提出轻缓量刑建议。

第七条　在企业合规发展大趋势下，律师可以通过企业合规法律服务，帮助企业精准识别合规风险、提供有效合规计划，保障企业依法合规经营，获得合规激励。企业合规法律服务可以包含以下内容：

（一）为企业经营管理合规提供法律服务，保障企业依法合规经营，实现企业健康稳健发展；

（二）为企业建立符合行政监管激励机制的合规计划提供法律服务，为行政监管部门与企业达成行政和解协议创造条件；

（三）为企业建立符合刑法激励机制的合规计划提供法律服务，以期对涉嫌犯罪的企业获得合规不起诉的后果；

（四）为企业建立符合境外国家和国际组织合规要求提供法律服务，以期通过建立合规计划保证涉外经营活动的合规。

第二章　企业合规法律服务的类型和方式

第八条　企业合规法律服务类型包括但不限于：

（一）合规管理体系建设；

（二）合规调查（合规体检）；

（三）合规评估与合规报告；

（四）合规监管应对（刑事合规与行政合

规);

（五）合规保障体系建设；

（六）合规培训；

（七）合规重点领域专项等。

第九条 企业合规法律服务的方式主要包括常年合规法律服务和专项合规法律服务。

第三章 国有企业"四位一体"合规管理体系建设法律服务

第十条 律师在为国有企业提供合规法律服务时，应按照中央和地方国资委发布的国有企业《合规管理指引》相关规定，遵循全面覆盖、突出重点、强化责任、协同联动、客观独立、科学适当的基本原则，开展合规管理体系化建设。

第十一条 企业合规管理体系建设通常包括以下五大体系：

（一）合规行为准则体系。即合规制度建设，为企业所有员工合规履行职责提供制度遵循；

（二）合规管理组织体系。建立一个独立而有权威的合规部门或团队，为企业合规管理提供组织保障；

（三）合规风险防范体系。对可能的合规风险采取针对预防性措施；

（四）合规风险监控体系。对企业可能出现的合规风险采取实时地监督、识别和控制；

（五）合规风险应对体系。在违规行为发生后，对相关责任人进行必要惩戒，并对发现的制度漏洞和管理缺陷进行快速修补和完善。

第十二条 企业合规管理体系建设总体思路主要分为五个环节：

（一）开展合规体检；

（二）搭建合规管理基础模块；

（三）搭建合规管理运行模块；

（四）搭建合规管理保障模块；

（五）合规管理实施运行。

第十三条 在合规体检环节，主要通过前期收集基础材料，开展调研分析，确定企业的相关需求，识别企业内外部的情况与问题，依据相关合规要求与原则，开展调研分析。合规体检环节可通过发放调查问卷、开展访谈、实地走访、公开途径检索调研等方式进行。

第十四条 在搭建合规管理基础模块环节，主要通过合规体系的材料梳理，协助企业明确合规管理重点内容，梳理企业及下属企业（需根据服务内容确定）的组织架构与部门职责等，协助企业搭建合规管理组织体系，明晰各合规管理主体的职责与分工，以突出重点领域、重点环节、重点人员等的合规管理。

在合规管理组织体系搭建中，主要从决策层、管理层、执行层三个层面搭建合规管理组织架构，并最大程度融入企业现有组织架构。

在明确合规管理重点内容过程中，可结合前期体检的分析结果与企业确定合规管理重点领域、重点环节、重点人员，如确定市场交易、合同管理、产品质量、安全环保等重点领域。

第十五条 在搭建合规管理运行模块阶段，主要通过协助企业搭建合规管理制度体系，明确合规行为准则，落实合规制度、合规风险识别预警机制、合规风险应对、合规审查机制、违规问责/容错免责、合规评估与改进等方面的管理规范，促进合规管理有效运行。

合规管理运行模块应配合相关管理制度执行，完善合规风险防范体系和监控体系，如合规审查机制建议配套相应的合规审查制度，合规风险识别与预警机制可以结合相应的风险清单等表单协助企业及时识别、更新内外部合规义务。

第十六条 在搭建合规管理保障模块阶段，主要从考核评价、激励约束机制、信息化建设建议、合规队伍、合规培训、合规文化、合规报告等方面，有效应对合规风险，协助企业建设完善合规保障模块。

第十七条 在合规管理实施运行阶段，主要就已建设的合规管理体系对企业全体管理人员进行培训讲解，对合规理念进行宣贯，协助企业培育合规文化、发展合规管理队伍，并在必要时对已有合规管理体系进行适当调整。

第四章 涉外企业合规法律服务

第十八条 涉外企业通常指开展对外贸易、境外投资、对外承包工程及境外日常经营的中国境内企业及其境外子公司、分公司、代表机构等境外分支机构。

第十九条 涉外企业在开展境外经营行为时需遵守境外相关国家的法律法规及监管机构的要求。律师在为涉外企业提供合规法律服务时应围绕这一重点深入研究境外相关国家的法律法规及国际规则，全面掌握禁止性规定，明确经营行为的红线和底线；密切关注涉外政治和法律环境的动态变化，及时掌握合规要求，有效采取应对措施。

第二十条 律师开展涉外企业合规法律服务时，要为涉外企业健全涉外合规经营制度、体系、流程，开展项目的合规论证和尽职调查，为涉外企业依法加强对境外机构的管控，规范涉外经营管理行为。梳理排查涉外投资经营业务的风险状况，重点关注重大决策、重大合同、大额资金管控和境外子企业公司治理等方面的合规风险，妥善进行处理。加强对涉外企业从事涉外业务人员合规培训。

第二十一条 涉外企业合规重点内容之一是对外贸易，重点是开展对外货物和服务贸易，应确保经营活动全流程、全方位合规，全面掌握关于贸易管制、质量安全与技术标准、知识产权保护等方面的具体要求，关注业务所涉国家（地区）开展的贸易救济调查，包括反倾销、反补贴、保障措施调查等。

第二十二条 涉外企业合规重点内容之二是境外投资，重点是开展境外投资，应确保经营活动全流程、全方位合规，全面掌握关于市场准入、贸易管制、国家安全审查、行业监管、外汇管理、反垄断、反洗钱、反恐怖融资等方面的具体要求。

第二十三条 涉外企业合规重点内容之三是对外承包工程，重点是开展对外承包工程，应确保经营活动全流程、全方位合规，全面掌握关于投标管理、合同管理、项目履约、劳工权利保护、环境保护、连带风险管理、债务管理、捐赠与赞助、反腐败、反贿赂等方面的具体要求。

第二十四条 涉外企业合规重点内容之四是境外日常经营中的合规，重点是开展境外日常经营，应确保经营活动全流程、全方位合规，全面掌握关于劳工权利保护、环境保护、数据和隐私保护、知识产权保护、反腐败、反贿赂、反垄断、反洗钱、反恐怖融资、贸易管制、财务税收等方面的具体要求。

第五章 民营企业合规法律服务

第二十五条 民营企业是指由民间出资并履行出资人职责的企业投资兴业的组织形式，通常包括有限责任公司；股份有限公司；一人公司；普通合伙企业；有限合伙企业；特殊的普通合伙企业。

第二十六条 在开展民营企业合规法律服务时，律师应帮助民营企业实现自我约束与合规管理，增强民营企业家合规经营意识，推动民营企业建设合规管理体系，提升合规管理水平，筑牢守法合规经营底线，避免在经营中出现不合法不合规问题，塑造民营企业遵法守法、合规经营的良好形象，让民营经济在新时代发挥更好更大的作用。

第二十七条 民营企业家的合规意识对民营企业合规经营发挥着决定性的作用。因此，在为民营企业开展合规管理建设时，首要是提升民营企业家合规经营意识与诚信合规的价值观，对民营企业家等企业一把手进行合规培训，组织合规专家走进企业，与民营企业家就合规问题进行交流，提升其合规经营意识。

第二十八条 律师开展民营企业合规法律服务时应根据企业规模调整其服务内容。针对规模大、管理健全的民营企业可侧重帮助其建立完善的合规管理体系，全面开展合规管理工作；针对规模小、数量多的中小民营企业可加强针对性，围绕其经营涉及的相关重点合规领域提供合规法律服务。

第二十九条 民营企业合规重点领域一般包括劳动合规、环境保护合规、财税合规、企业治理合规、安全生产合规、合同合规、大数据合规等。其中最常见的是劳动合规、财税合规、企业治理合规、环境保护合规与安全生产合规。

第三十条 民营企业合规重点内容之一是劳动合规，重点是招聘与入职管理、试用期管理、劳动合同管理、薪酬管理、福利管理与工伤管理、培训服务竞业限制保密期。注意除了劳动合同文本的严格审查之外，还需要对劳动合同的流程进行的设计，外在法律制度的识别，提醒强制性的法律规定，并根据实际情况将有关企业劳动规章制度的制定、设立和完善，特别注意保证制度的合法性必须符合实体法的规定，并遵循相应的程序。

第三十一条 民营企业合规重点内容之二是企业治理合规，要区分企业行为和个人行为，完善企业相关制度，避免出现个人行为和企业行为混同，主要以岗位职责分工、建立审批流程等方式完成。

第三十二条 民营企业合规重点内容之三是环境保护合规，包括按规定建设项目取得环保评价手续，实现环保"三同时"验收通过和备案；配套环保设置符合规定并投入使用，污染治理设置正常运行，在线监测仪器正常工作；建立突发环境事件应急预案并进行演练；特别注意合规、合规处置、转移、放置危险品；按规定完成排污申报和环境信息公开工作等。

第三十三条 民营企业合规重点内容之四是税收合规风险，包括包税合同产生风险，会导致无效而遭致税务机关的追缴；税率的变化如何事先用条款进行约定；税收风险管控，编制岗位职责、明确事前预防、事中控制和事后管理等。其中，要注意并购中需要税收前行。

第三十四条 民营企业合规重点内容之五是安全生产合规，包括依法实行安全生产培训，特别是涉及建筑施工、矿山矿场、道路运输的企业应依法设置安全生产管理机构或配备相应的安全生产管理人员；建设项目进行安全评价，履行同时设计、同时施工、同时投入使用的"三同时"规定；矿山矿场企业、建筑施工企业等应及时办理安全生产许可证，保证特种作业人员取得操作证书等。

第六章 涉案企业合规整改法律服务

第三十五条 根据《关于开展企业合规改革试点工作方案》和《关于建立涉案企业合规第三方监督评估机制的指导意见（试行）》，目前所称的涉案企业合规整改主要是检察机关办理涉企刑事案件中，在依法做出不批准逮捕、不起诉决定或者根据认罪认罚从宽制度提出轻缓量刑建议等的同时，针对企业涉嫌具体犯罪，结合办案实际，适用企业合规试点及第三方机制，督促涉案企业作出合规承诺并积极整改落实，促进企业合规守法经营的一项制度安排。

第三十六条 涉案企业合规整改适用的犯罪案件主要包括公司、企业等市场主体在生产经营活动中涉及的经济犯罪、职务犯罪等案件，既包括公司、企业等实施的单位犯罪案件，也包括公司、企业实际控制人、经营管理人员、关键技术人员等实施的与生产经营活动密切相关的犯罪案件。对于具有下列情形之一的涉企犯罪案件，不适用企业合规试点以及第三方机制：

（一）个人为进行违法犯罪活动而设立公司、企业的；

（二）公司、企业设立后以实施犯罪为主要活动的；

（三）公司、企业人员盗用单位名义实施犯罪的；

（四）涉嫌危害国家安全犯罪、恐怖活动犯罪的；

（五）其他不宜适用的情形。

第三十七条 目前涉案企业合规整改法律服务通常指在审查起诉阶段开展的，以帮助涉案企业申请适用企业合规试点和第三方机制，协助涉案企业建立有效合规计划为宗旨的一系列法律服务的总称。

第三十八条 律师在办理涉企犯罪案件时，应当注意审查涉案企业是否符合企业合规试点以及第三方机制的适用条件，及时征询涉案企业、个人的意见，以适当的方式向检察机关提出适用企业合规试点以及第三方机制申请。

第三十九条 律师可以帮助企业制订合规计划，帮助涉案企业通过第三方组织审查。制订合规计划应主要围绕与企业涉嫌犯罪有密切联系的企业内部治理结构、规章制度、人员管理等方面存在的问题，制定可行的合规管理规范，构建有效的合规组织体系，健全合规风险防范报告机制，弥补企业制度建设和监督管理漏洞，防止再次发生相同或者类似的违法犯罪。

第四十条 在帮助涉案企业适用企业合规试点和第三方机制的服务中，应督促涉案企业及其人员按照时限要求认真履行合规计划，避免涉案企业出现拒绝履行或者变相不履行合规计划、拒不配合第三方组织合规考察或者实施其他严重违反合规计划的行为。

发现涉案企业在预防违法犯罪方面制度不健全、不落实，管理不完善，存在违法犯罪隐患，需要及时消除的，可以结合合规材料，向涉案企业提出法律建议。

第四十一条 在第三方机制运行期间，如发现第三方组织或其组成人员存在行为不当或者涉嫌违法犯罪的，应及时向涉案企业反馈，向负责选任第三方组织的第三方机制管委会反映或者提出异议，或者向负责办理案件的人民检察院提出申诉、控告。

第四十二条 律师开展涉案企业合规整改法律服务，应恪尽职守，履行以下义务：

（一）遵纪守法，勤勉尽责，客观中立；

（二）不得泄露履职过程中知悉的国家秘密、商业秘密和个人隐私；

（三）不得利用履职便利，索取、收受贿赂或者非法侵占涉案企业、个人的财物；

（四）不得利用履职便利，干扰涉案企业正常生产经营活动。

第四十三条 律师参加第三方组织，作为第三方组织构成人员的，在履行第三方监督评估职责期间不得违反规定接受可能有利益关系的业务；在履行第三方监督评估职责结束后一年以内，律师及其所在律师事务所不得接受涉案企业、个人或者其他有利益关系的单位、人员的业务。

第七章 企业合规评估法律服务

第四十四条 企业合规评估目前主要包括企业自身开展的合规评估和检察机关组织的涉

案企业合规第三方监督评估。

第四十五条　企业自身开展的合规评估，律师可对企业某一段时期的合规情况进行评估并形成合规评估报告，将合规业务运行过程中各个部门的实施情况、出现的合规风险和违规行为向组织体系中的最高管理层报告，以便企业自上而下对相关问题进行整改。

第四十六条　在涉案企业合规第三方监督评估方面，依据《关于建立涉案企业合规第三方监督评估机制的指导意见（试行）》，对符合企业合规改革试点适用条件的，由第三方监督评估机制管理委员会选任组成的第三方组织，对涉案企业的合规承诺进行调查、评估、监督和考察。律师可以申请加入专业人员名录库，被抽取成为第三方组织成员，对涉案企业进行监督评估。

第四十七条　律师受企业委托制作合规评估报告时，一般应注意以下要点（注2）：

（一）合规管理工作总体情况：企业依据合规制度开展的工作情况，主要涉及合规管理方面的组织领导、职责分工、运行机制、制度建设、重点领域、重点环节、合规培训等内容，包括举措、效果等。如企业有出台合规指引或文件的，列出名称、文号和内容。

（二）合规管理重点工作情况：选择相应角度，总结企业合规管理做法、经验和成效。包括但不限于管理层对合规管理的参与，合规管理体制机制建设、队伍建设、文化建设和信息化建设，合规管理思路和方法创新等。

（三）重大合规事件情况：一般涉及重大合规事件的需要全部列出。1.标准：与合规相关的，被监管机构行政处理（约谈、通报批评、责令整改）或行政处罚事件或刑事处罚事件。2.级别：行政处理、行政处罚和刑事处罚，涉及合规的分两类：一类是结案的，一类是处于听证、行政复议或立案调查阶段的。

（四）合规管理工作建议：提出合规管理工作思路，制定工作方案，包括体系建设、制度建设、合规管理重点领域、合规指南、培训计划等。

第八章　企业合规培训法律服务

第四十八条　企业合规培训是企业对员工开展的一项教育活动，使员工了解适用于其工作职责、所处行业的法律法规以及公司内部规章制度。合规培训的目标是确保所有员工有能力以与组织的合规文化和合规承诺一致的方式履行各自的角色职责。同时，部分企业也会选择对商业合作伙伴开展合规培训。

第四十九条　合规培训能有效提高员工的合规意识与合规能力；有利于培育合规文化；有助于区分企业责任与个人责任，在相关部门/机构开展调查时，企业可以对员工进行合规培训作为免除企业责任的依据；合规培训有利于企业对商业合作伙伴进行合规管理，减少公司因商业合作伙伴的原因承担责任的风险。

第五十条　合规律师应当综合考虑合规培训目的、合规培训对象所面临的合规风险，有针对性地选择培训内容。根据合规培训对象的不同，律师可以就以下方面开展合规培训。

（一）面向管理层的合规培训

面向企业管理层开展的合规培训时，可考虑偏重合规培训的宏观性，例如，侧重于管理层应当承担的合规管理职责；如何设计企业合规方针；如何使合规方针与企业战略保持一致；如何让合规为企业赋能；违规时需要承担的责任；公司治理领域合规义务等。

（二）面向全体员工的合规培训

面向全体员工的合规培训应注重普适性，开展合规培训时可以将培训内容重点放在：

1.普及基本的合规知识。例如，合规的概念，合规的内涵，合规的重要性，法务、合规、

风险、内控的区别等;

2. 介绍企业合规管理体系。例如,合规管理组织体系、合规管理制度体系、合规管理运行机制及流程、合规管理保障机制;

3. 解读员工合规行为准则。员工合规行为准则一般包括企业合规理念、合规目标、员工的合规行事标准、违规的应对方式和后果。

(三)面向业务部门的合规培训

律师设计面向业务部门开展合规培训的内容时,应当注重针对性,既要考虑企业行业特征,也要考虑业务部门自身特征:

1. 从行业的角度分类,例如,针对涉外企业可适当开展境外投资、反倾销、反补贴、反腐败、反贿赂合规培训;针对重工业相关企业、建设工程企业可适当开展环境保护、安全生产培训;针对互联网企业可适当开展个人信息保护、数据和隐私合规培训;

2. 从业务部门的角度分类,例如,针对财务部门可侧重于财务、税收相关法律法规、企业内部控制体系,财务事项操作和审批流程等;针对安全生产或环保部门可侧重于国家安全生产、环境保护法律法规,企业安全环保相关制度,违规可能带来的严重后果等;针对投资融资部门可侧重于证券、基金相关法律法规、国资监管相关法律法规及政策(若客户为国有企业),如何识别及应对投融资合规风险等;针对信息技术部门可侧重于数据安全、信息安全、网络安全与用户隐私保护等;针对市场、采购、营销部门可侧重于反腐败、反贿赂等;针对人力资源部门可侧重于劳动用工等。

(四)面向法务、合规部门的合规培训

法务、合规部门一般为企业的合规管理工作归口管理部门,为其他部门提供合规支持。因此,对其开展合规培训时,可侧重于如何有效识别及应对合规风险,如何开展合规审查,如何进行合规评估,如何开展合规考核评价,重点法律法规、监管规定的解读等。

(五)面向纪检监察、审计部门的合规培训

纪检监察、审计部门一般在企业合规管理中发挥最后一道防线的作用,负责合规审计和监督企业整体风险防控。在面向纪检监察、审计部门开展合规培训时,可侧重于如何更好地对企业合规管理体系、合规管理工作开展情况、合规风险管理效果等进行监督。

(六)面向商业合作伙伴的合规培训

面向商业合作伙伴开展合规培训,可侧重于企业合规理念、合规管理要求、商业合作伙伴的相关合规义务。

第五十一条 合规培训业务办理流程主要包括:

(一)了解培训需求。与客户充分沟通后,了解其具体需求,一般应当包括合规培训的目的与对象;

(二)合同签订。双方协商一致后,签订书面合同确立委托关系;

(三)课程设计。律师根据客户提出的培训需求设计课程,包括合规培训主题、合规培训内容、合规培训时长、合规培训频率、合规培训的形式等;

(四)课前准备。根据课程设计以及客户需求,制作课件、讲稿并与客户确认;

(五)开展合规培训;

(六)培训效果评估。培训结束后,可以根据客户需求设计测试,对培训效果进行评估;

(七)总结与改进。课后可通过问卷的形式开展满意度调查,总结经验,改进课件以及培训方式。

第九章 企业合规保障体系建设法律服务

第五十二条 法律信息技术已成为完善企业合规的重要组成部分,反映了新时代合规管理特点。从事企业合规业务的律师不能游离于大数据、数据分析平台与人工智能之外。

第五十三条 使用信息技术已成为企业合规体系有效运行的重要保障与支持。在合规管理中，可运用信息技术记录和保存企业相关信息，运用大数据等技术工具，开展实时在线监控和合规风险分析，实现信息集成与共享；可利用信息化手段开展合规培训，尤其是对业务繁杂、分支机构多的企业，利用合规在线培训系统能够实现培训内容统一、培训情况可跟踪、培训效果可评价、培训人员可记录目标。

第五十四条 在国内合规标杆法律服务中，核心的合规管理事项已通过信息化手段实施，通过对海量数据的合规管控实现合规有效执行，解决合规规定和实际执行两张皮问题。

第五十五条 律师在开展企业合规法律服务时，应增强对信息技术的敏感性，了解和掌握所服务领域的最新法律信息技术，善于运用法律信息技术，增强合规业务作业的流程化、标准化，为客户提供价格更低、效率更高的合规法律服务。

第五十六条 律师可寻找合适的信息技术合作商并建立长期的合作关系，共同进行研究，为企业合规法律服务产品增添信息化模块。实力特别强、合规业务规模特别大的律所或团队可以考虑引进专业信息技术人才。

第五十七条 在开展企业合规项目时，对相关合规计划和举措，应有意识地研究能否通过信息化手段实现。对能够实现的，应将其纳入企业合规建设方案中，及时向企业提出。如被采纳，可由团队组织或由外部信息技术合作商进行开发。

第十章　企业合规重点领域法律服务

第五十八条 律师开展企业合规法律服务时，可以结合企业实际，从重点领域入手，开展单项或多项重点领域合规法律服务。聚焦企业"重点工作、重点环节、重点人员"，梳理合规风险、制定解决方案；明确合规管理专项制度；建立合规操作指引，提高企业合规风险防范能力。

第五十九条 重点工作的合规法律服务包括但不限于以下方面：

（一）政府监管。密切关注和跟踪行业监管、上市公司监管和市场监管相关监管政策，及时贯彻落实最新监管要求，并积极配合监管部门的监管、调查和执法工作。

（二）消费者权益。规范市场营销，防止不实宣传，尊重消费者知情权；优化格式合同条款，不排除或者限制消费者的主要权利；完善投诉处理机制，畅通渠道、提高处理效率；自觉履行各项服务承诺，规范服务行为，提高服务质量。

（三）市场竞争。坚守诚信经营底线，建立健全自律诚信体系，遵守公平竞争原则，执行有关反垄断、反不正当竞争方面法律法规、监管规定及商业规则，自觉维护市场秩序。

（四）劳动用工。严格遵守劳动法律法规，完善劳动用工管理制度，有效维护劳动者合法权益，保障员工身心健康，促进员工各项发展，构建和谐劳动关系。

（五）财务税收。完善财务内部控制体系，严格执行财务事项操作和审批流程，严守财经纪律，强化依法纳税意识，遵守税收法律政策。

（六）网络信息安全。执行网络安全等级保护制度；严格落实网络产品和服务安全审查制度，可能影响国家安全的，应经过国家机关安全审查。建立数据和个人信息保护相关制度，严格规范对数据和个人信息收集、存储、使用、传输等行为。

（七）知识产权。及时申请注册知识产权成果，规范实施许可和转让，加强对商业秘密、商标、专利、著作权的保护；依法使用他人知识产权，强化版权审核，防止侵权行为。

（八）采购。遵守国家法律法规，执行企业采购管理制度及内控流程，确保采购工作公开、公平、公正；不操纵、干预采购，不设置不合理门槛排斥潜在供应商；建立健全违规失信名单，强化供应商和第三方管理。

（九）金融类业务。适应强监管、严监管，认真遵守监管政策，提升合规管理水平，坚持审慎经营；严格持牌经营，不超许可范围开展业务；严格保障资金安全；建立信息安全保障体系，确保平台系统及客户信息安全。

（十）投融资。建立投融资管理制度，持续加大管理力度，完善决策机制，规范投资行为，强化风险管控，严格责任追究，提高资金效益，防止资产流失，实现保值增值。

（十一）安全环保。执行国家安全生产、环境保护法律法规，完善生产规范和安全环保制度，及时发现并整改违规问题，杜绝重大安全生产事故。

（十二）商业合作伙伴。对重要商业合作伙伴开展合规调查，通过签订合规合同、要求作出合规承诺等方式，促进商业合作伙伴行为合规。

第六十条 重点环节合规法律服务可以包括以下方面：

（一）制度制定环节。强化对规章制度、改革方案等重要文件的合规审查，确保符合法律法规、监管规定等要求。

（二）决策环节。落实企业决策制度，加强对待决策事项的合规论证，未经事前合规审查不提交审议，保障决策依法合规。

（三）生产运营环节。完善各项合规制度，加强对重点流程的监督检查，确保生产经营过程中照章办事、依规操作。

第六十一条 重点人员合规法律服务可以包括以下方面：

（一）管理人员。促进管理人员提高合规意识，依法依规开展经营管理活动，认真履行承担的合规管理职责；细化违规追责标准和流程，强化对管理人员的合规考核与监督问责。

（二）关键岗位人员。对于关键岗位员工，制订岗位合规清单，使其熟悉并严格遵守业务涉及的各项规定，加强监督检查和违规行为追责。

第十一章 律师从事合规法律服务的职责和义务

第六十二条 律师合规法律服务中的职责和义务

（一）律师从事合规法律服务要严格依据《中华人民共和国律师法》《律师职业道德和执业纪律规范》规定，恪守行业规范、职业操守和职业道德；

（二）律师从事合规法律服务应充分了解与客户相关的法律法规，涉及国有企业的，应充分了解国有资产管理的相关规定；

（三）律师从事合规法律服务应了解客户的商业（业务）模式，法律、风控、内控的相关制度，避免与之相脱节；

（四）律师从事国有企业（包括国有独资公司、国有控股公司）合规法律服务应充分了解其决策机制，合规制度的构建应与之相匹配；

（五）律师为客户进行投资、并购及发展第三方合作伙伴时，应当做好合规尽职调查，对评估与防范合规风险提出专业性意见；

（六）律师为客户提供合规内部调查服务，应协助客户查明违规行为、识别责任人、发现合规管理漏洞，为切割员工责任与企业责任、建立与完善合规体系做好充足的准备；

（七）律师担任合规监管人应当具有相应的专业能力、与企业形成委托代理关系，同时，要保持基本的独立性，协助检察机关进行合规监管、并接受后者的持续监督；

（八）律师从事合规法律服务，应当实事求是，杜绝发生伪造证据、协助客户逃避监管等不当行为；

（九）律师从事合规法律服务要遵守保密义务，除按照与客户签订的合同履行相关义务外，还必须对其提供法律服务过程中接触、了解到的国家秘密、商业秘密、不宜公开的情况及个人隐私负有保密的义务；

（十）律师从事合规法律服务要防止利益（执业）冲突义务，并积极向客户等进行解释或说明；

（十一）律师从事合规法律服务应当严格按照《中华人民共和国律师法》《律师职业道德和执业纪律规范》以及《律师执业行为规范》等来规范同行业的竞争，防止行业内部出现不正当的竞争行为以及诋毁同行的行为。

第十二章 律师从事合规法律服务的风险防范

第六十三条 律师从事合规法律服务涉及的风险类型主要包括：行业惩戒风险、行政处罚风险、民事责任风险、刑事责任风险。

第六十四条 律师从事合规法律服务的行业惩戒、行政处罚风险防范：

（一）虽然合规法律服务与传统法律服务有一定的区别，但本质上仍然是一种法律服务，因此律师在从事合规法律服务时，也应当清晰地了解提供法律服务过程中应当遵守的执业行为规范及执业纪律要求。

（二）针对合规法律服务涉及对象多、业务细分类型多、工作量大等特点，在开展合规法律服务时应特别关注利益冲突、规范收案收费、代理尽责、保守商业秘密等执业规范，防范因触犯《律师协会会员违规行为处分规则（试行）》《律师和律师事务所违法行为处罚办法》等规定而导致受到行业惩戒或者行政处罚的风险。

第六十五条 律师从事合规法律服务的民事责任风险防范：

（一）律师从事合规法律服务应当由律师事务所与客户签订书面委托合同，双方建立民事法律关系，律师在履行委托合同过程中应勤勉尽责，努力钻研业务，掌握从事合规法律业务所应具备的法律知识和服务技能，防止因服务不尽责、提交成果存在错误等原因而被客户要求退还律师费、甚至赔偿损失的民事责任风险。

（二）为防范从事合规法律服务的民事责任风险，从事该业务的律师应建立专业团队、对不同工作类型和阶段进行分工，专业律师团队应针对合规法律服务的综合性，加强执业技能提升，综合学习研究相关法律法规、公司治理、服务企业所在行业规则、监管规则、域外法律法规、财务/税务等专业知识，构建复合型的合规人才队伍，避免在提供合规法律服务过程中由于对有关专业知识的不熟悉而导致提供错误的法律服务成果。

第六十六条 律师从事合规法律服务的刑事责任风险防范：

（一）律师在提供合规法律服务过程中，对于客户的违法要求应予以拒绝，并阐明拒绝理由以及相应的法律依据；

（2）律师在从事涉案企业合规整改等刑事合规法律业务时，应严守执业规则，在协助客户防范刑事法律风险的同时，更应防范自身刑事责任风险，坚决抵制毁灭证据、伪造证据、妨害作证等违法犯罪行为，严守律师执业底线。

3. 安徽省律师协会《安徽省律师从事涉案企业合规建设评估业务操作指引》

（2022年9月22日）

第一章 总则

第一条【目的依据】 为了指导安徽省律师从事涉案企业合规建设、评估业务，有效预防企业违法犯罪，服务保障经济社会高质量发展，根据《中华人民共和国刑法》《中华人民共和国刑事诉讼法》《中华人民共和国律师法》《人民检察院刑事诉讼规则》《最高人民检察院关于开展企业合规改革试点工作方案》《关于建立涉案企业合规第三方监督评估机制的指导意见（试行）》《涉案企业合规建设、评估和审查办法》等法律法规及相关政策精神，参照国际标准化组织、国家标准化委员会、国务院国有资产监督管理委员会、中国中小企业协会等各机构各部门出台的合规文件、指南、指引，结合我省实际，特制定本指引。

第二条【适用范围】 律师从事以下合规业务适用本指引：

（一）接受涉案企业委托，担任涉案企业的合规顾问，提供涉案企业合规建设、整改服务；

（二）接受第三方机制管委会的指派，担任第三方组织成员，从事涉案企业合规监督评估业务；

（三）涉案企业法律顾问、辩护律师虽未从事上述业务，但是与上述合规业务有交叉的。

第三条【适用原则】 律师从事合规业务，应当遵循依法有序、客观中立、专业公正、标本兼治的原则。

第四条【工作职能】 律师担任合规顾问的，指导制定涉案企业合规计划，帮助涉案企业进行合规建设；担任第三方组织成员的，指导、监督、评估涉案企业进行合规建设、有效履行合规计划。

第五条【职业伦理】 律师从事合规业务，要严格依据《中华人民共和国律师法》《律师职业道德和执业纪律规范》，恪守行业规范和职业操守，遵守保密、利益冲突处理、回避、廉洁的规定。

第六条【用语释义】

（一）涉案企业：指涉嫌单位犯罪的企业，或者实际控制人、经营管理人员、关键技术人员等涉嫌实施与生产经营活动密切相关犯罪的企业。一般要求案发时企业能够正常经营、依法纳税和吸纳就业。

（二）涉案人员：指对企业犯罪承担刑事责任的直接负责的主管人员、直接责任人员以及其他涉嫌犯罪的企业实际控制人、经营管理人员、关键技术人员等。

（三）合规顾问：指涉案企业委托律师、注册会计师、税务师、企业合规师、专家学者等专业技术人员组成的提供合规服务的专业人员。

（四）合规顾问律师：指合规顾问中为涉案企业提供合规服务的律师。

（五）第三方机制：全称第三方监督评估机制，指检察机关在办理涉企刑事案件时，对符合企业合规程序适用条件的，交由第三方机制管委会选任组成第三方组织，对涉案企业的合规承诺、合规计划进行调查、监督、评估和考察的机制。

（六）第三方机制管委会：全称第三方监督

评估机制管理委员会，指由各级检察机关、工商联、国资委、司法、税务、市场监督管理、环境保护、财政等部门组成的管理委员会，承担对第三方机制的宏观指导、具体管理、日常监督、统筹协调等职责，确保第三方机制依法、有序、规范运行，以及第三方组织及其成员依法依规履行职责的议事协调机构。

（七）第三方组织：指第三方机制管委会选任组成的负责对涉案企业的合规建设情况进行监督、检查、评估的临时性组织。

（八）合规监管律师：指在第三方组织中承担合规评估、监管、考察职责的律师。

（九）合规：指企业及其工作人员的经营管理、从业行为符合有关法律法规、国际组织规则、监管规定、行业准则、商业惯例和道德规范，以及企业依法制定的章程及规章制度等要求与承诺。

（十）合规业务：指涉案企业合规建设、合规评估业务。

（十一）合规建设：指涉案企业针对与涉嫌犯罪有密切联系的合规风险，制定合规计划，完善企业治理结构，健全内部规章制度，形成有效合规管理体系的活动。

（十二）合规评估：指第三方组织对涉案企业合规计划和相关合规管理体系有效性进行了解、评价、监督和考察的活动。

（十三）合规审查：在检察机关主导合规整改的语境下，指负责办理案件的检察机关对第三方组织的评估过程和结论进行审核。针对未启动第三方机制的小微企业合规，可以由检察机关对其提交的合规计划和整改报告进行审查。在合规管理体系语境下，指企业针对待决策事项进行合规审查并出具审查意见以及建立合规审查机制。

（十四）合规计划：涉案企业经过全面尽职调查，充分考虑企业性质、经营业务、涉案风险后，制定的建立有效合规管理体系的计划。

（十五）合规承诺：在检察机关主导合规整改的语境下，指涉案企业签署的自愿进行合规整改并接受检察机关、第三方组织考察、验收的承诺。在合规管理体系语境下，指企业及其工作人员对履行合规义务、避免发生违法行为，向监管部门、社会公众所做的承诺。

（十六）尽职调查：指合规顾问在接受涉案企业委托后，在涉案企业的配合下，针对企业的主体资格、经营情况、财务状况等各方面，采取书面审查、现场查验等多种方法，对企业的历史和现实的数据、资料、信息、文件和档案等开展的调查活动。

（十七）合规义务：指被动的合规要求与主动的合规承诺。被动的合规要求具体包括法律法规、国际条约规则、监管机构发布条例、法院判决决定等；主动的合规承诺具体包括与公共管理组织、客户签署的合同，自愿遵循的方针、原则、宣言、规程，对质量、环境保护、社会公益的承诺，自愿加入相关组织制定的行业标准等。

（十八）合规风险：指企业及其工作人员因未履行企业合规义务而可能承担法律责任、受到相关处罚、造成经济或声誉损失以及其他负面影响的可能性及其后果。本指引中的风险主要指刑事犯罪风险。

（十九）合规管理体系：指根据企业实际情况建立的以有效防控合规风险为目的，规范企业以及工作人员经营管理行为。开展包括制度制定、风险识别、合规审查、风险应对、责任追究、考核评价、合规培训等有组织、有计划的治理活动。

（二十）合规文化：指贯穿整个企业的价值观、道德规范、信仰和行为，并与企业结构和控制系统相互作用，产生有利合规的行为规范。

第二章 合规顾问收案

第七条【收案条件】 涉企刑事案件同时

符合下列条件的，律师可以收案担任合规顾问：

（一）涉案企业、涉案人员自愿认罪认罚；

（二）涉案企业能够正常生产经营，承诺建立、完善企业合规管理体系，具备启动第三方监督评估的基本条件；

（三）涉案企业承诺采取积极退赃、赔偿损失、补缴税款、修复环境等措施；

（四）涉案企业自愿适用第三方机制。

第八条【不适宜收案情形】 涉案企业具有下列情形之一的，不适宜收案：

（一）个人或组织为进行违法犯罪活动而设立企业的；

（二）企业设立后以实施犯罪为主要活动的；

（三）企业人员盗用单位名义实施犯罪的；

（四）涉嫌危害国家安全犯罪、恐怖活动犯罪的；

（五）其他不能收案的情形。

无法确定是否属于上述情形的，律师可以先行收案，如发现不适宜适用企业合规程序的，可以单方停止相关业务活动。

第九条【合同签订】 合同签订之前，律师要详细了解涉案企业的经营情况、基本案情、主要诉求，向涉案企业披露合规建设可能遇到的障碍与风险，进行障碍与风险提示。

律师接受涉案企业委托担任合规顾问律师的，应当以律师事务所名义与涉案企业签订合规顾问服务合同。

合规顾问律师同时又是涉案企业的法律顾问、辩护人的，合规顾问合同应当与法律顾问合同、刑事委托合同分别订立。

第十条【合规顾问团队组建】 律师可以根据涉案企业规模、涉案罪名、合规建设要求，充分评估工作量与专业性，组建合规顾问团队。

顾问团队可以由以下律师组成：

（一）有经济犯罪、职务犯罪辩护经验的律师；

（二）有企业诉讼、非诉尽调类经验的律师；

（三）有行政执法、司法工作经验的律师；

（四）有注册会计师、税务师、证券从业资格的律师；

（五）有企业法务、人力资源、财务工作经验的律师。

根据涉案企业的要求和工作实际，可以联合合规咨询公司、会计师事务所、税务师事务所等机构组建合规顾问团队。

第十一条【递交委托手续】 律师接受委托后，应当向检察机关等办案单位递交律师事务所公函、授权委托书、律师执业证、涉案企业主体资格证明等材料。

第十二条【组成合规领导机构】 合规顾问律师可以与涉案企业实际控制人、主要负责人和直接负责的主管人员共同组成合规领导机构。

第十三条【机构人员更换建议】 合规领导机构中有涉案人员的，合规顾问律师应当建议涉案企业更换。

第十四条【企业战略调整】 涉案企业需要合并、分立、变更经营范围、调整经营战略的，合规顾问律师应当在征得检察机关同意的情况下，本着有利于刑事案件办理、合规计划实施、经济发展等原则提供指导、帮助。

严禁合规顾问律师利用合并、分立、变更等事项帮助企业逃避法律责任。

在合规考察期间，合规顾问律师应当将申请、调整、变更情况向第三方组织备案。

第十五条【尽职调查】 合规顾问律师进驻涉案企业后，通过走访政府机关、行业协会、商会，查阅、复制企业登记、经营资料，访谈企业工作人员，实地考察涉案企业及其商业伙伴，通过调查等途径，对涉案企业进行专项、深入地尽职调查。

第十六条【尽职调查报告撰写】 合规顾

问律师在完成全面尽职调查后，应当制作《尽职调查报告》。报告内容主要围绕涉案企业的历史状况与治理现状进行分析，并给出确定的调查结论，为制定合规计划提供依据。一般应当包括以下内容：

（一）企业的基本情况；

（二）企业的独立性；

（三）企业现有土地、房产、商标、专利、资质的审查；

（四）同业竞争与关联交易；

（五）治理结构、董监高、员工及社保缴纳情况；

（六）财务会计与税收；

（七）企业对合规认识的现状。

第十七条【案外风险处理】 通过尽职调查，合规顾问律师发现涉案企业存在检察机关未发现、未掌握的其他违规行为、合规风险，应当及时向涉案企业提出书面意见，披露相关法律风险。

第十八条【阅卷分析】 合规顾问律师作为刑事案件辩护人的，应当及时查阅、摘抄、复制刑事卷宗材料，梳理与涉嫌犯罪事实密切相关的风险点，分析发生诱因，为制定合规计划提供依据。

第十九条【收集有利资料】 合规顾问律师指导、帮助涉案企业收集、整理有助于推动企业合规整改的相关资料，如企业荣誉、社会声誉、带动经济发展、保障就业、缴纳税款、参与社会公益活动等方面的资料。

第二十条【合规整改申请书】 合规顾问律师指导、帮助涉案企业准备《企业合规整改申请书》，一般应当包含以下内容：

（一）企业基本概况；

（二）企业所属行业概况；

（三）企业的荣誉、社会声誉、技术、品牌等情况；

（四）企业履行社会责任情况；

（五）企业涉案情况；

（六）企业申请理由。

第二十一条【合规承诺书】 涉案企业准备《企业合规承诺书》，一般应当包含以下内容：

（一）涉案企业、涉案人员自愿认罪认罚；

（二）涉案企业积极采取退赃退赔、补缴税款、修复环境等补救挽损措施；

（三）涉案企业制定专项、可操作的合规计划，承诺在考察期内建立、完善合规管理体系、运行机制；

（四）涉案企业接受检察机关提出的企业合规考察方式与要求，包括第三方组织对合规建设的调查、评估、监督和考察。

第二十二条【企业合规计划】 合规顾问律师结合企业经营范围、行业特点、监管政策、重点风险等因素，以全面合规为目标、专项合规为重点，聚焦与企业涉嫌犯罪有密切关联的合规风险点，制定《企业合规计划书》。

《企业合规计划书》一般应当包含以下内容：

（一）制定并公布合规章程、合规承诺、合规宣言等，培育企业合规文化；

（二）调整企业管理架构，搭建合规组织体系；

（三）建立符合企业实际、专项合规要求的各类运行机制。

第二十三条【合规优先】 涉案企业实际控制人、主要负责人应当在专项合规计划中作出合规承诺并明确宣示，合规是企业的优先价值，对违规违法行为采取零容忍的态度，确保合规融入企业的发展目标、发展战略和管理体系。

第二十四条【合规计划有效性判断】 《企业合规计划书》应当具有可行性、有效性、专业性，重点关注以下内容：

（一）合规计划的可操作性；

（二）涉案企业完成合规计划的可能性；

（三）合规计划对涉案企业预防治理涉嫌的犯罪行为或者类似违法犯罪行为的实效性；

（四）合规计划是否符合涉案企业、相关行业特点；

（五）合规计划是否参照国际、国内关于合规整改的相关规范，满足专业性要求；

（六）合规计划是否有合规章程制定、合规组织体系搭建、合规管理体系建立、合规文化建设等内容。

第二十五条【合规申请】 申请合规建设应当以涉案企业的名义申请，合规顾问律师可以代理涉案企业向检察机关递交《企业合规整改申请书》《企业合规承诺书》《企业合规计划书》等申请资料。

检察机关认为不适用企业合规程序办理的，合规顾问律师可以要求检察机关以书面形式回复。

第三章 合规建设服务

第二十六条【合规建设启动】 企业合规程序启动后，合规顾问律师应当按照《企业合规计划书》指导、帮助涉案企业实施、建立、完善企业合规管理体系。

合规顾问律师在执行合规计划过程中，需要调整计划的，应当及时向检察机关、第三方组织报告。

第二十七条【召开会议】 合规顾问律师指导、帮助涉案企业召开股东会、董事会、高管办公会议、职工大会等，落实以下事项：

（一）修改章程，将企业合规理念、合规宣言、合规承诺写入章程，增设合规管理章节，增加合规领导机构及合规管理部门负责人的提名、聘请、任命、解聘等规定；

（二）增设或调整合规管理部门，任命合规管理部门负责人；

（三）宣布企业合规宣言；

（四）董监高人员、工作人员签订企业合规承诺书；

（五）开展合规培训。

第二十八条【问卷调查】 合规顾问律师应当结合涉案企业实际，制作《企业合规现状调查问卷》《专项领域合规调查问卷》，向涉案企业相关人员开展问卷调查，查清涉案企业合规管理现状及专项领域合规风险点。

第二十九条【合规文化建设体系】 合规顾问律师应当对涉案企业相关人员进行合规理念宣贯。指导、帮助涉案企业针对不同职级的工作人员进行相应的合规培训与教育，树立企业核心价值观，培育合规文化，建立合规文化建设体系。

第三十条【合规组织体系】 合规顾问律师可以建议涉案企业根据企业类型、规模、业务范围、行业特点等，设置相适应的合规领导机构、合规管理部门、业务部门合规联络员；针对决策层、管理层、执行层制定不同的岗位职责，形成三道防线，建立合规组织体系；配备专职或兼职的合规管理人员，明确具体的、可考核的合规管理职责。

第三十一条【合规制度体系】 合规顾问律师根据合规风险防控和合规领导机构履职的需要，结合企业实际、涉嫌犯罪事实，对涉案企业进行合规现状分析，指导、帮助涉案企业设立合规目标，细化合规措施，制定商业行为准则、员工合规手册等合规管理规范。

第三十二条【合规保障体系建立】 合规顾问律师指导、帮助涉案企业为合规管理体系的有效运行提供必要的人员、培训、宣传、场所、设备和经费等人力物力保障。重点做好以下保障：

（一）管理层支持；

（二）专项经费支持；

（三）合规人才引进支持；

（四）信息化建设。

第三十三条【合规风险识别与评估】 合规顾问律师指导、帮助涉案企业梳理合规义务，列明合规义务来源、监管主体、承诺主体、合规义务描述。

运用事件库法、流程分析法等方法识别、评估合规风险，重点核查与涉嫌犯罪事实相关的风险点，对所有风险点建库排级，出具《合规风险评估报告》，建立合规风险识别与评估机制。

第三十四条【合规风险评估报告】 合规顾问律师可以将《合规风险评估报告》提供给涉案企业、第三方组织、检察机关。《合规风险评估报告》一般应当包括以下内容：

（一）工作概况；

（二）参考文件渊源；

（三）企业涉案情况；

（四）涉案原因分析；

（五）合规风险点；

（六）合规风险评估；

（七）风险控制措施。

第三十五条【合规风险控制与防范】 合规顾问律师指导、帮助涉案企业根据《合规风险评估报告》，结合内部控制与法律风险防控措施，将合规风险控制措施嵌入企业业务流程，实施全流程合规监控，建立合规风险控制与防范机制。

第三十六条【合规咨询与审查】 合规顾问律师指导、帮助涉案企业针对日常经营管理与重大疑难事项，提供合规咨询；针对待决策事项进行合规审查并出具审查意见，建立合规咨询与合规审查机制。

第三十七条【合规举报与预警】 合规顾问律师指导、帮助涉案企业公开举报方式，制定举报人奖励政策，保护举报人措施，在特殊岗位设置信息情报人员，发现、汇总线索材料，建立合规举报与预警机制。

第三十八条【合规调查与处置】 合规顾问律师指导、帮助涉案企业，针对发现的违规行为启动合规调查，对违反合规制度的人员进行针对性调查，处理违规人员；做好自我披露与主动整改，采取补救措施；做好执法机关应对与配合，建立合规调查与处置机制。

第三十九条【合规监测与整改】 合规顾问律师指导、帮助涉案企业进行合规管理活动检查、评估、审计、体系评价，根据企业经营发展实际，对合规管理体系持续改进与优化，建立合规监测与整改机制。

第四十条【合规考核与奖惩】 合规顾问律师指导、帮助涉案企业将合规管理工作情况纳入所有工作人员的年度考核范围，引入合规指标对企业主要负责人、经营管理人员、关键技术人员等进行考核；对合规制度的执行情况、合规事件的处置情况、合规机制的运行情况进行评价；表彰先进、惩戒落后，建立合规考核与奖惩机制。

第四十一条【差异化建设】 小微企业可以根据企业实际情况，对照上述内容简化设置、建设。

第四十二条【运营监控】 合规顾问律师应同合规领导机构负责人保持密切沟通，以刑事合规风险为重点，堵塞漏洞。

第四章 合规评估服务与监管

第四十三条【考察方式】 检察机关启动企业合规程序后，合规顾问律师可以根据案件的具体情况和企业实际状况，向检察机关建议企业合规考察方式。

检察机关决定适用第三方机制的，合规顾问律师应当及时向第三方组织递交委托手续。

第四十四条【合规建设工作报告】 涉案

企业在考察期届满后，合规顾问律师应当向检察机关、第三方组织提交《企业合规建设工作报告》及验收材料。

第四十五条【选聘备案】 律师申请进入第三方机制专家人才库的，或者被第三方机制管委会选聘作为第三方组织成员履行合规监管职责的，应当经所在律师事务所同意。

第四十六条【评估履职】 合规监管律师履职时，应当按照法律法规、规范性文件或者检察机关、第三方机制管委会的要求，认真履行合规调查、合规监督、合规评估、合规考察等第三方组织成员工作职责，勤勉尽责、客观中立地做好监督评估工作。

第四十七条【方案制定】 合规监管律师可以根据第三方组织的要求，结合涉案企业情况和工作需要，制定具体、可操作的合规评估工作方案，对涉案企业履行合规承诺、执行合规计划情况开展调查、监督、评估与考察。

第四十八条【阶段考察】 在合规考察期间，合规监管律师根据第三方组织的授权，可以根据涉案企业执行合规计划情况形成阶段性《企业合规考察报告》，也可以要求涉案企业定期报告执行情况。

第四十九条【监督评估方法】 合规监管律师监督评估应紧密结合涉案企业涉嫌犯罪有关情况开展，根据第三方组织的授权，可以采用以下方法：

（一）巡查访谈、文本审阅、问卷调查、知识测试；

（二）对涉案企业的相关业务与管理事项进行抽样检查；

（三）对涉案企业的相关业务处理流程开展穿透式检查；

（四）走访涉案企业的行业主管部门、商业伙伴、客户、供应商、同行业企业，进行社会调查；

（五）飞行检查、穿行测试、感知测试、模拟运行；

（六）其他监督评估方式。

第五十条【异常情形处置】 在合规考察期间，合规监管律师发现涉案企业或涉案人员有下列情形之一的，应当中止监督评估，及时向第三方组织报告，可以建议第三方组织向检察机关和第三方机制管委会报告：

（一）未能有效履行合规计划的；

（二）合规计划存在明显偏差错误、虚假表述、重大遗漏的；

（三）发现漏罪需要追究刑事责任的；

（四）在考察期内实施新的犯罪的；

（五）认罪认罚后又反悔的；

（六）拒不配合检察机关、第三方组织合规考察的；

（七）违反有关监督管理规定，造成严重后果的；

（八）因其他诉讼裁决、重大风险、债务危机等致使涉案企业无法继续经营、面临破产清算的；

（九）其他可以中止适用企业合规程序的情形。

第五十一条【有效性评估】 合规监管律师对涉案企业合规计划和相关合规管理体系有效性的评估，重点包括以下内容：

（一）对涉案合规风险的有效识别、控制；

（二）对违规违法行为的及时处置；

（三）合规领导机构、合规管理部门或者管理人员的合理配置；

（四）合规管理制度机制建立以及人力、物力的充分保障；

（五）监测、举报、调查、处理机制及合规绩效评价机制的正常运行；

（六）持续整改机制和合规文化已经基本形成。

第五十二条【评估指标】 合规监管律师可以建议第三方组织以涉案企业合规风险控制

为重点，结合特定行业合规评估指标，制定符合涉案企业实际的评估指标体系。

评估指标的权重可以根据涉案企业类型、规模、业务范围、行业特点以及涉嫌犯罪事实等因素设置，并适当提高合规管理的重点领域、薄弱环节和重要岗位等方面指标的权重。

第五十三条【终结考察】 在合规考察期届满后，合规监管律师根据第三方组织的授权，应当对涉案企业的合规计划完成情况进行调查、监督、评估和考核。合规监管律师在制作《企业合规考察报告》时，持不同意见、建议的，应当予以注明。

第五十四条【评价报告】 合规监管律师起草《企业合规考察报告》时，一般应当包括以下内容：

（一）第三方组织相关信息；

（二）涉案企业的基本信息；

（三）考察目的、范围和依据；

（四）考察的程序、方法；

（五）开展调查、监督、评估和考核情况；

（六）涉案企业履行合规承诺、执行合规计划情况；

（七）考察结论；

（八）合规管理问题和改进建议。

第五十五条【材料移交】 合规监管律师应当积极配合第三方组织将《企业合规考察报告》及评估材料移送检察机关、第三方机制管委会。

第五十六条【例外规定】 法律法规、规范性文件或者检察机关、第三方机制管委会有其他要求的，遵照执行。

第五章 合规审查服务与监管

第五十七条【配合整改】 合规顾问律师对检察机关审查提出的问题，应当积极配合、指导、帮助涉案企业进行整改。

第五十八条【小微企业审查】 对未启动第三方机制的小微企业合规案件，合规顾问律师可以就合规承诺的履行、合规计划的执行、合规整改的实效等内容直接向检察机关提交报告、材料。

第五十九条【案件听证】 合规顾问律师、合规监管律师参加检察机关针对案件处理组织的听证活动，可以就合规建设、合规评估情况发表意见。

合规顾问律师同时担任涉案企业辩护人的，可以结合合规整改情况，发表辩护意见。

第六十条【案外风险处置】 涉案企业要求合规顾问律师对于合规计划之外的违法犯罪行为、合规风险继续进行合规建设的，应当另行协商、签订委托合同，或者签订补充协议。

第六章 权利救济与利益冲突

第六十一条【回避处理】 合规监管律师与涉案企业、合规顾问律师有利害关系的，应当主动向第三方机制管委会提出回避请求。

合规顾问律师对选任的第三方组织成员有异议的，可以向第三方机制管委会提出。

第六十二条【权利救济】 合规顾问律师发现下列情形之一的，可以向第三方机制管委会提出异议，或者向检察机关提出申诉、控告：

（一）第三方组织检查、评估行为不当的；

（二）第三方组织成员涉嫌违法犯罪的；

（三）对中止、终止企业合规程序有异议的；

（四）对企业合规考察报告有异议的。

第七章 附 则

第六十三条【合规底稿】 律师担任合规

顾问、第三方组织成员，从事合规业务的，应当以合规顾问律师或合规监管律师个人为单位，记录工作情况，留存资料，形成合规项目工作底稿，整理存档。

第六十四条【参与身份】 合规监管律师应当以个人名义在相关文书上签字，不代表律师事务所意见。

第六十五条【指引效力】 本指引供律师从事涉案企业合规业务时参考，不具有强制性。

第六十六条【解释权】 本指引由第十届安徽省律师协会第五次常务理事会会议通过。由安徽省律师协会常务理事会负责解释。

4. 北京市律师协会《企业合规管理与律师实务操作指引》

（2022年9月23日）

序 言

近年来，在实施依法治国战略、境内外监管力度趋严、国际经贸规则变化等背景下，企业合规经营的重要性不断凸显。2018年以来，国务院、各省国有资产监督管理委员会相继发布国有企业合规管理指引，标志着国有企业全面推行合规管理工作。2021年3月，《中华人民共和国国民经济和社会发展第十四个五年规划和2035年远景目标纲要》则将"推动民营企业守法合规经营"纳入国家发展战略，意味着合规经营成为中国企业发展的共同课题。随着企业合规不起诉等制度试点，合规已从理论研究踏入企业经营实践，并逐渐成为企业高质量稳健发展的根基与保障。

当前合规经营已得到广大中国企业的关注，合规法律服务需求不断攀升，广阔的企业合规市场亟需高标准的专业法律服务支持。因此，为促进、指导我市律师规范开展企业合规法律服务，推动企业合规经营，市律师协会法律风险与合规管理法律事务专业委员会特将"企业合规管理与律师实务操作"作为研究课题，以构建有效合规管理体系为方向，以实践性、操作性为核心，结合现行合规管理规定、指引以及本市律师合规实务经验，编纂形成《企业合规管理与律师实务操作指引》（以下简称《指引》）。

《指引》共两万余字，分为八章，分别为：合规管理建设总则；合规组织与职责；合规制度建设；合规风险识别、评估与应对；合规运行机制；合规体系评价；合规文化建设；企业合规管理法律实务。既阐明了企业合规管理体系的建设及落地实施，又对律师参与具体合规业务提供了指导和风险提示，以冀对本市律师开展合规法律服务提供参考。

企业合规法律服务在中国方兴未艾，尚未形成全面成熟的理论体系及实践方法，有待进一步积累、探索、总结。《指引》系市律协法律风险与合规管理法律事务专业委员会对一段时期以来的合规管理规定、理论观点以及律师实务经验的阶段性总结，如有任何意见建议，欢迎向市律协反馈。在此，以《指引》的公布为契机，我们呼吁广大律师朋友投身企业合规法律服务，携手为中国企业合规经营的发展道路提供法律保障，为中国企业"走出去"的征程贡献法治力量！

北京市律师协会
法律风险与合规管理法律事务专业委员会
2022年9月23日

目 录

第一章 合规管理建设总则
第一条 术语与定义
第二条 基本原则

第二章 合规组织与职责
第三条 企业党委（党组）作用
第四条 董事会职责
第五条 经理层职责
第六条 主要负责人作用
第七条 合规委员会职责
第八条 首席合规官职责
第九条 业务及职能部门职责
第十条 合规管理部门职责
第十一条 监督部门职责
第十二条 全员合规责任

第三章 合规制度建设
第十三条 基本管理制度
第十四条 合规重点领域

第四章 合规风险识别、评估与应对
第十五条 合规风险识别
第十六条 合规风险分析
第十七条 合规风险应对
第十八条 合规风险处置

第五章 合规运行机制
第十九条 合规风险预警
第二十条 合规审查
第二十一条 合规联席会议
第二十二条 合规报告
第二十三条 违规举报
第二十四条 违规调查
第二十五条 违规问责
第二十六条 合规整改
第二十七条 合规保障

第六章 合规体系评价
第二十八条 合规绩效考核
第二十九条 合规管理有效性评估
第三十条 合规管理体系改进

第七章 合规文化建设
第三十一条 合规理念
第三十二条 合规培训

第八章 企业合规管理法律实务
第三十三条 合规体系建设
第三十四条 合规专项咨询
第三十五条 合规监管调查
第三十六条 常年合规顾问
第三十七条 刑事合规

附则
第三十八条 附则

第一章 合规管理建设总则

第一条 术语与定义

（一）合规：是指企业经营管理行为和员工履职行为符合国家法律法规、监管规定、行业准则和国际条约、规则，以及企业章程、相关规章制度等要求。

（二）合规风险：是指企业及其员工在经营管理过程中因违规行为引发法律责任、造成经济或者声誉损失以及其他负面影响的可能性。

（三）合规管理：是指企业以有效防控合规风险为目的，以提升依法合规经营管理水平为导向，以企业经营管理行为和员工履职行为为对象，开展的包括建立合规制度、完善运行机制、培育合规文化、强化监督问责等有组织、有计划的管理活动。

第二条 基本原则

企业合规管理工作应当遵循以下基本原则：

（一）全面覆盖原则

企业合规管理工作应将合规要求嵌入经营管理各领域各环节，贯穿决策、执行、监督全过程，落实到各部门和全体员工，实现多方联动、上下贯通。

（二）权责清晰原则

企业合规管理应按照"管业务必须管合规"要求，明确业务及职能部门、合规管理部门和监督部门职责，严格落实员工合规责任，对违规行为严肃问责。

（三）务实高效原则

企业应建立健全符合企业实际的合规管理体系，突出对重点领域、关键环节和重要人员的管理，充分利用大数据等信息化手段，切实提高管理效能。

除上述基本原则外，各级各类国有独资、全资、控股企业，还应当遵循"坚持党的领导"原则，充分发挥企业党委（党组）领导作用，落实全面依法治国战略部署有关要求，把党的领导贯穿合规管理全过程。

第二章 合规组织与职责

第三条 企业党委（党组）作用

如为国有企业，应发挥企业党委（党组）把方向、管大局、促落实的领导作用。国有企业应将党建工作要求写入公司章程，写明党委（党组）的职责权限、机构设置、运行机制、基础保障等重要事项。企业党建工作机构在党委（党组）领导下，按照有关规定履行相应职责，推动相关党内法规制度有效贯彻落实。

党委（党组）研究讨论是董事会、经理层决策重大问题的前置程序，研究讨论的事项主要包括：

（一）贯彻党中央决策部署和落实国家发展战略的重大举措；

（二）企业发展战略、中长期发展规划、重要改革方案；

（三）企业资产重组、产权转让、资本运作和大额投资中的原则性方向性问题；

（四）企业组织架构设置和调整，重要规章制度的制定和修改；

（五）涉及企业安全生产、维护稳定、职工权益、社会责任等方面的重大事项；

（六）其他应当由党组织研究讨论的重要事项。

党委（党组）应结合企业实际制定研究讨论的事项清单，厘清党委（党组）和董事会、监事会、经理层等其他治理主体的权责。

第四条 董事会职责

董事会充分发挥定战略、作决策、防风险职能，履行以下合规管理职责：

（一）审议批准企业合规管理基本制度、体系建设方案和年度报告等；

（二）研究决定合规管理重大事项；

（三）推动完善合规管理体系并对有效性进行评价；

（四）决定合规管理部门设置及职责；

（五）按照权限决定有关违规人员的处理事项；

（六）法律法规、企业章程等规定的其他合规管理职责。

第五条 经理层职责

经理层切实履行谋经营、抓落实、强管理职能，履行以下合规管理职责：

（一）拟订合规管理体系建设方案，经董事会批准后组织实施；

（二）拟订合规管理基本制度，批准年度计划，组织制定合规管理具体制度；

（三）组织应对重大合规风险事件；

（四）指导监督各部门和所属单位合规管理工作；

（五）法律法规、企业章程等规定的其他合规管理职责。

第六条 主要负责人作用

主要负责人作为推进法治建设第一责任人，

应当切实履行依法合规经营管理重要组织者、推动者和实践者的职责，积极推进合规管理各项工作。

第七条　合规委员会职责

企业可结合实际情况设立合规委员会，合规委员会主任由董事长或合规管理工作分管领导、总法律顾问（如有）等担任，成员可由各部门主要负责人组成。合规委员会可以与法治建设领导机构等合署办公。

合规管理委员会承担以下职责：

（一）负责企业合规管理的统筹协调工作；

（二）经董事会或管理层授权，合规委员会可以代为审定企业合规管理战略规划、年度计划、年度报告、具体制度等重大事项；

（三）定期召开会议，研究解决合规管理重点难点问题。

第八条　首席合规官职责

首席合规官可由总法律顾问（如有）兼任，对企业主要负责人负责，领导合规管理部门组织开展相关工作，指导所属单位加强合规管理，具体工作职责可以包括：

（一）负责组织编制企业合规管理战略规划、基本制度、年度计划、年度报告，参与有关具体制度制定；

（二）负责签发企业重要制度和重要文件制定、重大决策、重要合同订立等重点环节业务的合法合规性审核意见；

（三）参与企业重大决策会议并提出合规意见；

（四）领导合规管理牵头部门推进合规管理体系建设；

（五）负责向合规委员会汇报合规管理重大事项；

（六）负责向董事会报告年度工作；

（七）指导业务部门合规管理工作，对合规管理职责落实情况提出意见和建议；

（八）指导所属单位合规管理工作，对所属单位首席合规官的任免、合规管理体系建设情况提出意见；

（九）参与企业重大及以上违规事件的处置并提出意见建议；

（十）经合规委员会授权的其他事项。

第九条　业务及职能部门职责

业务及职能部门是合规管理主体，负责日常相关工作，主要履行以下职责：

（一）建立健全本部门业务合规管理制度和流程，开展合规风险识别评估，编制风险清单和应对预案；

（二）定期梳理重点岗位合规风险，将合规要求纳入岗位职责；

（三）负责本部门经营管理行为的合规审查；

（四）及时报告合规风险，组织或者配合开展应对处置；

（五）组织或者配合开展违规问题调查和整改；

（六）其他相关合规管理工作。

业务及职能部门应当设置合规管理员，由业务骨干担任，负责本部门合规管理工作，接受合规管理部门业务指导和培训。

第十条　合规管理部门职责

合规管理部门牵头负责本企业合规管理日常工作，主要履行以下职责：

（一）组织起草企业合规管理基本制度、具体制度、年度计划和工作报告等；

（二）负责规章制度、经济合同、重大决策合规审查；

（三）组织开展合规风险识别、预警和应对处置，根据董事会授权开展合规管理体系有效性评价；

（四）受理职责范围内的违规举报，提出分类处理意见，组织或者参与对违规行为的调查；

（五）组织或者协助业务及职能部门开展合规培训，受理合规咨询，推进合规管理信息化建设；

（六）企业合规委员会交办的其他工作。

合规管理部门应当配备与企业经营规模、业务范围、风险水平相适应的专职合规管理人员，持续加强业务培训，不断提升合规管理队伍专业化水平。

第十一条　监督部门职责

纪检监察机构和审计、巡视巡察、监督追责等部门是企业合规管理监督部门，主要履行以下职责：

（一）依据有关规定，在职权范围内对合规要求落实情况进行监督；

（二）对违规行为进行调查，按照规定开展责任追究；

（三）会同合规管理部门、相关业务部门对合规管理工作开展全面检查或专项检查；

（四）对完善企业合规管理体系提出意见和建议；

（五）有关规定、企业章程等规定的其他职责。

各监督部门应将合规管理监督结果及时通报合规委员会。合规管理部门也可以根据合规风险情况主动向监督部门提出开展审计等工作的建议。

第十二条　全员合规责任

全体员工应当熟悉并遵守与本岗位职责相关的法律法规、企业内部制度和合规义务，依法合规履行岗位职责，接受合规培训，对自身行为的合法合规性承担责任。具体承担以下合规管理职责：

（一）签订合规承诺书，接受合规培训；

（二）坚持合规从业，杜绝发生违反合规底线清单的违规事件，对自身行为的合规性承担直接责任；

（三）主动识别、报告、控制履职过程中的合规风险；

（四）监督和举报违规行为。

第三章　合规制度建设

第十三条　基本管理制度

企业合规管理制度是指对企业合规管理活动的制度性安排的统称，一般包含企业合规经营目标和理念以及各业务职能领域活动的制度性规定和要求。企业合规管理制度是员工在企业生产经营活动中需要共同遵守的行为指引、规范以及制度规定的总称。

企业合规管理制度的表现形式一般包括合规行为准则、制度规范、各项合规专项管理办法、合规管理的工作流程、管理表单等管理制度类文件。

企业合规管理制度内容一般包括合规管理机构与职责；合规管理重点业务要求；合规管理的机制运行及内容；违规举报、调查与问责；合规评估、改进与报告；合规培训；合规管理保障等。

第十四条　合规重点领域

（一）企业治理。规范企业治理，依法合规履行决策程序，实际控制人和受益所有人可识别，法人层级合理，与自身资本规模、经营管理能力和风险管控水平相适应；

（二）信息披露。完善信息披露事务管理制度，按照法律、行政法规、规章要求，遵循真实、准确、完整的原则，及时进行信息披露；

（三）内幕信息。重视内幕信息的管理与内幕交易的防范，加强对内幕信息知情人的管理，建立内幕信息报告制度及具体的操作指引流程，规范内幕信息的传递、收集及管理；

（四）关联交易。加强关联交易管理，建立健全关联交易管理制度，严格遵守法律、行政法规和监管机构关于关联交易的相关要求，禁止进行不当或违规关联交易；

（五）对外担保。企业或企业控股子企业对

外担保的，必须经企业董事会或股东大会审议通过。企业应当审慎对待和严格控制对外担保产生的债务风险，并及时履行有关信息披露义务；

（六）上市企业独立性。控股股东、实际控制人与企业应当实行人员、资产、财务分开，机构、业务独立，各自独立核算、独立承担责任和风险；

（七）投资并购。围绕企业经营发展目标，在实施资产重组、投融资，以及其他投资并购工作中做好合规调查、论证、审查等工作，规范相关合同的签订和履行，有效防控合规风险；

（八）招标采购。健全招标采购制度，强化制度执行，严禁应招未招、虚假招标行为，强化依法合规采购；完善对供应商在招标采购中失信行为处理机制；

（九）财务税收。健全完善财务内部控制体系，严格执行财务事项操作和审批流程，严守财经纪律，强化依法纳税意识，严格遵守税收法律法规和政策规定；

（十）劳动用工。严格遵守劳动用工法律法规，健全完善劳动用工合同管理制度，规范劳动用工合同签订、履行、变更和解除，严防各种违规劳务分包，确保企业依法合规用工；

（十一）知识产权。加强对商业秘密、专利和商标等知识产权的保护，及时确权企业知识产权，规范实施许可和转让；依法规范使用他人知识产权，防止侵权行为；

（十二）网络安全与数据管理。依法保护业务数据与客户信息安全，做好相关网络与信息系统的安全防护，建立网络安全与数据安全事件的应急响应预案，防范因网络攻击、网络侵入，以及违规数据处理、数据泄露等导致的合规风险；

（十三）安全环保。依据国家安全生产、环境保护法律法规，设立、完善企业生产规范和安全环保制度，加强监督检查，及时发现并整改违规问题，防范安全生产事故、环境污染等引发的合规风险；

（十四）反垄断。加强反垄断制度建设，保护市场公平竞争，维护消费者利益和社会公共利益。强化反垄断事前审查、合同管理，逐步建立健全反垄断合规风险管理体系，对反垄断行为进行调查、监督，防范垄断协议、滥用市场支配地位引发的合规风险。

（十五）反商业贿赂。强化对企业员工及供应商、合作伙伴的管理、监督，将反商业贿赂纳入企业管理制度及合同条款，加强岗位职责、业务流程设计，综合运用调查、审计等方法，防范商业贿赂所引发的合规风险。

（十六）其他需要重点关注的领域。

第四章　合规风险识别、评估与应对

第十五条　合规风险识别

（一）合规风险识别概述

合规风险识别是对企业内部合规风险存在或者发生的可能性以及合规风险产生的原因等进行分析判断，并通过收集和整理企业所有合规风险点形成合规风险列表，以便进一步对合规风险进行监测和控制等系统性活动。

企业合规风险识别是实施合规风险防控项目的第一阶段，通过了解企业各类历史或现实行为的真实情况信息，为从整体上识别企业合规风险提供基础资料，便于发现企业的管理制度及经营行为中各个具体的作为与不作为所存在的合规风险。

企业应当将其合规义务与活动、产品、服务及运营方面联系起来，确认可能发生不合规的情况，从而识别合规风险。

企业广泛、持续收集合规风险信息，进行必要的筛选、比较、分类、组合等，有效识别合规风险。

（二）合规风险识别的对象及依据

在合规风险识别上，应将企业经营管理行为和员工履职行为作为识别对象，法律法规、监管规定、行业准则和企业章程、规章制度以及国际条约、规则等要求为识别依据。

（三）合规风险识别的方法

企业识别合规风险，需要综合运用各种方法。包括：

1. 问卷调查法、访谈调研；
2. 合规管理部门在合规日常工作中发现的需要引起足够重视的合规风险或问题；内、外部审计、纪检、监控等活动中发现的合规风险事件等；
3. 员工举报等。

企业在分析合规风险时，应考虑不合规的原因、起因及其后果的严重性，以及不合规和相关后果发生的可能性。

企业应当制定适当的流程来识别新的和变更的法律、法规和规则以及其他的合规义务，以便及时跟踪法律、法规、规范和其他合规义务的出台和变更，以确保企业持续合规。

识别风险最好制作调查清单，由于合规管理涉及领域的不同，调查清单并非只有一份，尽可能将各类合规缺陷的调查分给不同的方式完成。

（四）合规风险信息动态管理

合规风险信息应实施动态管理，包括但不限于搜集下列内容：

1. 已发生的合规风险事件；
2. 新的法律、规则和准则颁布对本行经营活动的影响及可能引起的合规风险；
3. 新产品和新业务的开发，新业务方式的拓展，新客户关系的建立，或者这种客户关系的性质发生重大变化所产生的合规风险；
4. 内部规章制度和业务流程未遵循法律、规则和准则的合规风险；
5. 内部规章制度未覆盖全部业务流程的合规风险；
6. 内部规章制度执行过程的合规风险；
7. 职能机构、分支机构和关键岗位管理制度的合规风险；
8. 内、外部审计中所发现的合规风险等信息；
9. 国内外与本企业相关的政治、法律环境；
10. 员工道德操守的遵从性；
11. 企业签订的重大协议和有关贸易合同；
12. 本企业发生重大法律纠纷案件的情况；
13. 监管部门提示的合规风险等；
14. 其他需要关注的问题。

第十六条 合规风险分析

（一）合规风险分析概述

合规风险分析是在风险识别的基础上，考虑不合规发生的原因、后果及发生可能性等因素，最后形成合规风险清单。

合规风险分析是要增进对合规风险的了解，为风险评价和应对提供支持。合规风险分析根据目的、可获得的信息数据和资源，可以有不同的详细程度，可以是定性、定量的分析，也可以是这些分析的组合。合规风险分析是在风险识别的基础上，考虑不合规发生的原因、后果及发生可能性等因素，最后形成合规风险列表清单。

（二）合规风险清单的要素

合规风险清单包括：风险描述、风险发生原因、风险发生结果、风险发生可能性等内容，应达到下列标准：

1. 风险描述：简单且准确地描述风险，风险可能在什么情况下以什么方式发生以及风险对既定目标的影响。
2. 风险发生原因：明确会导致风险发生的真正原因。
3. 风险发生结果：说明风险发生后在哪些方面，以及以怎样的方式造成影响。具体可以考虑但不限于以下因素：

（1）后果的类型，包括财产类的损失和非

财产类的损失（商誉损失、企业形象受损）等；

（2）后果的严重程度，包括财产损失金额的大小、非财产损失的影响范围、利益相关者的反应等。

4. 风险发生可能性：说明风险发生的概率大小。

第十七条 合规风险应对

（一）合规风险应对概述

合规风险应对是针对发现的风险制定预案，采取有效措施，及时应对处置。对于重大合规风险事件，应当由首席合规官牵头，合规委员会统筹领导，相关部门协同配合，最大限度化解风险、降低损失。

业务部门负责本领域的日常合规管理工作，按照合规要求完善业务管理制度和流程，主动开展合规风险识别和隐患排查，组织合规审查，及时向合规管理牵头部门通报风险事项，妥善应对合规风险事件，做好本领域合规培训和商业伙伴合规调查等工作，配合进行违规问题调查并及时整改。

监察、审计、法律、内控、风险管理、安全生产、质量环保等相关部门，在职权范围内履行合规管理职责。

（二）合规风险应对的流程

合规风险应对一般包括以下流程：

1. 识别合规相关要求：识别需要合规的要求，并将要求内容按相关责任部门进行分解。

2. 依据合规要求建立控制：相关责任部门按照合规要求条款，建立必要的制度、流程、技术控制。

3. 落实合规控制措施：相关责任部门及岗位人员，按照已经建立好的合规控制进行整改、落实。

4. 执行合规控制措施检查：运用检查手段，确认合规控制的落实情况，评估合规控制执行效果。

5. 验证合规要求符合情况：将合规要求、合规控制、合规检查结果等进行对比，展示合规状态与结果。

第十八条 合规风险处置

企业应建立健全合规风险应对机制，对识别评估的各类合规风险采取恰当的控制和处置措施。发生重大合规风险时，企业合规管理机构和其他相关部门应协同配合，依法及时采取补救措施，最大程度降低损失。必要时，应及时报告有关监管机构。

第五章 合规运行机制

合规运行机制是指合规风险预警、合规风险应对、合规审查、合规联席会议、违规问责、合规有效性评估等合规管理工作内容的相互关系和运行方式。

第十九条 合规风险预警

合规风险预警属于合规风险事前管控手段，通常依托风险管理信息系统形成对各种合规风险的计量和定量分析，实时反映风险矩阵和排序频谱、重大风险和重要业务流程的监控状态，对超过风险预警上限的合规风险实施信息报警。

合规风险预警是合规风险识别的一部分，企业通过全面梳理、收集经营管理活动中的合规风险点，建立并定期更新合规风险数据库作为支撑风险管理信息系统的基础，通过风险管理信息系统对合规风险进行监测和监控，并根据监测发现的风险进行发生可能性、影响程度、潜在后果等分析，在此基础上对具有典型性、普遍性或者可能产生严重后果的合规风险信息进行内部警示或报警。合规风险预警后，对于触发预警的合规风险，企业还应当进一步识别，并根据具体情况开展合规风险评估和合规风险应对。

第二十条 合规审查

合规审查是指由业务及职能部门或企业合

规部门在企业生产经营管理流程中依据职责要求，分别负责本部门经营管理行为的合规审查和负责规章制度、经济合同、重大决策的合规审查。

业务部门负责对其业务部门日常经营管理行为的合规审查，其审查对象包括其开展具体业务所涉及到的文件、合同、及具体经营决策等内容是否存在合规风险。

企业合规部门依据国家法律法规、规章、监管规定、行业准则、规范性文件、国际条约、规则，以及企业章程和规章制度、企业标准、自愿性承诺等要求负责对规章制度、经济合同、企业重大经营决策事项的合规审查。

业务及职能部门、企业合规部门依据职责权限完善审查标准、流程、重点等，定期对审查情况开展后评估。

第二十一条　合规联席会议

为指导协调合规管理工作，研究解决合规管理中存在的重大问题、障碍，协调议定重大事项，促使企业合规管理工作有效推进，可由合规管理人员、与联席会议议题相关的各业务部门人员、独立的第三方合规评价服务机构组成企业合规联席会议，通过定期召开会议，研究解决重点难点问题、提出解决方案建议，推动完善合规管理体系，推动企业各部门合规管理工作落实。

合规联席会议由企业合规负责人召集和主持，合规负责人不能履行召集及主持职责的，由其授权委托一名企业合规部门人员代为召集及主持。联席会议的日常工作由企业合规部门负责，合规部门应常设一名联席会议联系人，负责处理联席会议日常联系沟通工作，并承办联席会议召集人、主持人交办事项。

合规联席会议以会议纪要形式确定会议议定事项，印发企业各部门贯彻落实，联席会议议定的事项按照法律法规或公司规章制度应当履行审批程序的，应提交内部审批或外部报批流程，审批通过后印发各部门。

企业各有关部门应当贯彻落实联席会议纪要内容，并在下一期联席会议上汇报落实情况。

第二十二条　合规报告

业务部门的合规人员应当定期向企业合规部门提交阶段性合规管理汇报文件；企业合规部门应当定期向合规负责人提交阶段性合规计划和工作报告。

合规年度计划和工作报告至少应当每年度出具一次。合规年度计划应上报企业经理层批准。年度合规工作报告应上报企业董事会审议批准。合规负责人应对经审议通过的年度合规报告签署确认意见，保证报告的内容真实、准确、完整；董事会对年度合规报告内容有异议的，应当注明意见和理由。

年度合规工作报告应当包括下列内容：

1. 企业及企业各部门、各层级子公司及分支机构合规管理的基本情况；

2. 合规负责人履行职责情况；

3. 违法违规行为、合规风险隐患的发现及违规问题整改情况；

4. 合规管理有效性评估及评价结果运用情况；

5. 根据相关法律法规、行业规范或企业内部规章制度，要求在年度合规工作报告中汇报的其他内容。

第二十三条　违规举报

（一）违规举报概述

违规举报是指企业员工或相关方对企业经营管理活动中已经发生的违反合规政策、合规义务的行为或潜在可能发生的风险隐患行为进行报告的行为。企业应建立违规举报机制。违规举报机制是通过一系列综合措施建立的举报调查体系，包括职能的设立、制度的建立、工作流程的制定以及反馈、监督机制的设立等。违规举报应以指定的路径向举报管理部门报告。

（二）违规举报机制

建立违规举报机制可以预防合规风险和保障合规政策的执行，优化业务流程，发现、堵塞管理漏洞，检验合规管理体系的有效性。

举报机制的要求应至少包括以下内容：

1. 领导人的认同与承诺；
2. 有明确的部门或人员负责举报工作并给与他们相对应的权限、资源；
3. 举报系统公开、可见、可方便使用；
4. 建立保护举报人的具体措施，保护举报人免受报复；
5. 举报途径向相关人公示，并确保相关人了解、清晰并可以使用；
6. 举报调查过程公正、公平，调查过程有书面记录、可追溯；
7. 举报结果有反馈，调查的违规问题有改进、有问责、有监督。

违规举报的渠道包括当面举报、电话举报、信函举报、电子邮件举报，也可以允许举报人通过实名举报、保密举报、匿名举报的方式举报。企业应提供多种渠道接收举报人的举报制度。

企业应建立、健全完善的违规举报制度。违规举报制度可以是独立的制度、也可以在合规制度、内控制度中专章订立，企业应根据自身的组织结构和业务特点制定举报制度。

（三）举报管理部门职责

企业可根据自身的组织架构和职能分工确定给予举报管理部门的职权内容。违规举报的举报管理部门大多为企业合规管理部门或内控、纪检监察部门。

举报管理部门的职权可以包括以下内容：

1. 举报的受理、调查权：企业应给予调查部门独立的调查权，包括资料调取、相关部门工作配合等必要权限，并通过制度形式予以保障；
2. 向最高管理层的上报权：上报权保证了工作的独立性；
3. 对举报人、被举报人的评价权：评价权对于建立合规文化有积极的推动作用；
4. 对合规改进措施的建议、监督权：工作的闭环、保证工作结果的执行；
5. 其他企业需要给予举报管理部门的职权。

（四）举报的处理流程

1. 调查立项：确定符合举报范围并正式立项；
2. 开展调查：询问举报人、收集证据材料、访谈相关人员等；
3. 做出调查结论：确定被举报人是否存在违反合规义务的情况、程度、违规行为性质、发生次数、给企业造成的损失的大小，危害程度，并将调查结论和处理意见上报企业最高管理层决策；
4. 改进及监督：提出企业的管理漏洞和问题，协同合规管理部门做出改进措施的建议并传达给相关人、相关部门。同时对后续改进措施的执行情况进行监督。

第二十四条 违规调查

（一）违规调查概述

企业对于已经发生的违规事件或潜在可能发生的违规事件可以启动违规调查工作。违规调查可以由举报管理部门依职权申请调查、也可以通过举报人的合规举报启动调查。

违规调查应遵守以下原则：合法、公平、公正、独立、保守秘密。

（二）违规调查的启动评估

原则上，在正式启动调查前，均需要对是否启动调查进行前期的评估工作，主要评估要素包括：

1. 是否属于调查范围；
2. 调查的必要性判断；
3. 风险级别及类型；
4. 对组织商务活动的影响；
5. 是否需要采取证据保全措施。

（三）违规调查的工作流程

企业可以根据自身的情况制定适合的调查流程，一般的调查流程可以包括以下几个主要环节：

1. 立项通知；
2. 调查计划；
3. 事实调查；
4. 当事人沟通；
5. 出具报告。

（四）违规调查的结论与处理

违规调查的结论主要是对违规问题的总结分析，对负面的行为要定性并做出具体的处理意见。结论可分为几类：不属于违规行为，无需处理；可内部处理的违规行为，在内部进行追责问责；违法行为需要提交司法机关处理。需要注意的是，调查结论也可以对正面的合规行为进行鼓励。处理意见一般包括以下内容：

1. 违规行为的处理建议；
2. 合规管理问题的改进建议；
3. 是否需要提交监管、司法部门做进一步处理。

调查结论的发送对象应考虑必要性和保密要求。

（五）合规检查

企业纪检监察机构、审计、巡视部门、企业合规部门及企业业务部门分别在其职责范围内，围绕企业经营管理工作及合规问题整改工作进行合规检查。不同于违规调查，合规检查一般在企业年度工作计划中列明，或根据企业经营实际需要发起。合规检查是通过主动性的自查发现企业合规风险或问题，并针对风险和问题提出整改意见，最终目的是通过对整改意见的贯彻落实，健全规章制度、优化业务流程、堵塞管理漏洞，提升依法合规经营管理水平。

合规检查分为全面检查或专项检查。合规检查主体在其职责范围内定期或随时发起合规检查，就已签订合同、已制定决策、已开展的经营管理工作是否合规进行检查，并应对就检查结果出具书面检查报告。经合规检查发现风险或问题的，应当在检查报告中明确提出整改意见，相关部门及员工应当落实整改意见。经检查发现违规问题需要进入调查程序的，按违规调查流程处理。

第二十五条　违规问责

（一）违规问责概述

违规问责是指对企业高级管理人员及员工的违法、违规、违纪、违约行为进行责任追究的活动。如造成资产损失或者严重不良后果的，移交问责部门。如涉及违反刑法或其他国家层面的法律、法规，应按规定移交给司法部门或相关政府部门。

（二）违规问责部门

问责部门是指依据《公司法》、《劳动合同法》、《劳动法》、《民法典》等法律法规、公司章程、员工手册、财务管理制度、生产管理规定、公司合规清单、合规问责制度等规章制度，依据调查结果，对问责对象进行问责及实施的部门，通常问责部门为企业合规部门，实施部门为人力资源部门。

（三）违规问责的要求

问责原则须坚持实事求是、问责程序和结果合规、有错必究、问责与整改相结合等原则。

企业应当高度重视违规行为追责问责机制，制定专门的违规问责制度，明确责任范围，细化问责标准，针对问题和线索及时开展调查，将违规行为性质、发生次数、危害程度等作为考核评价、职称评定、提拔使用等工作的重要依据。

企业合规部门应跟进追责问责的执行情况，且将执行记录一并记录在档案中，最终执行完毕视为追责问责完成。

第二十六条　合规整改

合规整改是指合规检查部门与合规管理部门共享信息、共同商议违规事件发生的原因、场景及从违规事件调查中找到本质问题和共性问题，做出问题整改建议。整改建议书应有具体的整改问题、原因、整改责任主体及要求执行完成的具体时间、整改验收的方式等主要内容。

依据违规事件发生的原因，改进措施的要求不同，改进措施可以包括以下几种类型：

1. 制度的缺失或制定不完善：应要求制定制度、补充或修改制度；

2. 有制度未执行：应要求相关部门执行制度、执行留痕，且出现此类情况可能制度的执行监督体系也会出现问题，要一并整改制度监督环节；

3. 职责不清、职责混乱：此类情况适用于出现无法问责、不知向谁追责的情况，应要求相关部门、人力管理部门厘清部门职责、岗位职责；

4. 合规管理体系无效或不系统、不全面：如果多个部门、多个岗位出现问题，可能不是某一点合规管理的问题，需要统筹查看整个合规管理体系是否合理、是否完善，如必要应启动合规管理体系的重建。

合规管理部门应对整改过程进行执行监督。一般情况下，整改部门都可能会延迟或者整改不到位，合规管理部门应对整改的质量进行把控，对照整改要求和整改内容进行检查监督，如不符合整改要求应要求再次整改。

第二十七条 合规保障

企业应当为合规管理人员履行职责提供必要支持和便利条件，包括但不限于人员、培训、宣传、场所、设备、经费、薪酬等人力物力保障。

（一）合规管理队伍保障

企业应当设置合规负责人岗位，统一负责企业合规管理工作。合规负责人应当通晓相关法律法规和准则，诚实守信，熟悉企业相关业务领域，具备胜任合规负责人所需的专业知识、经验、资质，最近3年未被监管机构实施处罚或采取重大行政监管措施等。

企业可以通过内部规章制度对合规负责人设置其他任职要求和条件，但应以保证企业负责人具备履职能力、资格以及信用良好为基本要求。

企业董事、监事、高级管理人员符合企业对于合规负责人的任职要求和条件的，在其职责与合规负责人职责不发生矛盾的情况下，经企业通过有效的内部决策程序聘请，可以兼任合规负责人。

企业应当设置专门的合规管理部门，该部门对合规负责人负责及报告工作，按照企业内部规章制度及合规负责人的安排履行合规管理职责。合规管理部门及其人员不得承担与合规管理冲突的其他职责。

企业应当为合规管理部门配备足够的、具备与履行合规管理职责相适应的专业知识和技能的合规管理人员。

企业各业务部门应指定合规管理人员，负责业务部门内部合规审查等工作，并负责与合规管理部门的日常联络、报告工作。

合规负责人认为必要时，可以企业名义聘请外部专业机构或人员协助其工作，费用由企业承担。

（二）合规业务培训及文化建设保障

企业应当加强合规管理队伍建设，为合规管理人员提供业务培训，提升专业能力水平。企业应当重视企业整体合规培训及宣传教育，确保合规管理人员以外的其他员工能够充分理解合规管理的重要性及工作要求，使员工具备风险防范意识，积极配合合规管理工作。

企业应把合规经营管理情况纳入企业各部门及部门负责人的年度考核内容，细化评价标准。对员工合规管理职责情况进行评价，并将结果作为员工考核等工作的重要依据。

企业应当加强合规宣传教育，及时发布合

规手册，组织签订合规承诺，强化全员守法诚信、合规经营意识。

（三）合规管理人员薪酬待遇保障

企业应当建立合理的合规管理人员薪酬制度，在工作称职的情况下，合规管理人员薪酬待遇不得处于企业同级别岗位薪酬待遇平均水平。

（四）合规管理工作条件和工作环境保障

企业应当保障合规负责人、合规管理部门及业务部门内合规管理人员充分履行职责的必要条件，保障其履职所需的知情权及调查权。企业召开董事会会议、经营决策等重要会议以及合规负责人要求参加或者列席的会议的，应当提前通知合规负责人。合规负责人有权根据履职需要参加或列席有关会议，查阅、复制有关文件、资料。合规负责人根据履行职责需要，有权要求业务部门人员对相关事项进行说明，向为公司提供审计、法律等服务的机构了解情况。

企业应当保障合规管理人员工作具有独立性。企业股东、董事、监事、高级管理人员不得违反规定职责及程序，直接向合规负责人或合规管理部门下达指令或干涉其工作。企业董事、监事、高级管理人员及各业务部门应当支持和配合合规管理人员工作，不得以任何理由限制、阻挠合规管理人员履行职责。

合规管理部门由合规负责人考核。业务部门内合规管理人员的考核方式应当由合规负责人参与，不得采取仅由业务部门评价、以业务部门经营业绩为依据等不利于合规管理独立性的考核方式。

（五）合规管理信息化建设保障

使用信息技术已成为企业合规体系有效运行的重要保障与支持。在合规管理中，可运用信息技术记录和保存企业相关信息，将合规制度、典型案例、合规培训、违规行为记录等纳入信息系统，运用大数据等技术工具，开展实时在线监控和合规风险分析，实现信息集成与共享；可利用信息化手段开展合规培训，尤其是对业务繁杂、分支机构多的企业，利用合规在线培训系统能够实现培训内容统一、培训情况可跟踪、培训效果可评价、培训人员可记录目标。

企业应当强化合规管理信息化建设，通过信息化手段优化管理流程，记录和保存相关信息。运用大数据工具，加强对经营管理行为依法合规情况的实时在线监控和风险分析，实现信息集成与共享。

企业可寻找合适的信息技术合作商并建立长期的合作关系，共同进行研究，为企业合规法律服务产品增添信息化模块。实力特别强、合规业务规模特别大的企业合规管理团队可以考虑引进专业信息技术人才。

在开展企业合规项目时，对相关合规计划和举措，企业应有意识地研究能否通过信息化手段实现。对能够实现的，应将其纳入企业合规建设方案中。

第六章 合规体系评价

第二十八条 合规绩效考核

企业将合规管理情况作为法治建设重要内容，纳入对机构、部门和干部、员工的年度综合考核，细化评价指标。强化考核结果运用，将合规职责履行情况作为员工考核、干部任用、评优评先等工作的重要依据。

合规绩效考核的对象为合规制度适用的机构、部门和干部、员工。

合规绩效考核以企业合规制度为依据，对机构、部门和干部、员工开展合规各项控制措施和相关管理规定的行为，按照考核标准，实行评价和管理。

合规绩效考核纳入企业薪酬管理体系，遵

循公平、公正、公开的原则，以客观指标和明确的分值来评价员工履行岗位职能的合规情况。

合规绩效考核依据外部监管要求和内部制度，通常以企业《合规手册》为直接依据，《合规手册》内容应完备齐全。

第二十九条　合规管理有效性评估

"合规管理有效性评估"是指企业根据监管要求或参照相关标准、依据，对合规管理活动及其所发挥的实际效用进行评估的行为。

（一）合规管理有效性评估概述

企业合规管理评估通常既包括有效性评估，还包括完整性评估。前者是为进一步指导企业完善合规体系设计，并注重对合规体系的有效实施与有效运行进行评估，适合于已建立合规管理体系的企业参考；后者则旨在指导企业建立合规体系，扩展合规管理职能及完善合规要素和合规内容。

企业应当定期开展合规管理体系有效性评估，针对重点业务合规管理情况适时开展专项评估，强化评估结果运用。

大多数中央企业从合规管理职责、合规管理重点、合规管理运行、合规管理保障四个方面进行合规管理体系建设。同样，在开展合规管理有效性评估时，也是参照此结构进行评估。

在评估指标体系中，具体指标并不固定，需根据企业实际情况和项目需求量身定制，在实践中倾向于使用具有较强弹性的评估指标，充分考虑评估的阶段性特征的同时，也要兼顾评估深度和调查实操性、评估重点和全面性的平衡。

大型企业开展合规管理有效性评估工作时，需要遵循全面性原则。合规管理有效性评估应当覆盖企业经营管理活动的全过程，评估指标应当系统、全面。总集团和下属企业之间的利益往来、合规管理体系的统筹安排都是评估工作的重点。

对跨国经营型企业在开展合规管理有效性评估工作时，需要注意中外合规管理要求的差异。对于跨国经营型的企业来说，不能只关注本土合规管理的有效性，对于有业务合作或进出口往来的国外地区的法律制度也要严格遵守。

（二）合规管理有效性评估的流程

合规管理有效性评估应定期开展。其一般流程为：

1. 作出评估决定。

2. 成立评估项目工作组。企业需要成立合规管理评估工作组。企业可以聘请第三方机构或者由企业各部门抽调相关人员组成联合评估工作组，并且明确负责人，开展合规管理有效性的评估工作。应当确保评估小组具备独立开展合规管理有效性评估的权力，并确保评估小组成员具备相应的履职能力。评估小组的权力应来自于企业最高管理层的授予，要切实保障评估小组可独立顺畅地开展评估工作，全企业人员应尽全力予以支持配合。

3. 文档收集和审查。评估小组需要获取和审阅合规管理体系设计、执行的相关文档，包括合规管理政策和程序、内部审计报告、与企业的合规运营及经营活动相关的各类文件。

4. 现场检查与评价。评估小组可通过调查问卷、调阅资料、实地查看、个人访谈等手段来深入挖掘信息、查找存在的问题，把各种途径渠道了解到的信息进行交叉印证，对企业合规管理制度的完备性、体系的完整性、机制设置的适当性和运行的有效性以及合规文化的环境氛围做出全面的评价。

5. 评估信息的分析。评估小组可以通过分析所收集的重要信息，对企业合规管理体系的状况进行详细评估，利用表格、矩阵如实地反映企业当前的合规管理体系运转及执行状态，同时对应目前行业领先的企业合规管理所采用的指标框架，将合规管理体系内各个重要元素分别进行对标。

6. 完成评估报告。最终评估结果应当以书面报告的形式展现，应当包括评估结果和意见、阐述企业合规管理工作涉及按重要性排序的风险及事项，并提供下一步潜在工作的具体意见。

7. 提出改进方案。

（三）合规管理有效性评估的具体评价指标

指标1：合规管理体系建设是否横向覆盖集团所有管理职能、经营管理业务和经营区域，是否纵向贯通集团内所有企业？

指标2：治理层、管理层、执行层是否明确合规管理责任机构及其管理职责，职责分工是否明确、各司其职，相关人员配备是否适当？

指标3：是否制定了规范本企业规章制度建设工作的制度性文件和规章制度更新的标准化流程？是否明确规章制度建设的统筹部门？规章制度是否已覆盖全部业务领域和管理职责，且内容合法，符合企业实际？规章制度能否根据外部法律监管环境的变化以及企业管理的实际需要及时调整更新？是否建立了合规管理基本制度及其配套规定和重点领域的专项规定？规章制度是否已有效宣传贯彻？

指标4：是否已对合规风险进行有效的识别和评估，并及时调整更新？是否已根据合规风险级别合理配置资源，采取有效措施防控重大合规风险？是否已通过内部检查、审计等方式检验合规风险防控措施的有效性？是否已建立有效的合规风险预警机制？

指标5：是否已持续开展合规宣传，使企业内部形成合法合规经营的企业文化？是否对员工持续进行合规培训？是否已建立有效的合规风险报告机制？是否有专业系统和数字化手段保障合规管理要求落实？是否已将合规指标纳入企业及员工的绩效考核？是否已建立违规追责机制？

第三十条　合规管理体系改进

合规管理体系改进，是合规管理循环以及风险管理过程的必备步骤。唯有改进，才能完成一个合规管理循环。合规改进的步骤，包括两部分：一是对不合规的纠正。二是改进和完善已有的合规措施。

纠正和改进对企业来说是合规管理的重要组成部分。纠正和改进可以将某些负面事物转化成对风险识别，流程优化，风险管控有利有益的信息和机会，为合规管理中的预防和监督部分提供有价值的内容，为合规培训提供活生生的案例，并帮助提升企业的合规和道德文化。

企业根据合规审计和体系评价情况，进入合规风险再识别和合规制度再制定的持续改进阶段，保障合规管理体系全环节的稳健运行。

企业应积极配合监管机构的监督检查，并根据监管要求及时改进合规管理体系，提高合规管理水平。

为保证合规风险闭环管理，企业应明确合规管理改进政策，定期评估合规管理体系的有效性，并将测试监控的成果纳入改进工作。

企业应根据内外部环境变化，持续调整和改进合规管理体系。

第七章　合规文化建设

合规文化是指与合规组织机构、制度、运行机制、评价与追责等相互作用，有利于规范合规行为的价值观、道德、信念和行为。

第三十一条　合规理念

（一）合规理念培育

企业应由决策层、管理层确立合规目标和价值观，通过入职教育、合规手册、合规承诺、合规培训、企业网站、宣传手册等各种方式使全员建立合规理念，并将合规理念与制度、岗位相结合，促使企业形成依法办事、按规经营的合规文化。

（二）合规理念实施

企业应引导全体员工自觉践行合规理念，同时向企业的供应商、分包商、客户、代理人等利益相关主体宣传企业的合规理念，以认同本企业合规理念作为交易前提，将合规理念转化为交易条款（如廉洁条款、安全生产条款），促使企业与利益相关方形成共同守法合规的合规文化。

第三十二条　合规培训

（一）合规培训目的

企业应以形成良性企业文化为目的，以全体员工（含管理层）及商业合作伙伴等利益相关方为对象开展企业培训，通过培训传递合规理念、政策和承诺以及对于员工、商业合作伙伴的要求，促进形成企业文化，减少企业合规风险。

（二）合规培训内容

合规培训应充分考虑企业的运营环境、商业模式、组织结构、生产经营目标、合规风险现状、员工的合规能力水平等因素基础上确定培训内容：

1. 全员合规培训

全员合规培训侧重于：

（1）普及企业基础的合规理念、合规政策和要求；

（2）组织内部现有的合规制度、管理流程等与业务活动紧密相关的合规要素；

（3）岗位职责、合规清单和员工行为准则等内容。

确保员工理解、遵循企业的合规目标和要求，为员工行为划定规范和边界，使得员工特别是重要风险岗位人员熟悉并严格遵守业务涉及的各项规定。

2. 管理层培训

（1）引导管理层重视合规，把合规文化建设纳入企业战略层面；

（2）侧重于合规与企业治理关系，企业合规管理体系的构架和建设；

（3）管理层的合规责任。

将合规管理纳入企业党组织法治专题学习，促进管理人员切实提高合规意识，带头依法依规开展经营活动，认真履行承担的合规管理责任。

3. 合规专项培训

（1）针对特定业务部门或者新入职员工等相关人群的专项培训（如重点领域合规指南、操作手册）

（2）针对高风险岗位（如采购、营销、财务、人事）的专项培训

（3）针对行业或企业内部发生的风险事件的复盘和整改专项培训

4. 针对相关第三方的合规培训

针对企业的供货商、经销商、代理商和商业合作伙伴，将企业对利益相关第三方的行为合规要求明确传达，如反腐败、安全合规等要求。

（三）合规培训形式

企业应建立多层次、立体式、常态化、制度化的合规培训机制，丰富合规培训的形式和方式。例如面授培训和线上培训。

1. 面授培训，一般为定制化培训，有利于吸引受训对象思考，方便参与互动。

2. 线上培训，可以通过漫画、动画、游戏、电影、案例等多种方式高频次输出，不受时间和空间限制。

（四）合规培训时间

企业应结合实际情况建立常态化的合规培训机制，制定并实施定期培训、专项培训计划。企业开展培训时应保留完整的培训记录，使企业面临监管执法检查、司法诉讼时具备相关证据。

1. 企业明确定期培训的频次要求，持续性进行合规文化输出。

2. 企业应在发生以下情况时开展特定的专项培训：

（1）在企业外部的法律法规及政策、市场环境变化等对合规风险造成重大影响时开展专项培训；

（2）在企业的内部战略、政策方针、经营模式、主营业务等发生变化致使合规义务变化时点开展专项培训；

（3）在员工职务、职责发生重大变化时，需要针对新的职务、职能进行针对性培训。

（五）合规培训结果反馈

在合规培训结束后，通过问卷调查、合规知识考核、合规数据分析等方式进行培训效果评估，对现有的培训计划、培训内容和培训重点进行调整，持续保持合规培训的有效性。

第八章 企业合规管理法律实务

律师可以通过研判企业的商业行为，在掌握国家有关法律法规、规章、监管规定、行业准则、规范性文件、国际条约、规则、商业惯例和道德规范，企业依法制定的章程及规章制度、企业标准、自愿性承诺等的基础上，出于帮助企业有效防控合规风险的目的，协助企业进行合规管理和合规体系建设，为企业提供咨询、代理等专项法律服务和顾问服务。

律师从事的企业合规管理法律服务类型，包括但不限于合规体系建设、合规专项咨询、合规监管调查、常年合规顾问以及刑事合规。

第三十三条 合规体系建设

（一）定义

合规体系建设：指结合企业的实际情况在企业内部建立起一套以有效防控合规风险为目的，以企业和员工经营管理行为为对象，开展包括制度制定、风险识别评估和预警、合规审查、风险应对、责任追究、考核评价、合规培训、合规文本库的形成和完善等有组织、有计划的体系。

（二）合规体系建设业务的开展

1. 律师开展合规体系建设法律服务时，应与企业签订专项法律服务合同，明确服务内容和服务范围。合规体系建设的服务内容多，业务复杂，通常期限较长，建议法律服务合同签订期限至少为6个月。

2. 律师提供合规体系建设的法律服务内容包括但不限于：开展合规尽职调查工作、梳理合规规则、拟定《合规风险报告》、拟定《合规管理体系建设方案》、建立合规管理体系构架、合规运行流程、合规义务收集与风险评估、体系文件策划与编制辅导、合规培训、合规体系的运行和测试、档案管理、成果验收等。

其中尽职调查工作、拟定《合规风险报告》等属于合规体检的内容。

3. 开展尽职调查工作：与企业的法务部门（或者合规业务部门）对接，可通过发放调查问卷、研究企业提供的资料、公开途径检索调研，必要时与主要业务部门进行访谈、实地走访的方式，了解以下内容：企业的沿革、治理结构、管理架构、业务、业务的主要利益相关者、劳动用工、财务税收、合规管理现状（现有制度流程的梳理、自愿性承诺、协助义务的收集和整理）、各部门的合规意识等。与企业特点有关的重点领域合规分析（治理机构、市场交易、合同管理、投资管理、债务管理、资本运作、安全环保、产品质量、工程建设、劳动用工、财务税收、知识产权、信息安全、数据管理、商业伙伴、社会捐赠与赞助、出口管制等）。

尽职调查的目的在于了解企业的基本情况、风险管理情况、合规意识情况、对于建设合规管理体系的有利和不利之处。

4. 梳理合规规则：根据企业的特点和类型，总结企业涉及的合规要素，梳理与企业行业、业务、所涉国家的相关的法律法规、监管规定、行业准则以及国际条约、规则等。

5. 拟定《合规风险报告》：根据尽职调查的发现，对标现行《合规管理体系指南》及《中央企业合规管理指引（试行）》、《中央企业合规管理办法》等政策法规标准，帮助企业了解目前的合规管理水平，全面掌握企业的合规管理工作现状，发现与标准准则的差距，总结合规风险，确定风险管理的优先层级，拟定《合规风险报告》。

6. 拟定合规体系建设方案：根据企业合规管理需求，制定符合《合规管理体系指南》、法律规定、企业治理结构实际要求的合规管理体系建设方案，并在获得企业认可后协助企业实施。建设方案应当包括明确合规制度的牵头部门，比如由合规委员会或企业法治建设领导机构等法律事务机构为合规管理牵头部门，完善企业治理结构的建议，董事会、经理层、合规委员会、业务及职能部门、合规管理部门的合规职责，合规管理架构的搭建、合规负责人的确定、合规岗位的设置、合规岗位的合规职责、合规管理制度建设、具体合规规范建设、合规运行机制、评价体系的设计、合规文化建设的建议等。

7. 建立合规管理体系构架、运行流程：协助企业依照《合规管理体系指南》搭建合规管理体系及制定合规管理方针，体系应覆盖企业各业务领域、部门，贯穿全业务流程。通过业务过程梳理和组织结构的优化，明确合规管理责任制并梳理各业务流程环节的合规管理要求、合规绩效和职责。同时补充完善合规管理流程框架，包括合规风险识别评估预警和防范流程、违规行为调查流程、问责流程、监督流程、投诉与举报流程等。

8. 合规义务收集与风险评估：协助企业梳理各环节适用法律法规、标准及其他合规要求，并编制《重要合规义务清单》、《风险清单》及合规性检查清单。建立合规义务识别机制，全面系统地梳理经营管理活动中存在的合规风险，指导业务部门进行识别评估，并制定风险管控措施。包括反舞弊、反商业腐败、反垄断、反不正当竞争、生态环保、财务税收合规、知识产权、安全生产、数据安全、职业健康、劳动用工

等方面。识别企业全生命周期的合规风险，并指导建立典型合规风险分析与控制措施策划、合规管理具体制度或专项指南、合规风险应对预案。

企业风险评估需要考虑企业经营管理活动涉及的行业监管动态、将出台和实施的新政策等。需要对风险发生的可能性、影响程度、危害性、潜在后果等进行系统分析，综合考量定性分析（如是否构成刑事案件）、定量分析（单次金额、占比、是否构成重大损失或严重不良后果）、发生频次（偶发或常发）等，对典型性、普遍性或者可能产生严重后果的风险及时预警。

9. 体系文件策划与编制辅导：策划合规管理体系文件架构，辅导企业梳理各环节合规管理的相关要素及其过程文件，并将其转化编制成企业管理文件，包括合规手册、合规风险库、合规义务清单、合规管理方针、合规运行制度、保障制度等管理制度、管理规范等。

作为企业经营管理的参考，律师可以协助企业建立合规文本库，内容可以包括：（1）相关法律法规库（定期更新）；（2）企业分级分类的合规制度和流程库；（3）合规风险清单和应对预案库；（4）合规风险数据库（定期更新）；（5）合规管理体系有效性评价和评价结果运用库；（6）合同文本库（可按照不同行业和领域进行细分）。

为了更好适应企业现代化的发展，律师可以协助企业就上述文本库进行信息化，形成更容易使用的现代化管理工作。

10. 合规培训：组织企业对不同层级、不同业务部门的人员开展合规初始培训，向员工下发合规手册，让员工签署合规承诺函等，导入合规理念。合规培训为企业合规文化建设的重要组成部分。

11. 合规管理体系的运行和测试：按照企业合规管理体系建设方案，协助企业合规管理部门成立和运作、合规管理文件颁布和实施，并

形成运行《测试报告》。组织并检查企业总体层面、各部门、各业务流程内部控制的体系运行工作；协助企业定期对合规管理体系的有效性进行分析，对重大或反复出现的合规风险和违规问题，深入查找根源，完善相关制度，优化业务流程，堵塞管理漏洞，强化过程管控。

12. 档案管理：根据《合规管理体系指南》的要求，从应对监管部门调查的角度，协助企业完善归档流程、应存档文件清单、重要存档文件模板。

13. 成果验收：提请企业合规管理部门对合规管理体系建设的情况进行验收。

第三十四条　合规专项咨询

（一）定义

合规专项咨询服务，系指律师依据国家法律法规、规章、监管规定、行业准则、规范性文件、国际条约、规则、商业惯例和道德规范、企业的章程、制度文件、企业标准、自愿性承诺等合规依据，就企业提出的针对企业的商业模式、特定业务、特定项目、特定事项，提供合规咨询法律服务，根据企业要求出具法律备忘录、法律意见或法律意见书等。商业模式，如社交电商；特定业务，如对美国的出口业务，涉及到出口管制的合规审查；特定项目，如某个对外投资项目，涉及到被投资地的合规要求；特定事项，如劳动人事部门关于与员工解除劳动合同是否合法合规、企业数据安全合规体系的建设、企业业务中的反舞弊风险排查的合规服务、对企业进行合规体检、协助企业建立合规运行机制、协助企业建立合规体系评价机制、协助企业进行合规文化建设等合规体系建设之专门环节的法律咨询等。

（二）合规专项咨询的开展

1. 律师开展合规专项咨询服务，应与企业签署专项法律顾问合同。

2. 律师开展专项合规咨询服务的业务流程包括：了解委托事项的背景情况，掌握涉及委托事项的法律法规、监管规定、行业准则、规范性文件、国际条约、准则，商业惯例和道德规范以及企业章程、规章制度、企业标准、自愿性承诺，根据该等合规规定及要求对企业之委托咨询出具法律意见。

就数据安全合规的专项合规咨询，数据安全合规是企业合规的重要组成部分，律师应根据《民法典》《数据安全法》《网络安全法》《个人信息保护法》《网络安全审查办法》《电子商务法》《消费者权益保护法》《征信业管理条例》《电信和互联网用户个人信息保护规定》《全国人民代表大会常务委员会关于加强网络信息保护的决定》《数据出境安全评估办法》等；还有其他规范性文件和国家标准，例如《APP违法违规收集使用个人信息自评估指南》《网络安全等级保护基本要求》《大数据安全管理指南》等相关规定，围绕数据处理、流转的合法合规问题，结合企业内部制度文件，就企业数据安全管理体系是否完整、可否有效识别、防范风险及应对风险，以及企业拟开展业务的业务模式、操作流程以及业务过程中的合作对象、数据主体的类别等出具合规法律意见。

就企业关于反舞弊风险排查的专项合规咨询，律师可开展尽职调查业务，向企业了解全面的业务背景、业务流程，查阅业务文件，深入走访了解企业架构、业务模式、财务制度、审批流程、岗位职责、重点人员等情况，拟定访谈方案、起草访谈清单，对相关人员进行访谈，起草尽职调查报告，进而根据《民法典》《刑法》的相关规定，对企业员工是否存在舞弊行为以及处理意见、整改建议等出具合规意见。

就企业关于关联企业合规治理的专项咨询，律师应先开展尽职调查工作，全面了解关联企业的关联关系、财务管理制度、组织架构、决策机制、人员任免、人员薪资发放、奖金发放等制度文件，自关联企业独立性、决策的有效性以及执行的可操作性等角度出具合规审查意见。

就企业关于股权并购的专项合规咨询，律师应了解标的股权的性质，标的股权转让的原因，标的企业的性质，出让方与受让方的性质，股权转让价格及定价原因等背景情况，如股权并购不涉及国有资产，则律师应结合《公司法》、企业登记管理条例、企业章程、内部制度等规定，就股权转让的内部授权手续是否完备、交易是否公允性等交易是否符合交易主体的内部规定、企业章程、企业登记相关规定、税务是否合规等给出合规意见；如涉及国有资产的，还需根据国有资产转让相关规定，结合标的股权是否进行挂牌，是否经过评估，是否经过章程、内部制度规定的决策流程等，就标的股权的转让是否符合公司法、企业国有资产法、监管规定、企业章程、内部控制制度、税务规定等给出合规意见；如涉及上市企业的，还需根据上市企业监管规定，对是否履行信息披露义务等给出合规意见。

就企业关于海外业务的专项合规咨询，律师应协助企业健全海外经营合规制度，根据跨境贸易、对外投资、承包工程等不同业务特点加强风险风控，尊重东道国国家或地区的法律法规、交易规则、国际规则、国际组织规则、监管规定，落实市场准入、安全审查、外汇管理、劳动保护、反洗钱、反贿赂等方面合规要求，就海外业务合规问题出具提示指引或制作合规清单，同时注重保护环境和履行社会责任，防范经济制裁、出口管制、技术封锁等方面法律经营风险，以切实维护企业在海外合法安全，维护国家主权、安全和发展利益。

就企业关于新开拓业务的合规专项咨询，在无明确法律规定和监管规定的情况下，律师应依据近似业务领域的法律法规、交易规则、国际规则、监管规定，同时对新业务之本质进行剖析，结合现有法律法规，对该业务的合规性进行分析，并就此向企业出具法律意见，帮助企业把控风险。

第三十五条　合规监管调查

（一）定义

合规监管调查：系指企业或者企业人员出现或涉嫌违规行为，已经或者可能受到境内外行政机关、司法部门、国际组织的监管时，企业委托律师开展的应对法律服务，以达到平稳处理，控制风险的目的。

（二）合规监管调查业务的开展

1. 律师开展合规监管调查服务时，需与企业签订专项法律顾问合同，明确服务内容和服务范围。

2. 开展尽职调查工作：调查的内容包括违规行为是否存在、违规行为所涉及的具体事实经过、违规行为人的任职情况和个人其他情况、企业的管理规定、与违规行为有关的业务流程等。

3. 梳理合规规则：梳理与违规行为有关的法律法规、地方性规定、政策文件、监管规定等合规规则。

4. 出具《合规调查报告》：内容包括详细的违规行为事实发生经过、有关合规规则、对违规行为性质的分析、违规行为的处理建议。

如企业或企业人员不存在违规行为的，则协助企业或企业人员出具法律意见或陈述意见，就相关行为发生的背景、经过、有关合规规则和法律规定，对相关行为的性质进行分析，出具法律意见。

5. 区分违规行为的不同情况，以及企业对违规行为处理的相关意见，协助企业对实施违规行为的责任人予以劳动纪律处理、民事诉讼追究或者刑事报案。

需要注意的是，与合规管理体系建设法律服务不同，律师开展合规调查法律服务时，应当承担严格的保密责任，同时注意避免利益冲突。

律师在从事合规监管应对法律服务时，除以上工作流程外，还应当协助企业对外发布与合规监管有关的信息。包括违规/不违规事实、受到合规监管的情况、企业的态度、违规事实的处理情况等。

第三十六条 常年合规顾问

（一）定义

律师为企业提供合规顾问服务，既可以上述专项法律顾问的方式进行，也可与企业签署常年合规法律顾问合同，以常年法律顾问的形式开展。

（二）常年合规顾问的业务领域包括：

1. 对与日常法律事务相关的法律、法规、政策提供解答和咨询，并进行必要法律、法规、政策和相关司法解释的收集整理，应企业要求及时向企业提供。

2. 对企业提供的与企业日常经营有关的法律合规问题，根据中国法律、法规、政策及律师实践提供专业法律合规咨询意见或建议；

3. 应企业要求，审阅、审查、修改和草拟与日常法律事务相关的法律文件，及与各商业合作伙伴的各种协议、合同、章程、契约等各类法律文件；

4. 企业其他关联方如有重大事项，应企业要求为企业提供法律合规方面的解答和咨询；

5. 应企业之要求，就企业已经、面临或者可能发生的纠纷，进行法律分析，提出解决方案，出具律师函，发表律师意见，或者参与非诉讼谈判、协调、调解；

6. 为企业提供合规培训法律服务；

7. 协助企业处理与员工的劳动关系；

8. 应企业要求协助或代理企业参加有关涉及法律及商贸事务的谈判、签约；

9. 其他企业委托的常年法律事务。

（三）常年合规顾问业务的开展

1. 律师开展常年合规顾问法律服务，应与企业签署常年法律顾问合同，在服务期限内，为企业日常业务开展、企业运营等提供全面的法律合规服务。

2. 律师为企业提供法律服务时，应完整、准确了解企业的法律服务需求，而后在企业要求的时限内，依据相关法律、行政法规、监管规则、政策要求、行业准则、商业管理、道德规范及企业的章程、内部制度等规定，为企业提供高效、优质、具有针对性的法律服务。

就企业治理合规的日常合规咨询，要区分企业行为和个人行为，完善企业相关制度，避免出现个人行为和企业行为混同，主要以岗位职责分工、建立审批流程等方式完成。

就业务类合同审核法律服务，律师应关注合同签署主体是否具备签署合同的主体资格、是否具备履行合同的能力或资质、相关业务的开展流程、各方权利义务、责任的承担是否符合相关法律、法规的规定，关于管辖约定是否存在法律风险等，向企业就合同存在的合规问题、法律风险等进行提示。

就劳动人事方面的法律咨询、合同审核，律师应根据《劳动合同法》《劳动法》及相关司法解释、部门规章的规定，重点关注招聘与入职管理、试用期管理、劳动合同管理、薪酬管理、福利管理与工伤管理、培训服务竞业限制保密期等方面的合规。注意除了劳动合同文本的严格审查之外，还需要对劳动合同的签署流程、条款设计，相关法律制度识别，以及强制性法律规定等进行提醒，并根据实际情况制定、设立和完善企业有关的劳动规章制度，特别注意保证制度的合法性，保证制度必须符合实体法的规定，并遵循相应的程序，如涉及劳关系解除的，应注意劳动合同解除前的程序问题，避免出现违法解除劳动合同的情形。

就企业需要的合规培训法律服务，律师应针对企业的需要和实际情况，对企业及其相关人员进行日常合规知识和技能的培训。

3. 律师开展合规法律培训的流程为：

（1）律师应与企业沟通开展合规培训的主题；（2）律师应根据培训主体，提前制作合规培训课件和讲稿，并发送给企业；（3）律师进行现场合规培训，记录并回答听众的提问；（4）在培训结束后，可以发放问卷调查，了解培训效果；也可以根据企业要求，设置考卷。

4. 律师开展常年法律顾问项目，可定期（按季度或年度）向企业提交法律服务报告，就服务过程中了解到的合规问题、法律风险进行总结，并就该等合规问题、法律风险给出法律建议、意见。

第三十七条　刑事合规

刑事合规实际上是一种刑事犯罪风险企业内部防控机制。企业通过刑事合规，以刑事法律法规的标准来识别、评估企业在经营管理活动中可能发生的刑事法律风险，增强企业刑事犯罪风险预防及控制能力，同时也有利于刑事法律预防犯罪功能的实现。

（一）制定企业刑事合规计划

实践中，大部分规模较小的企业并未设立独立的法务或合规部门，在实际的业务操作中尚存在种种不规范行为。帮助企业量身打造一套有效的刑事合规计划，是律师可以提供的重要合规业务，属于律师事务所协助企业开展有效的企业治理的工作。

首先，根据企业的具体情况，律师事务所为其量身打造刑事合规计划，用以规避可能发生的刑事法律风险；

其次，在刑事合规计划的履行上，律师事务所可以通过企业日常经营对刑事合规计划的执行情况提出法律意见，并因地因时制宜地对企业的整体合规计划进行调整；

再次，当企业面对行政处罚或刑事起诉的危险时，律师事务所通过独立的合规调查，协助企业改进并履行合规计划，进行合规整改；

最后，律师事务所在危险解除后对企业合规经营制定方略，加强企业识别风险、堵塞漏洞、避免违法违规行为再次发生的能力。

（二）刑事合规调查服务

在企业刑事合规中，律师或律师事务所进行的刑事风险合规性调查，是指作为外部调查人对企业存在的刑事合规风险进行的调查活动。这种独立调查目的在于查明企业违规发生刑事法律风险的环节和漏洞、企业刑事合规的风险所在和应对效果等基本事实。

律师事务所作为独立的第三方专业服务机构，其进行的刑事合规性调查具有两方面的优势，一方面，律师能更准确地在企业中主导刑事合规相关调查活动，因受律师执业规范的制约，律师对在调查中悉知的与案涉事实无关的信息和商业秘密可以进行很好的保护。另一方面，由律师事务所进行刑事合规调查，可以通过专业的调查程序得到更为独立、准确的法律意见；同样是因为受到律师执业规范的制约，这样的调查结果更加客观公正，可信度也更高。

刑事合规调查通常分为刑事合规常规尽职调查和刑事合规内部调查。前者是在企业投资、并购及发展新的业务伙伴时，为避免业务及法律风险而进行的专业法律调查。后者则是企业内部的日常刑事合规调查或是企业在面临监管调查甚至刑事调查的情况下，由律师以独立身份进行专业的内部调查活动，以查明违规行为、确定责任人员、识别合规漏洞，为切割企业和员工个人责任做好应对的准备。

（三）执法调查的应对

在我国，企业的违法违规行为通常会面临两类调查，一是政府行政监管部门的调查，如市场监管、税务、金融监管等；二是刑事调查，由公安机关针对已经立案的单位犯罪行为进行调查取证活动。律师可以在前期完成企业内部刑事合规调查的基础上全程参与调查、协商、听证、讨论以及沟通等活动，运用专业的法律知识最大限度地为企业及时"止损"，降低各级各类风险。

律师的传统业务在企业刑事合规中对于应对行政监管和刑事调查能发挥重要的作用，主要体现在：企业接受政府监管部门调查或者受到刑事起诉时，律师事务所可以为被行政监管的企业提供代理服务，及时在企业内组织行政合规整改，并与行政机关交涉，避免行政机关将案件转入刑事司法程序。对于已经被移送进入刑事司法程序的企业，律师事务所可以为其提供辩护或准辩护服务，使其最大限度地通过建立、完善和执行刑事合规计划，来获得不起诉、暂缓起诉、减免刑罚的机会。

（四）刑事合规业务具体操作模式简述

一是把握好供给与需求的关系。传统意义上律师服务企业的模式基本上就是担任常年法律顾问、办理诉讼和非诉案件、提供专项法律服务。过去几年间，在司法部和工商联等部门的安排下，律师先后两次大规模开展对民营企业免费法治体检活动，但效果都不是很理想，存在律师对企业法律风险排查不深入、提出法律意见流于形式，企业对律师体检不欢迎、意见建议不采纳等问题。开展刑事合规业务首先就要求律师对企业有深入的了解，找准企业迫切解决的涉刑风险关键点，一企一策，提出有高度针对性的意见方案，做到"真合身""真管用"，使企业能切实感受到刑事合规工作带来的好处，做到律师有利益，企业有需求。

二是把握好刑事合规与涉案企业整体合规的关系。目前开展的刑事合规改革试点主要是针对涉案企业，目的是检察机关通过督促涉案企业作出合规承诺、落实合规整改，对企业涉案人员做出依法不捕、不诉或者提出轻缓量刑建议。开展涉案企业合规改革试点只是企业合规工作的第一步，是一个激励措施，其目的是通过对涉案企业不予处罚或减轻处罚，给其他企业做出示范，引导企业强化合规意识，鼓励企业开展合规建设、完善企业合规机制，从事后合规走向事前合规。

三是要把握好运动员与裁判员的关系。外部律师在企业刑事合规业务中既扮演着裁判员的角色，也扮演着运动员的角色，因此要做好事前、事中、事后的各项工作。具体来说：在事前，担任企业的刑事合规法律顾问，指导企业建立一整套的刑事合规体系，从而预防各类法律风险；在事中，担任三方组织成员，履行监管人职责，配合监督好企业的合规建设；在事后，参与检察机关的合规不起诉工作，充当检察机关和企业之间的媒介。最高检《关于建立涉案企业合规第三方监督评估机制的指导意见（试行）》规定：第三方组织组成人员系律师、注册会计师、税务师（注册税务师）等中介组织人员的，在履行第三方监督评估职责期间不得违反规定接受可能有利益关系的业务；在履行第三方监督评估职责结束后一年以内，上述人员及其所在中介组织不得接受涉案企业、个人或者其他有利益关系的单位、人员的业务。因此，律师甚至律师事务所在从事合规业务时，要长远考虑，统筹安排，处理好裁判员与运动员之间的关系，在发挥好职能的同时实现利益最大化，防止出现相互冲突影响业务的情况。

四是要把握好个人与团队的关系。企业刑事合规涉及的业务范围非常广泛，除了法律业务，还涉及企业管理、财会审计、自然科学等相关领域，需要具有更广阔的视野、综合的知识面和业务能力，这对传统的刑事律师的知识结构提出了新的挑战，不仅需要我们具有专业的刑事法律知识，还需要有风险管理、内部控制、企业治理等方面的专业知识。因此，传统型的常年顾问模式已经不能满足合规业务的要求，要做好刑事合规业务，就必须组建一支汇集法律、财务、审计、风险管理等方面专业人员的合规管理队伍，才能帮助企业建立涵盖内部控制制度、风险规避、企业架构等方面的全方位的合规体系。因此，律师团队的组建、复合型人才的培养将是在企业合规领域取胜的关键所在。

五是要把握好当前与长远的关系。在当前涉案企业合规试点改革阶段，律师需要积极参与的工作主要包括向有关部门提出意见建议、进入第三方组织专家库、开展涉案企业监督评估、帮助涉案企业争取合规不起诉等。但从长远来看，律师参与合规业务的主战场在企业，包括为企业制定完善的合规体系、搭建科学的组织架构、持之以恒开展合规培训，不断培养合规理念，持续监测刑事风险等。开展合规业务既要做好当下，又要着眼长远，才能发挥出律师应有的作用。

附　则

第三十八条　附则

本操作指引依据当前法律、法规及司法解释、监管规定等，并结合律师实务经验进行编写。

本操作指引仅作为北京市范围内的律师从事企业合规管理法律业务的参考，不具有强制性。

本操作指引由北京市律师协会法律风险与合规管理法律事务专业委员会解释。

编写人员

总负责人		李向辉
执行负责人		李逸仙
撰稿人	第一章　合规管理建设总则	李包产、李逸仙、张针
	第二章　合规组织与职责	杨柳、李逸仙、张针
	第三章　合规制度建设	李长青、周伟、刘宇、虞慧
	第四章　合规风险识别、评估与应对	李长青、刘宇、虞慧
	第五章　合规运行机制	赵舒杰、杨健、张天一、蒋东霞
	第六章　合规体系评价	李长青、战飞扬
	第七章　合规文化建设	杨逸敏、李逸仙、张针
	第八章　企业合规管理法律实务	赵舒杰、尹月、武维宇、张天一、蒋东霞
特约撰稿人		陶光辉、袁蕾
统稿人		李逸仙、张针
特别感谢		杜果、李明泽、李超峰、杨东升、黄文涛、段彦、张思星

5. 大连市律师协会《律师办理涉案企业合规建设业务操作指引》

(2022 年 10 月 20 日)

前 言

为全面贯彻习近平法治思想，为企业营造法治化的营商环境，最高人民检察院创新开展了涉案企业的合规改革试点。2020 年 3 月，最高检在上海、江苏、山东、广东的 6 家基层检察院开展了试点。2021 年 3 月扩大了试点范围，在北京、上海、广东、辽宁等 10 个省份的 10 个省级院、61 个市级院、381 个基层院作为试点开展改革。主要是在落实"少捕慎诉慎押"刑事司法政策的同时，通过涉案企业作出合规承诺，并积极进行合规整改，督促涉案企业查找出违法犯罪的制度原因，并完善相关制度，填补漏洞，促使涉案企业合规经营，进一步营造法治化营商环境。

为在依法推进企业合规改革试点工作中建立健全涉案企业合规第三方监督评估机制，最高人民检察院、司法部、财政部、生态环境部、国务院国有资产监督管理委员会、国家税务总局、国家市场监督管理总局、全国工商联、中国国际贸易促进委员会九部委于 2021 年 6 月研究制定《关于建立涉案企业合规第三方监督评估机制的指导意见（试行）》及实施细则，后续组建的国家层面第三方机制管委会印发《涉案企业合规第三方监督评估机制专业人员选任管理办法（试行）》《涉案企业合规建设、评估和审查办法（试行）》，从国家层面为地方涉案企业的合规改革试点工作的持续开展，在制度建设上提供参照依据。

辽宁省人民检察院、辽宁省市场监督管理局等十家厅局级机关单位于 2020 年 12 月 16 日共同制定《关于建立涉罪企业合规考察制度的意见》。2022 年 4 月辽宁省人民检察院等十一个部门下发《辽宁省涉案企业合规考察第三方监督评估机制实施办法》《辽宁省涉案企业合规第三方监督评估机制专业人员选任管理办法》。

大连市作为试点地区，在开展涉案企业合规改革试点工作中，由大连市人民检察院、大连市司法局、大连市财政局等十二个部门共同组建了大连市涉案企业合规第三方监督评估机制管理委员会，于 2022 年 3 月 30 日共同研究制定了《关于建立大连市涉案企业合规第三方监督评估机制的实施办法（试行）》《大连市涉案企业合规第三方监督评估机制专业人员选任办法实施细则（试行）》《关于建立大连市涉案企业合规飞行检查制度的实施意见（试行）》。

依据《涉案企业合规第三方监督评估机制专业人员选任管理办法（试行）》第三方机制管委会有关成员单位应当指导所属或者主管的有关组织，加强本行业、本部门涉及第三方机制相关工作的理论实务研究，积极开展业务培训和工作指导。为助推大连市第三方机制相关工作有序开展，充分发挥大连律师在企业合规服务中的作用，提升律师合规服务的业务水平，助力大连市经济社会高质量发展。本指引由大连市律师协会入选国家层面涉案企业第三方监督评估机制专业人员、大连市律师协会企业法治体检律师志愿者团团长孙智红律师主笔，由副团长林红律师校对，该项工作具有开创性，并无先例可循，待在实践中不断完善。

目　录

一、目的和依据
二、适用范围
三、用语释义
四、启动企业合规试点以及第三方机制的方式
五、启动企业合规试点以及第三方机制的条件
六、不适用企业合规试点以及第三方机制的情况
七、涉案企业的权利和义务
八、涉案企业合规建设的基本原则
九、涉案企业合规建设的内容
十、涉案企业合规建设的服务流程
　　附件1《合规建设服务协议》
　　附件2《合规整改报告》
　　附件3《专项/多项合规计划》
　　附件4《合规计划执行情况报告》

一、目的和依据

涉案企业合规建设业务是第三方监督评估机制启动后的一个重要环节，是第三方监督评估组织对涉案企业专项合规整改计划和相关合规管理体系有效性进行评估的基础，因此，要求涉案企业对合规建设相关文件的内容，从遵照执行，到自律执行，再到惯性执行。

同时，涉案企业合规建设业务是律师开展企业合规服务的契机，企业合规服务需求已经从社会经济层面上升到国家层面，随着涉案企业的合规改革试点工作的深入，越来越多的企业正在从"要我合规"向"我要合规"转变。国家对企业不合规经营引发的刑事案件给予了整改机会，企业需要守护来之不易的经营成果和市场商誉，对于律师来说，应当提高企业合规服务业务水平，助力企业健康长远发展。

为指导大连市律师从事涉案企业合规建设业务，根据《最高人民检察院关于开展企业合规改革试点工作方案》及实施细则、《关于建立涉案企业合规第三方监督评估机制的指导意见（试行）》《涉案企业合规建设、评估和审查办法》《关于建立大连市涉案企业合规第三方监督评估机制的实施办法（试行）》《大连市涉案企业合规第三方监督评估机制专业人员选任办法实施细则（试行）》《关于建立大连市涉案企业合规飞行检查制度的实施意见（试行）》《中华人民共和国律师法》等法律法规及相关政策精神，参照国际标准化组织《合规管理体系　要求及使用指南》ISO 37301：2021、《中央企业合规管理办法》国务院国有资产监督管理委员会第42号令、以及国家标准化委员会等部门出台的相关合规文件，结合我市实际，特制定本指引。

二、适用范围

律师从事以下涉案企业合规业务可以参照适用本指引：

1. 接受涉案企业委托，担任涉案企业的合规顾问，提供涉案企业合规建设、整改服务；

2. 涉案企业法律顾问、辩护律师虽未直接从事上述业务，但是提供与上述合规业务有关联性服务的；

3. 担任未涉案企业的常年合规顾问，本指引部分内容可以做为参考。

三、用语释义

1. 合规：是指企业经营管理行为和员工履职行为符合国家法律法规、监管规定、行业准则和国际条约、规则，以及公司章程、相关规章制度等要求。

2. 合规风险：是指企业及其员工在经营管理过程中因违规行为引发法律责任、造成经济或者声誉损失以及其他负面影响的可能性。

3. 合规管理：是指企业以有效防控合规风险为目的，以提升依法合规经营管理水平为导向，以企业经营管理行为和员工履职行为为对

象,开展的包括建立合规制度、完善运行机制、培育合规文化、强化监督问责等有组织、有计划的管理活动。

4. 涉案企业合规第三方监督评估机制(以下简称第三方机制):是指人民检察院在办理涉企犯罪案件时,对符合企业合规改革试点适用条件的,交由第三方监督评估机制管理委员会选任组成的第三方监督评估组织,对涉案企业的合规承诺进行调查、评估、监督和考察。考察结果作为人民检察院依法处理案件的重要参考。

5. 第三方监督评估机制管理委员会(以下简称第三方机制管委会):是承担对第三方机制的宏观指导、具体管理、日常监督、统筹协调等职责,确保第三方机制依法、有序、规范运行,以及第三方监督评估组织及其组成人员依法依规履行职责的议事协调机构。

6. 管委会办公室:第三方机制管委会下设办公室作为常设机构,负责承担第三方机制管委会的日常工作。

7. 第三方监督评估组织(以下简称第三方组织):是试点地方第三方机制管委会选任组成的负责对涉案企业的合规承诺及其完成情况进行调查、评估、监督和考察的临时性组织。

8. 涉案企业:是指涉嫌单位犯罪的企业,或者实际控制人、经营管理人员、关键技术人员等涉嫌实施与生产经营活动密切相关犯罪的企业。

9. 第三方机制专业人员:是指由第三方机制管委会选任确定,作为第三方组织组成人员参与涉案企业合规第三方监督评估工作的相关领域专业人员,主要包括律师、注册会计师、税务师(注册税务师)、企业合规师、相关领域专家学者以及有关行业协会、商会、机构、社会团体的专业人员。在履行第三方监督评估职责结束后二年以内,上述人员及其所在中介组织不得接受涉案企业、人员或者其他有利益关

系的单位、人员的业务。

10. 涉案企业合规建设:是指涉案企业针对与涉嫌犯罪有密切联系的合规风险,制定专项合规整改计划,完善企业治理结构,健全内部规章制度,形成有效合规管理体系的活动。

11. 涉案企业合规评估:是指第三方组织对涉案企业专项合规整改计划和相关合规管理体系有效性进行了解、评价、监督和考察的活动。符合有效性标准的,人民检察院可以参考评估结论依法作出不批准逮捕、变更强制措施、不起诉的决定,提出从宽处罚的量刑建议,或者向有关主管机关提出从宽处罚、处分的检察意见;经评估未达到有效性标准或者采用弄虚作假手段骗取评估结论的,人民检察院可以依法作出批准逮捕、起诉的决定,提出从严处罚的量刑建议,或者向有关主管机关提出从严处罚、处分的检察意见。

12. 涉案企业合规审查:是指负责办理案件的人民检察院对第三方组织的评估过程和结论进行审核。

13. 涉案企业合规飞行检查制度:是指由第三方机制管委会组建涉案企业合规飞行检查团队,对涉案企业合规建设情况及第三方组织工作情况实行飞行检查,保证涉案企业合规建设和第三方监管工作依法规范有序进行,保障涉案企业合法权益,提升涉案企业合规建设质量,确保合规办案取得实效。

四、启动企业合规试点以及第三方机制的方式

1. 【依申请】涉案企业、个人及其辩护人、诉讼代理人或者其他相关单位、人员提出适用企业合规试点以及第三方机制申请的,人民检察院应当依法受理并进行审查。

2. 【依职权】人民检察院经审查认为涉企犯罪案件符合第三方机制适用条件的,可以商请本地区第三方机制管委会启动第三方机制。

3. 【依建议】公安机关、纪检监察机关等

办案机关提出适用建议的，人民检察院参照前款规定处理。

五、启动企业合规试点以及第三方机制的条件

对于同时符合下列条件的涉企犯罪案件，试点地区人民检察院可以根据案件情况适用本指导意见：

1. 案件事实清楚，证据确实充分，法律适用明确；

2. 涉案企业、个人认罪认罚；

3. 涉案企业能够正常生产经营，承诺建立或者完善企业合规制度，具备启动第三方机制的基本条件；

4. 涉案企业自愿适用第三方机制。

六、不适用企业合规试点以及第三方机制的情况

1. 个人为进行违法犯罪活动而设立公司、企业的；

2. 公司、企业设立后以实施犯罪为主要活动的；

3. 公司、企业人员盗用单位名义实施犯罪的；

4. 涉嫌危害国家安全犯罪、恐怖活动犯罪的；

5. 社会影响恶劣或者可能引发重大群体性事件或社会舆情的；

6. 其他不宜适用的情形。

七、涉案企业的权利和义务

1. 涉案企业或其人员在第三方机制运行期间，认为第三方组织或其组成人员存在行为不当或者涉嫌违法犯罪的，可以向负责选任第三方组织的第三方机制管委会反映或者提出异议，或者向负责办理案件的人民检察院提出申诉、控告。

2. 涉案企业、人员或者其他相关单位、人员对选任的第三方组织组成人员提出异议，或者第三方组织组成人员申请回避的，第三方机制管委会应当及时调查核实并视情况作出调整。

3. 涉案企业及其人员应当按照时限要求认真履行合规计划，不得拒绝履行或者变相不履行合规计划、拒不配合第三方组织合规考察或者实施其他严重违反合规计划的行为。

4. 涉案企业及其人员对第三方组织开展的检查、评估应当予以配合并提供便利，如实填写、提交相关文件、材料，不得弄虚作假。

八、涉案企业合规建设的基本原则

涉案企业应当以全面合规为目标、专项合规为重点，并根据规模、业务范围、行业特点等因素变化，逐步增设必要的专项合规计划，推动实现全面合规。

九、涉案企业合规建设的内容

1.【停止违法行为，配合相关工作】涉案企业应当全面停止涉罪违规违法行为，退缴违规违法所得，补缴税款和滞纳金并缴纳相关罚款，全力配合有关主管机关、公安机关、检察机关及第三方组织的相关工作。

2.【成立合规建设领导小组，明确工作职责】涉案企业一般应当成立合规建设领导小组，由其实际控制人、主要负责人和直接负责的主管人员等组成，必要时可以聘请外部专业机构或者专业人员参与或者协助。合规建设领导小组应当在全面分析研判企业合规风险的基础上，结合本行业合规建设指引，研究制定专项合规计划和内部规章制度。

3.【制定专项/多项合规计划】涉案企业制定的专项/多项合规计划，应当能够有效防止再次发生相同或者类似的违法犯罪行为。

4.【作出合规承诺并明确宣示】涉案企业实际控制人、主要负责人应当在专项合规计划中作出合规承诺并明确宣示，合规是企业的优先价值，对违规违法行为采取零容忍的态度，确保合规融入企业的发展目标、发展战略和管

理体系。

5.【设置合规管理机构及负责人】涉案企业应当设置与企业类型、规模、业务范围、行业特点等相适应的合规管理机构或者管理人员。合规管理机构或者管理人员可以专设或者兼理，合规管理的职责必须明确、具体、可考核。

6.【建立合规管理机制】涉案企业应当针对合规风险防控和合规管理机构履职的需要，通过制定合规管理规范、弥补监督管理漏洞等方式，建立健全合规管理的制度机制。涉案企业的合规管理机构和各层级管理经营组织均应当根据其职能特点设立合规目标，细化合规措施。合规管理制度机制应当确保合规管理机构或者管理人员独立履行职责，对于涉及重大合规风险的决策具有充分发表意见并参与决策的权利。

7.【建立合规经费保障机制】涉案企业应当为合规管理制度机制的有效运行提供必要的人员、培训、宣传、场所、设备和经费等人力物力保障。

8.【建立合规风险监督机制】涉案企业应当建立监测、举报、调查、处理机制，保证及时发现和监控合规风险，纠正和处理违规行为。

9.【建立合规绩效评价机制】涉案企业应当建立合规绩效评价机制，引入合规指标对企业主要负责人、经营管理人员、关键技术人员等进行考核。

10.【建立合规管理完善机制】涉案企业应当建立持续整改、定期报告等机制，保证合规管理制度机制根据企业经营发展实际不断调整和完善。

十、涉案企业合规建设的服务流程

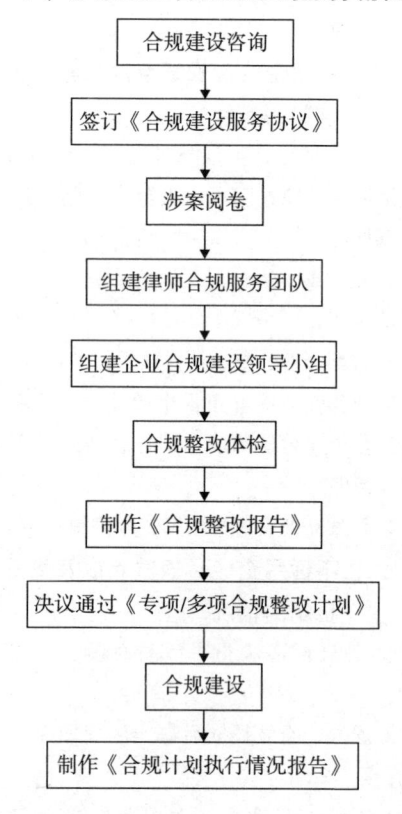

```
合规建设咨询
    ↓
签订《合规建设服务协议》
    ↓
涉案阅卷
    ↓
组建律师合规服务团队
    ↓
组建企业合规建设领导小组
    ↓
合规整改体检
    ↓
制作《合规整改报告》
    ↓
决议通过《专项/多项合规整改计划》
    ↓
合规建设
    ↓
制作《合规计划执行情况报告》
```

1. 合规建设咨询

律师向企业介绍合规改革试点工作精神，以及第三方机制对涉案企业的各项要求，听取企业合规服务需求，了解涉案企业类型、规模、业务范围、行业特点、涉案罪名，研究涉案企业在合规领域存在的薄弱环节和突出问题，向企业提供合规建设咨询服务。

2. 签订《合规建设服务协议》

律师应在充分了解第三方机制工作相关文件精神的提前下，以律师事务所名义与有合规建设需求的企业签订《合规建设服务协议》，就企业合规建设相关内容约定服务内容、服务期限、服务标准、收费模式、保密约定等条款。合规服务律师同时又是企业的法律顾问、涉案辩护人的，应当分别订立合规服务合同、法律顾问合同、刑事委托合同。

3. 涉案阅卷

合规服务律师作为涉案辩护人的，应当及时查阅、摘抄、复制刑事卷宗材料，梳理与涉嫌犯罪事实密切相关的管理疏漏，分析发生诱因，为制定合规整改报告提供依据。

4. 组建律师合规服务团队

律师根据企业类型、规模、业务范围、行业特点、涉案罪名、合规建设要求，充分评估工作量与专业性，组建合规服务团队。根据工作实际，律师可以建议企业聘请合规咨询公司、会计师事务所、税务师事务所等机构进行合规共建。

5. 组建企业合规建设领导小组

根据第三方机制工作要求，企业实际控制人、主要负责人选派企业各部门负责人、律师等外聘专业人员组建合规建设领导小组，明确小组成员工作职责，工作分工。

6. 合规整改体检

参照2018年12月辽宁省律师协会发布的《辽宁省民营企业法治体检操作指引》公司法人治理、规章制度与流程管理等相关内容。

7. 制作《合规整改报告》

律师依据合规整改体检的结果，根据企业内部规章制度、行业合规建设指引，听取外聘专业人员的专业意见，针对企业在合规领域存在的薄弱环节和突出问题，为企业制作《合规整改报告》。《合规整改报告》是律师进行合规服务的阶段性工作成果，依据合规整改体检出的客观事实，从企业的组织架构、决策机制、内部规章制度与流程管理等方面提出合规整改建议。

8. 决议通过《专项/多项合规整改计划》

根据律师制作的《合规整改报告》，合规建设领导小组依据企业实际，通过会议决议的形式，由涉案企业委托律师或自行制定详细的合规整改计划，形成《专项/多项合规整改计划》。

涉案企业提交的合规计划应当承诺合规整改计划的完成期限，实际控制人、主要负责人应当在合规计划中作出合规承诺并明确宣示，合规是企业的优先价值，对违规违法行为采取零容忍的态度，确保合规融入企业的发展目标、发展战略和管理体系。内容主要围绕与企业涉嫌犯罪有密切联系的企业内部治理结构、规章制度、人员管理等方面存在的问题，制定可行的合规管理规范，构建有效的合规组织体系，健全合规风险防范报告机制，弥补企业制度建设和监督管理漏洞，防止再次发生相同或者类似的违法犯罪。

9. 合规建设

根据《专项/多项合规整改计划》，律师协助企业设置合规管理机构，建立健全合规管理机制、合规经费保障机制、合规风险监督机制、合规绩效评价机制、合规管理完善机制，完善内部规章制度。

10. 制作《合规计划执行情况报告》

在合规考察期内，第三方组织要求涉案企业定期书面报告合规计划的执行情况，由涉案企业委托律师或自行制作。

在合规考察期内，第三方组织可以定期或者不定期对涉案企业合规计划履行情况进行监督和评估，可以要求涉案企业定期书面报告合规计划的执行情况，同时抄送负责办理案件的人民检察院。

参考书目及文章

一、参考书目

1. 最高人民检察院涉案企业合规研究指导组：《涉案企业合规办案手册》，中国检察出版社 2022 年版；

2. 陈瑞华：《企业合规基本理论》，法律出版社 2020 年版；

3. 李本灿：《刑事合规的基础理论》，北京大学出版社 2022 年版；

4. 郭青红：《企业合规管理体系实务指南》（第 2 版），人民法院出版社 2020 年版；

5. 周万里：《企业合规师手册》，法律出版社 2022 年版；

6. 君合律师事务所：《合规之道》，法律出版社 2022 年版；

7. 曹志龙：《企业合规管理：操作指引与案例解析》，中国法制出版社 2021 年版；

8. 陆云英等：《企业行政合规：基础理论与法律实务》，法律出版社 2022 年版；

9. 姜先良：《企业合规与律师服务》，法律出版社 2021 年版；

10. 《企业合规必备法律法规汇编及典型案例指引》，中国法制出版社 2022 年版；

11. 企业合规师职业技术技能考试指导教材编委会：《企业合规师职业技术技能考试指导教材·高级企业合规师实务》，中国民主法制出版社 2022 年版；

12. 《企业刑事合规实务指引》，法律出版社 2022 年版。

二、参考文章

1. 陈瑞华：《律师如何开展合规业务（五）》，载《中国律师》2021 年第 1 期；

2. 马明亮：《论企业合规监管制度——以独立监管人为视角》，载《中国刑事法杂志》2021 年第 1 期；

3. 杨晓波等：《谈刑事合规不起诉实务》，载《中国律师》2022 年第 6 期；

4. 朱孝清：《企业合规中的若干疑难问题》，载《法治研究》2021 年第 5 期；

5. 《聚焦 | 涉案企业合规第三方监督评估机制有效运行的要点及把握》，载《人民检察》2022 年第 9 期；

6. 李英华：《推进涉案企业合规改革，重在落实第三方监督评估机制》，载《检察日报》，2022 年 6 月 28 日；

7. 陈瑞华：《涉案企业合规整改的分案处理模式》，载《法治时代》杂志创刊号；

8. 齐钦：《企业合规计划的有效性判断》，载《中国检察官》2022 年第 3 期；

9. 张静：《如何预防各方当事人串通投标？看看这三点建议》，载《政府采购信息报》2022 年 8 月 15 日第 008 版；

10. 李勇：《涉罪企业合规有效性标准研究——以 A 公司串通投标案为例》，载《政法论坛》2022 年第 1 期；

11. 赵赤：《企业刑事合规视野下的单位犯罪构造及出罪路径》，载《政法论坛》2022 年第 5 期；

12. 陈瑞华：《合规不起诉的 8 个重大问题》，载《中国法律评论》2021 年第 4 期；

13. 庄永廉：《研讨：九位专家探讨深化企业合规改革的路径》，载《人民检察》2022 年第 8 期；

后 记

法治是最好的营商环境。法治是市场经济的内在要求,企业合规能够将法治思维和法治方式真正融入到企业运转和发展的理念中,优化其内部治理结构,化解不特定的、潜在的法律风险,确保企业守法经营,健康运行,从而达到促进经济高质量发展的最终效果。

2020年最高人民检察院下发《关于开展企业合规改革试点工作方案》,开始正式启动我国对涉案企业的刑事合规。"如果把企业比作一列高速运行的列车,那么合规工作就是在非运行时段对列车进行的日常检修、保养与维护工作;如果把企业比作我们每个个人,合规工作就类似我们定期到医院进行的体检,帮助我们及时识别身体中的健康隐患甚至大病前兆;如果把企业比作园艺工人养护的常青藤,那么合规工作就是为常青藤除草、修枝剪叶、施肥的养护工作。"[1]总之,开展合规工作对于企业的健康发展是必要的,并将深刻影响企业的长远发展。毫不夸张地说,合规工作是企业腾飞的助推器。

合规业务在我国尚处于发展初期,合规的发展需要律师、会计师、审计师、司法机关、专家学者等的专业支持,以期引导企业从长远发展的角度认识到合规管理的意义、引发企业建立合规体系的内在要求、指引企业建立或完善合规体系并将合规体系切实落地,以发挥合规管理对企业发展的积极效用。

企业合规是司法领域助推国家治理体系和治理能力现代化的重要举措。就企业而言,合规是一种内部治理行为。就律师而言,涉案企业合规是一类全新业务。研究和整理总结涉案企业合规,主要是从一个涉嫌刑事犯罪的视角切入其中,力求让企业深刻认识到合规的重要性,从而使企业合规从被动变为主动。

---

[1] 王媛媛:《合规助力企业腾飞——以回顾合规业务的发展历程为视角》,载上海律协公号,2021年8月12日。

由此让涉案企业深刻认识到合规并非简单的法律治理，而是从内到外、从上到下全方位的整改和纠错，从而确保企业的肌体健康，引领企业走上良性健康的发展道路。

律师参与涉案企业合规，是律师业务发展的重要一环。作为企业的合规顾问，并非等同于一般意义上的法律顾问，而是本着合规的实质，切实推进企业完全、主动、自主、深刻地改变自我。如果说通常意义上的法律顾问只是企业发展初始阶段的法律服务，那么合规顾问则是企业发展进入到稳定发展阶段之后，需要做大做强时，必须进行的一个重要步骤。

2021年3月，湖北省被确定为第二期涉案企业合规检察改革试点省份，2021年11月涉案企业合规检察改革在湖北省全面推开。2021年4月湖北省人民检察院印发了《湖北省人民检察院关于开展企业合规改革试点的实施方案》、2021年9月湖北省人民检察院等9部门印发《关于建立涉案企业合规第三方监督评估机制的实施意见（试行）》、2021年11月制定出台《湖北省涉案企业合规第三方监督评估机制专业人员选任管理办法（试行）》、2022年3月湖北省人民检察院印发了《关于湖北省检察机关在办理涉案企业合规案件中规范办案行为、防控办案风险的十条措施》、9月9日湖北省人民检察院联合湖北省工商业联合会印发了《湖北省检察机关涉案企业合规案件办理规程（试行）》等。上述文件的出台为规范和办理合规案件提供了详细依据。湖北省襄阳市也早在2021年底就成立了涉案企业合规检察改革工作领导小组，专门出台了《开展涉案企业合规检察改革办案工作规范（试行）》《关于建立涉案企业合规第三方监管制度的实施意见》《第三方监管人选任管理办法（试行）》以及《建立涉案企业合规飞行监管制度的实施意见（试行）》等各类规范性文件，同时制定了15种配套文书样本。这些对包括律师在内的所有参与涉案合规的人员提供了参考和办理依据。

2021年11月至2022年10月，江苏省律师协会、广州市律师协会、安徽省律师协会、大连市律师协会陆续出台了不同版本的《律师从事合规法律服务业务指引》，这些指引对于本书的形成提供了很多很好的范本和思路。

本书的形成要感襄阳市人民检察院、襄阳市工商联和枣阳市人民检察院给了我们参与涉案合规的机会，我们才有幸参与到部分涉案企业的合规顾问和第三方监管组织的工作中。对此，衷心感谢办案检察官们的关心支持和帮助鼓励，没有他们的悉心指导和耐心建议，就没有合规顾问参与涉案企业合规整改的严谨和全面，更没有作为第三方监管人工作的快速推进和总结创新。

当然也要感谢在参与涉案企业合规监管过程中的涉案企业合规顾问律师的热心参与和共同探讨，特别是周成律所的姚远源、陈文胜、陈虎、王丽娜和中和信律所的李文、余飞律师，他们对于涉案企业合规的全方位排查整改、认真参与，他们的工作态度和精益求精的精神让编者深受感动。同时，姜先良律师和吴巍律师关于合规的各类文章对编者也有很大的帮助和借鉴，再次一并表示感谢！本书中的一些内容就是有感于他们的细致工作而总结所得。当然还需要感谢本书的编辑杨智、赵雅菲老师，从书名和目录的调整到稿件的审校等，无一不体现着他们的热心和耐心，以及精益求精、追求卓越的精神。

周　成
于湖北襄阳

图书在版编目（CIP）数据

涉案企业合规实务操作指南：律师如何开展合规业务 / 周成编著．—北京：中国法制出版社，2023.12
（企业合规管理法律实务指引）
ISBN 978-7-5216-3373-3

Ⅰ.①涉⋯ Ⅱ.①周⋯ Ⅲ.①企业法-中国-指南 Ⅳ.①D922.291.91-62

中国国家版本馆CIP数据核字（2023）第050350号

责任编辑：马春芳　　　　　　　　　　　　　　　　封面设计：周黎明

涉案企业合规实务操作指南：律师如何开展合规业务
SHEAN QIYE HEGUI SHIWU CAOZUO ZHINAN：LÜSHI RUHE KAIZHAN HEGUI YEWU

编著/周成
经销/新华书店
印刷/三河市紫恒印装有限公司
开本/710毫米×1000毫米　16开　　　　　印张/21.5　字数/364千
版次/2023年12月第1版　　　　　　　　　2023年12月第1次印刷

中国法制出版社出版
书号 ISBN 978-7-5216-3373-3　　　　　　　　　　　　定价：82.80元

北京市西城区西便门西里甲16号西便门办公区
邮政编码：100053　　　　　　　　　　　　　　　　传真：010-63141600
网址：http://www.zgfzs.com　　　　　　　　　　　编辑部电话：010-63141815
市场营销部电话：010-63141612　　　　　　　　　　印务部电话：010-63141606

（如有印装质量问题，请与本社印务部联系。）